몽유야담
금계필담

夢遊野談·錦溪筆談

정환국 책임교열

교감표점
정본
한국야담전집
09

보고사

해제

 이 책은 조선 후기 야담집 총 20종의 원전을 교감하여 새로 정본을 구축한 전집이다. 원래 2016년도 한국학 분야 토대연구지원사업으로 선정된 〈조선 후기 야담집(野談集)의 교감 및 정본화〉의 결과물로 2021년에 1차로 간행한 바가 있었다. 이후 약 3년간 수정 보완을 거친 끝에 이번에 명실공히 조선 후기 야담집의 정본을 내놓게 되었다.
 잘 알려져 있듯이 조선 후기 야담집은 거개가 필사본으로 존재하고 있으며, 다종의 이본을 양산하면서 축적되어 왔다. 그러다 보니 그 자체가 하나의 활물(活物)처럼 유동적이고 적층적인 형태를 취하고 있다. 이는 동아시아 고전 자료 중에서도 유별난 사례이자, 조선 후기 이야기문학의 역사를 웅변한다. 한자를 공유했던 동아시아 어느 지역에서도 찾아볼 수 없는 이 필사본의 족출과 적층은 조선조 문예사에서 특별히 주목할 사안이지만, 한편으로는 이 때문에 해당 분야의 접근이 난망했던 것도 사실이다. 다양한 필사본과 이본들의 존재는 원본과 선본, 이본의 출현 시기 등 복잡한 문제를 던져주었을 뿐만 아니라 애초 원전 비평을 어렵게 하였다.
 하지만 야담에 대한 이해와 접근은 무엇보다 원전 비평이 선결되어야 했었다. 물론 이런 문제의식과 고민, 그리고 일부 성과가 없었던 것은 아니다. 그렇지만 특정 야담집에 한정한 데다 그 방법 또한 유익한 방향이 아니었다. 그리하여 조선 후기 야담은 동아시아에서 우리만의 서사 양식으로, 또 조선 후기 사회를 밀도 있게 반영한 대상으로 주목받았으면서도 원전에 대한 정리는 상대적으로 미진하기 짝이 없었다. 그러니 우리의 야담 연구는 어쩌면 첫 단추를 아예 끼우지 않았거나 잘못 낀 채 진행해 왔다고 해도 과언이 아니다.

그런데 조선 후기 야담의 전체 양이나 이본 수로 볼 때 이 분야 연구는 일개인의 노력으로는 거의 불가능한 영역이라 하겠다. 더구나 우리의 학문생태계에서 교감학이 활성화된 적도 거의 전무했다. 자료의 상태와 양은 물론 정립할 학문적 토대가 취약한 터라 해당 연구의 출발 자체가 난망했던 터다. 그럼에도 우리는 이젠 더 이상 미룰 수 없다는 책임감으로 연구팀을 꾸려 지난한 과제를 수행하게 된 것이다. 본 연구팀은 한국 야담 원전의 전체상은 물론 조선 후기 이야기문학의 적층성과 그 계보를 일목요연하게 드러내고자 이본 간의 교감을 통한 정본 확정의 도정을 시작한 것이다. 일단 이 자체로 개별 야담의 온전한 자기모습을 복원할 수 있게 되었다고 자부한다. 앞으로 이 자료가 고전문학뿐만 아니라 전통시대 역사와 예술 등 한국학과 인문학 전 영역의 연구에서 보다 적극적으로 활용되리라 믿는다. 나아가 이 책은 동아시아 단편서사물의 집성 가운데 중요한 결과물의 하나가 될 것이며, 자연스레 한국 야담문학에 대한 관심도 제고될 것으로 기대된다.

다만 본 연구가 기획되던 시점부터 스스로 던지는 의문이 있었다. 다른 고전 텍스트의 존재 양태와는 달리 야담의 경우 이본마다 나름의 성격과 시대성을 담보하고 있다. 그런데 이를 싸잡아 정본이라며 특정해 버리면 개별 이본들의 성격과 특징이 소거되는 것은 아닌가, 그러면 이 정본은 결국 또 다른 이본이 되고 마는 것은 아닌가. 이런 점을 고민하지 않을 수 없었다. 고민 끝에 우리는 '동태적 정본화'를 추구하기로 하였다. 정본을 만들기는 하지만 개별 이본의 특징들이

사상되지 않도록 유의미한 용어나 문장, 그리고 표현 등을 살리는 방향이었다. 대개는 주석을 다양하게 활용하여 이를 해결하고자 하였다. 말하자면 닫힌 정본이 아닌 열린 정본의 형태를 추구한 것이다. 이런 방식은 지금까지 시도된 예가 없거니와, 야담의 존재적 특성을 잘 반영하면서 새로운 교감학의 실례가 됐으면 하는 바람도 있어서다. 그러다 보니 일반 교감이나 정본화보다는 품이 훨씬 더 많이 들어갔다. 이 과정을 소개하면 이렇다.

먼저 해당 야담집의 주요 이본을 모은 다음, 저본과 대조본을 선정하였다. 저본은 선본이자 완정본이면서 학계에서 이미 인정되고 있는 점 등을 감안하여 잡았다. 대조용 이본은 야담집에 따라 그 수가 일정하지 않은바 최대한 동원 가능한 이본을 활용하되, 이본 수가 많은 경우 중요도에 따라 선별하였다. 다음으로, 저본과 대조이본을 교감하되 저본의 오탈자와 오류는 이본을 통해 바로잡았다. 문제는 양자 사이에 용어나 표현 등에서 차이가 있지만 모두 가능한 경우였다. 이때는 주로 저본을 기준으로 하되 개별 이본의 정보를 주석을 통해 반영하였다.(이에 대한 구체적인 사례와 처리 방식은 〈일러두기〉 5번 항목 참조) 그러나 저본과 대조본 사이의 차이를 모두 반영한 것은 아니다. 분명한 오류이거나 불필요한 첨가 부분은 자체 판단으로 반영하지 않았다. 이는 본 연구팀의 교감 기준에 의거했다.

그러나 실로 난감한 지점도 없지 않았다. 이본 중에는 리라이팅에 가까울 만큼 다른 내용이 첨입되어 있거나 일부 이야기를 다소 엉뚱한 방향으로 끌고 가는 사례도 있었기 때문이다. 이런 경우 꼭 필요한 부분만 반영하여 주석에 밝혔다. 이런 교감 과정에서 예상치 못한 상황에 직면하기도 하였다. 일반적이라면 으레 오자나 오류로 보이는 한자나 단어가 의외로 빈번하게 등장하였다. 이를 무시하려고 했으나 노파심에 자의와 출처를 다시 확인해 보니 뜻밖에도 해당 문장에 합당한 사례가 적지 않았다. 독자로서 교감 부분을 따라가다 보면 왜 이런 것들을 반영했을까 싶은 부분이 있을 텐데, 대개 이런 이유이니 유의해 주었으면 한다.

위와 같은 사례나 문제들 때문에 최선의 정본을 확정하는 과정은 참으로 쉽지 않았다. 그렇지만 이를 최대한 반영하고자 노력하였다. 그 결과 해당 야담집의 개별 이본들의 성격이 정본으로 흡수되면서도 어느 정도 자기 색깔을 유지할 수 있게 되었다. 이 20종의 편제는 다음과 같다.

1책	어우야담(522)	6책	기문총화(638)
2책	천예록(62) 매옹한록(262) 이순록(249)	7책	청구야담(290)
3책	학산한언(100) 동패락송(78) 잡기고담(25)	8책	동야휘집(260)
4책	삽교만록[초](38) 파수록(63) 기리총화(146)	9책	몽유야담(532) 금계필담(140)
5책	계서잡록(235) 계서야담(312)	10책	청야담수(201) 동패(45) 양은천미(36)

*( )는 화소 수

위 가운데 지금까지 원문 교감이 이루어진 사례로는 『어우야담』(신익철 외, 『어우야담』, 2006), 『천예록』(정환국, 『교감역주 천예록』, 2005), 『청구야담』(이강옥, 『청구야담 상·하』, 2019)과 『한국한문소설 교합구해』(박희병, 2005)의 일부 작품이 있었다. 당연히 이 결과물들의 원문은 본 연구의 참조가 되었다. 그러나 애초 교감의 방식이 다를뿐더러, 본서처럼 동태적 정본화를 구현한 것도 아니었다. 따라서 해당 야담집의 원전 교열은 더 종합화되고 정교해졌다. 이 외의 야담집은 그동안 몇몇 표점본과 번역본들이 나왔지만, 한 번도 이본 교감을 통한 정본화가 이루어진 사례는 없었다.

한편, 본서 10책의 구성은 대체로 성립 시기 순을 따랐다. 다만 『파수록』 등 일부 야담집은 성립 시기를 확정하기 어렵거나 불확실한 데다, 분량 등을 고려하다 보니 편제 순에 다소 차이가 있을 수 있다. 이 점 참작하여 봐주기를 바란다. 또한 「검녀(劍女)」로 유명한 『삽교만록(霅橋漫錄)』의 경우 개별 화소가 대개 필기류라서 전체를 실을 수 없었다. 그래서 불가피하게 야담에 해당하는 화소만 뽑아 초편(抄篇)하였다.

이렇게 해서 최종 수록된 야담집은 20종 10책이며, 총 화수는 4천 2백 여 항목이다. 화소 숫자로만 봐도 엄청나다. 그런데 이 숫자는 다소간 현실을 감추고 있다. 이 항목이 순전한 개별 이야기 숫자로 보기는 어렵기 때문이다. 이미 기존 연구에서 지적되었고 그 양상이 어느 정도 밝혀졌듯이 하나의 이야기가 여러 야담집에 전재(轉載)되는 경우가 많다. 실제 20종 안에 같은 이야기가 반복되는 화소의 빈도는 예상보다 높다. 그럼에도 독자성이 확인된 이야기는 대략 1,000편을 헤아리며, 그중에서도 좀 더 서사적 이야기, 즉 한문단편은 300편 안팎으로 잡힌다. 또 이 300편 안에서도 다종의 야담집에 빠짐없이 전재됨으로써 자기 계보를 획득한 작품은 150편 내외로 잡힌다. 다시 말해 이 150편을 잘 조각하면 조선 후기 사회현실과 인정세태의 퍼즐은 다 맞춰진다고 보면 될 듯하다.

물론 한 유형이 여러 야담집에 전재된다고 해서 이것을 '하나'로만 볼 수 없다는 점이 조선 후기 야담 역사의 중요한 특징이기도 하다. 한 유형의 다양한 전재는 고정된 것이 아니라 리트머스 종이마냥 번져 나갔기 때문이다. 단순한 용어나 표현의 차이뿐만 아니라 배경과 서사의 차이로 나가는가 하면, 복수(複數)의 화소가 뒤섞여 또 다른 형태를 구축하기도 하였다. 이런 변화상은 실로 버라이어티하다. 같은 화소가 반복된다고 해서 단순 수치화할 수 없는 이유이거니와 야담의 적층성과 관련해선 오히려 더 주목할 사안이다.

　아무튼 이것으로 조선 후기 야담과 야담집의 전체상은 충분히 드러났다고 판단된다. 다만 조선 후기의 야담이라고 할 때 모두 이 야담집 20종 안에 들어있는 것은 아니다. 야담 중 완성도 높은 한문단편이 집약된 『이조한문단편집』에도 일부 수록되었듯이, 이외의 문집이나 선집류 서사자료, 기타 잔편류에도 흥미로운 야담 작품이 잔존하고 있기 때문이다. 하지만 해당 자료는 야담집이 아니어서 이 책에 반영할 수 없었다. 조만간 이들 잔존 자료들만 따로 수집, 정리하여 이 책의 부록편으로 간행할 예정이다.

　사실 이 연구는 앞에서 언급했듯이 토대지원연구사업의 결과물이기는 하지만 그 준비는 그보다 훨씬 전이었다. 계기는 2007년으로 올라간다. 그해 동국대학교 대학원 고전문학 수업에서 처음 『청구야담』의 이본을 대조할 기회가 있었다. 그때 교토대 정선모 박사(현 남경대 교수)를 통해 그동안 학계에 알려지지 않은 교토대 소장 8책본 『청구야담』을 입수하였다. 이 책은 그동안 학계에 보고되지 않았던 『청구야담』 이본 가운데 하나였다. 검토해 보니 선본이었다. 실제로 어떤 차이가 있는지 궁금하여 기존에 알려진 주요 이본과의 교감을 시작한 것이다. 약 8편 정도를 진행했는데, 이 수업을 통해 『청구야담』 전체에 대한 교감이 절실함을 깨달았다. 그 후 이때 교감을 함께한 대학원생들을 중심으로 2013년 1월부터 『청구야담』의 이본 교감과 정본 확정, 그리고 이 정본에 의거하여 번역을 시작하였다. 우리는 약 3년을 매주 토요일을 반납한 채 이 교감과 번역에 매달렸다. 이 작업을 통해 야담 원전에 대한 장악력을 갖게 되었고, 『청구야담』에만 한정하지 말고 조선 후기 야담집 전체로 확대해야 한다는 점을 명확히 인식할 수 있었다.

　그러니까 이 책은 대략 15년 이상의 시간과 대학원생부터 전문연구원, 관련 분야 전문가까지의 노고가 쌓인 결과물이다. 나름 엄정한 기준과 잣대로 정본의 원칙을 세우고 저본과 이본 설정, 이본 대조와 원문 교감 등을 진행하여 정본을 구축하려 했고, 이 과정에서의 오류를 최대한 줄이려고 했다. 그러나 한문 원전을 교감하는 데는 오류의 문제가 엄존한 법이다. 최선의 이본들이 선정된 것인가, 정본화의 방향에선 문제가 없는가, 향후 개별 야담집의 이본이 더 발굴될 여지도 있지 않은가? 활자화 과정 중에 발생하는 오탈자 여지와 표점의 완정성 문제도 여전히 불안을 부추긴다. 그렇긴 하지만 질정을 달리 받겠다는 다짐으로 상재한다. 독자 제현의 사정없는 도끼질을 바란다.

　이 결과물이 나오기까지 많은 분들의 협업과 도움이 있었다. 은사이신 임형택 선생님과 고 정명기 교수는 좋은 이본 자료를 제공해주셨다. 감사한 마음을 이본의 명칭에 부여한 것으로 대신하였다. 본 연구팀의 공동연구원으로 이강옥 교수님과 오수창 교수님이 함께하였다. 각각 야담 문학 전문가와 역사학 전문가로 진행 과정에서 고견을 제시해 주셨다. 이채경, 심혜경, 하성란, 김일환 선생은 전임연구원으로 3년 동안 전체 연구를 도맡아 진행해 주었다. 이들의 노고는 이루 다 말할 수 없을 지경이다. 마지막으로 대학원 과정부터 함께한 동학들을 잊을 수 없다. 남궁윤, 홍진영, 곽미라, 정난영, 최진영, 한길로, 최진경, 정성인, 양승목, 이주영, 김미진, 오경양은 2013년 이후 『청구야담』 교감과 번역에 참여하였고, 일부는 본 연구팀의 연구보조원으로 참여하여 원문 입력과 이본 고찰에 기여하였다. 그리고 이들 모두 최종 교정 작업에 끝까지 함께 하였다. 특히 과정생인 이주현, 유양, 정민진은 교정 사항을 반영하는 일을 도맡아 주어 큰 힘이 되었다.

이들이 없었다면 이 책은 나올 수 없었다. 다행히 이 10여 년의 과정은 우리 모두에게 소중한 경험이자 학문적 자산으로 남게 되었다. 이들은 지금도 속집 작업을 함께 하는 중이다. 이래저래 이 책은 나와 나의 동학들이 동행하는 텍스트의 유토피아이다.

끝으로 3년여 전에도 그리고 이번에도 이 거질의 전집 출판을 흔쾌히 맡아 준 보고사 김흥국 사장님과 시종여일 책의 완성도를 높이기 위해 애써 준 이경민 대리를 비롯한 편집부 관계자 분들께 미안하고 감사하다는 마음을 전한다.

2025년 2월
연구팀을 대표하여 정환국 씀

차례

해제 … 3
일러두기 … 13

몽유야담 夢遊野談

卷天 ──────────── 17

夢遊子自序 ──────── 17
三可幸 ─────────── 18
試閱人品 ──────── 18
勤學成就 ──────── 20
初學勸戒 ──────── 24
師友補益 ──────── 26
通史辨義 ──────── 27
國朝典故 ──────── 29
肇基本末 ──────── 30
立國規模 ──────── 34
治敎右文 ──────── 35
激發人才 ──────── 36
盛德美事 ──────── 40
天生睿知 ──────── 40
帝王遜位 ──────── 41
至德淸權 ──────── 44
黨論 ───────────── 47
名臣碩輔 ──────── 50
師儒道德 ──────── 77
志士名節 ──────── 85
精忠毅烈 ──────── 90
尊周大義 ──────── 93
文章才藝 ──────── 101

卷地 ──────────── 112

文章好名 ──────── 112
藝苑神鑑 ──────── 115
方外高蹈 ──────── 117
先知明驗 ──────── 126
武勇氣略 ──────── 129
豪士奇氣 ──────── 132
權術機辯 ──────── 133
聰明强記 ──────── 138
宇量深寬 ──────── 140
敎無異類 ──────── 142
微閥顯揚 ──────── 143
吏治 ───────────── 145
廉貪 ───────────── 150
奢儉 ───────────── 153

色戒	157	子姓繁衍	194
風流豪放	161	積善餘慶	196
名筆	165	善惡報應	200
技藝	167	享祀神道	203
術數	169	神明默佑	206
禪佛	179	三疑事	207
閨範賢哲	184	居鄕	207
慈孝惇行	189	卜	210

卷人 ──── 212

科擧	212	睡說	263
科臼文體	221	酒辨	264
書籍博覽	225	古今詩話	266
叛造文字	226	八域總論	293
小說	228	京畿道	294
命數前定	230	忠淸道	295
達理知命	238	慶尙道	296
交道炎涼	245	全羅道	298
流俗痼弊	249	江原道	299
老人反常	253	黃海道	300
滑稽奇談	254	平安道	301
雜說	259	咸鏡道	302
里諺	260	敍傳	304

금계필담 錦溪筆談

卷上 ──── 307
卷下 ──── 375

일러두기

1. 이 자료집은 조선후기 야담집 총 20종을 활자화하여 표점하고, 이본을 교감하여 정본화한 것이다.
   - 해당 20종은 다음과 같다. 『於于野談』, 『天倪錄』, 『梅翁閑錄』, 『二旬錄』, 『鶴山閑言』, 『東稗洛誦』, 『雜記古談』, 『雪橋漫錄(抄)』, 『破睡錄』, 『綺里叢話』, 『溪西雜錄』, 『溪西野談』, 『紀聞叢話』, 『靑邱野談』, 『東野彙輯』, 『夢遊野談』, 『錦溪筆談』, 『靑野談藪』, 『東稗』, 『揚隱闡微』.

2. 저본과 이본(대조본) 설정 과정은 다음과 같다.
   - 개별 야담집마다 저본을 확정하고 주요 이본을 대조본으로 삼았다.
   - 저본의 기준은 야담집마다 상이한데, 기존의 이본 논의를 참조하여 본 연구팀에서 최종 확정하였다.
   - 이본의 경우, 야담집마다 존재하는 이본들을 최대한 수렴하되 모든 이본을 대조본으로 활용하지는 않고 교감에 도움이 되는 주요본을 각 야담집마다 2~6개 정도로 선정하였다. 이본이 없는 유일본의 경우 다른 자료를 대조로 활용하였다.

3. 활자화 과정은 다음과 같다.
   - 개별 야담집의 저본을 기준으로 활자화하였다.
   - 원자와 이체자가 혼용되었을 경우 일반적으로 활용되는 이체자는 그대로 반영하되, 잘 쓰지 않는 이체자는 원자로 대체하였다.
   - 필사상 혼용하는 한자의 경우 원자로 조정하거나 문맥에 맞게 적절하게 취사선택하였다. 대표적으로 혼용되는 글자들은 다음과 같다. 藉/籍, 屢/累, 炙/灸, 沓/畓, 咤/吒, 斂/歛, 押/狎, 係/繫, 裯/裯, 辨/卞, 別/另, 縛/縳 등

4. 활자화와 표점은 다음과 같은 기준에 의거하였다.
   - 개별 야담집의 권수에 따라 이야기를 나누고 이어지는 작품들은 임의로 넘버링을 통해 구분하였다. 권수가 없는 야담집의 경우 번호만 붙여 구분하였다.
   - 원문의 한자를 최대한 반영하였으나 최종적으로 판독이 불가능한 글자는 ■로, 공백으로 되어 있는 경우는 □로 표시해 두었다.

- 원문의 구두와 표점은 일반적인 기준에 의거하였다. 문장 구두는 인용문(" " ' '), 쉼표(,), 마침표(. ?!), 대구(;) 등을 활용하였다.
- 원문의 책명이나 작품명의 경우 『 』, 「 」 등으로 표기하였다.
- 원주로 되어 있는 부분은 【 】로 표기하여 구분하였다.

5. 정본화 과정은 다음과 같다.
   - 개별 야담집마다 저본과 대조 이본을 엄선하여 교감하되 모든 작품들의 정본을 구축하는 것으로 목표로 하였다. 각 야담집의 저본과 대조본은 해당 야담집의 서두에 밝혀두었다.
   - 저본과 이본은 입력과 이해의 편의를 위해 각 본의 개별 명칭을 쓰지 않고 저본으로 삼은 본은 '저본'으로, 이본으로 삼은 본은 중요도에 따라 '가본', '나본', '다본' 등으로 통일하여 대체하였다. 대조본 이외의 이본을 활용한 경우 '다른 이본'으로 구분하여 반영하였다.
   - 저본을 중심으로 교감하되 이본을 적극적으로 활용하여 가장 이상적인 형태를 구축하고자 했다. 이 과정은 오류를 바로잡은 것에서부터 상대적으로 나은 부분을 선택하는 방향으로 이루어졌다. 그 기준은 다음과 같다.
     ① 저본의 오류가 확실할 때: '~본에 의거하여 바로잡음'
     ② 저본이 완전한 오류는 아니나 이본이 더 적절할 때: '~본 등에 의거함'
     ③ 저본에 빠져있는데 이본을 통해 보완할 경우: '~본 등에 의거하여 보충함'
     ④ 저본도 문제는 없으나 이본 쪽이 더 나을 때: '~본 등을 따름'
     ⑤ 서로 통용되거나 참조할 만한 경우: '~본 등에는 ~로 되어 있음'
     ⑥ 저본을 그대로 반영하면서도 이본의 내용도 의미가 있을 때도 주석을 통해 밝혔음.
     ⑦ 익숙하지 않은 통용된 한자나 한자어가 이본에 있는 경우도 주석을 통해 반영하였음.
     ⑧ 저본과 이본으로도 해결되지 않는 오류는 다른 자료를 활용하여 조정하였음. 이 경우 상황에 따라 바로잡기도 하고, 그대로 두되 주석에서 오류 문제를 적시하기도 하였음.
     ⑨ 기타 조정 사항은 각주를 통해 밝혔음.

몽유야담
夢遊野談

저본 및 이본 현황

저본: 고려대본
가본: 국사편찬위원회본
나본: 한중연본
다본: 서강대본
라본: 영남대본

卷天

夢遊子自序

　　夢遊子閑居, 著爲野談, 方編緝之, 客見而問曰: "子苟著書, 何用野談?" 夢遊子曰: "子惡知余意? 昔廬陵曾先之, 山陽瞿宗吉, 早以文章名世, 終無所就, 晚欲自爲著述, 以流傳於世. 曾作『史略』七卷, 瞿作『剪燈新話』九篇, 旣訖, 瞿得見『史略』, 赧然曰: '此乃童遊[1]幼入學之門也, 人莫不先習, 以久其傳, 吾不及遠矣.' 乃以已所著『新話』, 投諸火中, 旁有人, 惜其文詞, 拾取二冊, 至今尙傳. 我國吏隷之子, 皆習之亦多需用, 而猶不若『史略』之不論貴賤學語便讀者也. 蓋自聖經賢傳, 以至先儒所述, 要言格論, 比之如菽粟, 資養不窮, 而鮮能知味. 至於奇聞·異說·齊諧等書, 比之如薑桂奢味, 雖不能養性益氣, 而悅口則甚. 故今世之人, 於『疑禮問解』·『五經辨義』·『擊蒙要訣』等文, 皆不眈看, 必癖於『三國志[2]』·『水滸傳』·『西廂記』·『九雲夢』諸篇, 家藏櫃置, 莫不嗜玩, 是其所趨從其所好而然也. 是以, 我東文人, 多爲小說, 柳夢寅作『於于野談』, 東平尉作『遣閑錄』, 金荷譚作『破寂錄』, 李睟[3]光作『芝峯類說』外他諸作, 非徒自爲消遣而已, 是欲掛人心眼, 使之久而不泯也. 余遊上庠, 老而無獲, 近就鄕廬, 閉門深坐, 春晷夏潦, 無以消寂. 家有數三豚犬[4], 旣愚且魯, 長於鄕井, 實無視聞, 乃述平日所

---
1) 遊: 가본에는 빠져 있음.
2) 志: 가본에는 '誌'로 되어 있음.
3) 睟: 저본에는 '粹'로 나와 있으나 의미상 바로잡음.
4) 豚犬: 가본에는 '豚兒'로 되어 있음.

記於耳目者, 隨得隨錄, 各爲題評. 又掇前言往行及諸家詩句, 裒成一冊, 以貽兒曹. 就其中, 實多巷談俚語, 而亦有觀戒者存, 不爲無補[5]. 子幸勿以瑣說而忽之!" 客唯唯而去. 因次其語, 以冠于篇.

三可幸

1-1.

世以爲生於斯世者, 有三可幸, 生不爲禽獸, 而能降生爲人, 是一幸也; 生不爲婦女, 而能生爲男子, 是二幸也; 生不爲常賤, 而能生爲士夫, 是三幸也. 人旣得三幸以生, 則能盡其三幸之實然後, 可謂生不虛矣. 博學多聞, 居則有操守, 出可以施爲者, 是爲士夫之實也; 剛毅有斷, 立志不卑, 經營萬事者, 是爲男子之實也; 立孝出恭, 能忠信禮義者, 是爲人之實也. 若夫朦不知學, 癡駭朴鄙, 則與常賤何殊; 柔懦巽劣, 少能成事, 則與女子何間; 不修行義, 蔑棄禮法, 則與禽獸何異? 故華人算命者, 聞我東人爲士族, 則不計窮達, 卽曰: "旣爲朝鮮兩班, 何必更問?" 生於吾東者, 亦豈非幸中之尤幸者耶?

試閱人品

1-2.

古有一先生, 率學徒數十人, 皆當時紈袴子弟, 嘗設問曰: "如有孔子率七十弟子, 其下思孟·程朱·濂洛諸賢, 皆以縫掖章甫, 禹行

---

[5] 補: 저본에는 '輔'로 나와 있으나 가본을 따름.

舜趨, 入于東門. 又有古之帝王, 自堯舜以下漢高祖[6]·光武·昭烈·魏武·唐宗, 以至宋明創業之君, 皆以珠冕畫袞, 盛備威儀, 入于南門. 又有古之猛將, 漢之韓彭[7]·鄧馮·諸葛武侯·五虎將, 唐之李靖·尉遲敬德, 宋之岳飛·韓世忠, 明之徐達·常遇春等百餘人, 皆以銀鎧金甲, 長鎗大劍, 踊躍先後, 入于北門. 又有絶對美人, 徐施·毛嬌·王昭君·綠珠·潘妃·張麗華·楊太眞等數十人, 皆以花鈿珠翠, 濃粧盛飾, 入于西門. 則汝輩欲觀賞者, 必何往? 無或有隱, 各言其情." 言畢, 蓋欲往東門觀孔子者居半, 而欲往南門觀帝王者次之, 欲往北門觀將帥者次之, 欲往西門觀美色者, 亦爲數人. 有一人, 對曰: "我則欲立於鍾樓[8]四街之中, 東顧西眄, 南瞻北眺, 從四門來者, 皆入吾眼, 則不亦快乎?" 先生乃記名於一冊子, 各錄其所顧, 以爲驗其後. 欲東者, 皆能力學窮行, 得爲師儒, 至於仕進, 不甚貴顯, 而俱有令譽. 欲南者, 皆得成就, 登朝功名醞藉, 頗有能臣之名. 欲北者, 早登魁科, 歷颺淸顯, 威勢隆赫, 而往往譴謫者, 有之. 欲西者, 亦皆顯揚, 以風流見稱, 而終多損失, 未有聲望. 欲立四街者, 早抛學業, 中無所執, 百不一成, 湮滅不稱. 噫! 世豈有楊州鶴耶? 果使諸人, 不欺其情, 各以實陳, 則其後符應若是者, 信矣.

1-3.

昔有人, 於親知中, 區別名藝, 列敍於一冊中, 勤篤科製者十人, 明習講經者十人, 善射者十人, 好色者十人, 嗜酒耽飮者十人, 沈惑雜技者十人, 歷記其窮達壽夭. 至二十年後, 觀之, 蓋其間有存

---

[6] 祖: 저본에는 빠져 있으나 가본에 의거하여 보충함.
[7] 韓彭: 가본에는 '韓信彭越'로 되어 있음.
[8] 鍾樓: 가본에는 '鐘路'로 되어 있음.

有亡, 而勤製者登科爲四五人, 明經者登科爲八九人, 善射者十人, 皆闡武擧; 好色者十人, 皆入鬼關, 耽飮者太半零落, 而存者皆已抱病, 雜技者蕩[9]敗家産, 從人丐貸而已. 夢遊子曰: "人有常職恒業者, 雖不幸而無所成其終也, 猶有餘地, 可以稅駕, 而其餘則未必然也. 又或寒素子弟, 不專一藝, 少而放曠, 自許以風流者, 及其衰老, 遂成枯落而不悲歎者, 鮮矣. 某[10]人詩有云: '琴局圖書[11]詩酒花, 少年件件不離他. 如今七事都更變, 柴米油鹽醬草茶.' 早以失脚, 晚而噬臍者, 亦復何益? 小子戒之!"

勤學成就

1-4.

凡人讀書, 不能盡記, 讀愈多而忘愈甚, 以其稟才有限, 有不能盡得領略而然也. 昔尤翁以讀書, 比之飮食, 曰: "人每食膏粱, 畢竟消下已盡, 服中無餘儲, 然而人所以生者, 以其能食也. 滓穢雖降津液者有存, 故能補元益氣, 以爲之養, 凡讀書亦猶是已. 蓋讀書千卷, 雖不能盡記, 而所以充然有得需用不竭者, 必資於讀也. 今之學者, 稍有才諝, 而不嗜讀書, 其中無所有, 則比如飢肚枯腸, 神思[12]漸至索然而已. 然則書豈可一日不讀也?" 噫! 五經七書, 卽日用菽粟之類也; 諸史百家, 卽時需粱肉之味也. 其餘奇文異書[13], 艷體妙詞, 乃是薑桂奢美之屬也. 人能相須爲用, 則可見體充心

---

9) 蕩: 가본에는 '傷'으로 되어 있음.
10) 某: 저본에는 '其'로 나와 있으나 가본을 따름.
11) 琴局圖書: 가본에는 '書琴碁畫'로 되어 있음.
12) 神思: 가본에는 '神明'으로 되어 있음.
13) 異書: 가본에는 '異說'로 되어 있음.

廣, 無是[14])則餒矣. 有老人看書未竟, 歎曰: "掩卷輒忘, 雖看何益?" 是未聞尤翁所訓也歟!

1-5.
柳西崖成龍「與子弟書」, 曰: "凡讀書不在多算, 在於理會, 文之妙逕耳. 今聞汝輩讀書徹曉云, 何必窮晝夜矻矻然後得效耶? 且人至曉不寐, 則血不歸心, 致傷多矣." 嘗謂人曰: "余少時, 上淸溪山寺, 讀『孟子』三百遍, 來時, 馬上聯誦已畢. 其後, 奔走仕宦, 不復讀書, 自登弟後, 至典文衡, 凡諸需用, 皆由此三百讀. 若使余其時加讀數百遍, 則到今副急有裕, 必不艱屯矣." 西崖當壬辰之亂, 習書旁午, 而口呼成文, 迅如風雨, 煥然成章, 眞奇才也. 蓋宰相須用讀書人, 西厓可以當之矣.

1-6.
凡學者做讀相資, 或不多讀而能屬文者, 是見天才之超逸也. 或讀累十卷而不能作一句者, 有之, 近世之明經西道人, 是也. 腹中儲七書, 而口不能吐辭者, 何歟? 是專以記誦爲主, 不習製作而然也. 然則製述, 亦在於自幼習之, 而至於善鳴, 非才則難矣. 故有云: "持一斗文, 而有用一升文者; 持一升文, 而有用一斗文者." 此亦善喩也. 昔有兒讀『千字文』, 僅十字而作句, 曰: '日月盈天地.' 有讀史至「殷紀」, 而適'射雉獲之煮食', 而賦之曰: '飛雉升山雛, 彎弓仰射之, 剖而觀其心, 加之炭火上.' 此皆引用所讀中句語, 裒而成之, 若多讀至累百卷, 則其贍富需用, 當如何耶? 昔人有問蘇長

---

14) 是: 저본에는 빠져 있으나 가본에 의거하여 보충함.

公曰: "何以則能文章乎?" 曰: "多讀." 請益曰: "多作." 然則以坡翁之才所成就者, 只在於多讀多作而已. 余有一親知, 幼時才藝絶倫, 每見受學, 終日不讀, 而翌朝能誦之. 終年不製, 而每科能作之, 余以爲神矣. 及至老衰以後, 漸見消15)耗, 當場春筆不成一句, 但獵句乞字於人, 惜乎! 無源之水, 豈能長流不止; 本虛之瓮, 何能需用不竭? 方其年富氣盛16), 恃才而不力; 及其志衰神17)耗, 撫躬而自欺, 何嗟及矣?

1-7.

諺云: "昔有唐皐者, 讀書萬卷, 每擧輒屈, 而終不爲挫, 讀之愈勤. 一日, 樑上有言者, 曰: '愈讀愈不中, 唐皐其如命何?' 唐皐18)聞之, 愈高聲而讀之. 如此者累年, 又一日樑上有言, 曰: '愈不中愈讀, 命如唐皐何?' 後果得嵬捷." 此見誠之所到, 可以勝天.

1-8.

正廟時, 濟州有一儒生, 與人訟山寃屈, 思欲洗恥, 乃裹足上京, 直投一卿宰家, 納拜後, 問科第捷徑. 其子方妙年, 爲學業, 留置冊舍, 授東表數卷, 令誦之, 晝夜讀習. 期年誦數千首, 因使作之, 未滿百首, 已老鍊不可及. 値設柑製, 主人同携入場, 御製揭耽羅守臣進橘, 卽起而請于主人, 曰: "人貴不忘德, 遐土寡識, 今做科表, 是誰之恩? 願爲執事先製以呈, 何如?" 主人嘉其意而許之. 及出

---

15) 消: 가본에는 '衰'로 되어 있음.
16) 年富氣盛: 가본에는 '氣盛年富'로 되어 있음.
17) 神: 가본에는 '氣'로 되어 있음.
18) 皐: 저본에는 '高'로 나와 있으나 가본에 의거하여 바로잡음.

榜, 主人居首, 客爲次, 竝賜第入侍, 上細問其所由, 乃悉陳之. 放榜後, 直拜臺啣, 乘馹下送, 訟者惻於風稜, 因自退. 後官至緋玉.

1-9.

徐參判命九, 少時貧窮, 居抱川山下, 躬爲柴商, 而又治經工. 每駄柴入京, 必裹道服, 加諸牛背, 始一袞經, 且誦且行, 口不絶聲. 至東門內, 賣柴後, 繫牛於客店, 卽着道服[19], 遍行一城, 歷訪顯族與知舊中名士, 翌曉出城, 又誦如初. 以故, 雖窮居鄕廬, 親執卑事, 而不廢工夫, 不絶交遊. 如是累年, 竟得成功, 歷踐淸要, 位躋亞卿. 此見氣力有過人者, 近來人以爲心無二致, 讀習文字者, 不顧家産, 多有窮餓; 汩沒生業[20]者, 抛棄學文, 未免蚩蠢, 蓋兼治者鮮矣. 李相國書九, 居永平鄕第, 訓子弟詩, 曰: '居鄕事業二其端, 於耕於讀[21]廢一難. 專務鋤犁昧識見, 徒探書籍奈飢寒.' 結句曰 '在古嘗聞兼' 者, 有唐之董子, 漢兒寬小子, 宜深識之.

1-10.

仁宗御製詩, 曰: '一家有兩婦, 巧拙百無敵. 拙者念其拙, 一日織一尺. 巧者恃其巧, 百尺期一日. 理鬟學宮粧, 好逐花間蝶. 逐蝶又折花, 長笑拙者織. 秋風一夕至, 萬戶砧聲急. 拙者先裁衣, 歌舞堂前月. 巧者悔何及, 天寒翠袖薄. 呵手泣機上, 梭寒易抛擲[22]. 難將花與蝶, 敵此風霜夕.' 此蓋警學之辭也. 余自兒時, 吟誦此詩,

---

19) 道服: 가본에는 '道袍'로 되어 있음.
20) 生業: 가본에는 '生産'으로 되어 있음.
21) 於耕於讀: 가본에는 '於讀於耕'으로 되어 있음.
22) 易抛擲: 저본에는 '抛易擲'으로 나와 있으나 『列聖御製』에 의거하여 바로잡음.

以爲可抵「無逸」一篇, 玆以錄之.

1-11.

有三箇叉鬟, 聚汲於井, 皆人家炊爨. 一日, 吾家公子常讀書, 作逐猫之聲, 曰: "底怪樣這怪樣!" 竟獲[23]登第, 是乃讀「離騷經」, 帝高陽之苗裔者也, 可知其以賦成功矣. 一日, 吾家公子讀書, 常作呼狗之聲, 曰: "月而月而!" 亦得高第, 是乃讀「哀江南」, 奥以戊辰之年者也, 可知其以表見捷矣. 一日, 吾家公子讀書, 必呼, "朴阿之朴阿之!" 亦中魁科, 是乃讀韓文「原道」'博愛之', 謂仁者也, 可知其以策而得中矣. 蓋於科體, 人各有所長, 而必得力於讀數然後, 乃能有成也. 此雖巷談, 亦足爲兒輩勸戒.

初學勸戒

1-12.

近世初學之童, 雖或有聰俊, 日日課讀, 而不能將就者, 專由於心麤氣傲. 不能尋思力究, 無所疑難, 口雖讀之, 有若行雲流水, 終無見效, 良可惜哉! 昔有一學童, 纔四五歲, 讀『史略』, 至'燧人氏始鑽燧', 問於先生曰: "燧人氏以前, 固無火歟?" 先生曰: "然." 曰: "然則地皇氏火德王, 未知何處得火?" 先生無以應, 後果能切蹉, 終成大儒. 又有二童子, 其一七八歲, 一五六歲, 讀史, 至'齊威王烹阿大夫及賞譽'者, 大兒問曰: "毁卽墨大夫者, 何以無罰?" 先生未及對, 小兒從旁言曰: "此非難疑處, 譽阿者, 卽毁卽墨者也,[24] 何必

---

[23] 獲: 가본에는 '得'으로 되어 있음.
[24] 卽毁卽墨者也: 저본에는 '也'로 나와 있으나 가본에 의거함.

煩問?" 蓋大兒之設問者, 已於書能不忽看夬, 有進就之漸, 而小兒之不問而知之者, 其進豈可量哉? 兩兒俱能篤學, 皆獲成就, 而其造詣, 終不無優劣焉.

1-13.

初學之病, 最在於不肯着心, 雖讀不能記存. 古人詩有, 曰: '十里江山和睡過, 箇中風景問何如? 他時若便還回馬, 身是重來眼是初.' 此善喩也. 至於才鈍, 苟能勤課, 則亦必困而得之, 比如人之行遠. 其至雖有早晏[25], 若不中道而止, 則畢竟至於至處學者各有地步, 雖有造詣之淺深, 乃若成就, 則固不在於才之高下. 試以聖學言之, 曾子之魯, 未嘗不及於子貢之達也; 子夏之篤, 終不有遜於冉求之藝也. 昔礪城君宋寅之婢石介, 自外邑入充鈴下之役, 宋家豪富, 粉鉛珠翠, 彌滿左右, 日習歌舞. 使石介戴桶汲水, 石介掛桶井欄, 終日唱歌, 歌不成調, 如樵童茱[26]女之謳, 而猶不自已. 日暮必空桶而歸, 受笞罵不悛, 復使挑茱出郊, 必措筐於田中, 多拾小石子, 唱一曲, 投一石於筐中, 筐既盈, 逐曲出一石, 盈而復瀉, 日暮又空筐而返. 每日如此, 礪城聞而奇之, 使之學歌, 竟爲長安名唱, 雕鞍繡裙, 日赴大家宴會, 纏頭金帛, 不知其數, 終作富家媼. 噫! 凡諸技藝, 莫不勤而後成, 奚獨石介之歌爲然? 凡爲學者亦然.

1-14.

李敎官聖錫, 與柳夢寅爲中表兄弟, 敎初學, 作「自牖篇」, 以諺書解之, 令童子易曉. 請柳作序, 柳序之, 曰: "昔伏羲氏不讀一書,

---

[25] 早晏: 가본에는 '早晩'으로 되어 있음.
[26] 茱: 저본에는 '采'로 나와 있으나 가본을 따름. 서로 통함.

能畫八卦, 其時龍馬負圖而出. 吾表兄李聖錫氏, 亦不讀一書, 而能作「自牖篇」, 或者龍馬負書而出耶!"白沙李公, 常夜誦其序, 不覺獨臥而笑.

師友補益

1-15.

余兒時, 讀經史, 殆盡兼能作句, 然短於文理, 每於句讀, 多不能通念曉析, 未免鹵莽糊突. 驪湖丈人李大在氏, 爲溫陵[27]寢郞, 與先人有雅, 來往隣齋, 以余爲可敎之子, 勸余來學. 余與伯氏, 挾冊而往. 凡二周年, 經傳受敎者甚多. 李公自言, "受業於驪州山林李直輔·閔彝顯氏, 多有學問之工." 而常警余, 曰: "汝所讀雖多, 心麤氣率, 無思索之功, 甚爲可惜." 每於經旨, 循循善誘, 不啻丁寧, 而余時年幼, 不能銘心專致, 至今悔恨. 然常對冊臨讀先入之言, 猶尙在耳, 有不敢忘矣. 旣冠, 聘君權公, 篤於功令之文, 嘗爲余言, '製作之需用, 莫如古文.' 余於是, 讀古文百餘篇七八百遍. 自其後, 文理稍長, 老而多益, 先輩訓迪之功, 是豈少補云歟!

1-16.

古者, 人士成就才行, 必資於師友之益, 蓋其薰陶德性, 優遊涵泳於詩禮之間, 自然觀感而化之. 故林下讀書之士, 往往以師道, 自居開門授徒, 而後生少年摳衣從之者, 多矣. 近世以來, 人皆以仕進爲心, 從事於科臼文藝之間, 不知有經行師授之道, 流俗漸

---

27) 陵: 저본에는 빠져 있으나 가본에 의거하여 보충함.

澆, 未免蚩貿, 可爲寒心. 余於年前徒步行, 近峽數十里地, 路遇暴雨, 衣履沒濕, 急投一村舍, 請歇[28], 主人曰安氏, 而不事脩飾, 甚見質野. 有一少年, 容體端雅, 言動安詳, 出而迎之, 乃主人之子也[29]. 勸脫濕衣, 親自乾淨, 延入室中, 斂膝而[30]危坐, 應對酬酢, 循循有常. 余心異之, 仍留宿[31]. 翌朝得晴而起, 又出門拜送, 甚有禮貌. 歸後聞諸人, 乃執贄於露湖洪祭酒門, 數年讀學而來者也. 不然, 村秀才子何以能然? 若使爲人子弟少年, 皆能若是, 則儒風禮俗, 皆可爲鄒魯之鄕, 師門敎學之功, 惡可已歟?

通史辨義

1-17.

余嘗敎小兒『史略』初章, 有二客來, 坐於旁, 甲曰: "人莫不以『史略』, 敎初學而能通文義者, 鮮矣." 乙曰: "『史略』有何深義耶?" 甲曰: "所謂天皇·地皇·人皇, 果有之而稱乎! 在[32]書契以前, 何以知其有三皇耶?" 乙曰: "是蓋以天地人三才言之, 天開而後地闢, 地闢而後人生, 故以此而托言者也." 甲曰: "纔有天地, 便有五行均爲之用, 則天皇何以木德王, 地皇何以火德王耶?" 乙曰: "天三生木, 故曰'木德'地二生火', 故曰'火德'." 甲曰: "天一生水, 則何不以始生之水, 而必取於木耶?" 乙不能對, 甲曰: "『尙書』曰: '地平天成.' 天不能獨運, 而必待地功, 故取諸地生火之後而言木也." 乙乃服, 甲

---

28) 歇: 가본에는 '謁'로 되어 있음.
29) 也: 저본에는 빠져 있으나 가본에 의거하여 보충함.
30) 而: 저본에는 빠져 있으나 가본에 의거하여 보충함.
31) 留宿: 저본에는 '宿留'로 나와 있으나 가본을 따름.
32) 在: 가본에는 '有'로 되어 있음.

又曰: "歲起攝提, 攝提卽寅也. 天開於子, 則何謂起於攝提耶?" 乙又不能對. 甲曰: "天所施功, 必待於人, 而人生於寅, 故曰: '歲起攝提.'" 又問曰: "天皇兄弟爲十二人, 地皇兄弟爲十一人, 君知其義耶?" 乙曰: "天開於子, 故自子至亥爲十二也. 地闢於丑, 故自丑至亥爲十一也." 甲曰: "然矣. 人生於寅, 則人皇兄弟, 當爲十人而稱九人者, 何也?" 乙又不能對. 甲曰: "人生於[33]寅會, 而至戌會, 而終至於亥, 會則天地消復人之類, 盡矣. 故自寅至戌爲九人也." 又問曰: "天皇曰'木德王', 地皇曰'火德王', 而人皇獨不言某德王, 何也?" 乙又不能對. 甲曰: "此非難解, 大人者與天地合其德, 則又何別稱其某德王耶?" 又問曰: "三皇兄弟, 各一萬八千歲, 君能言之耶?" 乙曰: "本註云: '八千當作八百.' 而余未解其所以, 願詳言之." 甲曰: "歲者指日也, 一年爲三百六十日, 則三十年合爲一萬八百日也. 蓋三十年爲一世, 而三皇兄弟, 各以一世言之, 故曰: '一萬八百歲.' 其言甚詳, 令人瞭然. 余嘗按邵子『皇極經世書』, 以爲一元爲十二會, 一會爲一萬八千歲, 而自伏羲爲寅會, 至唐堯爲午會. 蓋自唐堯甲辰, 至明崇禎末年, 不過爲四千七年, 則午會之終, 尙遠矣. 是不敢質言者也." 甲又曰: "在「帝堯紀」曰: '華封人請祝聖人, 使聖人壽福多男子, 上聖人指華山之神也, 下聖人指堯也.' 若混以爲指堯, 則非矣. 在「舜帝紀」, 百工相和而歌曰: '卿雲爛兮, 禮漫漫兮.' 此誤以豊漫漫爲禮漫漫, 按『漢書』「五行志」, 以爲五色雲興, 百穀豊楺, 則豊字誤刊爲禮字, 明矣. 世人不知其註, 而仍襲謬, 以敎蒙學, 故吾所以曰: '知『史略』文義者, 鮮矣.' 又『通鑑』曰: '智伯請地於韓康子, 又求地於魏桓子及趙襄子, 求與請二者之間,

---

33) 於: 저본에는 빠져 있으나 가본에 의거하여 보충함.

不可無辨.' 蓋請云者, 難於發言, 而强以請之者也. 求云者, 略無所難, 而例以求之者也. 智伯欲得地於韓氏, 嘗試之計, 猶有顧瞻底意, 故曰: '請地旣得於韓氏之後, 貪慾滋長, 驕心乃生, 其視趙魏, 以爲開口必得.' 故曰: '求地作史者, 洞悉智伯之心, 而乃以請求二字, 分而言之, 則下字之法, 間不容髮, 而讀之者, 乃泛視而忽看.' 至於經傳之微辭奧旨, 豈能理會而有得耶?" 余因述其語而錄之.

國朝典故

1-18.

世之教初學者, 莫不以通史爲先, 蓋上下數千百年, 歷代帝王人物, 治亂賢否, 略入於聞見然後, 免於固陋之科耳. 是以, 我東人於中國事, 無不暸焉[34], 若身履目睹, 而獨於本朝事實, 多茫昧, 正如身在此山, 而不得見此山之眞面目者也. 故昔丈巖鄭公澔, 取東國史, 上自檀君, 下訖麗季, 抄出若干條, 有關於治亂興廢者, 以附于曾氏『史略』·『歷代記年』之下編, 摩入刊以便蒙學, 其開來啓後之功, 甚多. 然至於本朝事, 亦未遑焉. 蓋自我太祖受命以來, 列聖相承, 政謨畢備, 諸賢輩出, 其道德·貞忠·文章·勳業, 表著於時者, 蓋不能歷述枚擧, 而若使鹵莽莫甚, 墻面而立, 則豈不甚惜? 玆用略撮國朝典故, 雜出於記載者, 并采閭巷流傳之談, 以敍其梗槪, 而間亦竊附近世之所見聞者, 以爲論斷焉.

---

34) 暸焉: 가본에는 '暸然'으로 되어 있음.

肇基本末

1-19.

我太祖微時, 嘗有事於七星之神. 有一人, 夜宿路旁, 古樹腹中有呼者, 曰: "今者, 李侍中行淨, 供于某神, 余欲往與其飯, 君可偕往否?" 樹中有應者, 曰: "有客不得往." 少選, 又來呼曰: "今夜諸聖俱臨, 有不淨潔, 皆怒而去, 余亦空返矣." 其人未明, 直抵太祖之第, 納謁, 具告其事, 太祖遂館置之齋. 數日, 又將有事, 令其人先往復宿於樹中. 又有呼曰: "今日, 李侍中更有神事, 欲與之偕往[35]." 樹中應之, 曰: "前日客又來, 余不得往." 良久, 又來呼曰: "今日, 李侍中極其誠潔, 諸聖皆以爲不可無報, 以三韓地爲賞. 余亦頓飽而還矣." 其人來告如是, 太祖心獨喜, 厚待而送之. 及陟位, 遂不知去向云.

1-20.

太祖嘗寓安邊, 夢萬家鷄一時盡鳴, 又入破屋, 負三椽而出, 又花落鏡墜, 忽驚寤. 旁有一老嫗, 問其兆, 嫗曰: "此非幺[36]麽女人所知, 雪峰山土窟中有異僧, 可往叩之." 如其言往訪, 果有神僧, 禮而問之, 僧賀曰: "萬家鷄唱, 高貴位也; 身負三椽, 王字也. 花落終有實, 鏡墜豈無聲? 此乃興王之兆." 太祖大喜, 卽於其地, 創一寺, 名曰'釋王', 大脩水陸道場. 按昔漢光武, 夢與王莽大戰, 忽遇五隻大羊, 拿往一隻, 騎於背上, 執其角, 角落, 挽其尾, 尾脫. 以爲不祥, 問於蔡少翁, 少翁曰: "甚吉! 可得南陽五縣, 羊去其角尾, 乃一

---

35) 往: 저본에는 빠져 있으나 가본에 의거하여 보충함.
36) 幺: 저본에는 '天'로 나와 있으나 가본에 의거함.

王字." 是與太祖釋王, 千載一般.

1-21.

太祖遭桓祖喪, 思得吉地以葬, 而難以遂意. 一日, 樵童往于山, 見兩箇緇髡在山上下, 或坐或立, 其長者曰: "下者雖應地法, 不過將相[37]稍上者, 當世出王侯." 二人相語周章, 樵童潛於林中, 聞其語, 走告太祖. 太祖不遑命駕, 驟騎立迹之, 追及於十餘里, 下馬再拜, 曰: "某有陋舍, 願尊師暫屈." 二人辭以行遠不肯, 太祖叩頭跪[38]請甚誠[39], 遂與俱歸, 禮接之. 翌日, 始告曰: "某願卜一善地, 乞尊師幸敎之!" 二人拂袖而起, 曰: "貧道只雲遊四方, 靑烏錦囊之術, 未之嘗聞." 太祖強挽而止. 明日, 再拜復請, 少者曰: "人之厚意, 豈忍負之?" 長者曰: "然則當指示其處耳." 遂與上山, 植杖而語曰: "第一穴, 王侯之地; 第二穴, 將相之地, 請擇於斯二者." 太祖曰: "願就第一." 長者曰: "無乃過乎?" 遂不顧而去. 長者卽懶翁, 次者無學上人云.

1-22.

太祖旣登寶位, 物色訪無學上人, 三道方伯, 竝路索之. 至谷山界, 聞高達山有一僧, 搆草屋以捿. 乃舍其騶, 從入其洞, 掛三印於松樹枝, 徒[40]步而前, 見一老禪手鋤菜田, 就前, 問曰: "大師有何所見而卜居於此?" 曰: "當前三峯, 是爲三印, 當有三道方伯掛印." 來

---

[37] 相: 저본에는 '上'으로 나와 있으나 가본에 의거하여 바로잡음.
[38] 跪: 저본에는 '詭'로 나와 있으나 가본에 의거하여 바로잡음.
[39] 誠: 저본에는 '盛'으로 나와 있으나 가본을 따름.
[40] 徒: 저본에는 '從'으로 나와 있으나 가본에 의거함.

訪三人, 雀躍而執其手, 曰: "子非無學耶?" 因與俱歸. 上召見大喜, 問定都之地, 乃卜漢陽, 曰: "以仁王作鎭, 白岳·南山爲龍虎." 鄭道傳曰: "自古, 帝王無不南面而治, 未聞東向." 無學曰: "不從吾言, 不出二百年, 當思吾言矣." 太祖又問藏弓劍之所, 無學指定於東郊, 曰: "殿下子孫, 世世宜葬於此." 今健元陵, 是也. 太祖曰: "予從此忘憂." 故名其地, 曰'忘憂里'. 昔羅僧道詵, 爲麗太祖定都松京, 登滿月臺, 周覽形勝, 曰: "當享八百年, 可賀!" 俄而, 浮靄捲於東南, 漢陽三角, 屹然照見, 道詵乃茫然自失, 曰: "彼爲辰方, 敵[41]旗未及, 五百年大運, 當移於彼矣." 遂造石犬七十五頭及長明燈, 坐於子男山下, 以爲吠賊壓勝之狀, 果至四百七十五年而亡. 無學自道峯尋龍, 至三角山, 過萬頃臺, 坐楊鐵坪, 方欲定基. 旣而, 上後峯, 見一石碑刻, 曰: '無學誤尋龍到此.' 此[42]乃道詵所記也. 遂改路, 向白岳山下. 世傳, 道詵唐時入中國, 學於一行, 一行曰: "吾聞三韓山水, 勢多背馳, 干戈數興, 變亂累起, 誠由於地脈不調之致也. 汝試畫東方山川以來." 道詵卽畫[43]進之, 一行就圖中, 點三千八百區, 曰: "人有急病, 尋得血脈, 或鍼或灸, 可以得痊, 吾將使東人爲太平民, 此乃佛子慈悲處也." 仍又曰: "汝國靑木下有王姓居焉, 明年必生貴子, 將爲三韓之主, 須訪此人." 道詵旣還, 訪靑木下有王隆者, 方營第於旁. 道詵過之, 曰: "種稻之田, 何種麻耶?" 隆倒屣追及, 一見如舊, 共登鵠嶺, 尋山水之脈, 曰: "此地作君明堂, 明年必生聖子." 隆從其言, 築室以居, 妻果有娠, 生男, 是爲麗太祖. 年十七, 道詵復之請見, 曰: "蒼生待君弘濟." 因告以

---

[41] 敵: 가본에는 '賊'으로 되어 있음.
[42] 此: 저본에는 빠져 있으나 가본에 의거하여 보충함.
[43] 畫: 가본에는 '圖'로 되어 있음.

出師置陣之法, 天時地利之說. 後封爲國師云.

1-23.

太祖善騎射, 有神勇. 嘗以[44]從辛禑出獵, 射鹿四十, 皆中其脊, 逐鹿至絶壁, 高數十丈, 勢欹側, 人不能下, 鹿滑下. 太祖亦策馬滑下, 至底, 馬蹶未起, 卽射鹿殪之. 每遇伏雉, 必令驚飛, 高至數丈而後, 仰射輒中. 又作木毬, 大如梨, 令人於五六十步, 仰擲之, 以幞頭射之, 無不中. 然謙退自居, 不欲多上於人, 每射帿, 但視其禑[45]籌之多少, 纔令與禑相等而已. 麗末, 倭奴[46]入北塞, 太祖自請往擊之, 至咸州, 有一松樹在七十步. 太祖因誓于衆, 曰: "我射第幾枝第幾松子, 以卜其勝." 卽以柳葉箭, 七發七中, 皆如所命. 於是, 軍士蹈舞, 勇氣自倍. 明日, 直至賊所, 五十餘發, 皆中其面, 莫不應弦而倒, 因以單騎衝突, 所向披靡, 遂得大捷. 倭人嘗寇下三道, 太祖爲都巡察使, 往擊之, 有一賊將, 號曰'阿只拔都', 驍勇無比, 着黃金甲胄, 護頂面, 無隙可射. 太祖謂佟豆蘭曰: "我射彼兜鍪頂子令脫, 汝可射殪之." 遂中絶纓而側, 其人急整之, 太祖又射中上蒂, 假面半揭, 豆蘭隨而射殺之. 賊衆遂挫, 因奮擊大破之, 振旅而還. 百官出迎, 權陽村近以詩賀, 曰: '三千心與德相同, 師律如今盡在公. 許國忠誠明貫日, 摧鋒壯氣[47]凜生風. 彤弓赫赫恩榮重, 白羽巍巍氣勢雄. 一自旋凱[48]宗社定, 須[49]知馬上有奇功.' 由

---

44) 以: 저본에는 빠져 있으나 가본에 의거하여 보충함.
45) 禑: 저본에는 '稠'로 나와 있으나 가본에 의거함.
46) 倭奴: 가본에는 '倭虜'로 되어 있음.
47) 壯氣: 『陽村集』에는 '勇烈'로 되어 있음.
48) 旋凱: 『陽村集』에는 '凱旋'으로 되어 있음.
49) 須: 저본에는 '預'로 나와 있으나 가본과 『陽村集』에 의거함.

是, 威名大振, 受禪開國之業, 實自其時而始矣.

1-24.[50]

太祖嘗與佟豆蘭, 同遊街上, 見一里婦戴水盆而過, 太祖先以彈丸中盆穿穴, 水未及出, 豆蘭隨發泥丸, 以塞之. 嘗幷逐一鹿, 忽遇僵樹當前, 鹿從樹底而走, 豆蘭勒馬回去. 太祖超踰其上, 馬出其下, 卽及騎追射獲之. 豆蘭歎曰: "公天才, 非人力所及!" 世傳, 豆蘭嘗忌疑太祖, 心欲害之, 一日昏, 太祖如厠, 豆蘭彎弓射之, 連發三矢. 意其必死, 太祖輒以手隨射隨執, 卽以三矢還之, 豆蘭大驚服. 自此, 不敢有異心, 贊成大業, 賜姓名'李之蘭', 世爲宦族.

立國規模

1-25.

麗季政亂, 四敎陵夷, 六典乖廢. 我太祖開國之初, 命鄭道傳究考典籍, 撰[51]定規模, 一初之定, 可謂新矣. 而猶有未備, 至世宗祖, 聖德天縱高出百王, 勵精圖治, 興滯補弊. 有若臣黃喜之徒, 對揚王休治具畢, 張禮樂文物, 於斯爲盛, 至今四百有餘年, 遵而行之者, 甚多. 如今各陵祭享, 不用肉膳, 或以爲堂堂千乘之國, 用素饌[52]於享祀者, 以未免前朝崇佛之習, 譏之. 然當時, 以爲始雖不難, 至於累世之後, 物力不能繼給, 故如是. 到今觀之, 本朝陵寢, 已爲四十餘所, 而四節及忌辰, 每宰用大牛, 則此亦非難繼之道

---

50) 가본에는 23화와 24화가 나뉘어 있지 않음.
51) 撰: 저본에는 '選'으로 나와 있으나 가본을 따름.
52) 饌: 가본에는 '膳'으로 되어 있음.

乎? 故列聖以來, 治法政謀, 每多損益, 而至此一款, 不敢更議, 此豈非一定之規爲萬世長遠之慮者歟!

1-26.

京司吏隷中, 戶曹惠廳, 皆有原定料布, 甚爲饒厚. 秋曹京兆, 無恒定應食, 極爲殘薄, 其意深且遠矣. 蓋戶惠財穀之府也, 典守者之偸弄, 勢所必然, 而苟以得失爲患, 則人必自愛而重犯法, 故必使饒厚其料, 以防其弊也. 刑漢, 乃刑法之司也, 犯罪者, 苟不容貸, 則人無所措手足, 而吏隷若以厚料, 有患於得失, 則必於罪囚不顧情債例受, 將無一毫用私, 故必使冷薄其食, 令罪者得有所容也. 此皆國初黃翼成公, 爲國家長遠慮也. 金吾亦古之廷尉, 而入者多死, 故以生旺之方, 向南爲府, 重囚必於南間, 亦先王好生之仁也夫!

治教右文

1-27.

太祖素重學文, 雖在軍旅之中, 每引當時名儒, 商確經史, 或夜分不寐. 以家門未有業儒, 令太宗就學, 勸讀甚勤. 辛禑時, 太宗登第, 及拜提學, 太祖甚喜, 令人讀官, 敎至于再三, 每宴會賓客, 必令太宗聯句. 後定宗置集賢殿, 文宗設明經科, 聖朝右文之化, 豈非自太祖啓之耶?

1-28.

世宗朝, 建宗學, 選文行者, 爲博士, 以敎宗親. 時順平君年四十, 不識一字, 始讀『孝經』, 學官敎開宗明義章七字, 君不能讀, 曰: "僕老鈍, 只受開宗二字, 足矣." 遂於馬上讀不撒, 謂其奴曰: "汝亦記念開宗, 以碑吾忘." 臨歿, 曰: "吾亦惡死, 但永謝開宗學, 是爲快活云."

1-29.

國初無明經科, 專以製述取人, 諸儒徒事騈驪, 不習經術. 文宗嘗親臨講, 問: "有讀『尙書』'盡傷'之盡, 爲盡字; 有周雅'殿屎'之屎, 爲米字; 以『春秋』'鄭突'之突, 爲突, 然以『戴記』「檀弓」, 爲檀木之弓." 於是, 始議講科之法, 每式有東堂以受七書, 『春秋』有殿講, 以試一經國朝科[53]試之方, 畢備於斯, 而赴擧者, 以此爲終南捷徑. 自古, 名碩以講科進身者, 多矣. 自是之後, 諸儒專以記誦爲主, 不習製作七書, 則幷註釋突誦, 而詩賦則不能開口, 往往自歸於無識之科. 故比於製科落下一層, 不得爲文任. 噫! 近世人士, 苟不事文學, 而僥倖登第, 不免爲伏獵. 侍郎金根學士, 則講科之獨枳於文任者, 豈不冤耶?

激發人才

1-30.

凡人才之盛衰, 有係於世道之汚隆. 蓋自國初以來, 人物之興, 不可僂[54]指, 而禮敎文治, 輔導迪哲, 莫盛於世宗朝; 板蕩事變, 共理經濟, 必稱宣廟之世; 蒐羅遠邇, 雜進需用, 可觀於正廟之時. 此

---

53) 科: 가본에는 '課'로 되어 있음.
54) 僂: 저본에는 '縷'로 나와 있으나 가본에 의거하여 바로잡음.

非徒氣數之興旺, 亦由於培養之得宜. 說者曰: "卽今爲下[55]元甲子之末, 故運季數盡, 人才不出." 噫! 差過數十年, 則復覩上元文明之會, 而吾有未及之歎, 何哉?

1-31.

成廟朝, 湖南一儒生, 當科時, 入泮宮, 要與諸生同做, 不許, 無聊而歸. 過宮墻門, 門內深閴, 花柳方濃[56], 因入周覽. 上以肩輿出來, 其人未及廻避, 因伏地, 上問: "汝是何人, 乃敢入此?" 具以實對, 上曰: "能詩乎?" 對曰: "粗解耳." 上爲一句, 曰: '金銀不寶良臣寶.' 使續之, 卽對曰: '日月非明聖主明.' 上大奇之, 曰: "國家設科, 本爲取才, 而汝之才, 吾旣試之, 當賜第." 因給紅牌, 曰: "汝懷此入泮宮[57], 夸示諸生." 其人如其敎, 莫不驚歎. 嘗値上巳, 上遊後苑, 命別監潛往泮宮, 探居齋幾人. 少頃, 還報曰: "擧皆出遊, 獨有一人留耳." 上開後苑門, 急令召入, 問曰: "諸生皆出, 爾何獨留?" 對曰: "今日令節, 或多歸覲, 又或賞玩, 而臣遠方寒士, 無伴相招, 故留矣." 上曰: "諸生今在何處?" 對曰: "方會碧松亭閑話." 上曰: "汝試往其處." 其人辭出而往參焉. 俄而, 中官奉御膳酒饌, 置諸其人之前, 招諸生共之, 衆皆大驚. 翌日殿講, 其人賜[58]第.

1-32.

文治之盛, 莫如我正廟時, 專由於培養人才, 鼓動士風[59]而然也.

---

55) 下: 가본에는 '上'으로 되어 있음.
56) 濃: 가본에는 '盛'으로 되어 있음.
57) 宮: 저본에는 빠져 있으나 가본에 의거하여 보충함.
58) 賜: 저본에는 '賜賜'로 나와 있으나 가본에 의거함.
59) 風: 저본에는 '氣'로 나와 있으나 가본을 따름.

每月設日次應製, 以課做讀. 時孔胤恒, 卽利川土族也. 以孔子後
裔, 特命居齋, 以孟賢大爲其先進, 使敎之講. 親臨到記, 出「關雎」
章, 胤恒不能通, 卽召孟賢大責之, 曰: "以孟子之孫, 敎孔子之孫,
豈若是怠慢?"兩人皆沾汗而退. 其後殿講, 又出「關[60]雎」, 胤恒又
不通, 至第三次, 又出「關雎」章, 始通賜第. 蓋孔氏雖稱孔子之孫,
本於吾東爲稀姓寒微, 而如是奬拔. 胤恒官至銀臺, 又命齋窠四十
人內孔氏一人, 常令久任, 至今不廢. 其後, 登第者數人, 每於節製
與應製, 或出弄題, 或出於奇文僻書, 以試諸儒之該博. 嘗設人製
命題'一二三四五六七'[61], 乃杜甫人日詩也, 呈券者, 多不知其解.
其後, 三製命題'七千七百七十丈', 此卽古詩詠霍山者也. 因敎曰:
"嚮日人製, 不知題義[62], 而書呈者有之, 以冀僥倖, 誠可駭[63]惋. 今
日不知題解者, 卽各起出勿復!"前習諸生惶懼, 卷席荷擔而出者,
已過半矣. 後數日, 復設應製, 命題'是心足以王', 連紙謄「穀觫」章
一篇, 揭于題旁, 敎曰: "近來諸儒, 不勤讀書, 出題於古詩, 則多不
知解, 入場還出, 實爲寒心. 今日則特揭解題, 宜各製呈."其激勵[64]
漸磨之道, 多類此. 嘗於小科會試, 出榜日, 特設鵑製, 親臨春塘
臺, 命坼[65]榜呼名以入, 進士二百人, 處處應呼, 榮耀倍加, 而落榜
者益無聊矣. 呼榜已畢, 有例次五張, 上曰: "彼豈無向隅之歎乎?"
卽命盡坼加出五人, 及坼一封, 乃宋欽詩, 卽大老之孫也. 天顔喜
動, 促令召入, 敎曰: "吾今日爲此格外之擧者, 似爲汝地也."卽命

---

60) 關: 저본에는 '開'로 나와 있으나 의미상 바로잡음.
61) 一二三四五六七: 가본에는 '一二三四五'로 되어 있음.
62) 義: 가본에는 '意'로 되어 있음.
63) 駭: 저본에는 '解'로 나와 있으나 가본에 의거함.
64) 勵: 저본에는 '厲'로 나와 있으나 가본을 따름.
65) 坼: 저본에는 '析'으로 나와 있으나 가본에 의거하여 바로잡음.

賜樂. 嘗命內侍急往泮宮, 稱御命, 收齋儒梳帖以來. 元來窮寒諸生, 貯其梳具, 無一整齊, 而其中一儒, 本性簡精, 疏塵滌垢, 裹用新紙. 翌日, 內侍還頒於各房, 因命淨梳者入侍, 敎曰: "爾一事精, 必百事精[66], 余甚嘉賞." 分[67]付銓曹, 特除初仕. 自此以後, 諸儒爭治梳具, 無復舊污, 而一儒獨以爲, '適有是事, 復何希覬?' 仍舊不改居. 未幾, 內侍不時奉命, 又收梳帖以去, 其人悚惶無地, 只俟罪命下矣. 明日召入, 敎曰: "諸儒中, 爾獨有操執, 不易其素, 余亦嘉之." 卽又命調用, 此豈非變化不測之至耶? 洛中諸儒, 當科年, 出接于北漢寺, 招朋挈儔, 訪花尋酒, 不覺日暮. 初更至南大門, 門閉, 呼門卒開門, 不應, 醉徒以石打破, 兩肩[68]而入門. 卒走告管城所, 草記上聞, 諸生禍將不測, 敎曰: "多士之氣岸如此, 足見國家培養之效." 卽令該營, 給米五十石·肉百斤, 以助工糧. 又一泮儒, 醉臥於集春門宮墻外, 爲更卒所拘, 以至上達, 又敎曰: "此儒風致可尙!" 令養賢庫, 特賜酒·米十石. 此等處分, 莫非出於[69]尋常萬萬者也. 古者, 泮儒支供米, 朝夕不過一升, 窮儒率子而來處者, 不得充腸. 每飯捉入食母, 行威作暴, 成一痼弊. 英廟朝, 有一近臣, 悉陳其狀, 請禁齋儒之率子者, 上曰: "諸生苟能率子而敎之, 則他日皆當成就爲吾之輔翼也." 卽命泮長入侍, 區畫加飯. 今日進士之飯, 其高以尺者, 乃自其時始之也. 猗歟盛矣! 我聖朝待士之厚, 是見其家法也歟!

---

(66) 精: 가본에는 '淨'으로 되어 있음.
(67) 分: 저본에는 빠져 있으나 가본에 의거하여 보충함.
(68) 肩: 저본에는 '肩'으로 나와 있으나 가본에 의거함.
(69) 於: 저본에는 빠져 있으나 가본에 의거하여 보충함.

盛德美事

1-33.

近郊陵寢中, 光陵幅員最廣, 其始封四十里標禁養, 累百年樹木甚密, 犯斫尤多. 凡京城枯柴之自東門入者, 皆自光陵云, 齋官無以禁止, 數被罪竄. 英廟朝, 筵臣有說其弊, 請縮火巢境界, 上敎曰: "哀哉![70] 我都民, 苟非我丘木, 則何以聊生乎?" 因命加封三十里. 大哉王言! 眞所謂盛德至善民不能忘者也. 嘗幸獻陵, 見洞口有木碑, 乃齋官某善政碑也. 仍敎曰: "齋官以禁木爲政, 而民乃頌恩如此, 則其怠職可知." 卽命汰送. 天有不測風雲, 有如是矣.

1-34.

正廟朝, 嘗命五部, 抄士族男女貧窮不得嫁娶者, 使其門長擇定婚處, 涓吉以啓, 令戶曹各給昏需, 以成娶之. 爲國家祈天永命, 未有以加於此矣. 其中一閨秀, 最貧無依, 近三十歲未嫁, 郞材亦有如是者, 命兩家近族, 各一人入侍, 使之面約. 特自內帑, 具男女昏需·粧奩·納幣等屬, 無不精備, 又令諸司, 各送侍陪行禮, 亦一盛德事也. 時有一文士, 以老處女·老新郞, 相會之歡, 稱述聖德, 敍其事爲傳, 以行於世.

天生睿知

1-35.

宣廟始封河城君, 明廟嘗召諸王子, 審其言動事, 爲敎曰: "汝輩

---

70) 哉: 저본에는 빠져 있으나 가본에 의거하여 보충함.

頭樣大小, 未知孰與吾類?"因脫所御冠, 次第試着, 河城君獨不肯, 曰:"君上所御, 人臣下敢着?"上大奇之. 又曰:"汝輩往見大明殿, 瓦甍間架, 默數以來."諸人承命, 列立庭中, 仰瞻瓦間, 眼迷神[71]眩, 算之又算, 終不能詳. 及其還, 對多寡不同, 河城君獨於簷流落處, 各拾一沙裹而進之, 曰:"計此則可知瓦間矣."上盆奇之. 自此, 決意策立. 此見大聖人智量, 不與尋常人同也. 光海在東宮時, 宣廟欲試之, 方侍食, 問曰:"饌物何者最優?"對曰:"鹽爲第一."又問:"百花之中, 以何爲勝?"對曰:"緜花爲最."是亦見睿德不凡, 而終而狂悖亂倫, 亦由於當時爾瞻輩輔導之失歟!

帝王遜位

1-36.

古之帝王, 能有先見預占將來者, 漢高以後, 惟明太祖耳. 漢高謂吳王濞曰:"五十年後, 東南有叛氣, 豈非若耶?"此可謂其知如神. 明建文皇帝, 將遜位而出, 宮中有秘藏, 戒以臨難始啓, 啓之, 則有白衲·袈裟·錫杖. 建文諭其意, 乃得變服, 假裝而逃, 至鬼門江, 追搜甚急. 有一漁父, 待船以待, 曰:"夜夢神人告余, 有僧急渡, 幸勿遲緩, 子其是耶?"遂免於禍. 噫! 旣置秘藏以示之, 又現人夢以濟之, 何其靈耶? 苟非大聖人, 豈能然也耶?

1-37.

尤翁常曰:"自古, 帝王殉社稷者無幾, 而明毅宗皇帝自靖, 實可

---

71) 神: 가본에는 '魂'으로 되어 있음.

欽歟." 謹按毅宗, 爲李自成所逼, 徵山海關將吳三桂入衛, 未至, 賊陷京城, 迫在呼吸. 帝登萬壽山景山亭, 命皇后妃嬪等, 皆自裁, 因被髮自經, 其從容義, 誠千古所未有也. 先是, 大內有秘室, 扃鐍甚嚴, 傳以爲誠意伯劉基所藏秘記, 而戒以非大變, 則勿啓. 至是啓之, 有繪圖三軸, 其一, 文武百官亂走之狀; 其二, 將士倒戈人民奔竄之狀. 其三, 一人身穿龍袍, 被髮懸頸, 而酷肖御容. 以是, 遂決意自處. 太學士范景文等四十餘人, 同日殉節, 其視輿櫬御壁青衣行酒, 果何如耶? 余嘗入燕, 登玉蝀橋, 望景山亭, 不覺感淚之自墜, 因賦一絶, 曰: '五龍亭畔玉橋頭, 萬壽山光不盡秋. 痛哭君臣殉節處, 後人還作一奇遊.' 因錄于玆.

1-38.
端宗始以上王, 降封魯山君[72], 遜位于寧越, 常御客舍, 有一村氓, 每來謁於樓下. 一日, 又有事之邑, 路遇上王, 乘白馬騰躍上東谷去, 伏謁於途左, 問: "駕向何處?" 上王曰: "吾往太白山." 氓拜送入官門, 則上王已遭變矣. 後人有詩, 曰: '從古越中三讓地, 至今江上九疑山.' 金龍溪止男, 至寧越淸冷浦, 聞女娘哀歌, 用其意, 作短詞, 曰: '千里遠遠道, 美人離別秋. 此心無所着, 下馬臨川流. 川流亦如我, 嗚咽去不休.' 聞者流涕. 林白湖作『元生夢遊錄』, 其略曰: "有元子虛者, 氣宇磊落, 一生慷慨. 嘗於中秋月夕, 悄然獨坐, 身忽輕擧飄然, 若羽化悠揚上下, 止一江岸, 長流逶迤, 群山糾紛. 不覺有千載不平之氣, 浪吟一絶, 曰: '恨入長江咽不流, 荻花楓葉冷颼颼. 分明認是長沙岸, 月白英靈何處遊.' 因徘徊顧眄, 忽

---

[72] 君: 저본에는 빠져 있으나 가본에 의거하여 보충함.

蘆葦深處, 閃出一箇男兒, 幅巾野服, 來揖于前, 曰: '吾王奉邀!' 子虛見其容止非常, 乃肩隨而行百餘步[73], 有亭突兀臨于江[74], 上有一人凭欄而坐, 衣冠儼然, 有王者威儀. 又有五人侍側, 相貌堂堂, 神采揚揚. 子虛跪伏於前, 王曰: '夙聞蘭香, 深慕薄雲, 良霄邂逅, 幸勿相訝.' 子虛乃避席而謝之, 王曰: '月白風淸, 佳客又至如此, 良夜何?' 乃解錦袍, 賒酒江村, 飮訖, 曰: '盍各言志, 以敍幽寃?' 因愀然整襟, 悲不自勝, 乃歌曰: '江波咽咽兮流無窮, 我恨綿綿兮與之同. 生有千乘兮, 死作孤魂. 今夕何夕, 共上江樓. 波光月色, 使我心愁.' 六人賡而和之, 各成一絶, 莫不悽切, 此不盡錄. 吟訖, 屬子虛, 子虛本是慷慨之流, 乃抆淚而吟曰: '往事憑誰問, 荒山土一丘. 恨深精衛死, 魂斷杜鵑愁. 故國何時返, 江樓此日遊. 悲凉歌數関, 殘月荻花秋.' 滿座皆凄然泣下, 其中一人, 忽蹶然而起, 奮然而怒, 曰: '咦! 豎子不足與謀, 若聽吾言, 豈有後悔?' 因復擊劍而歌之, 聲如洪鍾, 其歌曰: '風蕭蕭兮, 木落波寒. 撫劍長嘯兮, 星斗闌干. 襟懷何似, 一輪江月. 嗟不可兮慮始, 腐儒難責.' 歌未竟, 月黑雲愁, 雨泣風噫, 疾雷一聲, 倐然而散, 蘧然而覺, 乃是一場蝴蝶. 子虛之友梅月居士, 聞而慟之, 因勸爲之錄云."

1-39.

端宗在寧越, 每夜登觀風樓, 使人吹笛而聽之, 聞子規聲, 作短句以遣懷, 曰: '夜月白蜀魂啾, 含愁情倚樓頭. 爾啼悲我聞苦, 無爾聲無我愁. 寄語世上苦勞人, 愼莫登春三月子規樓.' 令人聞之, 不覺流涕. 按明建文皇帝, 削髮被緇, 雲遊四方, 晚年還歸, 有詩

---

[73] 步: 가본에는 '里'로 되어 있음.
[74] 江: 가본에는 '前'으로 되어 있음.

曰: '流落江湖四十秋, 歸來不覺雪盈頭. 乾坤有恨家何在, 江漢無情水自流. 長樂宮中雲影暗, 昭陽殿裏雨聲愁. 新蒲細柳年年綠, 野老吞聲哭未休.' 帝王遜位之際, 遺恨想一般矣.

1-40.

燕山廢置喬桐, 有詩曰: '白馬江聲萬古愁, 男兒到此涕堪流. 始誘魏國山河寶, 終作江東子弟羞. 廢堞有鴉啼落日, 荒臺無妓舞殘秋. 凄凉往事無人問, 惟有西風送客舟.' 其後, 光海移置濟州, 在舟中作詩, 曰: '北風吹雨過城頭, 瘴氣薰凝百尺樓. 滄海怒濤來薄暮, 碧山愁色送清秋. 歸心每結王孫草, 客夢頻驚帝子洲. 故國存亡消息斷, 波咽江上臥[75]孤舟.' 此二詩[76], 只敍其哀怨之情, 而無愧悔[77]之意, 雖是自取, 而其情則慼矣.

至德淸權

1-41.

我朝之讓寧·孝寧, 與周之泰伯·仲雍, 情迹一般, 孔子曰: "泰伯可謂至德也, 已矣." 又曰: "虞仲身中淸廢中權." 是以, 讓寧祠賜額, 曰'至德', 孝寧祠賜額, 曰'淸權'. 謹按太宗時, 讓寧已在儲位[78], 見世宗生有聖德, 嘗就孝寧寢所, 手書以示, 曰: '公子王孫芳樹下, 清歌妙舞落花前.' 孝寧已諭其意, 自其日, 讓寧佯狂自恣, 日事遊

---

75) 臥: 가본에는 '歸'로 되어 있음.
76) 詩: 가본에는 '首'로 되어 있음.
77) 媿悔: 가본에는 '愧悔'로 되어 있음.
78) 儲位: 가본에는 '儲宮'으로 되어 있음.

獵. 孝寧卽合掌向壁而坐, 作跏趺狀, 曰: "夜夢如來謂余稱徒弟." 是以, 歸心於佛, 不可回也. 遂取僧鈸鈸之不輕, 鼓爲弛緩, 後人以物之弛緩者, 謂孝寧大君鈸皮. 嘗招僧徒, 設水陸會於山寺, 讓寧率田人射士, 牽黃臂蒼, 獵獐兎, 載雉鹿而往焉. 孝寧方焚香禮佛, 讓寧揚炙, 飮酒自若, 孝寧正色, 曰: "兄丈於過去世, 實多種福, 得享富貴, 乃於見在世, 不爲修善, 則將於來世, 必受惡報, 奈何?" 讓寧笑曰: "吾受福於天甚厚, 生爲王兄, 以此享富貴, 八域尊之, 死卽又將爲佛兄, 十方尊之, 豈無[79]消滅惡報之道乎?" 遂相與大笑而罷. 由此觀之, 讓寧之喜獵, 孝寧之托禪, 只爲讓德韜光, 本非恣意, 取適而然矣.

1-42.

讓寧嘗請由作關西之遊, 世宗因心則友不許, 曰: "關西卽聲色之場也, 竊恐兄丈一朝沉惑, 必有所損." 讓寧曰: "聖敎如此, 臣謹當忍心節性, 不敢近女色, 願上勿憂." 上欣然曰: "兄丈能如此, 請爲我立信狀." 讓寧曰: "臣若不遵聖敎, 甘當重罪." 直爲手狀, 以[80]進之, 上乃許發行. 到平壤, 止練光亭, 爲十日之遊, 風景悅眼, 笙歌娛耳, 但不許一妓近前, 風流頓減, 還自無聊. 上有密旨於道伯, 選一妓能薦枕者, 許以厚賞, 然而初不相接, 無計可施. 有一妓, 年方二八, 最有姿色, 自請而往舍於西墻空缺處, 伺其大君獨立之時, 以淡粧素服, 時時露面. 大君竊問於侍者曰: "彼誰者姝?" 曰: "此土名妓, 爲其夫貞信守節者也." 大君頗已動心, 而難於毁戒, 捱過有日. 夜深後, 與侍者徘徊於軒砌間, 月色橫空, 花陰滿庭. 一猫兒

---

79) 無: 가본에는 '有'로 되어 있음.
80) 以: 가본에는 '而'로 되어 있음.

含肉而過前, 其女持杖, 隨其後逐之, 比那初見時, 容態越整, 命捉入, 問曰:"爾不聞吾禁令乎? 何敢唐突如此?" 女對曰:"小女喪夫, 今當祭日, 身自辦具, 猫兒偸肉而走, 故不覺有禁, 冒瀆尊威, 死罪死罪!" 大君憐其意而釋之, 終夜轉輾, 不能頓忘. 翌日, 令侍兒通幽期, 密約以圖數宵之歡, 餘情未洽, 題一詩, 曰:'明月不須窺繡枕, 曉風何事捲羅帷.' 蓋道其隱密之意. 臨別, 又爲歌詞一章, 以贈之, 勿令人知, 而道伯已有啓聞, 遂以駙騎[81]載其妓上京矣. 大君還朝, 上迎勞, 曰:"兄丈能持心堅貞, 久遊於外, 而不爲尤物所惑, 誠爲可嘉." 對曰:"上敎嚴重, 臣何敢違?" 上曰:"鬱陶之餘, 不可無慶賀, 吾已求得一佳姬以待矣." 卽命張筵擧樂, 有一美人, 自屛後而歌, 別時所贈歌詞, 大君擧眼視之, 乃非別人也. 惶愧俯伏請罪, 上大笑曰:"此乃吾之所使爲也. 兄丈快遊於勝地, 繁華之鄕, 而若無此樂, 則豈不爲風流欠事耶?" 大君拜謝而出, 遂以其妓歸之, 生子不識, 母之鄕貫, 故命之, 曰'考定正'. 及長狂悍, 貿魚肉不美, 則雖烹還退, 故俗稱强易, 爲考定正交易. 李參議夏, 卽其後, 而嘗與夫人圍棋, 强請還退, 夫人曰:"此所謂考定正還退!" 李怒曰:"何可以妓之戲辱及於先祖乎?" 後李登籍以怒妻推枰爲戲題云.

1-43.

孝寧以弊褐羸驂, 嘯傲於山水之間, 搆一亭於西湖, 扁曰'喜雨風流放曠', 以自韜晦. 嘗登冠岳, 有詩曰:'仙人王子晉, 於此何年遊. 臺空鶴已去, 片月今千秋.' 遂刻'戀主臺'三字於石, 因以爲地名, 卒後, 遂墓於其下霜林. 英宗朝致祭時, 祀官金守誠, 夢祭餠化爲佛

---

81) 騎: 저본에는 '妓'로 나와 있으나 가본에 의거하여 바로잡음.

形, 有一巨人, 以金盞書一句, 示之, 曰: '平生氣節內粹美, 不變區區一片意.' 其辭沖澹古朴, 亦可以想見吾祖之[82]靈矣. 仍書于玆, 以示于後.

1-44.

至德祠, 在南廟對岸上, 始松檜蔽其前, 在路不見. 祀孫趾[83]光, 窮不能[84]自存, 有一僧過之, 曰: "好箇家基, 蔽塞前面, 使子孫窮困如此, 深爲可恨. 若伐祠前樹木, 與南廟相望, 則不出十日, 祀孫必使宦矣." 乃依其言, 斫伐之. 居未幾, 英廟朝幸南廟, 望見祠宇剝落, 問之近臣, 以讓寧祠爲對, 卽遣禮官致祭, 命祀孫入侍, 當日除, 初仕後, 累典州牧. 今其孫承輔, 亦至大官. 僧無[85]乃懶翁·無學之流歟?

黨論

1-45.

朋黨之說, 其來久矣. 自漢有南北部, 唐有牛李, 宋有洛蜀, 皆隨時改革. 而至如我朝, 黨論其將與國家偕存, 始則排擯, 相爲讎敵, 今旣數百年, 恩怨俱冷, 反相親好, 惟務公平. 泮試銓選, 各分色目, 或有不均, 則怨謗朋興[86], 故當路者, 不得不分排, 以共爵祿, 與同國事, 與古所謂朋黨者, 異矣. 昔顯廟, 嘗因諸公翁主, 携子入

---

82) 之: 저본에는 빠져 있으나 가본에 의거하여 보충함.
83) 趾: 저본에는 '祉'로 나와 있으나 가본에 의거하여 바로잡음.
84) 能: 저본에는 빠져 있으나 가본에 의거하여 보충함.
85) 無: 가본에는 빠져 있음.
86) 興: 가본에는 '與'로 되어 있음.

闕, 命使至前, 賜以柑橘, 曰:"汝輩今日食此者, 當以不爲黨論, 爲他日報答之效." 蓋黨論人主所深惡[87]也.

1-46.

英廟當一時傾軋之際, 以調停爲務, 特命以朴玄石, 從祀文廟, 設蕩平科, 不赴者, 罪之. 御題曰: '無偏無黨, 王道蕩蕩, 無黨無偏, 王道平平.' 此乃聖人大公至正之意也. 其時峻論者, 不欲參榜, 至以'旣蕩蕩而平平, 又平平而蕩蕩'爲首句, 而被選者有之, 恐爲過矣. 嘗有患候, 藥房進湯劑, 敎曰:"諸臣若止黨論而不爲, 則吾當服此求生, 不然則不欲服矣." 又嘗幸南廟, 展拜後, 祝曰:"今日, 朝著爲黨論者, 願使周昌盡敺出之." 可知其苦心血誠, 而終不能行. 昔唐昭宗曰:"去河北賊易, 去朋黨難." 此見古今一般.

1-47.

明廟時, 鵝溪李山海, 遇術士南師古於林亭, 班荊坐話, 東指駱峯, 西指鞍峴, 曰:"他日朝中, 必有東西之黨矣[88]. 駱者各馬也, 其終各散, 鞍者革而安也. 又在城外, 其黨多失其勢, 必因革除之時而後興矣." 其後不幾年, 果有東西分黨, 而西人亦多失時. 沈靑陽義謙, 因宣廟卽阼之初而興, 鄭松江因汝立之變而出, 以東人爲名者, 分而爲南北, 於其中有淸·濁南, 大中小骨肉北之名. 其言皆驗.

1-48.

肅廟時, 故罪相金德遠, 少有才氣, 落拓不遇. 嘗遊於山寺, 有一

---
87) 惡: 가본에는 '要'로 되어 있음.
88) 矣: 저본에는 빠져 있으나 가본에 의거하여 보충함.

人弊衣破冠, 狀貌魁然, 寄宿於僧房, 與諸髡相歡謔. 夜僧徒請曰: "向日所敎雜技, 今試爲之, 以爲破寂, 如何?" 其人曰: "諾." 卽見四人相對而坐, 以油牋八十張, 分爲八目, 以老少爲用互相呑幷, 以決勝負. 德遠初見, 心異之, 旣罷, 問其所始及作者之意, 其人熟視良久, 曰: "此吾所創造, 而無可與語者, 今幸與君相遇, 有勞動問, 君可謂有心者, 吾何敢不言乎? 此乃東西二黨, 分爲四色, 而又將有老少異論之義也. 見今[89]黨論旣發, 其勢蔓延, 爭相傾軋, 迭爲盛衰, 而時運國命, 亦將以此維持, 必與之終始也. 蓋人爲老用之首, 而皇爲人將, 則此見君人者, 將爲四色之主, 而當路秉權, 乃在於老邊也. 龍爲魚將, 鳳爲鳥將, 則龍鳳乃有國之瑞, 而魚·鳥與雉, 皆善罹於網罟者也. 將見老邊人, 多踣於禍網, 而龍能變化, 鳳翔千仞, 鷹乃厲疾, 則終非屈於下者也. 故人·魚·鳥·雉, 皆屬於老用, 而有以老食少之法, 星之將曰'極', 極者北也; 馬之位曰'午', 午者南也. 將有北人·南人, 與老相背, 與少爲朋, 進退於其間, 而星有文彩, 此見北人多以才華爲名者也; 馬喜蹄齧[90], 此見南人多以桀騖爲性者也. 麞[91]以虎爲將, 兎以鷲爲將, 是皆有酷烈之風, 而麞兎巧黠, 善脫於機穽. 此見少邊人多以機謀幸逭於禍也. 故星馬麞兎, 皆屬於少用, 而有以少食老之法. 惟此八目[92], 隨時用事, 更相出入, 四員不備, 則不能成局; 八目有缺, 則不得依法. 吾見國朝氣數, 必有如是者, 故特寓於此, 以爲消遣法也." 言訖而寢, 翌朝不復見云. 噫! 其人以德遠爲非庸人, 故告之以此, 然能知時變世故者歟!

---

89) 見今: 가본에는 '今見'으로 되어 있음.
90) 蹄齧: 가본에는 '啼囓'로 되어 있음.
91) 麞: 가본에는 '獐'으로 되어 있음. 이하의 경우도 동일함.
92) 目: 저본에는 '日'로 나와 있으나 가본에 의거하여 바로잡음.

1-49.

古有一畵師, 寫出一張畵本, 設一大卓, 其珍羞盛饌, 置諸中堂. 有一人主壁, 當席而坐, 全卓而食之, 隨器隨取, 有貪[93]食之狀. 又一人對坐同卓左右, 佳味無不下箸; 又一人有屛後突入, 以兩手攫取而食之; 又一人在床下, 仰視有得沾其餘瀝之狀. 此可謂善形容者矣.

名臣碩輔

1-50.

黃翼成公喜, 性度寬洪, 不拘細事, 年高位重, 常坐一室, 終日無言, 互開兩眼, 看書而已. 童幼兒孫, 羅列左右, 啼號戲噱, 略不呵禁, 每朝夕除, 飯予之叫噪爭食. 嘗濡筆書牘, 童奴溺其上, 終無怒色, 但以手拭之. 庭前霜桃方熟, 隣兒來摘, 乃緩聲而呼曰: "勿盡摘, 吾亦欲嘗之!" 少焉出視, 一樹盡矣. 一日, 家婢相鬪鬨移時, 一婢至前, 扣榻而訴曰: "某女奸惡, 如此如此." 公曰: "汝言是也." 俄而, 一婢又來, 訴如是, 公曰: "汝言是也." 其姪在旁, 慍曰: "甚矣! 叔主之朦朧也. 某如此, 某如彼, 某也是, 而某也非." 公曰: "汝言是也." 竟無一語分辨. 李樗軒石亨, 以新進來謁, 公出『綱目』一帙, 命書題目, 有小婢持饌欲進, 公曰: "姑待之." 婢倚[94]立良久, 高聲曰: "何遲遲也?" 公笑曰: "進之." 旣進, 小童數輩, 皆襤褸跣足, 踏汚衣裾[95], 盡攫而食之, 又或挽胡批頰, 公曰: "痛矣痛矣!" 平居一

---
93) 貪: 가본에는 '喰'으로 되어 있음.
94) 倚: 가본에는 '依'로 되어 있음.
95) 裾: 가본에는 '裙'으로 되어 있음.

於寬柔, 然待子弟甚嚴, 罕接言笑, 其子守身處身, 皆位宰樞. 嘗同在別閤, 雨雪驟下, 謀入內舍, 弟負其兄, 投於雪中, 衣巾盡濕. 公見之, 怡怡然開笑, 兩人喜曰: "今日得大人一笑幸矣." 每正色立朝, 論大事, 決大議, 毅然不屈. 俗諺以爲, '松京[96]杜門洞七十二人, 公其一也.' 聖朝建國之初, 經紀時務, 必待賢臣, 故諸人起送公, 令佐新主致太平云. 公能爲國家, 盡力殫誠, 立經陳紀, 澤流後世, 抑亦古之蕭·曹·房·杜之流歟!

1-51.

翼成公少時, 見壟畝間有將兩牛而耕者, 一黃一黑, 問: "汝之兩牛, 孰優孰劣?" 其人釋耕而前, 附耳而語曰: "黃者爲勝." 公怪之, 曰: "此非隱諱之說, 而何爲如此?" 其人曰: "彼兩牛, 皆服勞效力於我, 而我若評定其優劣, 則劣者聞之, 豈無慍怒之心乎? 雖是畜物, 不可使聞其貶, 故低言如此." 公瞿然歎服, 自是, 不敢言人短處. 噫! 昔楊誠齋詩, 曰: '淸白不形眼前, 雌雄[97]不說口中.' 蓋人莫不有皮裏春秋, 而好議論人長短是非者, 非徒見忤於人, 其於自家心法, 甚爲不良. 故古人云: "眇一目者, 不曰'一目矇', 而必曰'一目明'; 蹇一脚者, 不曰'一脚短', 而必曰'一脚長'." 此言雖小, 亦足爲至論, 小子識之.

1-52.

鄭三峯道傳, 嘗赴早衙, 不覺穿靴一白一黑, 下隸以告, 請易之, 乃俯視一笑, 竟不易. 及衙罷騎還, 顧謂從者曰: "爾無怪吾靴之黑

---

96) 松京: 가본에는 빠져 있음.
97) 雄: 저본에는 '黃'으로 나와 있으나 가본을 따름.

白相反, 左者見白不見黑, 右者見黑不見白."

1-53.

　孟古佛思誠, 拜相後, 嘗覲溫陽往來, 不入官府, 騎雌牛, 簡僕從. 陽城·振威兩邑倅, 候于路旁, 見騎牛過去之, 呵禁之, 公曰: "汝以溫陽孟古佛言之." 兩倅驚出拜謁, 墜印於岸下深淵, 因名曰 '印沈淵'. 嘗遇雨, 入龍仁旅院, 有一人先登樓上, 乃欲爲錄事取才上來者也. 公坐與戲談, 約以公字堂字爲問答, 公曰: "何以上京公?" 其人曰: "爲錄事取才上去堂." 公曰: "我爲差除公." 其人嚇不能對. 後坐政府, 其人取才入見, 公曰: "今日何如公?" 其人曰: "活去之堂." 公大笑, 竟以爲錄事. 世以爲 '公堂問答'.

1-54.

　晚節堂朴元亨, 世祖朝拜相, 政府錄事尹處寬, 晨往投刺, 侍者以公方寢, 不爲之通, 日晚歸家, 飢困頗甚. 其子孝孫, 兒時善爲屬文, 卽書其刺尾, 曰: '相國酣眠日正高, 門前刺紙已生毛. 夢中若見周公聖, 須問年時吐握勞.' 處寬不省. 翌朝持往, 公見[98]其詩, 引入問曰: "是爾所題否?" 處寬驚悚審視, 則乃其子所爲也. 具以實告. 公極加獎歎, 召見孝孫, 乃約與其少女爲婚, 夫人不可, 曰: "相公女豈可與錄事兒婚也?" 公不聽. 後孝孫登科, 官至正卿.

1-55.

　魚文貞世謙, 卽判樞孝瞻子也. 兒時不喜讀書, 膂力過人, 相戲

---

[98] 見: 저본에는 빠져 있으나 가본에 의거하여 보충함.

角觝於市中. 上元日, 其大人參賀班, 還家, 過鍾街, 街童輩喧傳曰: "今日角觝, 魚判樞之子結局云." 旣還, 召其子, 責曰: "汝旣不學, 當杜門蟄伏, 豈可以⁹⁹⁾無賴麤技得名於市巷, 使兒童呼我父子姓名喧藉於道路乎?" 公於是, 折節讀書, 終能成就, 早占魁科, 遂典文衡.

1-56.

尙友堂許忠貞公琮, 成廟朝策兩勳拜相. 兒時, 讀書山堂, 偸兒入室, 悉取衣屨而去. 公夷然書壁, 曰: "旣取我之衣兮, 宜吾靴之莫偸, 旣取衣又偸靴, 竊爲盜先生不取也." 識者已服其量. 公狀貌魁偉, 身長十二尺二寸, 博學能文, 凡陰陽·律曆, 百家之流, 無不精曉. 天使董侍講越·王給事敞, 以頒詔出東, 公以遠接使迎候, 兩人素驕矜, 及見公, 瞿然敬重, 每討論經史. 王給事語及嘗奉使遊蜀, 公問曰: "蜀有二路, 陸由褒斜, 水由荊門, 公由何路?" 給事曰: "由江而入." 公又問曰: "江出岷¹⁰⁰⁾山濫觴, 至夔而多急灘路險, 至夷陵, 始慢流, 信然否?" 因擧江自某至某爲某水某邱, 沿江上下, 襄·樊·荊·鄂數千里間, 山川遠近, 土地饒瘠, 戶口多少, 風俗美惡, 歷歷僂指, 若燭照數計. 兩使前執手, 曰: "若非胸藏萬卷, 何能若是耶?" 及還, 依依不忍別, 曰: "望公早來朝京, 使中國知東方有人." 不勝嘖嘖而去. 公位極宰輔, 不營産業, 性又疎闊, 所居茅屋. 一日, 棟折, 其夫人令橫木於棟, 以大索縛之, 戒子弟勿言, 以試公. 經數月, 公終不知, 他皆類此. 噫! 公姿兼文武, 望重朝野, 係國家輕重三十餘年, 亦古裵晋公·韓魏公之流也歟! 弟文貞公琛,

---
99) 以: 가본에는 빠져 있음.
100) 岷: 저본에는 '泯'으로 나와 있으나 가본에 의거하여 바로잡음.

値燕山朝, 亦有重望, 甲子士禍, 多所[101]營救, 而遭遇非時, 憤懣而逝. 兩相公, 皆余外先祖也, 謹錄之.

1-57.

柳夏亭寬, 位居三公, 值夏月潦雨, 屋漏床, 床以雨傘遮蓋以度日, 曰: "他人無傘者, 何以爲計?" 夫人怡然答曰: "無傘者, 亦必有他方略." 終無一言怨咨. 黃翼成公, 常以布被數幅, 內外同處,[102] 蓋不以家累關念. 每一心徇國者, 亦豈非由於內助之賢歟!

1-58.

李翼平克培, 歷事五朝, 出入將相, 門[103]無私謁. 其弟克墩, 亦位卿宰, 以貪婪取謗, 一日, 謂公曰: "某日弟之晬辰, 將設小酌, 望須暫枉." 公許焉[104]. 自政府直向弟家, 見廊廡下挂熟麻新索, 問: "出於何處?" 曰: "司僕寺官員, 使用於洗踏而送來矣." 公怒曰: "司僕之索, 當繫司僕之馬, 何挂於汝之庭乎?" 遂命駕而去. 於此, 見家法之嚴, 而祖宗朝宰相如此, 生民安得不富厚, 倉庫安得不充溢歟?

1-59.

尙相國震, 門地寒微, 而歷躡淸顯, 晉登台鼎. 或曰: "人謂大監地卑, 果何如?" 公笑曰: "地若太卑, 則豈能到政府北壁乎?" 人稱長者之言. 公當明廟時, 權奸當國, 不能行其志, 每獨臥歎嗟, 嘗謂子弟曰: "吾死後請諡, 則必有行狀, 無他可記, 只曰: '公起自草萊,

---

101) 所: 저본에는 '少'로 나와 있으나 가본을 따름.
102) 內外同處: 가본에는 '同被內外'로 되어 있음.
103) 門: 가본에는 '間'으로 되어 있음.
104) 焉: 가본에는 '之'로 되어 있음.

三登首台, 時際昇[105]平, 優遊偃息, 晚好鼓琴, 每飲酒微醺, 輒彈「感君恩」一曲, 以自娛云.' 則當矣." 公少有志槪, 兒時每露立庭中, 拜天默禱, 願立身事君. 一日夢, 朱衣使者引而上, 天帝座高臨, 仙官列侍, 仍伏階下. 帝曰: "此人每夜祝願, 其誠可嘉, 而今見其貌, 無可貴之象, 奈何?" 有一人奏曰: "其貌雖寢, 若有一箇虯髥, 則足可爲小國宰相." 於是, 帝賜一髥, 使植於頷下, 若針刺甚痛. 因卽驚覺, 果有一莖蟠髥, 撚之則長垂於臍, 放之則卷結不見. 壽踰七旬, 其髥忽落, 過數日逝云. 卜者洪季寬, 算公一生禍福, 無不吻[106]合, 至於棄世年月, 亦皆言之. 公自分命盡預, 爲身後之具以竢之, 過是年, 公無恙, 問洪曰: "今年何以不驗?" 洪曰: "古人有以陰德而延壽者, 公或有是歟?" 公曰: "吾爲修撰時, 脫直還家, 路上有紅袱, 取視之, 乃金盞一雙也. 默而藏之, 挂榜於門, 曰: '某日有失物於途者, 訪我而來.' 翌日, 一人來謁曰: '小人乃大殿水刺間別監也, 子姪有婚, 竊借御廚金盞而失之. 已犯大罪, 必伏法而死矣. 公之所得, 無乃此物乎?' 乃出而與之. 此外別無他事." 洪曰: "公之延壽, 必以此矣." 後十五年卒. 此非與裵晋公玉帶相彷彿者歟!

1-60.

金慕齋安國, 旣致位卿宰, 退居利川鄉庄. 弟思齋正國, 家高陽, 時時往候其兄丈, 見里民, 或煮太, 或摘瓜, 呈于慕齋, 慕齋皆受之, 卽記于冊. 思齋嚬蹙, 曰: "何用此物, 又何必錄置?" 慕齋曰: "人以誠相饋, 吾何以却之, 又何可忘?" 其鄉居[107], 思齋簡素恬澹, 蔬糲

---

105) 昇: 저본에는 '升'으로 나와 있으나 가본을 따름.
106) 吻: 저본에는 '汤'로 나와 있으나 가본에 의거하여 바로잡음.
107) 鄉居: 가본에는 '居鄉'으로 되어 있음.

僅繼, 而慕齋成立田園, 多斂秋穀, 散施貧窮, 瞻給享祀. 又關書齋,
以延遊學, 鄉飮郡會, 無不往參, 兄弟規模有不同矣. 性精謹詳察,
不使一粒遺場, 碎米細糠, 幷收藏之, 以待賑飢. 常曰: "天之生物,
莫非有用, 暴殄不祥." 人或譏之, 則曰: "聖人亦心細." 嘗有成造召
瓦匠, 計功爭價, 言甚細碎, 有客來謁, 未得敍話而去. 族人規之,
公曰: "若使我見誑於工匠, 則貧士窮班, 將被其害, 吾不得不然."

1-61.

慕齋爲完伯時, 重修慶基殿, 別立數間於殿門外稍遠處, 爲別堂.
後元相國斗杓, 爲方伯, 見齋官招妓, 伴宿於別堂, 仍撤去之. 其
後, 年少齋郞, 留妓無處, 或於齋內, 潛引伴宿. 慕齋創立, 蓋亦有
意, 而元公毁撤, 反益其弊. 二公處事, 誰得誰失?

1-62.

李長坤, 燕山朝官校理, 得罪亡命, 微服徒步, 困睡於路傍. 搜捕
方急, 追卒見其草鞋甚大, 異之, 曰: "足大似之, 而布衣草笠, 非
也." 捨之而去. 行道飢甚, 夏月川上有人遺屎, 麥飯半消, 遂掬而
取之, 洗於水而呑之. 行至北關, 匿爲白丁女壻, 體甚長大, 而不善
傭作, 其家苦之, 曰: "爾身長多費粟布, 而懶於作業, 何以爲生?"
薄待滋甚. 及中廟朝[108]反正, 邑里喧傳, 喜聲相續, 揭榜懸府, 命李
長坤以本職乘馹上來, 乃請於其妻曰[109]: "往鄰居校生家, 借一弊袍
破笠, 欲入見本官." 人莫不笑, 以爲, '白丁之壻, 猥見邑長, 欲受棍
乎!' 遂詣官通刺, 太守倒屣[110]出迎, 一邑大驚. 後官至[111]兵判.

---

108) 朝: 저본에는 빠져 있으나 가본에 의거하여 보충함.
109) 曰: 저본에는 빠져 있으나 가본에 의거하여 보충함.

1-63.

鄭文翼公匡弼, 中廟朝爲首相, 因災異求言臺官韓忠, 進曰:"鄙[112]夫敢據首台, 災變之作, 是其所由." 及退賓廳, 右相申用漑, 作色大言, "新進之士, 面斥相臣, 此習不可長." 公揮手止之, 曰:"年少敢言之風, 不可摧折!" 聞者以爲有大臣之量. 己卯諸賢, 以公爲流俗[113]宰相, 輕之, 及獄起, 公涕泣極諫, 以減其禍. 後爲金安老所誣, 顚沛百罹, 少不介意, 竄金海, 作詩曰:'積謗如山竟見原, 此生無計答天恩. 十登峻嶺雙垂淚, 三渡長江欲斷魂. 漠漠高山雲潑墨, 茫茫大野[114]雨翻盆. 暮投臨海東城外, 草屋蕭蕭竹作門.' 後以領中樞召還洛中, 僮僕持朝報, 倍道而行, 中夜至謫所, 足繭口噪, 僵臥不能言. 子弟驚惶, 探其囊中, 乃有吉語, 卽白之, 公曰:"然乎!" 因鼾睡達夜, 翌朝徐起, 始見其書. 還都之日, 都人以手加額. 初公黜于懷德, 朝夕甘滑, 有時未具. 一日, 官人獵於前山, 脫死之鹿, 投入於公所寓籬底, 子弟等以爲天賜, 而共逐捕之, 設饌以進. 主倅以爲罪人偸食進上之物, 發差督徵, 家人莫知所措. 適公親族宰隣邑者, 偶送一肩, 納之然後, 得解. 及公還朝, 朝廷聞之, 斥黜其倅. 公以爲蔭官, 怵於權勢, 不足深責, 力護復敍. 在金海時[115], 東萊接境, 而以公本貫有始祖墓, 略備酒果, 令子侄往拜掃之. 府倅以爲罪人不可祭遠祖於越境, 發健卒逐之, 其子乃望祭而還. 是年冬, 公還朝, 復爲京所堂上, 而府倅有關文來到, 公略無辭色, 曰:"城

---

110) 屢: 가본에는 '履'로 되어 있음.
111) 至: 저본에는 빠져 있으나 가본에 의거하여 보충함.
112) 鄙: 저본에는 '敢'으로 나와 있으나 가본에 의거하여 바로잡음.
113) 流俗: 가본에는 '流落'으로 되어 있음.
114) 野: 저본에는 '海'로 나와 있으나 가본을 따름.
115) 時: 가본에는 '郡'으로 되어 있음.

主關文, 不可久滯." 卽令從其所措而題送之. 後其人改品陞職, 終保爵祿. 蓋公盛德雅量, 非人所及矣[116].

1-64.

默齋洪相國彥弼, 兒時天才發越, 文學夙就, 而志氣豪邁, 居家橫逸, 不拘小節. 與宋相國軼爲隣, 嘗見一女兒, 年纔及笄, 賞春在後園, 爲鞦韆戲. 公艶慕其態, 卽踰墻, 欲接之, 乃相國寵婢也. 令健奴來捉, 欲笞之, 卽曰: "我乃比隣洪家兒也. 乞爲一詩, 以贖其罪." 相國亦素聞其名, 乃曰: "吾當呼韻, 若不應口而對, 則決不見恕." 對曰: "惟命!" 卽呼'薨'字, 對曰: '聞道東君九十薨.' 又呼'升'字, 對曰: '惜春兒女淚盈升.' 又呼'勝'字, 對曰: '探花狂蝶何須責, 相國風流小似勝.' 相國瞿然歎賞, 乃釋之. 相國有所嬌未婚, 卽送媒通昏, 兩家遂成約, 後早得貴顯, 爲時名相. 又生忍齋暹, 父子相繼秉軸, 夫人亦甚賢淑多福. 三從皆爲相國, 古今罕有焉.

1-65.

忍齋幼時, 赤身臥地, 有大蛇過其腹上, 輒凝然不動, 候其過而起. 長者適見之, 問: "何以不動?" 對曰: "蛇旣不人吾, 而木石吾; 吾亦不自人, 而自木石, 彼自不咬, 是以不動." 人服其量.

1-66.

洪鶴谷瑞鳳, 幼時與群童, 遊於洪相國暹蓮亭, 爭折蓮花, 相國怒, 令執之. 群兒皆散走, 公獨不動, 相國招問曰: "汝若作詩, 吾不

---

116) 矣: 저본에는 빠져 있으나 가본에 의거하여 보충함.

答矣." 公曰: "諾." 相國呼韻'秋'字, 卽應聲曰: '相公池閣冷如秋.' 又呼'遊'字, 又應曰: '童子携朋月下遊.' 相國心奇之, 欲試强韻, 呼'牛'字, 卽應聲[117]曰: '升平事業知何事, 但問蓮花不問牛.' 相國大驚, 歎賞久之.

1-67.

洪懶齋命耉, 與白沙李公爲隣, 七八歲與諸兒往遊其園, 白沙呼使作詩, 卽口占曰: '相國閑無事, 惟知種花柳.' 白沙撫背稱賞, 曰: "汝能令我有媿心, 汝爲宰相, 無若老夫." 先輩之於後生獎勸, 又如此.

1-68.

鄭林塘惟吉, 入贅元門, 元與祖文翼公, 爲少時友, 公囑于元曰: "讀不勤, 須撻之." 元依公言勸讀, 不從, 欲撻之, 遂走還家有日, 元問于公曰: "今則讀書如何?" 公答曰: "孫兒讀書日日不." 林塘在夾房, 竊聽應聲, 曰: "祖主飮酒朝朝猛." 公喜, 謂元曰: "君勿慮, 終當爲大器!" 後果然. 我朝武科法令, 擧子必受先進六品以上保然後, 許赴, 故擧子臨時, 多着爲保. 林塘陞六後, 擧子僞着公啣者甚衆, 試官欲卞其眞僞, 以懲後習集公所, 啣送于公所, 以爲卞別, 公以書報曰: "此皆吾所着, 或生而着之, 或臥而着之, 或乘醉而着之, 或和睡而着之, 形雖不同, 皆吾所着也." 由是, 擧子皆得許赴, 其厚德如此. 嘗構亭于漢江, 扁曰'夢賚', 題春帖云: '白髮先朝老判書, 閑忙隨分且安居. 漁翁報道春江暖, 未到花時薦鱖魚.' 吟來, 不覺口角津津生涎, 其風度亦可想焉.

---

117) 聲: 저본에는 빠져 있으나 가본에 의거하여 보충함.

1-69.

鄭陽坡太和, 卽林塘孫也, 淵深有德量, 旣致位卿宰. 値科時, 自該司送分兒試紙一張, 品甚劣薄, 立置席隅, 夜夢, 紙化爲龍, 升天而去. 旣覺, 心知其用此觀光者, 必登第. 明日, 子侄來謁, 則必問其定試紙與否, 指其紙示之, 皆以劣薄爲欠, 不用, 仍令置之. 至晚, 鄕居一窮儒, 粗有雅分, 來見公, 卽問曰: "有試紙否?" 其人曰: "今纏裹足來到, 姑未買取矣." 仍指曰: "彼紙可用, 則用之如何?" 其人感喜, 曰: "試紙爲名幸矣, 何擇好否?" 乃與之. 翌日科榜, 其人果得高科. 噫! 能宅心至公, 一聽於天, 故乃有此夢也. 若他人有私心者, 必無是夢矣.

1-70.

東皐李浚慶, 兒時與曺南冥同學, 常以安社稷臣自許, 謂南冥曰: "爾則枯死巖穴之人." 後果爲首相, 有翊戴之功, 而南冥以處士終老[118], 可謂自知而又能知人矣. 蓋宣廟以德興君第三子, 入承大統, 公時居首揆, 建議定策, 有鎭物之望. 退溪嘗曰: "公當危疑之際, 不勞聲色, 措國勢於泰山之安." 此乃以韓魏公比之, 而爲人驕亢, 不喜儒生, 至斥退溪爲山禽野獸. 其識見已如此, 又與士類, 不合遺疏, 論朋黨事, 意在打破, 而適啓人主之疑, 一言足以喪邦, 遂失令名. 栗谷嘗於朝堂, 再折其言, 及其死後, 謂人曰: "鳥之將死, 其鳴也哀; 人之將死, 其言也善. 浚慶之將死, 其言也惡." 是以, 其孫惡栗谷偏甚焉. 然其正大氣象, 廉謹之節, 莫不稱名相云.

---

118) 終老: 가본에는 '終身'으로 되어 있음.

1-71.

俞松塘泓, 爲人磊落俊偉, 自幼人皆以公輔期之. 少時, 嘗從友人飮夜歸, 醉臥市街中, 至夜深後酒醒, 見一人在側, 驚問曰: "爾何爲者?" 對曰: "我住此者, 公貴人也. 恐爲風露所傷, 故欲待酒醒, 陪還矣." 公感其義, 偕至家, 欲厚謝之, 入門, 因忽不見, 可知其非人而神也. 以是[119], 公頗自負, 後果大貴. 嘗爲監試考官, 得栗谷李文成公試券, 將冠多士, 或嫌其少日學禪, 公曰: "初學之誤, 程朱所不免, 今改反之正矣, 又何咎焉?" 議遂定, 識者韙之. 宣廟欲與李山海結婚, 公以爲雖是異宗, 其爲同姓一也, 娶同姓, 與夷狄無別云.

1-72.

鄭松江澈, 天性峻潔, 辭受甚嚴, 嘗手書戒子弟, 曰: "鞭靴不已, 必至裘馬, 可不愼歟!" 當官風采凜然, 人不敢干以私. 嘗以繡衣巡北關, 還程, 從合浦登侍中臺, 抵通川, 上叢石亭, 自稱鄭上舍, 與主倅痛飮. 翌日, 謂寢兒曰: "十年後, 當按節來此." 兒曰: "按節雖貴顯, 不如察訪之得易而來速也." 後十一年, 果以方伯巡到, 招其妓, 贈一絶, 曰: '十一年前約, 監司察訪間. 吾言雖或中, 俱是鬢毛斑.' 至今爲關東美談.

1-73.

梧陰尹斗壽, 與弟月汀根壽, 兒時嘗出行路, 有裹物落地, 月汀視若不見, 梧陰拾取視之, 乃白金也. 卽納諸袖中, 月汀非之, 曰:

---

119) 以是: 가본에는 '是以'로 되어 있음.

"何爲拾遺?" 公曰: "有用之物, 豈可虛抛乎?" 旣還, 書揭于街門, 曰: '某日某街失某物者, 尋某[120]家來!' 後數日, 果有人來覓所封, 標樣相符無疑, 仍出與之. 後公之功業, 茂著於板蕩之際, 而月汀以儒雅淸素, 見推於士林, 兄弟之氣象, 自兒時已有不同矣. 公旣位卿宰, 外邑守宰來謁, 則必求土産物種, 月汀心甚不悅, 嘗規之, 公曰: "吾旣貴顯, 鄕居貧族親友, 每當婚喪, 必求索於我, 我若不施, 則何用貴族爲哉? 是以, 預求以待其應耳." 梧里李公, 以公簠簋不飾, 嘗彈劾之後, 因公事往見公, 公曰: "向日臺啓於理爲當, 吾不介懷, 幸勿爲嫌." 因留語良久, 少無幾微色. 適有鄕人求乞之書, 公命侍婢曰: "向日, 某譯所遺錦段持來也." 婢還告曰: "本無此物." 公笑曰: "婦女輩以公在座, 故欲諱之耳." 催促持來, 以副其求, 略[121]不動色. 嘗遇饑歲, 發簡於統營, 貸米三百石, 到泊於江頭, 隣居一臺官, 欲彈奏之. 旣而, 見分散於族戚親知之最窮餓者, 家無所入, 臺官卽袖草而往謝之. 今其子孫蕃衍, 世襲軒冕, 善慶之所由來, 亦遠矣.

1-74.

柳西崖成龍, 狀貌不踰中人, 而端笏徐步, 望之峭然, 有不可犯之色. 每入侍退朝, 下輩傳呼曰: "相公出矣!" 百司閉門, 寂無人聲, 闕廷蕭然. 雖久居尊賢, 而淸貧如寒士, 常憺如也. 爲政公明, 人不敢干以私. 嘗宿衛禁中, 深夜端坐, 閱書通計國內田結收米貢物進上什物定價, 未久, 爲浮議所沮, 論者惜之. 白沙李公, 嘗論國朝名相, 惟以西崖爲最其規模成就, 諸人未有能及之云.

---

120) 某: 저본에는 '其'로 나와 있으나 가본에 의거함.
121) 略: 가본에는 '若'으로 되어 있음.

1-75.

西崖以書狀朝京, 太學生數百人來, 見之, 公問曰: "中國名儒以何人爲宗?" 相顧曰: "王陽明·陳白沙爲宗." 公曰: "白沙見道未精, 陽明禪學之換面, 似不如薛文淸之一出於正矣." 有吳景者, 喜曰: "公能發正論, 吾道之幸也." 序班引僧道序於前, 公謂曰: "諸君冠章甫而反居彼後乎? 吾輩冠裳之人, 不可入參." 於是, 序班言於鴻臚, 却道釋置後, 庭中動色.

1-76.

西崖初從退溪學, 先生常曰: "此子天所生也!" 自爲秀才, 以遠大自期, 留意經濟·治兵·理財, 無不講究. 當宣廟時, 朝論角立, 毀者相軋, 不得有爲, 惜哉! 栗谷曰: "西崖有才識, 善敷奏, 但不能一心奉公, 有顧瞻利害之意." 申象村曰: "壬辰前, 倭玄蘇書來, 有同犯上國之語, 梧陰尹公言不可不奏聞, 西崖以爲夷虜恐動之言, 不可遽奏, 上令奏聞." 後西崖著『懲毖錄』, 記壬辰事, 凡諸善歸己以掠美, 以爲, '自家獨啓奏聞, 卒得天朝之力云.' 又楊經理素沙之捷, 塗人耳目, 而以其私怨而沒之, 其心之不公如此, 所以不免於流俗之譏也歟!

1-77.

栗谷壬辰前二十年, 欲養兵十萬, 使之分六朔遞守京城, 以此陳啓於上, 爲柳西崖所沮, 不行. 先生退謂西崖曰: "國勢之不振, 久矣, 俗儒不達時宜, 固其然矣. 豈意公亦如是耶?" 及壬辰之亂, 西崖執邊報手戰, 曰: "當時無事, 吾以養兵爲擾民, 而不納其議, 今而思之, 李文成眞聖人也." 先生嘗曰: "而見【柳字】才氣儘美, 而第有忌克之病, 不欲與吾同事, 至吾死後, 方必施其才耳[122]." 壬辰後, 西崖擔當國事, 每於朝堂, 盛稱先生才學及先見之明, 牛溪聞而笑, 曰: "而見豈不知栗翁之賢也? 但勝己者厭之." 死後, 方有追許之意, 曺南冥詩曰: '人之愛正士, 好虎皮相似. 生前欲殺之, 死後方稱美.' 而見近之矣.

1-78.
鵝溪李山海, 壬辰之亂, 以首相, 建西幸之策, 黃秋浦愼, 撰諭軍民, 敎有曰: "大臣力主和金, 秦檜之肉足食; 奸人首倡幸蜀, 國忠之頭可懸." 筆法可謂嚴矣. 某宰家, 嘗有宴會, 滿朝畢赴, 山海有故不往, 作詩送之, 紙尾書曰'鵝翁', 鄭松江見之, 曰: "此大監作自家聲." 山海聞而深銜之, 竟爲搆陷. 世傳, 山海父之蕃, 奉使入京, 還至山海關, 夢與夫人同寢如常, 因記日以識之. 及還, 夫人已有娠, 問之, 則果於其日, 亦夢如此. 及生, 遂以山海爲名云.

1-79.
漢陰李公德馨, 姿容粹美. 壬辰, 楊經理鎬出來, 年少氣銳, 輕視人士, 動以氣勢, 壓倒諸公. 公往儐之, 楊一見敬服, 稱歎曰: "整襟危坐, 則洞庭九秋霜月; 盃酒團欒, 則錢塘十里荷花. 雖在中國, 當端委廟堂, 綱紀百僚." 公爲李山海女壻, 後聞娶同姓, 禮貌頓衰. 時李提督如松, 聽賊詐和, 未免有遲疑之心, 致誤事機, 衆皆悶之. 一日, 提督出示「赤壁圖」, 公題曰: '勝敗分明一局棋, 兵家最忌是遲疑. 須知赤壁無前績, 只在將軍研案時.' 此可謂善諷矣.

---

[122] 耳: 저본에는 빠져 있으나 가본에 의거하여 보충함.

1-80.

　白沙李公恒福, 爲權都元帥憟女壻, 權公爲海伯遞歸, 有墨一籠, 置壁藏中. 白沙乘權公駕他, 往見權公夫人, 曰: "聘丈在海營時, 有寵妓二人, 曰'首陽', 曰'梅月', 思念不已, 至於印名於墨丁以來, 將使流布於世, 則其貽笑見譏, 必不少, 誠爲可憂." 夫人大怒, 啓鑰視之果然, 卽命炭燒於庭. 公曰: "此乃暴殄天物, 請以賜我, 則我當自用不掛人眼也." 夫人許之. 權公雖知見欺[123], 而無以發明. 公之俳諧, 多類此. 當夏月入侍, 謂權公曰: "今日甚熱, 丈人必不能堪耐, 脫襪着靴, 甚爲便好." 權公然之, 如其言. 及入侍旣久, 公進奏曰: "當此盛暑, 老宰臣公服甚難, 請令脫靴." 上可之, 自首相以次脫靴, 權公目視公, 惶愧跼蹐, 上命小宦脫之, 乃赤足也. 權公以袂掩足, 伏地, 曰: "爲李某所瞞至此耳." 上大笑, 侍臣皆捧腹. 嘗赴備坐, 獨後至, 曰: "適見途中有相鬨者, 宦者挵僧人髻, 僧人挽宦者莖, 相持半晌, 令人可觀, 不覺來遲." 諸宰大笑. 此雖戲談, 蓋警時人多尙虛僞也. 爲都憲時, 有親友, 一爲延安倅, 一爲坡州牧. 延安南大池, 蓮花盛開, 府使之母, 頗出賞蓮, 頗爲民弊. 坡州衙婢, 潛奸官奴, 多有害政. 憲府將劾之, 二倅之子, 皆來謁公, 請爲止之. 公卽招臺官, 謂曰: "延倅之母奸常漢, 則是固可駭, 而乃今賞蓮, 非所當劾; 坡牧之母奸官奴, 則是固可彈, 而今衙婢奸官奴, 亦非當言." 臺官乃笑而止. 時宰洪汝諄, 好貪無厭, 窮搜民家花草·怪石. 一日, 公謂曰: "吾有極品石假山, 世所罕有." 洪聞而欲之, 不覺膝前於席. 公曰: "君誠好之, 吾何靳焉? 第有許多人力, 方可運致矣." 洪大喜, 盡發京江牛馬車夫·下隷百餘人, 來請運石,

---

123) 欺: 저본에는 '棄'로 나와 있으나 가본에 의거함.

公指示南山蠶頭, 曰: "此吾怪石." 洪方知見欺, 大憊悉. 國制削職者, 雖大臣, 必稱及第. 時漢陰李公, 以領相削職, 稱及第, 公以左相, 亦被時議, 曰: "吾同接已爲及第, 吾何時爲及第?" 旣罷, 散居東郊, 有一氓來謁, 曰: "以身役不能聊生." 公曰: "吾以戶役不能聊生!" 蓋公時被護逆之名故云. 平生善謔如此, 而能一心循國, 持正不撓. 立朝四十年, 勳業俱全, 名節卓異, 豈非吾東方間氣之人歟?

1-81.

白沙少時, 與漢陰最相友善, 嘗得『剪燈新語』, 閉門耽看, 必沈藏之, 不掛人目. 時冊子新出, 見者甚稀, 漢陰見公, 文詞日進, 心疑之瞰其無也, 而往探其藏, 竊冊子以歸. 白沙雖知漢陰所爲, 而無以執贓, 卽隱而不言. 過數日後, 料其盡覽, 乃投一札, 而皮封書'李翰林宅', 以送之, 漢陰答曰: "翰林之稱, 一何誤耶? 此用其卷中語也." 因往詰之, 曰: "君若非竊吾冊子, 則答書頭辭, 何處取得?" 漢陰無以應, 乃還之云.

1-82.

白沙嘗爲[124]監試考官, 至第二日臨場, 諸生相與言曰: "主試詩賦, 則或可鑑別, 而至於疑心, 必無宿工, 何以考取?" 公竊聞之, 揭疑題, '問瓦署別提, 去作何官, 全義李氏, 今作何姓?' 諸生呵呵大笑, 請改題, 卽改曰: "問唐詩云'靑山萬里一孤舟', 靑山之上, 可以行舟歟? '欵乃一聲山水綠', 欵乃未唱之前, 山水不綠歟?" 諸生又

---

124) 爲: 가본에는 '約'으로 되어 있음.

拍掌大笑, 來前, 曰:"先生不知疑心, 必以四書中疑難處, 設問方可." 公曰:"我誠不知, 請改之." 又揭曰:"'孔子登泰山而小天下', 泰山高歟, 天下小歟?" 諸生曰:"是則可矣." 遂定. 及考試出科作, 乃以'以道觀物物不得大'八字, 爲起頭者, 擢壯元, 諸生於是皆服. 詩曰: '善戲謔兮, 不爲虐兮.' 公有焉.

1-83.

梧里李公元翼, 少不喜交游, 旣釋褐愈益韜晦, 人稱爲處子. 正字出爲黃海都事, 時朝廷大籍兵民, 事務坌集, 案牘委積, 公左酬右應, 捷疾如響. 栗谷爲觀察使, 每稱賞之, 凡文書之有肯綮處, 輒詢公裁決, 及還朝, 力薦揚之, 遂開顯道. 公聰悟絶人, 凡四方人名地名·品目度數, 一閱目便不忘, 故吏胥不敢欺隱. 鄭守夢曄, 嘗問於申象村曰:"完平誠可人, 而但不讀書, 是可欠也." 象村曰:"完平作事, 皆中理, 偏是學也, 徒文何用?" 光海時, 公退去驪湖, 一日, 有紅袍負馳到, 時鞠獄頻起. 家人望見, 錯認爲金吾郞, 驚惶未定, 及到門, 乃仁朝反正卽日特起, 公拜領相. 史官來宣召命, 公略不驚動, 終無喜色, 但問:"反正者爲誰?" 曰:"綾陽君也." 公遂高枕而臥, 半日而後, 始出迎史官. 翌日, 承命造朝, 都內自反正以來歷累日, 而衆心疑懼, 莫知所定. 及見公由東門乘肩輿緩緩而入, 市井傳呼曰:"完平大爺至矣!" 自是, 人心安帖, 公雅負時如此.

1-84.

梧里寓於驪江, 村名曰'仰德', 時州牧貪婪無厭, 州人作詩, 曰: '仰德村中爭仰德, 淸心樓上不淸心.'

1-85.

鄭南峰芝衍, 爲右相時, 栗谷行兵判兼大提學, 會于館閣. 適有兵曹簿牒當稟大臣覆啓者, 錄事進之, 鄭相素病眼, 常閉目而坐. 先生一手執筆硯, 一手持簿以進, 鄭相曰: "讀之." 讀竟, 又曰: "執筆書之." 因呼覆啓之辭, 先生寫畢, 又爲讀之, 一過訖, 以筆硯文簿, 授下吏而退. 蓋國朝三公, 以其長百揆, 故雖崇品宰相, 必致卑謹. 孝廟朝, 李浣以武宰入閣, 文谷金公爲吏判, 有事往稟, 李公引座於前, 與語良久, 甚見款洽. 及退出門, 錄事以大臣命出備牌, 捉囚吏隷, 文谷驚怪, 自反語言之間, 或有所失, 不勝惶憾. 至夕, 吏隷放還, 告曰: "相位分付云, 爾大監見大臣, 儀貌有損, 着帽少岸, 於後網巾見編子, 有怠慢底意, 不得不警勅云云." 文谷少不介意, 曰: "此乃玉成我也." 大僚之嚴重, 自昔而然矣.

1-86.

金仙源·淸陰兄弟, 俱位卿宰, 有疎族居坡州者, 犯殺獄, 被囚本邑. 其子蒼黃入城, 見淸陰涕泣, 求哀乞得一札, 圖活其父, 淸陰正色, 曰: "殺人償命, 國之重典, 爲宰臣者, 豈敢冒法書囑? 須急歸, 養獄以待官決." 其人不敢復言, 又往仙源告之, 仙源爲之惻然, 裁書力救, 書尾聯兄弟名, 而與之, 曰: "須從間道遠行!" 蓋淸陰執法言重, 尤爲有力, 故如是. 淸陰意, 其人又告急於伯氏, 而必不能牢却, 卽來見而問之, 答曰: "殺獄雖重, 子爲其父乞命, 豈不矜惻? 不得已破戒裁書, 兼聯君之名矣." 淸陰不悅, 曰: "人各有主意, 何必聯名?" 欲追還改書, 仙源曰: "吾已料君如此, 故使之迂路急回, 雖追無及矣." 其人果傳書緩獄, 其父得生. 後淸陰常對人言此事, 曰: "吾兄仁厚過人, 隨處種德, 子姓繁衍, 吾則性素狷隘, 少恩於人, 尙此無育, 備嘗艱險云."

1-87.

李延平貴, 自爲儒生, 常喜陳疏. 其妾有歌者, 每唱今日今日之曲, 公曰:"爾今日之曲, 汔可休矣."妾曰:"何如主公之誠惶誠恐?"淸陰先生平生寡言笑, 倡優雜戲, 人皆絶倒, 而淸陰一不啓齒. 時有一新恩家, 設聞喜宴, 優人朴男者, 以獻戲名世, 其家謂男曰:"今日淸陰相公當赴宴矣, 汝能得其一笑, 則當有厚賞."淸陰旣至, 男陳雜戲, 略陳不顧視, 男乃卷一紙如上疏樣, 兩手擎之, 徐步而前, 曰:"生員李貴呈疏!"仍跪而展, 讀曰:"生員李貴, 誠惶誠恐, 頓首頓首."滿座捧腹, 淸陰亦不覺失笑.

1-88.

李澤堂植, 雖値嚴冬, 必板屋藁席以居, 曰:"人處溫突, 則志氣昏怠, 聰明頓減矣."常着黑漆平涼子, 曰:"淸輕且易辦."又好服松葉, 嘗請於朝, 須示其法於民間, 有人作詩嘲之, 曰:'虫食四山松葉盡, 相公何處施經綸?'或曰:"松葉若救荒, 則令飢民日出時向東吸氣, 亦好矣."蓋餐松吸氣, 稱爲仙方, 故爲此嘲謔, 而公少時喫貧, 曾有所經歷而言也. 後雖貴顯, 位躋卿宰, 而留妻孥於鄕庄, 治農爲生, 夫人每持鉏治圃云.

1-89.

申象村欽, 天姿穎悟, 十餘歲, 已淹貫經史一覽, 輒記. 嘗育於外祖宋麒壽家, 宋家多藏古書, 公每朝入其房, 終日不出, 一家呼爲冊房兒. 及長, 文辭大進, 爲詞林宗匠, 丰采動人, 言貌異常. 仙源金公, 常謂弟淸陰曰: "近日少輩, 恨不令見敬叔云."

1-90.
李月沙廷龜, 宣廟朝再典文衡, 差陳奏使, 卞誣入京, 撰奏文, 天朝大加稱獎, 遠邇爭來, 謄寫而去. 後我人漂到蘇・杭, 南方士子皆誦此奏, 曰: "朝鮮李某之文." 萬曆時, 詔使渡江, 朝廷選儐接之臣, 迓於境上. 公膺是命, 幕中僚佐, 咸聽自擧, 南郭朴東說[125]・東岳李安訥・鶴谷洪瑞鳳, 以從事偕行, 金南窓玄成・車五山天輅・權石洲韠, 以製述官見擧, 韓石峯濩, 以名筆, 啓遞加平郡守而行. 蓋當時事大交聘之際, 文學才能之士, 必爲之用, 而儐使之行, 人物之盛, 未有如此時者焉. 天使熊化, 以詩贈公要和, 公次之, 熊曰: "字字唐人魄." 臨別, 請曰: "『皇華集』, 願得鸞翔鳳翥之文, 以爲序." 公遜辭不得, 竟製以應之.

1-91.
張谿谷維, 爲文章以理爲主, 不以雕琢爲工, 本諸經學, 輔以班・馬諸子百家之書, 盡會其趣, 詞賦詩律, 序記碑銘之作, 各備體格. 尤翁常論我東文章, 推公爲第一, 以爲, '去歐・蘇不遠, 大明三百年, 未有其比, 王陽明雖夸張震耀, 而其實不及.' 李白沙嘗曰: "張某文章德行, 雖置之孔門, 可以無愧於顔・閔矣." 弱冠著『陰符經解』, 多有獨得之見, 性淸粹雅靜, 好湛沈之思, 兼通濂洛諸說, 時以爲栗谷復出矣. 鄭畸翁弘[126]溟, 嘗問南華要語, 公謝不知, 鄭曰: "雖專心於吾學, 豈有不知莊子者耶?" 後數日, 再訪之, 公迎謂曰:

---

125) 朴東說: 맥락상 '朴東亮'이 되어야 할 듯함.
126) 弘: 저본에는 '泓'으로 나와 있으나 의미상 바로잡음.

"吾已了南華矣." 自此, 盡通老釋宗旨, 又著『孟莊辯』, 設爲孟子與莊子問答之辭, 李白沙題之, 曰'漆園奇遇'. 噫! 以若好辯詭說, 相對爲義理之辨, 則其辭必有可觀, 而余恨未得見, 未知本家有傳與否?

1-92.

金後瘵藎國, 爲戶判時, 有進銀中朝事, 親自監封. 算員一人瞰公轉眄之際, 探取一塊, 卽起趨出有若便旋者, 潛置他所而還入, 人無知者. 而獨公覺之, 佯若不知, 托以疝病. 罷座, 命置其銀於一房, 使其人守之, 待明日開衙以封. 其人自念, '銀不準數, 則咎將歸己.' 不得已以所竊者, 還置其中. 翌日, 監封無所欠縮, 後以微事, 汰送其人, 終不摘發.

1-93.

鄭錦南忠信, 本屬光州府知印, 而美容姿, 好氣義. 壬辰倭亂, 權都元帥慄爲完伯, 有軍機事募人, 能以狀達行朝者. 時忠信年十七, 奮身自往到龍灣, 白沙李公, 奇其穎悟, 收置幕府, 寢食與共, 人謂'李判書別室'. 爲人機警愼密, 慮無不周, 未有敗事. 白沙欲試之, 時當夏月, 盛水於匜, 暗置所懸章子上. 至日昏, 將擧燭, 命忠信下障子, 忠信卽以杖麾其上, 以探其有物與否然後, 下之, 遂得無事. 又有人獻南草不切者, 命忠信切之, 卽置硯匣上, 以刀亂莝, 竟無刀痕. 怪而察之, 乃藉其一葉於下, 以防其傷. 蓋其心手相應, 不差毫釐, 故能如此. 遂爲李公所奬, 拔起於微賤, 而掌兵馬之任, 能決策於危亂之時, 名登鐵券, 功垂竹帛. 可知其生也不偶, 而亦見李公知人之明矣!

1-94.

崔遲川鳴吉, 性迂愚, 不卞青綠之色. 其姪嘗騎騾來見, 遲川曰: "汝馬之耳, 何其長也?" 對曰: "此騾也, 非馬也." 曰: "騾與馬, 其耳有不同歟?" 嘗爲戶判, 某司有修改事, 請得瓦五百張, 卽題其牒, 曰: "所請太過, 一訥許給云." 蓋俗語以瓦千張爲一訥, 崔誤認百張爲一訥, 人皆笑之. 古人兒時, 有通於文而昧於事者, 其父欲試之, 適値春雨, 池水泄流, 命往隄之, 卽持鍤而往, 隄防其外, 旣而旋潰, 徒勞無功, 人以爲笑. 翌日, 命題令賦之, 乃以'防微杜漸在於治本塞源'爲起頭, 以成篇, 是見文自文而事自事也. 故大人於事物上, 或疎濶不治, 而至於臨大事, 亦不糊塗者, 多矣.

1-95.

閔驪陽維重, 爲錦伯時, 同春貽書曰: "親舊酬應, 不可堅拒, 物雖小, 答書以謝, 於理爲得." 金起之爲廣尹, 在京窮親貧族, 酬應甚繁, 而隨其有無答書如流, 未嘗有一皺眉之時, 余用嘉歎. 蓋金卽淸陰之孫退憂堂壽[127]興, 能守正不撓, 畢身殉國, 而其寬厚慈惠如此.

1-96.

趙二憂堂泰釆, 位居卿宰, 待人甚款, 親以諧笑. 人有饋遺, 不甚苟於辭受之節, 以待其窮急而周恤之, 鄕客滿堂, 請求遝至. 或不暇寢食, 而左酬右應, 終無厭苦之色. 其風流歡洽, 若與世浮沈者然, 而畢竟臨大事, 辦大節, 樹立巖然, 若萬仞鐵壁而不可動, 眞所

---

127) 壽: 저본에는 '詩'로 나와 있으나 의미상 바로잡음.

謂大人也歟!

1-97.

俞相國拓基, 爲嶺伯, 洞開三門, 窮親貧族乞貸者, 無不延接賑濟, 若有同姓求昏需而來, 則恒定以五十金爲助. 嘗有一人, 稱同姓來謁, 素不知面, 而爲女婚求助, 適値煩擾, 未及詳問其派系, 亦以五十金與之. 辭去後, 幕客入告, "俄者, 其人非兪氏, 而乃姓劉也. 營底有知面者, 如是爲言, 甚可痛悗! 請追捕査問, 以懲惡習." 公曰: "變姓而欺我者, 成罪則大矣, 渠自妄發, 於吾何辱?" 遂置之.

1-98.

金宇杭相國, 大拜日, 喜動顏色, 客來賀, 則少不謙讓, 笑而答曰: "誠喜誠喜!" 有一親族規之, 曰: "大臣體貌, 異於凡僚, 願少謙抑以重德望." 答曰: "君不知吾之始也. 吾始登第, 家本寒素, 言貌不踰中人, 衣冠未免質陋. 初入堂後, 適値朝賀, 下隸傳呼, 領相入來, 見其標致, 剛猛峭直, 如巖霜烈日, 乃是老峯閔鼎重也. 又云左相入來, 見其風采, 凝端雅精, 如祥麟瑞鳳, 乃是陽坡鄭太和也. 又云右相入來, 見其氣宇, 嚴威深重, 如高山鉅林, 乃是陽陵君許積也. 吾因斂手斂服, 以爲, '必如此三人然後, 可以致位三公矣.' 其下卿宰, 次第而入, 見其儀表, 皆甚俊美, 未有如我之貿貿闒劣者. 最後一兵郎入, 乃是西道人也. 見其動作外樣, 正與我比安心, 以爲, '吾之進就, 亦不過如彼而已.' 不意驟進躐登, 至有今日, 實非始望之所及也, 豈不喜動于外耶?" 噫! 此與無才無德, 遽致大官, 而還自矯飾, 若固有之者, 甚相懸矣.

1-99.

李浣始家駱峯下, 與麟坪大君第爲隣. 大君喜賓客, 數招公, 公不往. 及登壇, 急賣家舍移居, 曰:"將兵之臣, 不可一日與王子同閈." 後有人上變告, 公欲推戴, 上曰:"賣宅徙居之時, 吾已知其心矣." 命斬言者, 遇公益厚. 蓋公能周愼遠嫌, 而君臣之間, 相信如此, 則讒言何以間之耶?

1-100.

南壺谷龍翼, 兒時作春蠶詩, '稚引黑唇迎綠葉, 老拖黃腹上靑梯.' 識者已知其早達兼能從享富貴. 其孫有容, 號雷淵, 幼時作曰:'白猫墻頭哭, 吾家必有殃.' 他人聞者失色, 壺谷獨曰:"此兒已知有戒懼之意, 必能明哲保身." 其後果驗. 雷淵晚年, 作元日詩, 曰:'人言我福我嫌聞, 靜思果如人所云. 三國遍觀名勝地, 四朝連侍聖明君. 雙親白髮能終養, 一品淸班更主文. 二子趨庭妻亦老, 此身但合樂耕耘.' 晚福之圓滿, 世蓋罕比焉.

1-101.

李光佐旣致位, 頗有相望. 議政府有一錄事, 常語人曰:"近來有宰相風度者, 惟某大監一人而已. 早晚入黃閣, 吾當前導, 甚有威儀." 及大拜後, 將赴朝行, 至禁川橋, 黑雲忽遍, 驟雨將至. 錄事令于儓隸曰:"雨意頗緊, 宜速陪行!" 遂疾馳入闕, 旣還後, 拿下錄事數之, 曰:"大臣詣闕, 當徐靚安閑, 而今乃蒼黃疾忙, 駭惑人視, 豈有如此威儀乎?" 因命笞除. 是能知大臣之體, 而竟附凶黨, 不保令名, 可不惜歟!

1-102.

趙晦軒觀彬, 天性剛毅, 持論峻正, 痛先人非命, 嫉惡彼邊. 以文衡常主考試, 能以物色鑑別, 指頭有神, 未嘗失誤. 彼邊人亦惡之, 作箋文以播於世, 其初項曰: "念老賊近十年主文, 而少論無一人參榜云."

1-103.

李相國宗城, 與靈城君朴文秀, 自幼同學, 皆不嗜讀書, 翌朝不通, 必見楚撻. 二公密與相議, 各以小紙謄出所學, 從窓門間, 逮相照示, 雖終日不讀, 每每善誦. 一日, 朴公欲見李公之不通被楚, 己則先誦, 因爲背約, 李公竟不免楚, 小無慍色. 明日, 又謄朴公所學, 照示如故, 此見器量已過人矣. 朴公才器卓異, 竟不劬學, 以不文稱於世, 而至於臨事應辯, 不讓於人, 區畫粧撰, 綽有餘裕. 李思觀以行臺赴燕, 親知諸公, 皆赴餞席, 各爲別章以贐之. 朴公時爲亞卿, 亦參其筵, 有一年少名士, 知公無以應, 猝構得一詩, 密請曰: "吾將代撰以應, 如何?" 公正色曰: "吾雖不文, 豈借手於君乎? 吾已作之, 君宜爲我書之." 卽口號書于軸中, 曰: '兼執義李思觀, 冬至使書狀官. 三千里燕京路, 去平安來平安.' 滿座以爲壓軸.

1-104.

李宗城罷相, 居臨湍農庄. 時兪相公拓基, 奉使赴燕, 李公命子弟, 汎掃門庭, 曰: "大行人必來訪矣!" 子弟等曰: "顧今時勢, 我方窮廢, 而彼則登揚, 豈望其歷入乎?" 曰: "此非爾所知, 第觀之." 翌日, 兪公果入來, 敍寒暄, 坐話移時, 欲有所言而不果者, 累矣. 李公先曰: "公旣爲國宰輔, 任專對之責, 其於應對之際, 必善辭彌縫,方可矣." 俞公曰: "然." 曰: "我國大報壇, 爲淸人所惡, 而近聞皇帝已知之, 若有詰責, 則公以何辭爲對?" 曰: "吾亦以此爲慮, 而實無以粧撰, 願公敎我." 曰: "我國旣服事於淸, 而知我有尊周之義, 則彼固不悅, 然今不可諱有爲無, 但以實告." 曰: "此乃小邦不忘舊君, 設壇而祭之, 以寓尊慕之誠而已. 大淸萬萬世後, 東國亦將有大報壇云, 則彼將回嗔作喜以我爲禮義之邦, 而見待頗異矣." 俞公曰: "謹當如敎!" 遂辭去. 及其保和殿賜對之日, 果有是問, 以此爲對, 皇帝稱善久之, 以更加賞賜. 回路, 李公子弟, 又備小酌以待, 李公曰: "彼嚮有所問, 故不得已委訪, 而今則無求於我, 必不爲探安而來矣." 俞公果直向京師, 遣人致問而止.

1-105.

宋相國寅明, 少時, 落拓不遇, 以進士年踰四十, 尙未筮仕, 布衣遊公卿間. 時金相公楺, 當銓任大政, 隔日宋躬往請見金公, 初不知面, 而素聞其名, 卽起迎之, 曰: "兄來見我, 有何所言?" 卽張眉而言曰: "今世才器, 似未有勝於我者, 而我尙不着帽, 故特來自薦耳." 金公欣然, 答曰: "敢不如敎?" 曰: "然則當信之矣." 便起辭去, 其子弟在夾房出, 曰: "彼乃一狂客也, 大人何爲輕許也?" 曰: "汝勿多言! 此人氣岸如此, 不久當坐吾席矣." 後數日都政, 適値東門外卿宰家返魂, 軒輅滿路, 宋乘一匹驢, 往參其中, 傳觀都目. 至夕, 見擬寢郞蒙點, 因自袖中出唐巾以着, 人曰: "何以豫備?" 曰: "吾日前見吏判, 已受諾矣." 未幾登第, 出爲栗峯察訪, 未周年, 以說書召之, 卽閉門却務, 臥而不起, 乃有所思量者也. 將收拾廩餘, 永歸鄕里, 買田數頃, 以終餘年乎; 將治行登途, 直入肅謝, 不讓一局, 以取功名乎! 至三日後, 卽蹶起催裝, 上洛進道大開, 歷躡淸顯, 竟登台鼎, 至今稱美談.

1-106.

李尙書文源, 卽相國天輔系子也. 兒時, 嬉游不讀, 始教『史略』, 佯若不知其義, 一小奴曰: "使我讀之, 將無不通, 何愚鈍如此?" 曰: "吾豈眞不知也耶? 爾不見壁樓中所貯冊子乎? 我若善讀, 則將使我盡讀, 乃已, 我何以堪其橫逸如此?" 母夫人不愛之. 相國嘗駕詣闕, 鄰居一小生, 欲謁而來, 巧違不遇意, 甚焦躁口裏嗟呀. 公時方七八歲, 問曰: "欲見相公, 有何緊事?" 客見其年幼, 始不肯言, 固問之, 乃曰: "吾有親患, 醫者云: '今日內用江蔘三錢重, 方可見效.' 而猝難求得, 欲請於相公而來矣. 今玆良貝, 勢將不及, 是以憂歎." 公聞之, 甚爲惻然, 卽呼相國寵傔, 謂曰: "吾嚮見枕几中有蔘封, 速持鑰匙以來!" 傔托以不知, 計無奈何, 公卽引枕几, 撞破於石砌上, 果有蔘封. 令傔出藥, 秤得三錢重, 以與之, 客不勝驚喜而去. 相國旣還, 門客其以語告, 相國喜動于色, 入告夫人曰: "此非吾所能也. 兒必大做, 願夫人勿憂." 後公果能承家爲時名宰, 而文學則蓋不足云.

師儒道德

1-107.

麗末鄭圃隱, 以倡起斯文爲己任, 始制冠婚喪祭之禮, 實爲我東方性學之祖. 而余嘗於松京崧陽書院, 瞻拜畫像, 則容貌甚偉, 令人敬慕. 而但身衣緇服, 肩掛百八念珠, 依然如老釋首座樣, 是豈安於習俗幸而卒不能變者耶?

1-108.

權陽村近, 早遊於圃隱之門, 講明經學, 訓誨後進, 定四書五經口訣, 著『入學圖說』, 斯文羽翼之功, 蓋不少矣. 太祖受命之初, 獨爲不屈, 上令其父僖誘而致之, 拜知制誥, 蓋前朝卿宰之入仕我朝者, 甚多. 公亦累世卿相文章學行, 爲當時士流之宗匠, 而但不能全節, 未得與圃·牧幷美, 故至今有貶議. 申象村詩曰: '白首陽村談義理, 世間何代更無賢.' 此見慨惜之辭也. 公之畫像, 在於申企齋光漢家, 金慕齋安國, 見而拜, 曰: "此公於吾道有功." 宋圭菴麟壽不拜, 曰: "此失節人." 噫! 君子立身一誤, 不得免萬世譏議, 可不懼歟?

1-109.

金佔畢齋宗直, 道學文章, 爲世所推, 實東方師宗. 故當時名儒韻士, 多出其門, 金寒暄宏弼·鄭一蠹汝昌, 傳受其學問; 金濯纓馹孫·曹梅溪偉, 得其文章; 南秋江孝溫·洪篠䕺裕孫, 得其名節; 鄭虛菴希良, 得其數學; 李慵齋宗準, 得其醫學. 其餘書畵各以一藝名詩者, 不可勝記. 申象村以爲, "我東三百年人才, 佔畢爲最云."

1-110.

寒暄堂幼時, 受業於佔畢齋, 讀『小學』, 有詩曰: '業文猶未識天機, 小學書中悟昨非.' 畢齋批云: "此乃作聖根基." 旣長, 常以『小學』律身, 自稱'小學童子'. 蓋東方性理之學, 圃隱以後, 先實倡之. 嘗與執友同宿, 雞鳴後共坐, 以數息爲約, 他人纔過一炊, 皆失其算, 而獨歷歷枚數, 向明不失. 學問上專精之工, 斯可推矣.

1-111.

昔伊川先生, 不事吟詠, 濂洛詩集中, 只有「謝王佺期」詩二首而止. 我朝鄭一蠹, 亦無詩稿, 只有一絶, 流傳於世, 曰: '風蒲泛泛弄輕柔, 四月花開麥已秋. 看盡頭流千萬疊, 孤舟又下大江流.' 其意洒落, 無一點塵垢, 是與曾點浴沂一般.

1-112.

退翁曰: "靜菴天姿甚高絶, 出等夷, 政如猗蘭播芬, 皓月揚輝." 嘗於下輦臺御座, 先生以大憲從班, 望其儀表, 百僚盡傾圜橋門者, 莫不咨歎. 每過鍾樓諸市井, 以手加額, 曰: "吾上典至矣." 其爲一世之聳服, 未有如先生云.

1-113.

己卯士禍, 靜菴與淨友堂金湜等, 將赴配所, 行至鳥嶺. 李副學思鈞, 方承召上來, 遇諸路次, 下馬握慰, 曰: "君於『中庸』, 尙未熟讀, 況可做唐虞之治乎! '愚而好自用, 賤而好自專, 生乎今之世, 反古之道, 災及其身者也.' 宜乎君之不免於禍也! 君今尙年少, 政好讀書, 幸望努力自愛." 因辭別而去. 及詣闕, 上疏極言營救, 竟被削黜, 士流咸稱焉.

1-114.

金河西麟厚, 以才學早得名譽, 仁宗賓天後, 棄官歸鄕, 稱病不出. 每秋夏交節, 悒悒不樂, 及値孝陵忌辰, 卽入家後山中痛哭, 竟夕而還. 其詩集中有「弔申生」篇, 蓋所以托意. 申象村曰: "前輩長者, 論乙巳名賢, 莫不以河西爲首, 以其見, 幾於急流中爲元祐完人." 尤翁嘗論先賢出處, 必稱河西. 有詩曰: '年年七月日, 痛哭萬[128]山中. 人間論出處, 惟有澹齋翁.' 蓋先生亦以澹齋爲號, 故云.

1-115.
權冲齋撥, 常探看『近思錄』, 不去懷袖間. 中廟嘗召宰執, 宴後苑賞花, 命各盡醉, 扶携而出, 有內小臣拾得『近思錄』小冊, 不知爲誰某所遺. 上曰: "落自權撥矣." 卽命還之. 公位至通顯, 而自奉如寒士, 平居常澹如也. 其子東輔, 爲齋郞, 騎馬充肥, 公怒曰: "一命之士, 苟存心於愛物, 則於人必有所濟, 今汝得末官, 瘠人肥畜如此, 豈望其濟人乎?" 會當扈駕, 斥其馬, 不騎之.

1-116.
徐花潭敬德, 家貧, 兒時, 父母令采蔬春田, 每日暮而歸, 蔬不盈筐. 父母怪而問之, 對曰: "有鳥飛飛, 昨日去地一寸, 今日去地二寸, 漸向上去, 究其理, 而不得心不暇他. 是以, 遲歸耳." 蓋其鳥俗名從從, 當春之時, 地氣上升, 隨其氣所至之高下而飛焉. 此亦理之所寓, 故取以耽看而忘反矣. 旣長, 潛心性理之學, 書天地萬物之名, 糊於壁上, 日以窮格爲事. 每遇山水佳處, 輒起舞, 尤邃卲易, 推出經世之數, 無一謬誤. 申象村嘗謂, "我朝得易理蹊徑者, 惟花潭一人." 金安老當國, 深忌其名重, 心欲害之, 見所集詩中, '窓闊迎風足, 庭空得月多'之句, 乃曰: "是不過自修之士." 忮心遂已. 仁廟在東宮時, 書花潭及鄭北窓名於屛間, 欲俟異日擢置台鼎, 而竟未遂意云.

---

128) 萬: 저본에는 '亂'으로 나와 있으나 『河西集』에 의거함.

1-117.

栗谷幼時, 夢上帝賜金字一障, 書曰: '龍歸曉洞雲猶濕, 麝過春山草自香.' 皆以爲異祥, 識者謂, "'龍歸麝過', 皆是奄忽之兆, 而'雲濕草香', 指遺澤之存於世也." 噫! 大賢之適來適去, 實非偶然.

1-118.

栗谷少時, 謁退溪于陶山, 有詩曰: '溪分洙泗派, 峯出[129]武夷山. 活計經千卷, 生涯[130]屋數間. 襟懷開霽月, 談笑止狂瀾. 小子求聞道, 非偸半日閑.'

1-119.

宣廟朝, 詔使黃洪憲·王敬民出來, 栗谷爲遠接使, 兩使作「箕子廟賦」, 以求和先生, 令諸從事和之. 時日已昏, 方劇飮, 不能操筆, 先生曉起, 一筆而就, 令韓濩淨寫以呈, 兩使拱手, 曰: "俺等欽大人道德, 豈意文章之如是耶?" 後上萬言疏, 辭職還鄕, 有詩曰: '綠水喧如怒, 靑山默似嚬. 坐觀山水意, 嫌我向紅塵.' 又曰: '舟行不忍南山遠, 爲報篙師莫擧帆.' 蓋其極諫之言, 經世之策, 莫非素所蓄者, 而餘外詩詞, 亦皆盡善.

1-120.

栗翁伯氏, 曰'璃'·曰'璠', 璠性迂愚, 嘗曰: "人皆謂叔獻賢者, 我則不知也. 爲名士而使兄不得着帽, 可謂賢乎?" 然能知先生之賢, 而敬服之. 每先生有著述, 輒手錄之, 故其文傳於世者, 皆其所記

---

129) 出: 『栗谷全書』에는 '秀'로 되어 있음.
130) 生涯: 『栗谷全書』에는 '行藏'으로 되어 있음.

也. 先生嘗病其多言, 規以簡默, 願一朝出幾句話, 因約其數, 璠曰:"諾." 翌朝, 一時盡其數, 遂不敢更言, 先生見其嗛嗛, 請更言而後, 乃言.

1-121.
退溪嘗慨然謂門人曰:"昔徐花潭嘗言, '吾每夜夢見程子.' 吾亦夢見周公·朱子者一, 見程子者二, 此亦少壯時事, 秪今衰老, 無此夢也." 此見先輩之精力, 果能有如是者矣.

1-122.
曹南冥植, 高尙節義, 有壁立千仞之氣, 嘗有詩, 曰:'請看千石鍾, 非大叩無聲. 萬古天王峯, 天鳴猶不鳴.' 此非徒詩韻豪壯, 其自負亦不淺. 嘗渡鼎津, 使僮喚過去船, 曰:"陜川曺處士, 欲渡此津矣." 其船卽尹元衡貿取銅鐵, 使其奴監董載來者也. 篙工將回船以濟之, 尹奴怒叱曰:"汝爲不關兩班, 遲滯於中路, 汝不畏死也?" 篙工曰:"我死於大監嚴威之下, 則不過爲寃鬼, 若不聽曺處士之令, 則不免爲惡鬼." 遂拏舟而進, 請乘之, 到中流, 南冥曰:"彼所載何物?" 篙工, "尹政丞[131]宅所貿銅鐵也." 南冥遽曰:"士大夫豈可與尹元衡銅鐵同載一船?" 令亟投之水中, 篙工聞命, 盡投之江. 尹奴縛篙工以告, 元衡默然良久, 曰:"汝也無福, 何必遇曺生於其處也?" 遂命放還. 當時士大夫之氣岸有足觀者, 而至愚下賤, 亦知尊賢尙德之義, 豈非盛世歟?

---

131) 丞: 저본에는 '承'으로 나와 있으나 의미상 바로잡음.

1-123.

趙重峯家, 在桂陽山之北, 嘗語耕者曰:"汝苟欲耕, 必當盡力, 透出桂陽山背然後, 可稱爲耕." 仍謂諸學者曰:"此非徒爲耕者而言也, 乃爲學之要法."

1-124.

沙溪金先生, 嘗云:"少時, 往學於宋龜峯門, 食無菜漿, 只以一握鹽和飯吞之. 經年而歸路, 遇一婢家, 始喫菜羹, 悅其味, 久而不忘." 先輩於學問上, 刻苦之工, 可見矣.

1-125.

栗谷嘗與白休菴, 論諸賢優劣, 曰:"語其姿品, 則靜菴絶勝; 言其造詣, 則退溪甚優. 一蠹有性理之學, 寒暄有啓迪之功, 晦齋有立言垂後之益." 退溪嘗曰:"圃隱爲吾東理學之祖, 而花潭卽希夷·康節之流, 非儒者正脈, 南冥務爲驚世之論, 直是奇士." 農巖金公曰:"靜菴如精金美玉, 栗谷如青天白日." 此可謂善觀先賢.

1-126.

牛溪嘗稱休菴, 曰:"白公之才, 比於圍碁, 有時高着, 可敵國手, 而時或亂錯, 不可倚恃." 栗谷稱土亭爲人, 曰:"馨仲是奇花異草, 珍禽怪石, 非布帛菽粟也." 土亭聞而笑, 曰:"我雖非菽粟, 亦是橡栗之類."

1-127.

牛溪哭朴思菴淳, 詩曰:'世外雲山深復深, 溪邊草屋已難尋. 拜鵑窩上三更月, 曾照先生一片心.' 思菴嘗居永平白雲山下, 瀟灑出塵, 杖屨逍遙, 日與村氓野老, 爭席忘形, 或有來學者, 相與討論不倦. 宣廟嘗稱, '松筠節操, 水月神精.' 此所謂知臣莫若君矣.

1-128.
尤菴先生之大人睡翁, 夢孔子, 率諸弟至家, 置子路而去. 其日, 夫人解娩得先生, 故小字稱聖賚. 先生生有嘉徵, 器度卓然, 睡翁常以聖賢事業勉之, 曰: "朱子卽後孔子, 栗谷卽後朱子, 學孔子者, 當自栗谷始." 又曰: "靜菴不可不學, 而金悅卿亦可慕." 因作一句, 示之曰: '梅月堂前水, 道峯山上雲.' 自幼時其期望, 已不淺矣.

1-129.
正廟朝, 贊尤翁畫像, 有曰: "以泰山喬嶽之姿, 有戰兢[132]臨履之意." 進而處廟堂之上, 爲帝王師, 而不見其泰; 退而居丘壑之間, 與麋鹿友, 而不見其窮. 此可謂摸得盡先生之象矣.

1-130.
同春疾革之日, 尤菴來省焉, 同春指壁上書 '高山仰止' 四字, 曰: "尤台可以當此." 尤菴辭以不敢, 索筆, 書 '一條淸氷' 四字, 以示之, 曰: "兄長可以當之." 同春曰: "余未余未!" 蓋兩先生所題品, 非倉卒口占, 而必有預算於心者矣.

1-131.
朴玄石, 明於禮說經解, 啓迪後學, 其功甚大. 是以, 士望鬱然,

---

132) 兢: 저본에는 '棘'으로 나와 있으나 의미상 바로잡음.

至於從祀文廟, 而獨於懷尼是非, 多致謗毀, 可勝歎哉! 蓋玄石於宋尹師弟之間, 上勉下責, 務爲調停而已, 實無右尹之心. 故所藏一冊子, 歷記其懷尼辯論說, 以靑紅墨, 爲之區別書, 記其尾云: "爲我子孫者, 當從紅點." 紅點所以表大老語也. 其子孫不遵遺敎, 爲尹論者有之, 故世以玄石爲無定論. 至比於卞莊子之術, 以譏侮之子孫, 含糊不得發明於士友間, 後生末學, 從而和之, 是豈知先生之志事者歟? 先生卽余之曾外先祖也, 本家零滯不振, 其筆蹟文字, 多流傳於余家. 余自兒少時, 嘗聞諸先, 故如是記之.

志士名節

1-132.

我太祖革命之初, 爲前朝保節者, 必稱四隱, 曰: "圃隱·牧隱·陶隱·冶隱." 此特以最著者言之, 其餘韜晦不出者, 甚多, 如杜門洞七十二人, 是也. 端宗遜位之際, 有死六臣·生六臣, 以外自靖者, 亦不知其數. 宣廟壬辰之變, 如宋泉谷·趙重峯·高霽峯之流, 殉節亦多. 仁廟丙子之亂, 如三學士及江都死節之人, 立名甚衆. 至於中廟己卯, 有趙靜菴諸賢, 明廟乙巳, 有三大臣冤枉, 英廟辛壬之禍, 有四大臣與三武將·八闒帥·五人盡忠. 我朝四百餘年之間, 貞忠危節, 相繼接武, 不可枚擧指僂, 豈不盛歟!

1-133.

成三問少時, 嘗入中原, 謁淸聖廟, 詩云: '當年叩馬敢言非, 大義堂堂日月輝. 草木亦霑周雨露, 愧君猶食首陽薇.' 噫! 伯夷之節, 猶有不足於心, 則其平生立志, 果何如耶? 爲端廟立節, 乃其素所

蓄也. 世傳以爲, '淸聖廟碑, 爲之愧汗流沾云.'

1-134.
節齋金宗瑞, 世宗朝爲北伯, 建置六鎭, 爲國任怨. 北民性悍, 必欲害公, 公方張燭夜坐, 箭貫於壁, 略不驚動. 吏隷廣求蠱毒, 最甚者以進, 久無所傷, 怪問侍者曰: "使道常時食何物耶?" 曰: "別無他物, 但每朝食大藥果, 十餘葉及蒜子, 和艮醬一椀, 再燒之酒三四升矣." 其人曰: "雖有我毒, 將無所施." 乃止. 及邊事已完, 民樂爲用. 此見氣節已有所蓄矣.

1-135.
梅月堂金時習, 三歲能綴文, 世宗聞之, 引見于大內, 命知事朴以昌試之, 朴曰: "童子之學, 白鶴舞靑空之末." 卽對曰: "聖主之德, 黃龍飜碧海之中." 如此者, 甚多. 上大奇之, 以百疋紬施賞, 使自輸歸家, 公卽散百疋首尾相結, 取一端帶腰而出, 上尤異之. 由是, 名振一世. 公旣蒙睿獎, 益懋遠圖. 少時, 讀書于三角山寺, 聞端宗遜位, 卽閉戶大哭, 盡焚其書而逃, 因托迹於緇門, 法名曰'雪岑', 剃髮而存髥. 有詩曰: '削髮逃當世, 存髥表丈夫.' 世祖嘗作法會于內殿, 雪岑亦被揀預, 忽凌晨遁去, 使人踵之, 則陷於溷穢中, 只露其半面而已. 自以五歲能文, 自號曰'五歲', 蓋方音五歲與傲世同, 故取而爲名. 喉音淸楚, 能出商聲, 每月夜獨立詠「離騷[133]經」, 輒泣下沾襟, 遂放浪於形骸之外, 域中山川, 足跡殆將遍矣. 旣而, 長髮食肉, 故作狂易之態. 當時士子有欲受業者, 輒逆擊以木石,

---

133) 騷: 저본에는 '疎'로 나와 있으나 의미상 바로잡음.

或彎弓將射, 以試其誠否. 喜開山田, 雖綺紈子弟來學者, 必役以耘穫, 故終始傳業者, 少矣. 每斫樹題詩諷咏, 良久輒哭而削之, 或刻木以象農夫, 置之坐側, 熟視終日, 亦哭而焚之. 有時種稻甚穎, 粟可美, 忽乘醉揮鎌, 盡積委地, 因放聲而哭, 行止叵測. 日與街童市兒, 遊戲醉倒. 徐四佳居正[134], 時爲卿宰, 方趨朝辟人, 公衣襤褸, 戴蔽陽子, 犯前途, 仰首呼曰: "剛中平安否?" 四佳笑應之. 一日, 飮酒過市, 見領相鄭昌孫, 曰: "汝老宜休!" 鄭若不聞而過之. 四佳嘗以「太公子陵釣魚圖」, 示之, 卽題曰: '風雨蕭蕭拂釣磯, 渭川魚鳥渾忘機. 如何老作鷹揚將, 終使夷齊餓採薇.' 又曰: '桐江江上釣煙波, 生計蕭條一短蓑. 漢殿[135]若無星象動, 千秋定不累名加[136].' 徐公默然曰: "子之詩, 吾之罪案也." 妻歿後, 復還山, 作頭陀形以終, 此所謂墨名而儒行者歟!

1-136.

端廟朝六臣, 柳誠源其一也. 性骯髒不拘, 嘗於衆中奮拳, 曰: "殺韓明澮·權擎輩, 此拳足矣, 何用大劒?" 嘗爲北兵使, 有詩曰: '將軍持節鎭夷邊, 紫塞無塵士卒眠. 駿馬五千嘶柳下, 良鷹三百坐樓前.' 其氣象凜然, 有不可犯之意.

1-137.

成廟嘗不豫, 自闕內送女巫, 設禱於泮宮之碧松亭, 太學生李穆倡諸儒, 杖其巫而逐之. 巫入訴宮中, 東朝震怒, 上亦陽怒, 命悉錄

---

134) 正: 저본에는 '亭'으로 나와 있으나 의미상 바로잡음.
135) 殿: 『梅月堂集』에는 '家'로 되어 있음.
136) 名加: 『梅月堂集』에는 '完名'으로 되어 있음.

其儒生, 以告諸生, 皆畏懼亡匿, 穆獨不避. 上召泮長, 敎曰: "爾能導率生徒如此, 予庸嘉之." 特賜之酒.

1-138.

宣廟朝, 鄭相國琢, 始爲校書正字, 直宿香室, 自內殿有佛事, 命取香於香室, 琢曰: "此是供廟社之物, 豈敢供佛?" 堅拒不從, 得罪見黜. 自是, 名聲菀然, 竟至大用.

1-139.

中宗己卯, 靜菴諸賢, 皆下獄, 相與酌酒永訣. 是夜, 長天無雲, 明月滿庭, 金冲菴淨詩, 曰: '重泉此夜長歸客, 空留明月在[137]人間.' 明年, 靜菴歸葬于龍仁, 朴訥齋祥輓, 曰: '不謂藍臺舊紫衣, 牛車草草返荊扉. 他年地下相逢處, 休說人間謾是非.' 後白沙李公, 竄北塞時, 作曰: '獰風難透鐵心肝, 不怕西關萬疊山. 歇馬震巖千丈嶺, 夕陽回望穆陵寒.' 又曰: '斜陽一掬淚, 立馬穆陵村.' 尤翁在濟州謫中, 有詩曰: '夢裏分明拜聖顏, 覺來依舊落[138]天端. 恨隨靑草離離長, 淚灑[139]疏篁點點斑. 萬事不求忠孝外, 一身虛[140]老是非間. 瘴鄕[141]生死無人問, 煙雨孤村獨掩關.' 寒圃齋李公在德山, 臨命詩曰: '許國丹心在, 死生任彼蒼. 孤臣今日慟, 無面拜先王.' 此等詩, 令人激千古悲憤之氣.

---

137) 在:『冲庵集』에는 '照'로 되어 있음.
138) 落:『鵝溪遺稿』에는 '客'으로 되어 있음.
139) 洒:『鵝溪遺稿』에는 '着'으로 되어 있음.
140) 虛:『鵝溪遺稿』에는 '空'으로 되어 있음.
141) 鄕:『鵝溪遺稿』에는 '江'으로 되어 있음.

1-140.

　白沙竄北塞, 登鐵嶺, 倣蘇東坡水調詞體, 作歌曰:'鐵嶺高處宿雲飛, 飛飛何處歸願帶, 孤臣數行淚作雨, 去向終南白岳間, 沾灑瓊樓玉欄干.'後尤翁爲之跋.

1-141.

　白沙光海癸丑以後, 退居楊州蘆原, 月沙李公與其子白洲, 佩酒往訪, 仍以道巾芒鞋, 相携入道峯, 遍觀泉石, 同宿枕流堂. 三更明月初上, 白沙蹴月沙起, 曰:"月色如許, 何乃睡耶?"因共出川上徘徊, 忽愀然不語, 仰天長吁, 命白洲誦諸葛武侯「出師表」及蘇東坡「赤壁賦」, 飄然有羽化登仙之意.

1-142.

　鄭松江體府江都, 申玄軒從護, 爲從事官, 嘗與乘船出海, 波濤洶涌, 諸從事下休于船中板屋. 至夜深後, 松江在樓船上, 據胡床而坐, 把盃引飮, 招諸從事, 語之曰:"今夜月色如晝, 海波贔屭, 儘一奇觀, 君輩何不與老夫共此遊賞, 乃縮頸於樓底, 作齁齁睡耶?"仍悲吒慷慨, 意氣激仰. 鰲・松二公, 可想有一般氣象・一般志節. 松江嘗登義州統軍亭, 有吟曰:'我欲過江去, 直登松鶻山. 西招華表鶴, 相與戲雲間.'蓋其平生志氣超邁, 故其吟咏, 亦甚奇拔奇.

1-143.

　奇高峯大升, 常行遇水石淸絶處, 以爲, '鄭松江可比云'.

1-144.

沈貞構成己卯士禍. 晚年作亭於江郊, 扁曰'逍遙', 遍求名公題咏, 以揭之, 詞翰輝映. 朴訥齋詳詩, 曰: '落葉藏秋壑, 斜陽隱半山.' 此以賈似道·王介甫爲比, 而貞始不覺, 久後知其譏諷, 怒而掇之. 貞亦自題云: '靑春扶社稷, 白首臥江湖.' 有一士人, 舟過亭下, 入見, 卽索筆改'扶'字爲'危', '臥'字爲'汚', 因瞋目大叱而去. 當時士流之氣岸, 有可觀矣.

1-145.

權草樓韠, 以弟石洲韠之死於詩禍, 屛居西湖. 時爾瞻輩大北一隊, 舟遊於江上, 送人於公, 請與之同遊. 公不得已往與飮, 手攬飯饌, 以給其童奴, 曰: "此漢年幼識迷, 而能孝養其母, 故吾愛之." 諸人怒而不敢言.

精忠毅烈

1-146.

壬辰倭亂以後, 士人尹繼善[142], 嘗夢至一處, 忠武公李舜臣以下, 死節凡二十七人, 齊會各言其志. 宋泉谷象賢詩, 曰: '分符猶未絶東漁, 臣死封疆罪有餘. 身世已憑三尺劍, 庭闈亦[143]寄數行書. 悠悠歲月黃雲老, 落落襟期碧海虛. 千里孤魂歸不得, 古城風雨獨躊躇.' 蓋松公居松京, 松京人爲余誦之, 故書.

---

142) 善: 저본에는 '先'으로 나와 있으나 의미상 바로잡음.
143) 亦: 『亂中雜錄』에는 '只'로 되어 있음.

1-147.

古語云: "山東出相, 山西出將." 蓋以山川風氣之所鍾而言也. 左海褊邦, 本非用武之國, 則雖有將才武略, 亦將無所施矣. 然而薛仁貴, 生於龍門而著名唐時; 李松, 起於楚山而樹功明朝. 以此觀之, 自古, 我東亦未嘗無其人, 而但用之不能盡其才耳. 余嘗觀『李忠武公全書』及「林將軍慶業傳」, 未嘗不慨然流涕. 按忠武公, 少時折節讀書, 而武藝絶倫, 當壬辰倭寇充斥, 乃竭忠奮義, 運智用計. 凡其鐵鏁橫海之備, 龜船藏兵之奇, 莫非神出鬼沒, 終能致補天浴日之功, 而但不容於世, 累遭疑謗, 至被拷訊. 乃令立功自放, 閑山島一戰, 畢竟致五丈星隕之歎, 是可哀矣. 林將軍智略蓋天, 精忠貫日, 旣樹功於适亂, 又當丁卯虜亂變, 其指揮防禦之策, 出人意表. 至于奏捷天朝, 恩敕隆洽, 特蒙金花之賜. 及繫瀋陽亡入中國, 留衣巾於天寶寺, 置烽燧於金石山, 其所謀畫, 可謂經緯天地. 而返國之日, 乃爲自點所惡, 困於縲紲, 竟成寃魂. 嗚呼! 是二公者, 諸葛武侯·關雲將, 無以勝其略也; 祖豫州·岳武穆, 無以過其忠也. 其生也, 若將有爲, 而用之未卒, 遂不能展布於時施, 果天耶人耶? 抑亦有關於我東氣數之不利也歟!

1-148.

余嘗閱「金將軍傳」, 未嘗不廢書而歎. 蓋將軍忠勇兼全, 生於有爲之時, 而未究厥施, 終以叛逆得名, 不免寃死, 天之生將軍, 果何意耶? 因爲之敍其事, 曰: "將軍名德齡, 本光州校生, 事母至孝, 勇力絶人. 常佩雙鐵椎, 各百斤, 騎一匹馬, 馳入小窓, 入一間房, 卽回馬躍出, 登樓坐屋瓦上, 橫瓦而轉. 又由簷而入於樓中, 竹林有猛虎, 先以蠟頭射之, 虎張口而前, 卽挺槍迎之, 刃出額下植於地上, 虎搖尾不動. 湖南民俗, 以五月五日, 聚于官庭, 爲角觝戲, 結局者, 賞以布木. 月沙李公之大人啓, 爲光牧時, 嘗值端午, 聚民角觝, 有一人膂力出衆, 連倒數十人, 自謂世無己敵, 人莫不嫉其矜傲. 將軍素有神勇, 內而不出, 無人知其勇者. 是日, 着初笠道袍, 來觀之, 慨然欲較力, 而不敢入. 人有知其意, 以告太守, 卽招入以酒饌而勸之, 强而後, 乃許焉. 因不脫袍笠與靴, 與之相對, 其人戲侮如無來, 抱其腰, 將軍卽一手便倒, 若數三歲兒然, 由是有名. 壬辰之亂, 方居憂在家, 延平李公, 薦于撫軍司將軍, 憂念國家, 起復而出, 拜翼虎將軍, 倭人畏之, 以爲神將, 而不敢近. 辭連於李夢鶴之獄, 時相忌其威名, 誘執就獄, 鞠甚酷, 將軍曰: '我受國厚恩, 豈從逆雛反耶?' 怒而奮迅, 鐵索盡絶, 因曰: '吾以儒生起復從軍, 是爲死罪, 竟以自斃, 豈不冤枉耶?'" 千古志士負戟而長歎者, 豈非是耶?

1-149.

余嘗過忠州彈琴臺, 有吟曰: '丹溪流水綠縈廻, 古木寒鴉十二臺. 可恨吾東無一士, 南酋白日渡江來.' 蓋昔壬辰倭寇猖獗, 長驅大進, 我國預用精兵數千, 固守鳥嶺一路, 則猶可以緩師紓難, 有可爲之勢, 不至於一敗塗地矣. 申將軍砬, 素有重名, 擧一國倚以爲長城, 而乃以爲鳥嶺道險, 騎射不便, 必欲迎入廣野, 以鐵騎蹂之, 終不聽. 金汝岉之言, 舍其咽喉要害之處, 屯兵于彈琴臺, 爲背水陣以待之. 賊已潛師踰嶺, 布伏於麥畝間, 遍放鳥銃, 交刃亂斫, 勢如風雨, 人莫敢前. 竟使國步蒼黃, 大駕播越, 萬姓魚肉, 八路蕭條, 誰任其咎? 千古志士之淚, 爲之一洒於此. 末乃計窮力盡, 因赴水而死, 是與項梁不聽宋義之諫, 以有定陶之慘; 馬謖違越武侯之令, 以致街亭之敗, 無以異焉. 而直以臨難殉身, 乃褒忠表節, 子孫至今顯揚, 此特朝家之厚意, 余常論其事, 而歎惜之. 明神宗皇帝遣官, 祭遼東伯金應河文, 畧曰: "寡人之恥, 恥而無補; 將軍之死, 死而有光. 秋霜大節, 白日精忠, 足以扶萬古之綱常, 標萬古之人臣, 明萬古之大義. 將軍雖死於一敗, 將軍不死於萬古, 巡遠不死, 仙李無臣; 天祥不死, 屬猪無臣; 將軍不死, 寡國無臣. 純剛一氣, 磅礴萬古, 將軍是受, 以爲將軍. 是知三軍可奪, 匹夫難奪, 五岳可動, 一節難動. 向使黃鉞丹誠, 皆是將軍. 將軍何死於敗衄, 寡人何辱於虜酋? 丹忠雖效, 白骨誰收? 堂上鶴髮, 望斷倚閭, 閨中寡妻, 石化山頭云云." 謹按光海十一年, 天兵與建虜, 戰於深河, 我國以宣川府使金應河, 領兵往赴, 力戰死之. 後胡人來言, "金手劒打殺, 不可勝數, 身被重鎧, 矢集如蝟. 有一賊以鎗刺之, 手把大刀而仆地, 終不捨棄." 胡中亦皆稱說事聞, 天朝皇帝聞而哀之, 遣使厚恤, 贈以上爵, 其惻怛之意, 溢於辭表, 令人感涕. 噫! 壬辰再造之恩, 庶以此圖報萬一, 而丙子諸賢斥和之議, 三學士死節之忠, 究其本, 則將軍實啓之也. 將軍一死, 有關於我國家顧大歟!

尊周大義

1-150.

丙子胡亂, 大駕向南漢, 以江都爲天府金湯, 可保無虞, 以金鎏子判尹慶徵, 爲都巡檢使, 先往江都, 備船以待. 大臣尹昉·金尙容等, 奉廟社主及王子嬪宮, 渡甲串津. 其時, 蒼黃罔措之狀, 有甚於壬辰. 慶徵以爲賊不能飛渡江, 不爲防守之計, 日與留守張紳, 閉門談謔, 從容杯酌. 至尊三月重圍, 戎衣暴露, 而一島之外, 不爲偵探. 自此, 百僚懷憤, 三軍解體, 賊兵搶掠於津頭, 而曾無一人持杖而出. 別坐權順長, 進士金益兼, 上上書規之, 有曰: "薪膽卽事, 杯酒非時." 仙源金公招慶徵, 責之曰: "汝年今幾何? 汝父奉主上在圍城中, 朝夕危急, 縱不顧主辱, 獨不念老父乎?" 慶徵退而發慍, 投印於地, 曰: "吾不知也!" 當此之時, 大臣有何指揮? 旣而, 賊知其無備, 遂蔽海而渡, 縱兵大掠, 如入無人. 世子嬪宮, 皆爲所搶, 當時士大夫避亂而入者, 一朝陷沒, 慘不忍言. 噫! 余嘗往江都, 周覽形勝, 若以武騎數千, 把守甲串一津, 以爲保障, 則龍胡諸酋, 卒不能如是衝突. 而當此板蕩之際, 乃委一豎子所爲致令, 萬姓糜爛, 三綱墮絶, 豈非天耶? 仙源素不吸烟草, 與無敵堂洪命亨登南門樓, 命取烟竹來. 時權順長·金益兼, 同在樓上, 仙源促令下去, 二人不起, 曰: "相公獨爲盛事耶?" 俄而, 火藥櫃迸裂, 屋宇騰空, 諸公屍體皆不得, 公一隻履, 墜於平丘, 卽其地葬焉. 嗚呼異哉! 公嘗築亭於靑楓溪, 名曰'太古亭', 日往遊息, 作「五倫歌」, 使子孫誦之, 聲辭惻怛, 有足感動人者. 晩年立節, 其有素定於心矣.

1-151.

洪翼漢·尹集·吳達濟, 世謂之三學士. 當丙子講和之時, 獨能辦大事立大節, 樹風聲於百世, 彼人之至今待我以禮, 不敢有慢侮之心者, 實三人之力也. 三人被繫瀋陽, 値三月三日, 洪學士有詩, 曰: '陽坡細草坼新胎, 孤鳥樊籠意轉哀. 荊俗踏靑心外事, 錦城浮白夢中來. 風飜夜虐陰山動, 雪入春澌月窟開. 飢渴僅能聊縷命, 百年今日淚盈腮.' 吳學士再耋, 未幾, 被執到平壤, 寄夫人詩, 曰: '琴瑟恩情重, 相逢未二朞. 今成萬里別, 虛負百年期. 地闊書難寄, 山長夢亦遲. 吾生未可卜, 須護腹中兒.' 此二詩, 可以瀉千古志人義士萬斛之淚, 吾未知當時主和諸人聞之而悲耶否耶? 後崔鳴吉, 亦被拘, 作詩曰: '我雖不殺三學士, 中夜思之心自驚. 天道由來好回換, 白頭今日又西行.' 此一詩, 足以見秉彝之心, 而亦將有辭於後世也歟!

1-152.

丙子, 南漢之圍, 崔鳴吉作和書, 書'臣'字, 金清陰手裂痛哭, 崔拾而補之, 曰: "裂書者不可無, 補綴者亦宜有." 其以後, 崔以爲清陰好名不恤國事, 至削杖卜, 清陰疑崔尤深, 以爲與秦檜無異. 後以斥和, 被拘在瀋館, 崔亦爲緩禍, 自當請往, 同囚一室. 清陰始知崔本心爲國非爲虜, 歡洽如平生相與, 唱酬爲詩, 崔詩有曰: '君心匪石終難轉, 吾道如環信所隨.' 此見其解憾也. 白江李公敬輿, 亦在縶中, 贈詩曰: '二老經綸[144]各爲公, 擎天大節濟時功. 如今爛燧同歸地, 俱是南冠白首翁.' 其詩同拘者十餘人, 如東陽尉申翊聖, 李白洲明漢, 皆是斥和名流, 而崔以主和之人, 同在虜中, 亦以死自守, 所謂共舟則仇敵一心者, 非謂是歟!

1-153.

南漢下城之後, 清主豎勝碑於三田渡, 欲令我人製記之, 張谿谷維·李白軒景奭[145], 承命撰之. 彼以'張文有胡然而天胡然而帝'之句, 又有'乾清坤夷'等語, 疑其有譏斥, 不用, 用李所撰. 蓋滿篇不免納媚之意, 令申翊聖書之, 申曰: "吾手可斷, 此不可書." 乃令判書吳竣書之, 參判呂爾徵篆之. 噫! 當時士大夫, 恥不欲載名其上, 而辭

---

144) 綸: 『白江集』에는 '權'으로 되어 있음.
145) 景奭: 저본에는 '李景奭'으로 나와 있으나 문맥상 바로잡음.

不得免焉, 則其無才而不得當其任者, 反爲幸矣. 趙龍洲絅作詩, 曰: '世人重文章, 生兒必祝太學士. 世人重書法, 敎兒必操蘭亭紙. 出入蓬閣演絲綸, 揮灑螭頭配貞珉. 一日聲價動四方, 衆人謂之天上郞. 誰知人事喜反覆, 文章書法還爲役. 君不見三田渡上七尺碑, 波瀾浩蕩蠆尾奇. 復有篆額幷三人, 名姓[146]藉藉於胡兒. 陋哉[147]淮西韓吏部, 高詞但使中夏知.' 其所譏嘲, 不遺餘力矣.

1-154.

吳尙濂詩曰: '麻浦胡書碣, 孤城憶解圍. 徒聞千乘國, 未覩一戎衣. 將帥無籌策, 文章有是非. 朝宗迷舊道, 江漢欲何歸.' 此見句句致意.

1-155.

丙子, 李澤堂在遠鄕, 三田渡碑文, 他無可屬, 張谿谷方居憂在家, 上使諭曰: "此文非卿莫能撰, 須念君臣一體, 勿以服喪爲辭." 公不得已製進, 而引『春秋』楚子伐鄭, 鄭伯牽羊以逆之事, 有譏斥語, 虜竟不用. 後其子判書善澂, 刊『谿谷集』, 乞序文於金淸陰, 淸陰序之, 其末有云: "昭明太子以爲, '陶徵士白玉微瑕.' 在於「閑情」一賦." 蓋以撰碑爲失德也. 張累請改之, 淸陰不許, 仍以刊行.

1-156.

時有人付詩闕門, 曰: '三綱墜地國垂[148]傾, 公議千秋愧汗靑. 忍

---

146) 名姓: 『龍洲遺稿』에는 '姓名'으로 되어 있음.
147) 哉: 『龍洲遺稿』에는 '矣'로 되어 있음.
148) 垂: 저본에는 빠져 있으나 『壺谷集』에 의거하여 보충함. 참고로 『壺谷集』에는 이 구절이 '參綱已倒國垂傾'으로 되어 있음.

背神宗皇帝德, 何顔宣祖大王靈. 寧爲北地王諶死, 不作東窓賊檜生. 野老[149]呑聲行且哭, 穆陵殘日照微誠.' 其辭雄建奇崛, 含千古悲憤之意. 此時人情之拂鬱, 可見矣.

1-157.

鄭桐溪薀詩曰: '崇禎年號止於斯, 新歲那堪異曆披. 從此山人[150]尤省事, 只看花葉驗時移.' 許滄海格詩曰: '中宵起視衆星繁, 歷歷猶知北極尊. 開闢年來幾宇宙, 帝王今日各乾坤. 君臣忍屈崇禎膝, 父老爭含萬曆恩. 靑史莫論當世事, 天無二日仲尼言.' 此等詩最播傳於世者, 故記之於此, 而餘外志士之托於吟咏者, 亦何限耶?

1-158.

余嘗閱吾外先祖許滄海遺稿, 有曰: '大明天下無家客, 太白山中有髮僧.' 或以此爲金三淵所作, 或以爲鄭普演所作, 皆載於其詩集中, 固不敢明言之也. 蓋三賢志同道合, 以文章交遊, 詩筒往來, 此豈非子孫訛傳失錄, 各以爲其祖所作而傳之者歟?

1-159.

自古, 君臣際遇之盛, 未有如我孝廟之於尤翁. 每於北伐一款, 討論機務, 密勿綢繆, 雖漢昭烈之於孔明, 宋孝宗之於晦菴, 不足喩其際也. 蓋孝廟嘗居瀋陽, 彼之兵戈技藝, 軍資虛實, 無不洞悉, 惟龍骨大·馬夫大·八王·九王爲可畏, 而皆已老死, 餘無足畏. 故以爲, '胡無百年之運, 我因一時之機, 欲得精兵十萬, 十年聚訓, 皆

---

149) 野老: 『壺谷集』에는 '江上'으로 되어 있음.
150) 山人: 저본에는 '翁'으로 나와 있으나 『桐溪集』에 의거함.

爲敢死之卒, 竢其有釁, 出其不意, 直抵關外, 則中原義士豪傑, 必爲之響應.' 以是, 常慨然有意, 此誠不世出之英主也. 是時, 先生抱濟時之奇略, 荷曠世之殊遇, 眷眷於春秋之義, 娓娓於復雪之策, 所以熙政堂獨對之說, 皆是北伐之議也. 孝廟常謂, '至痛在心, 有日暮途遠之歎.' 其賜豹裘於先生, 諭以遼薊風雪, 與同馳驅, 則其克復之心, 何嘗一日忘諸, 而能對揚而成事者, 惟先生而已. 謀猷安得不密, 交契安得不深? 然而齎志未伸, 仙取賓天, 十餘年苦心血誠, 便作雲空水流, 豈非天哉? 後權遂菴, 贊先生畫象, 有曰: '燕居長吁, 吾不知其何歎; 深字密贊, 吾不知其何謀?' 此豈非深得其志事者歟!

1-160.

尤翁判度支時, 鄭陽坡爲首相, 先生往謁, 曰: "上方欲北伐, 公爲相國, 計將如何?" 鄭公曰: "老夫力衰, 恐不得死報王室, 公旣任財穀, 若具軍糧, 則願從軍旅, 以效一死而已." 先生稱謝而去. 陽坡弟知和, 聞之謂, "伯氏曰: '我國弱小, 不可與淸爭鋒, 婦孺皆知.' 今宋公之言, 不量時勢, 兄丈何相許之易耶?" 陽坡曰: "吾固知淸之不可伐, 然今主上欲伸大義, 決意伐淸, 吾兄弟以爲不可, 則必先得罪於名義. 是以, 姑許之, 且觀下回而已." 余少時, 洪都正容默, 嘗論及此事, 曰: "若使孝廟假之以年, 尤翁終始謀畫, 則雖未能簸旗長驅, 而閉關絶約, 斷不可止矣." 幷記之.

1-161.

孝廟方求天下文武全才, 可與共國事者, 權遂菴時年十八, 有詩曰: '大讀太公法, 長嘯梁父吟. 吾年未八十, 何事淚滿襟.' 此見秀才所負, 已自不淺矣.

1-162.
閔老峯鼎重, 每善言兵, 尤習遼事, 嘗於人曰: "淸塞無防守, 其堡舖州縣所居, 皆故明時農工商賈, 則淸種亦已少矣. 自鳳凰城, 至山海關, 閭井蕭然, 城郭亭障, 多頹廢不修. 若率精兵, 直擣關外, 則遼廣可定, 遼廣旣定, 則關內亦將聞風而起, 爭縛將吏而來矣. 尤翁北伐之意, 雖若迂闊, 而實審於天時人事之機也." 此見閔公之志, 與先生同矣.

1-163.
孝廟嘗召李浣, 入于臥內, 深夜無人, 從容論天下事, 因謂曰: "卿當與予同死!" 浣泣曰: "殿下幸命臣, 臣何敢辭?" 遂委浣以北伐之事, 浣因與尤翁結懽, 戮力共圖. 時吳三桂始降于淸, 浣遂爲計, 曰: "三桂今雖投降, 必伺隙興兵, 率舟師, 或由登萊, 我若選十萬兵, 由渤海, 直抵山東, 則功可八九分成." 浣請爲前驅, 尤翁然之, 策遂定, 未幾, 孝廟上賓, 其議遂寢. 後十年, 三桂果興兵雲南, 閩·浙·楚·蜀無不響應, 而東方寂然, 便作虛事, 豈不惜哉? 浣非徒武勇, 而機略亦明矣.

1-164.
我東人, 自丙子後, 言必稱春秋大義, 今旣二百餘年, 漸見委薾, 忠良子孫, 亦多奉使入燕. 蓋時移事往復事已久, 淸於我邦待之亦厚, 已忘其臥薪之恥矣. 凡侯服之歲幣[151]方物貢獻于上國者, 皆不免道路輸載之役, 故古者有附庸之國, 所以廣其惠而除其勞也. 自乾隆以後, 我朝皮幣之貢, 但輸致於柵門初境, 則彼人以大車, 自運而去. 我譯隨至皇城, 照數以納, 已爲定例, 其省弊不少. 每歲貢使, 皆有賞賜銀緞, 至今不廢, 諸商交易蔘貨, 與相親熟, 此與丙子擄掠之時, 大不同焉. 昔我正廟, 義理精明, 常以尊周爲心發於事爲者, 益多矣. 奧在庚戌, 誕生純祖, 擧國歡慶. 適是時, 有別使赴燕, 皇帝聞之, 喜動顔色, 卽脫掛頂念珠, 與之, 曰: "往遺爾王, 以表我嘉悅之情." 先來便付送以進, 上感謝不已, 以念珠自掛於頸, 曰: "此乃皇上所賜耶!" 侍臣尹行恁伏地, 諫曰: "殿下平日, 自任以春秋義理, 今乃爲此過擧, 臣竊不取." 上曰: "卿言亦善矣. 但皇帝於我恩數如此, 義理自義理, 恩數自恩數, 吾豈無感謝之心耶?" 其畏天事大之誠, 亦可以觀矣.

1-165.

昔者, 皇帝受朝賀時, 藩使例有賡進, 時必使稱述功德. 有一人賡進, 曰: '王庭挺矣三千里, 天意居然二百年.' 此含譏貶底意, 後淸人覺之, 若不善頌, 則退使更製. 李相秉模, 乾隆時以正使, 爲賡詩, 曰: '陋矣漢唐何足比[152], 賢於堯舜幸躬逢.' 此雖不得已之辭, 而豈可若是之諂耶? 回還後, 流播一世, 貽羞士林, 蓋不幸當之也. 近年遂廢其例, 是亦通我情而然矣. 噫! 東人詩曰: '五鳳樓前三拜後, 春秋大義更進論.' 近世則尊周二字, 便作弁髦, 其時勢則然.

1-166.

淸州華陽洞, 尤翁創萬東廟, 以祀神宗皇帝, 今章甫主之, 春秋

---

151) 幣: 저본에는 '弊'로 나와 있으나 의미상 바로잡음.
152) 比: 『純祖實錄』에는 '道'로 되어 있음.

俎豆, 迄今不廢. 謹按『宋子大全』, 以爲, "始欲以我孝宗追配, 而事體未安, 不敢遽議云." 蓋先生之意, 以明祀旣絶, 我東遺民, 不忘舊恩, 竊附於一間茅屋, 祭昭王之義也. 孝廟則子孫保之, 宗廟饗之, 不宜國人之私尊. 故有意不果, 而或以爲當時未遑之典, 則是不識先生之遺意者耳.

文章才藝

1-167.

麗季我東人, 多入中朝應擧, 牧隱賦四喜詩登第, 曰: '無月洞房花燭夜, 小年金榜掛名辰. 七年大旱逢甘雨, 千里他鄕見故人.' 翰林學士歐陽玄, 戲之曰: "獸蹄鳥跡, 交於中國." 牧隱卽應曰: "鷄鳴狗吠, 達于四境." 莫不驚服. 尤翁嘗稱, '我東文章, 牧隱爲集大成云.'

1-168.

退翁觀『佔畢齋集』, 曰: "佔畢非學問底人, 終身事業, 只在詞華上." 蓋當時文章, 以佔畢爲首. 嘗題濟川亭柱上詩, 曰: '雪裏寒梅雨後山, 看時容易畵時難. 早知不入時人眼, 寧把臙脂畵[153]牧丹.' 其下不書姓名. 金乖厓[154]守溫見之, 曰: "每誦'細雨僧縫衲, 寒江客棹舟', 則未嘗不服其精細, 又誦'十年世事孤吟裏, 八月秋容亂樹間', 則未嘗不服其爽朗, 又誦'風飄羅代蓋, 雨蹴佛天花', 未嘗不服其放達云."

---

153) 畵: 『佔畢齋集』에는 '寫'로 되어 있음.
154) 厓: 의미상 '崖'가 되어야 함.

1-169.

濯纓齋金馹孫, 兒時盛有才名. 一武宰延之爲甥, 公陽若不文, 稱所讀, 惟『史略』初卷. 舅悶之, 齎糧送讀于山寺, 旣逾月, 爲書候其舅, 短札寂寞無他辭, 只曰: "文王沒, 武王出, 周公周公, 召公召公, 太公太公." 舅覽之不悅, 納於袖中. 時有一文士在座, 素聞公名, 請見其書, 舅不肯出, 强而後示之. 文士寓目良久, 悚然曰: "天下奇才也! 文王名昌, 武王名發, 方音履底謂之昌, 足謂之發, 此言履弊足出也. 周公名旦, 召公名奭, 太公名望, 此言朝朝夕夕望望也." 其舅大喜, 買履而送之. 嘗與妻兄弟, 同赴東堂試, 初場醉眠而出, 中場又如是, 及終場, 盡粘三場試紙, 聯數十幅而入. 考官出策, 題以'中興'爲目, 而軸條問宋高事, 公卷其題, 就廳前, 曰: "宋高宗偸安一隅, 忘親釋怨, 乞和於犬羊, 豈得與殷宗周宣, 並列於中興之主乎? 請改之." 考官大慚, 拔去其句. 公乘半醉, 一筆揮洒以呈而還, 日未斜矣. 其舅問於其子曰: "金生今日則納奉乎?" 對曰: "以橫竪之說, 浣墨而來, 不知爲何語耳." 及出榜, 公謂人曰: "壯元若非我名, 汝必卽還!" 往視之, 果然爲第一. 妻家始大驚, 待之盡驚[155]. 每爲文, 磨墨滿硯, 操筆立成, 不改一字, 投諸篋中, 累月後出而改之. 或問其故, 答曰: "始也起草, 每有私心, 雖有疵病, 不能自知. 及其久而後, 私意便除, 公心乃生, 明見其醇疵, 故如是." 人服其言.

1-170.

我東以神童見稱者, 甚多, 而未有如梅月堂及河西者. 梅月堂三

---

155) 驚: 의미상 '敬'이 되어야 할 듯함.

歲, 便屬文作「碾麥吟」, 曰: '無雨雷聲何處動, 黃雲片片四方分.' 五歲詠初月詩, 曰: '曲如龍爪元非五, 細似蛾眉亦不雙. 誰家玉鏡中分破, 一懸天上一沈江.' 雖曹子建·王勃, 何以加此? 河西七歲詠新月詩, 曰: '高低因[156)地勢, 早晚各[157)天時. 豊歉元有數,[158) 明月本無私.' 此乃通理近道之言也. 先生之學, 有可以觀於此矣. 趙公元紀觀察湖南, 見而奇之, 置諸膝上, 爲一句, 曰: '五百年之期已過, 天必待聖人之興.' 先生卽對曰: '數千載之河方淸, 地應生命世之傑.' 趙公擊節歎賞.

1-171.

金慕齋奉使倭館, 有詩, 僧弸中口占一句, 曰: '氷消一點還成水.' 公應聲曰: '木立雙株便作林.' 仍與酬唱, 弸中思涸不敵, 欲試其難, 以讀易爲題, 輒呼韻字, 公卽對曰: '大羹元不和梅鹽, 至理難形筆舌尖. 靜裏默觀消長道, 月圓如鏡又如鎌.' 弸中壓倒. 嘗製討逆頒敎文, 得一句, 曰: '萬取千千取百, 有不奪不厭之心.' 終日苦思, 未得其對, 忽得曰: "倡生僭僭生疑, 非一朝一夕之故." 呼其子弟, 曰: "吾今乃得之矣." 每得一好句, 則雖夜必敲窓喜踊.

1-172.

宣廟時, 車軾三父子, 以文章鳴於世, 世以三蘇比之. 一曰天輅, 號五山; 二曰雲輅, 號滄洲, 皆曠世之才也. 軾長子殷輅, 少有奇才, 十四魁鄕擧, 十七病死, 有靑衣童子來, 曰: "上帝新建白玉樓,

---

156) 因: 『河西集』에는 '隨'로 되어 있음.
157) 各: 『河西集』에는 '自'로 되어 있음.
158) 豊歉元有數: 『河西集』에는 '人言何足恤'로 되어 있음.

招汝作記." 殷輅辭曰: "生年未二十, 未報父母之恩, 若爲我請乞數十年, 俾我終孝, 如何?" 童子去而復來, 曰: "天上無別人可替汝, 上帝不許." 殷輅遂父母訣, 曰: "吾當訴上帝, 七日後還來." 言訖而沒. 後七日, 天輅生而極肖. 此與唐李長吉事同, 而未知長吉果還生於世耶? 軾將歿之夜, 軾昏仆於地, 見父出, 懷中一物, 瀅澈如玉, 曰: "此乃文章也." 水劈委兩片, 分與二子, 跪而受之, 因忽不見. 夫所謂文章, 父不能傳之於子, 而獨於車家爲世傳之寶, 吁亦異哉! 天輅文章尤奇, 長篇大作, 滾滾不渴, 足爲騷壇之雄, 而爲人輕佻無賴, 受擧子賂物, 借述場屋. 以此, 陷罪竄北塞. 李東岳安訥爲邑宰, 邀與共飮, 文酒淋漓, 於醉中, 令妓松月薦枕. 翌朝, 坐妓十餘, 問所狎, 不知其面, 索紙書一絶, 曰: '燕透疎廉醉不知, 滿庭松月影參差. 朝雲不入襄王夢, 十二巫山望更疑.' 雲輅作「上元候月」詩, 曰: '農家正月望, 常候月升天. 近北豊山峽, 差南稔海邊. 赤疑焦草木, 白怕悵[159]川淵. 圓滿深黃色, 方知大有年.' 蓋當時松京人物最盛, 理學則有花潭先生, 文章則有車軾三父子及崔簡易, 名筆則有韓石峯, 忠節則有宋[160]象賢·金鍊光·劉克良三人, 絶色則有黃眞. 生僕一時, 著名一國, 此豈非地靈之所鍾也歟!

1-173.

壬辰以後, 李提督將歸, 必要我國公卿名士別章篇什, 甚盛. 車天輅作排律百韻, 極意馳騁, 欲壓諸作. 崔簡易岦詩成, 云: '推轂端須蓋世雄, 鯨鯢出海帝憂東. 將軍黑弰元無敵, 長子雕弓最有風. 威起夏州遼自重, 捷飛平壤漢仍空. 輕裘緩帶翻閑暇, 已入邦人繪

---

[159] 悵: 『於于野談』에는 '漲'으로 되어 있음.
[160] 宋: 저본에는 빠져 있으나 의미상 보충함.

素中.' 天輅就讀窅然, 自取其詩, 裂去不出. 兩人俱以文辭擅名, 當時其才相埒, 而到此放出一頭地, 亦見服善之心矣.

1-174.
李容齋荇, 燕山朝以文章著名, 至曾孫東岳, 又大鳴於世, 東岳之姪澤堂植, 尤有盛名, 典文衡, 世以爲文星萃於李門云.

1-175.
申象村曰: "我朝作者, 不啻數百家, 而和平淡雅, 成一家則者, 容齋李荇·駱峯申光漢, 而申較淸, 李較圓. 大家則徐四佳居正, 當爲第一, 而佔畢齋金宗直·成虛白俔, 次之, 朴訥齋祥·鄭湖陰士龍·盧蘇齋守愼·黃芝川廷彧·崔簡易岦, 以險環奇健爲之, 能其中得正學者, 朴思菴淳稍優云." 朴思菴被斥在西湖, 詩曰: '琴書顚倒下龍山, 一棹蕭[161]然倚木蘭. 霞帶夕暉紅片片, 雨增秋浪碧漫漫. 江蘺葉瘁[162]騷人怨, 水蓼花殘宿鷺寒[163]. 頭白又爲江漢客, 滿衣霜露溯危灘.' 鄭松江次之, 曰: '身如病鶴未歸山, 溪老松筠谷老蘭. 漢水秋風愁裏度, 楚雲鄕路夢中漫. 人情閱盡頭全白, 世味嘗來齒更寒. 遙憶松江舊釣侶, 月明搖櫓下前灘.' 此二詩, 可知其賢, 氣味一般.

1-176.
金農巖曰: "世稱蘇·湖·芝三家, 然實不同. 湖陰組織鍛鍊, 頗似

---

161) 蕭: 『思菴集』에는 '飄'로 되어 있음.
162) 瘁: 『思菴集』에는 '悴'로 되어 있음.
163) 寒: 저본에는 빠져 있으나 『思菴集』에 의거하여 보충함.

西崑, 而風格不如蘇; 芝川矯健奇崛, 出自黃陳, 而宏放不及蘇, 蘇齋最優, 沈鬱莽宕, 深得老杜格力." 竊珍島詩曰: '天地之東國以南, 沃州城外數間菴. 有難赦罪難醫病, 爲不忠臣不孝男. 客日三千四百短[164], 生年乙亥丙丁[165]慚. 汝盧守愼如無死[166], 報得君恩[167]底事堪.' 觀此詩, 可知險壞爲所長.

1-177.

李月沙·申象村, 俱以文章, 同時齊名, 文苑之論, 頗以象村爲勝. 尤翁每以月沙爲勝, 蓋象村視古修辭, 藻飾之功多; 月沙隨意抒寫, 紆餘之致勝. 尙辭者右象村, 主理者取月沙.

1-178.

農巖曰: "李澤堂之文, 體段渾成, 不如張谿谷, 而結構精密過之. 谿谷之詞賦, 澤堂之騈儷, 亦足相當." 又曰: "谿谷得法品, 澤堂得妙品, 芝川得神品."

1-179.

宣廟時, 曹友仁四歲作, 曰: '雲囚碧山首, 煙割暮江腰.' 鄭文孚八歲作「初月」詩, 曰: '誰斲崑山玉, 磨成織女梳. 牽牛離別後, 愁擲碧空虛.' 皆是神語. 李畏齋端夏十二歲賦「小溪」詩, 曰: '問爾潺湲溪水流, 深山何處發[168]源頭. 可憐日夜如斯逝, 不到滄江[169]定不

---

164) 短: 『蘇齋集』에는 '幸'으로 되어 있음.
165) 丁: 『蘇齋集』에는 '辰'으로 되어 있음.
166) 如無死: 『蘇齋集』에는 '將無醉'로 되어 있음.
167) 君恩: 『蘇齋集』에는 '公私'로 되어 있음.
168) 發: 『畏齋集』에는 '是'로 되어 있음.

休.' 陶菴李縡七歲作, 曰:'遊魚思碧海, 睡鶴夢滄洲.' 此非徒以文藝稱, 足以見秀才所負.

1-180.

李靑蓮後白, 少時, 犯路於觀察使, 曳使至前, 自道儒生, 觀察呼韻, 命賦之, 卽應聲曰:'斷橋斜日眩西東, 撲面塵沙捲地風. 誤觸牙旌知不恨, 浪仙從此識韓公.' 觀察大加歎賞, 卽延之入座, 結爲至交.

1-181.

肅廟時, 申奎本廣州寒族, 早失所怙, 獨與母居, 所居村旁, 有一柏林. 自官收稅, 每逐戶輪遞守直, 甚爲苦役, 申奎家當次不得免. 時奎纔七歲, 讀『通鑑』, 乃買一紙, 自書以呈, 曰: "我七歲童子, 口尙乳臭, 安能當柏直?" 本官召見, 大奇之, 卽令頉免, 厚賞以送之. 後躬耕讀書, 登科經待, 從上莊陵復位疏, 有曰'春風杜宇, 譏入騷人'之句, 麥飯寒食, 空呑野老之聲. 士林至今傳誦.

1-182.

金栢谷得臣[170], 始而至鈍, 讀書輒以千萬遍爲數, 嘗問於人曰: "幾行書幾遍能誦乎?" 人戱應之, 曰: "數行書百遍, 則可誦." 曰: "大哉才, 大哉[171]才!" 人曰: "君讀幾遍?" 曰: "億億." 嘗讀馬史「伯夷傳」二億二萬八千遍, 口雖能誦, 謾不知何辭, 問其句語, 默默不能對.

---

169) 江: 『畏齋集』에는 '溟'으로 되어 있음.
170) 臣: 저본에는 '信'으로 나와 있으나 의미상 바로잡음.
171) 哉: 저본에는 빠져 있으나 의미상 추가함.

然口不絕誦, 手不釋卷, 爲人迂疎. 嘗隨姻家喪行, 至城門內停柩, 以待門開, 乃於火光紛還之中, 展卷讀之, 人視之, 乃「伯夷傳」. 嘗遭妻喪, 其姪往弔焉, 與之相哭, 哭止見之, 方讀「伯[172]夷傳」, 蓋連哭聲而誦之也. 嘗手持冊子, 坐於廁上, 貪看不已, 有一婢過前, 卽曰: "汝何不早釁? 吾臀冷矣." 其勤如此, 積之幾年, 一朝豁然, 無不貫通, 遂得大鳴於世. 嘗得一句, 曰: '露草虫聲濕.' 累日終不得其對, 適值忌日行祭, 方獻酌, 忽見屛間畵樹上鳥眠, 而風燭影搖, 猛省得其對, 曰: '風枝鳥夢危.' 遂引酌而自歡, 曰: "大人雖生存, 今日此句, 不可無賞酒也." 時鄭東溟有詩, 曰: '落日慕華館[173], 秋風鄭斗卿.' 栢谷心艶其句, 每欲效嚬, 過楊花津, 口號曰: '落日楊花渡, 秋風金得信[174].' 再三吟誦, 曰: "姓亦不及於人, 爲之奈何?" 李判書玄錫作碑銘, 曰: "無懷葛天之民, 孟郊·賈島之詩, 行年八十年兮如一日, 讀書千萬卷兮奇又奇." 是寫得栢谷平生樣子.

1-183.

姜栢八歲能屬文, 客欲試之, 以'姜栢勝於父'爲題, 令賦之, 卽書曰: "昔堯子丹朱不肖, 舜子商均不肖, 今姜栢勝於父, 然則姜栢之父, 賢於堯舜遠矣." 此不可但以製才論也. 人之機辯如此, 則可無難應之辭矣.

1-184.

姜判書世晃, 以通才稱於世, 詩詞筆畵, 無不精美. 正廟嘗書一

---

172) 伯: 저본에는 '白'으로 나와 있으나 의미상 바로잡음.
173) 館: 저본에는 '關'으로 나와 있으나 의미상 바로잡음.
174) 信: 의미상 '臣'이 되어야 함.

紙以賜, 曰:"文之退之, 筆之羲之, 畫之愷之, 光之箑之, 愛之重之." 蓋光之其字也. 其後子若孫, 俱有才藝, 能作自鳴鍾·水車之類, 近來其庶孫彝五, 以博物行於世, 多做好官. 嘗至南村一親友家, 在座莫不窮酸也, 相視曰:"顧安所得酒乎?" 姜曰:"座中斂錢得廿葉, 則可資君輩一日之飮." 諸人素知其有別般才量, 卽皆傾囊, 得廿銅, 與之, 姜卽呼所率牽奴, 曰:"吾來時, 見廣通橋邊掛一古簇子, 給此則必賣之矣. 卽往, 可速買來!" 卽往便回, 取而展之, 則雖弊垢年久, 而其始塗金者也. 引火燒之, 紙皆灰飛零, 金聚地爲幾分重, 又呼牽奴曰:"持此往金房, 則可得二緡矣." 果如其言, 卽買酒, 盡醉而散. 蓋能博物如此, 則其攝世而發身者, 宜矣.

1-185.

丁承旨若鏞, 亦近世之通才也. 凡功令文字, 科製六體之外, 陰陽·地理, 九流百家, 無不通曉. 著『牧民心書』·『欽欽新書』, 以行於時, 皆經世之文也. 初年出宰谷山, 衙後有池, 夏月則群蛙亂鳴, 喧聒頗甚, 乃爲文以投池[175]中, 自其後不復有聲. 當饑歲禁酒, 境內潛釀, 無不坐而知之. 嘗招一將吏, 謂曰:"此去三十里, 某嶺上有一人, 假裝米駄, 而其中實有麴子, 必捉以來." 果如其言. 自此, 稱爲神明, 不敢欺隱. 中歲以後, 廢居廣州麻湖, 以醫術濟人病者, 多有神效. 其詩律播傳於人者, 甚多, 詠蝸詩曰:'綠色通身一小蛙, 終朝端坐小梅楂. 非渠敢有高居意, 恐或鷄腸見活埋.'苦霖詩曰:'得得蛙爭嚇, 垂垂鷺不飛. 假使終年雨, 有誰敢是非.'此等詩莫非託意者也. 有詩人權永佐, 往見之, 頗有輕傲之意, 丁作詩曰:'小

---

175) 池: 저본에는 '地'로 나와 있으나 의미상 바로잡음.

鳥輕飛何妄率, 老牛堅臥有商量.' 亦可謂善諷矣.

1-186.

尹鶴山濟弘·黃綾山基天, 皆以文章名世. 正廟朝, 爲抄啓文臣, 同時廢棄三十餘年, 俱獲疏通. 尹爲敬差官, 入濟州, 漂風不知去處, 有親友爲之詩, 曰: '滄溟消息鶴山流, 津吏傳書郡國愁. 奉命王臣應不死, 然然去泊岳陽樓.' 後十餘日, 濟牧又啓, 漂船泊於別渡浦, 旣還, 歷仕至亞卿. 黃見敍未幾身沒, 不得更進, 而天才尤高, 文臣應製, 初更三點出題, 四更製進百句. 當時以獨步見稱, 尤長於詞律, 詠雪意詩, 曰: '野葦疎鳴群雁立, 江雪橫抹遠樵來.' 人多傳誦. 又工於筆, 至今人家屛幛, 多有黃體. 其抱負如此, 而終見沈屈, 豈非命數之尤不幸者歟!

1-187.

尹判書行恁, 幼時以神童見稱. 正廟嘗寵愛之, 以姓尹故呼之以牛, 因跪伏而言曰: "殿下以尹爲牛, 此在何書?" 上曰: "以尹爲非牛, 在於何書?" 對曰: "是則有之, 『通鑑』曰: '無以尹鐸爲少.'" 上大笑. 上嘗爲一句, 曰: "兩家作配己酉日最吉." 卽對曰: "半夜生孩亥子時難分." 機警多如此. 嘗出爲高陽郡守, 成承旨種仁家碧蹄, 而最有親分, 贈詩曰: '紅藥講聲分御燭, 碧蹄詩色動官梅.' 有人爲余誦之, 故書.

1-188.

余有一親友, 其子八歲, 能集字, 曰: '草蟲鳴階上, 霜鴈過天邊.' 余曰: "此兒頗有製才." 其父曰: "不及吾矣! 吾八歲作, 曰: '高山半月明, 秋夜水聲大.'吾先人不許之, 先人八歲賦鳶, 曰:'老木飢鳶立, 回頭何處看. 刷翮一長嘯, 春天雨意寒.'其老鍊, 吾已不及遠矣, 而吾兒又下一等, 豈望其成就耶?"蓋世愈降而才愈下, 有人兒時讀『尙書』「禹貢」七遍成誦, 其父不過五遍, 其祖不過三遍, 推此以降, 將至百遍者矣. 世衰才難, 不其然歟!

卷地

文章好名

2-1.

自古, 文章最甚好名, 良工不示人以朴, 卽其意也. 昔蜀人詠巫峽秋景賦, 曰: '山高月小, 水落石出.' 蘇東坡見而善之, 欲爲己作以誇[1]於人, 請以百金買之, 不肯, 更以五百金買之. 每於所到秋景, 欲用之, 而皆不襯着, 以爲惟赤壁可以當此句, 故壬戌之秋七月旣望, 泛舟遊於赤壁之下. 赤壁卽天地之東南也, 非若西土之早候, 山高水落, 非秋景可宜. 乃於十月之望, 再往而賦焉, 蓋欲用此句也. 後人詩曰: '前遊太早後遊晩, 明月中秋未[2]泛舟.' 是不知坡翁之本意者耳. 坡翁又作「潮州韓文公廟碑」, 難於起頭, 搆思累日, 始得'匹夫而爲百世師, 一言而爲天下法'一句, 乃因而[3]成之, 苟非惜名, 豈若是難耶? 我東人有得歐陽公「醉翁亭記」草本, 而見之, 環滁皆山之下, 敍滁山之景, 又十餘句而終, 而刪抹且其塗墨者, 亦[4]數十處. 然則以歐老之鉅匠大筆, 作此記者, 必扣齒累日而後成矣, 此所以得名於後世也歟!

2-2.

辛進士永僖, 燕山朝知士禍將作, 隱居不仕. 或謂曰: "君家文僖

---

1) 誇: 저본에는 '夸'로 나와 있으나 가본을 따름. 서로 통함.
2) 未: 가본에는 '來'로 되어 있음.
3) 而: 가본에는 '以'로 되어 있음.
4) 亦: 저본에는 빠져 있으나 이본에 의거하여 보충함.

公, 名冠一世, 宜刊遺稿以行於世." 辛曰: "吾祖固有詩名, 而其實不副, 輓門生詩, 有曰: '三十二而卒, 不幸同顏回.' 最是可意, 而餘外無一佳句, 豈可刊行以暴其短?" 南秋江孝溫, 深服其善, 以爲, '姜公希孟, 編其先稿, 點抹增損, 以快人目.' 蓋揄揚先美, 雖是追孝之事, 而若濫辭溢美以夸於人, 則甚不可矣.

2-3.

權石洲, 嘗遊湖中, 有人稱白玉峯詩數十首, 示之, 石洲素不喜晚唐體, 詆訶之. 其夜夢, 有一人自稱白玉峯, 曰: "吾之詩, 見推一代, 而汝敢詆毁耶?" 持杖欲擊之, 石洲大窘, 夢魘而覺. 噫! 昔蘇東坡夢, 杜少陵[5]說「八陣圖」詩意; 黃山谷夢, 李太白誦傳「竹枝詞」, 此見文人習氣往往有如是者也. 故凡看古人文字, 雖不滿己意, 固不可訾毁. 石洲之負才傲視, 豈非其所短歟?

2-4.

澤堂李公, 於東岳爲侄, 而每見東岳詩文, 無許可之意, 東岳恨之. 東岳嘗尹慶州, 公之親友某, 有事於慶[6], 請公得一札, 以囑公曰: "君見岳叔, 只如此如此, 雖無請簡, 必見聽施矣." 其人至慶, 見東岳, 曰: "來時見令咸, 則盛稱令公之詩, 有曰: '蘇仙赤壁今蒼壁, 庾亮南樓是北樓. 春空欲雨陰雲駁, 野燒無烟草色斑.' 句語實逼老杜云云." 東岳大喜, 曰: "渠亦心服我也!" 仍問曰: "君有何所幹?" 曰: "爲某事而來矣." 東岳因施之. 及遞歸, 出諸作以示公, 公看過無雌黃, 東岳着急[7], 曰: "比前作何如[8]?" 公曰: "別無異同." 東

---

5) 少陵: 가본에는 '子美'로 되어 있음.
6) 慶: 나본에는 '慶州'로 되어 있음.

岳始知其見賣, 悔恨之.

2-5.
柳二相根, 號西坰. 世人論張谿谷之文, 比如大廈千間, 不能修粧; 西坰之文, 比如一間茅屋, 牆壁丹艧, 無不精美, 時稱善喩. 昇平金鎏爲其婿, 而見其文常短之, 西坰惡之, 常言, "金鎏必爲逆賊!" 時金公有擧義反正之謀, 而憫其舅之倡爲惡說, 乃欲悅其舅心[9], 手寫其舅詩, 寘詩案上. 西坰見而問之, 金公曰: "此詩可與杜律幷行, 近者詳玩, 極好極好!" 西坰大喜, 賢其婿, 而遍譽於衆中, 昇平遂成其謀云.

2-6.
南壺谷龍翼, 將擬選[10]文衡, 時望皆歸, 而申汾崖最, 時方秉勻, 獨不許之. 時南公選海東詩律, 當時佳作, 名爲『箕雅』, 以行於世, 而申公無詩名, 不得與焉. 南公卽往見, 曰: "近日始聞之, 相公詩, 亦足以入於『箕雅』." 申公曰: "何以言之?" 曰: "人言, 公往年奉使入燕回來後, 有絶句云: '短短寒梅樹, 相携渡海來. 不知人已病, 猶傍枕邊開.' 果然否?" 申公曰: "誠有之." 曰: "此唐人調法也, 不讓於『箕雅』諸作矣." 申公喜, 卽出私稿示之, 曰: "惟望公裁擇焉." 南公曰: "唯唯." 卽辭去. 後日文衡圈點, 申公不爲異論, 南公竟爲之. 而『箕雅』累百首, 只以申公五絶一首, 附于其末, 餘不擧論.

---

7) 急: 가본에는 '意'로 되어 있음.
8) 何如: 가본에는 '如何'로 되어 있음.
9) 舅心: 가, 나, 다본에는 '心'으로 되어 있음.
10) 選: 저본에는 '撰'으로 나와 있으나 이본에 의거함.

藝苑神鑑

2-7.

金乖崖守溫, 主試有神鑑. 姜相龜孫, 少時, 赴重試對殿策, 成虛白倪, 自說弊至篇終, 爲姜代贊, 而虛頭軸條. 姜自製以呈, 徐四佳居正·李三灘承召, 皆爲考官, 極口歎美, 當爲第一. 乖崖爲上試, 置之下考, 曰: "此乃成·姜二子共製者也." 取封緘坼之, 果是姜名. 諸公問: "何以知之?" 公曰: "吾嘗與姜同做而成, 則學於余者也. 吾辨其自此至彼爲姜文, 自彼至此爲成文[11], 則吾豈爲其所瞞而撓國試耶?" 諸公皆服.

2-8.

金慕齋兄弟, 俱爲詞林宗匠, 思齋有同硏一友, 善策文[12], 中間承接, 非其所長, 故每擧見屈. 慕齋當入主試, 思齋從容探問題意, 自草承接數行, 以授其友, 友入場, 果用以呈. 慕齋讀其券, 將寘高選, 至承接處, 忽瞠目以朱筆劃數行, 置膝底, 旣出, 思齋曰: "某友又見屈, 可恨!" 慕齋擲其券, 曰: "君爲名官, 作事如此, 使老儒寃屈, 誠爲可慨. 吾亦不能愼密, 甚愧甚愧!" 思齋憮然無以應. 成判書磬[13]叔, 熟視觀杜律, 嘗作四韻八首, 謄寫古紙, 以示慕齋, 曰: "得此於舊篋中, 必是古人所作, 而未知宋耶元耶?" 慕齋讀二遍, 曰: "格卑, 非宋·元時作也." 又問: "是孤雲·牧隱之作耶?" 曰: "崔·李格高, 必不如是, 在今人作甚好, 他人恐未辦此. 近聞大監讀杜

---

11) 文: 나. 다본에는 '作'으로 되어 있음.
12) 策文: 가. 다본에는 '策問'으로 되어 있음.
13) 磬: 저본에는 '馨'으로 나와 있으나 이본에 의거함.

詩, 若精鍊, 則可有此作." 成曰: "不意君之詩眼, 乃能如此."

2-9.

思齋嘗得古紙記唐詩一句, 曰: '洞邃玄熊臥.' 心甚佳之, 因自爲對, 曰: '山深怪鳥啼.' 以示慕齋, 曰: "我自爲之, 何如?" 慕齋曰: "'山深怪鳥啼', 卽君所爲, 而'洞邃玄熊臥', 非君之所能爲也." 思齋曰: "兄丈何以知之?" 曰: "君以玄熊爲何物耶?" 曰: "卽黑色熊也." 曰: "非也, 玄熊乃古巖石也. 君必不知, 故吾知其非君所作也." 思齋具以實告, 於心猶以爲, '其兄適知其解, 而平日製作, 必不及於己矣.' 後奉使至燕, 得晚唐遺集, 不傳於世者, 以己所作數十篇[14], 雜於其中而印出之, 歸示慕齋[15], 曰: "此唐人詩也, 願兄丈點竄[16]." 慕齋卽以朱墨[17], 以次而點之, 每到思齋所作, 必越過而不點. 思齋怪而問之, 慕齋曰: "此卽[18]我亦可爲, 君亦優爲之." 思齋始服其兄之神鑑, 非己所及.

2-10.

鄭湖陰士龍, 嘗入中原, 遇一詩僧, 以所製累百首[19], 示之, 以要其評定, 僧略不許可, 湖陰謂僧不解詩. 遂書梅月堂四韻一首, 示之, 僧覽一過, 便盥手燒香, 跪而讀之, 曰: "此乃物外高蹈者之詩, 非君所能也." 其僧明鑑, 亦不尋常.

---

14) 篇: 가본에는 '首'로 되어 있음.
15) 慕齋: 가본에는 '其兄'으로 되어 있음.
16) 點竄: 가, 다본에는 '點撰'으로 되어 있음.
17) 朱墨: 나본에는 '朱筆'로 되어 있음.
18) 卽: 이본에는 '則'으로 되어 있음.
19) 首: 가본에는 '篇'으로 되어 있음.

2-11.

昔一名宰軒, 過一僻巷, 見門壁上付春帖, 曰: '壽富多男子, 堯辭我不辭.' 卽下軺入其家, 見主人, 方年少, 做讀爲擧業者也. 敍禮畢, 問: "門外春帖, 豈非主人所作乎?" 曰: "果自爲之." 又問: "讀『論語』幾遍?" 對曰: "他書則不能多讀, 而於『論語』, 讀過數千遍." 曰: "然矣, 君必以此成名." 幸勉之後, 公爲考官, 得一試券[20], 曰: "此必多讀『論語』之人!" 仍取之坼榜, 果其人也. 此非徒公之有神鑑, 其人於公, 獨有知遇之分矣.

方外高蹈

2-12.

虛白堂成俔, 嘗出遊郊園, 有一客, 容貌奇偉, 騎驢隨至, 亦憩于溪上. 旣而, 各進朝饌, 從童啓袱進兩器, 一蝌蚪[21]血, 一烹小兒. 虛白驚甚, 客勸喫其半, 虛白辭曰: "食不曾慣." 旣而, 密問於童曰: "客何許人?" 童曰: "吾亦不知, 曾過於途, 仍從遊. 自唐天寶十四年, 至今不知幾何歲月." 復問: "俄者所食, 何物?" 曰: "一紫芝, 一人蔘也." 虛白大驚悔, 因敬禮之, 請嘗俄間[22]所進餘瀝, 客呼童問有餘, 對曰: "小童困飢, 食已盡矣." 客遂告別上驢而去, 謂童曰: "此去, 午歇于忠州達溪, 夕當蹜鳥嶺云." 虛白暗計其程, 殆近二百里, 策馬追之, 不及而還, 窅然若喪矣. 識者謂, "此乃呂眞人, 天寶十四年, 卽呂眞人胎化之秋也." 宣廟時, 有人題詩于濟川亭, 曰:

---

20) 券: 저본에는 '卷'으로 나와 있으나 나, 다본에 의거함.
21) 蚪: 저본에는 '叫'로 나와 있으나 이본에 의거하여 바로잡음.
22) 俄間: 가본에는 '俄者'로 되어 있음.

'曾見先祖[23]種李辰, 花開一十二回春. 詩題華表千年柱, 淚灑靑山一掬塵. 楓岸曉鍾神勒寺, 烟沙晩笛廣陵津. 淸秋鼓枻驪江去, 樓上何人識洞賓.' 後倭發兩陵, 靑山一掬塵之言, 始驗. 是無乃成虛白所遇之人歟!

2-13.

鄭希良, 號虛庵[24], 博學能文, 治易善數. 燕山朝, 官翰林, 丁憂見. 時政壞亂, 士禍將作, 思欲脫身邁跡, 有詩曰: '日暮滄江上, 天寒水自波. 孤舟宜早泊, 風浪夜應多.' 有一僧往來, 相與密語, 五月五日, 便與逃去. 家人求訪, 追到祖江沙堧, 則但有喪冠屨杖, 以爲赴水而死. 後數十年, 金慕齋爲按察使, 止驛樓, 壁上有新題詩, 云: '風雨驚前日, 文明負此時. 孤筇遊宇宙, 嫌鬧並休詩.' 慕齋大驚, 必以爲虛庵, 詢于驛吏, 對曰: "俄者, 有雲衲老僧, 携二沙彌登樓, 吟眺望見驛幢, 仍下去, 不知所向." 急散騎士, 訪[25]搜不獲. 嘗有一士人, 讀易於小白山中, 有老釋訂正, 其句讀甚明. 其人疑其爲虛庵, 試問曰: "禪師知易乎?" 辭謝不答, 又問曰: "知鄭虛庵乎?" 曰: "嘗聞其名, 略知其爲人." 曰: "世旣易矣, 禁亦解矣, 虛庵何不出?" 曰: "母死不終喪, 是不孝; 亡君之命, 是不忠, 何以立於世?" 仍起去, 使人尋之, 已做裝而遁矣. 卜者金倫, 遊香山, 有一居士, 稱李千年者, 從行遍歷諸山, 敎以術數, 斷人禍福, 百不一錯. 臨別贈詩, 曰: '八十山中老, 三彭已掃除. 人間應不夢, 鶴伴意猶餘.' 紙尾書曰: '松竹處士愚齋稿.' 其奉碩小兒, 亦手書贈詩, 曰: '凍深滄

---

23) 祖: 저본에는 '朝'로 나와 있으나 가본을 따름.
24) 庵: 저본에는 '菴'으로 나와 있으나 가. 다본을 따름. 이하의 경우도 동일함.
25) 訪: 저본에는 '旁'으로 나와 있으나 가본에 의거함.

海龍吟壯, 風入疎松鶴夢涼.' 其詞格筆法, 亦不尋常. 金倫從遊累年, 見其生年月日, 五行甚詳. 旣還京師, 往見申判書景洪, 申素好卜書錄, 當時士人, 達官身命, 常推卜驗之坐談間. 金倫閱其書錄, 至虛庵四柱, 忽驚曰: "此乃吾師李千年四柱也!" 以此, 知虛庵初爲僧, 後爲居士, 而不知其所終焉.

2-14.

趙貳相元紀, 靜菴之叔父也. 少時貧窮, 與鄭虛庵交厚, 一日, 往訪之虛庵, 時爲翰林, 名公達官, 呼喝塞門. 旣去, 虛庵曰: "君亦艷彼乎?" 公曰: "一寒如此, 抱關擊柝, 猶勝於我, 況彼金馬玉堂耶!" 虛庵曰: "君無艷彼, 彼特朝露耳. 若君窮四十達四十者也." 未幾, 渡漢江, 船敗見沒. 忽思虛庵之言, 自語曰: "康節豈欺我哉?" 仍瞑目散髮, 沿流而行, 達于彼渚, 而不覺其陸, 猶蒲伏而去[26]. 見者怪而問之, 始開眼視之, 已抵沙平院矣. 四十後, 始達, 果如虛庵之言.

2-15.

中廟時, 有一隱子[27], 匿跡於皮匠之中, 終不言姓名. 靜菴知其賢, 勸之仕, 不應, 常就而問學, 時或寓宿. 嘗曰: "公之才學, 足以經濟一世, 然得君而後, 可以有爲也. 今吾主上以名取公, 眷遇雖深, 實不知公也. 若有譖人之間, 則公必不免於禍[28]." 後果驗, 聞者始知其異人.

---

[26] 去: 가본에는 '行'으로 되어 있음.
[27] 隱子: 이본에는 '隱君子'로 되어 있음.
[28] 公必不免於禍: 가본에는 '公亦不免禍矣'로 되어 있음.

2-16.

　沈佐郎義, 貞之弟也. 見貞位高權重, 多置田園, 心甚不悅, 嘗愀然抱悲含淚, 謂貞曰: "夜夢, 先夫人撫余背而言曰: '汝兄兼享富貴, 而汝獨窮寒, 可悲! 某處田某處庄, 雖是祭條, 汝兄則無此足以奉祀, 汝必取之云矣.'" 貞潛然出涕, 曰: "先妣有命, 吾何敢靳?" 遂取券與之. 貞久而後, 始覺爲其所瞞, 又對義言, "夜夢, 先考敎余曰: '某田某畓, 汝爲祀孫, 不可給弟云矣.'" 義笑曰: "兄夢乃春夢, 不足信." 貞亦笑之. 貞家有銀盃, 義每到兄[29]所, 飮訖, 必曰: "願兄給我!" 貞不許之. 一日, 造鑞盃, 酷類其制, 身[30]袖而去, 飮畢, 潛換袖之, 曰: "兄弟間, 一銀盃且[31]相惜耶?" 卽起去. 與成遯齋世昌, 爲比隣, 見其園上浣疋紬曝之, 卽取而歸[32]. 成婢以告其主, 自內送他紬, 請易之, 曰: "此欲爲衣表." 回謝曰: "旣得表, 又得內, 深感深感![33]" 旣而, 分與路人而止. 嘗爲開城敎授設白日[34]場, 只取一人三下入格, 其餘累百張, 皆誘以落軸, 仍自取之, 以自汚其名. 常恐兄不免於禍, 嘗指鼠竇, 曰: "兄他日求入而不可得者也." 試入焉. 貞與南袞, 密議于小齋, 卽自外推窓而入, 曰: "兩小人有何謀議耶?" 袞怒, 貞曰: "吾弟素癡, 請恕之." 常以癡狂自處, 能沈晦以免禍, 豈非其愚不可及者歟?

---

29) 兄: 저본에는 '凡'으로 나와 있으나 이본에 의거함.
30) 身: 가, 다본에는 '自'로 되어 있음.
31) 且: 가본에는 '豈'로 되어 있음.
32) 歸: 가, 다본에는 '去'로 되어 있음.
33) 深感深感: 가본에는 '甚感甚感'으로 되어 있음.
34) 日: 저본에는 빠져 있으나 가, 다본에 의거하여 보충함.

2-17.

張應斗, 湖南人, 能文章, 不事擧業, 與企齋申光漢相善. 申公晩年, 屛[35]居駱峯下新搆小齋, 張以布衣往叩之. 公進牘求題, 張略不經意, 一筆揮之, 詩曰: '駱洞洞中老居士, 駱洞洞中來卜築. 身游洞外心在洞, 洞有蒼松與巖石. 巖以鎭靜松以節, 巖松俱是心中物. 心中所物能如此, 吾知勢力終無屈. 紛紛小兒豈知此, 松自蒼蒼[36]巖自立.' 詩成, 長揖而去, 可知其豪爽不俗之流.

2-18.

鄭北窓磏, 天才聰悟, 天文·地理·醫藥·卜筮·算數·律呂, 諸方百技之流, 無所不通.[37] 嘗入中原, 諸國人狗嘷鴂舌侏離之語, 觸耳輒解. 喜飮酒善嘯, 嘗登金剛絶頂, 蹙口出聲, 聲振[38]林壑, 山僧疑其笛聲. 又治鍊丹[39]火候之法, 方値盛冬, 有客至, 不耐其寒, 公取坐旁, 鐵片挾之腋下, 以熨之. 少頃, 出與其客, 如洪爐之煖, 汗流浹體. 閉門深坐, 常知門外動靜, 蓋其學出於禪家, 卽希夷康節之流. 其自輓詩曰: '一生讀破萬卷書, 一日飮盡千鍾酒. 高談伏羲以上事, 俗說從來不掛口.' 詠重陽詩曰: '十九卄九皆是九, 九月九日無定時. 多少世人都不識, 滿庭惟有菊花知.' 弟磏, 號古玉, 和之曰: '世人最愛重陽節, 未必重陽引興長. 若對黃花傾白酒, 九秋何日不重陽.' 古玉亦遺外形骸, 逃於昏冥, 能通風鑑之術, 多奇驗云.

---

35) 屛: 저본에는 '幷'으로 나와 있으나 이본에 의거하여 바로잡음.
36) 蒼蒼: 가, 다본에는 '靑靑'으로 되어 있음.
37) 無所不通: 가본에는 '無不通達'로 되어 있음.
38) 振: 가본에는 '震'으로 되어 있음.
39) 鍊丹: 나, 다본에는 '練丹'으로 되어 있음. 서로 통함.

2-19.

　柳西厓伯氏雲龍, 號謙菴,[40] 天性迂疎, 不治事務, 時人謂之癡聾. 與西厓分門, 各居隔一小嶺. 一日, 就其弟, 求與圍棋, 西厓素善棋, 常優於人, 而未嘗見其兄與人對局, 即曰: "兄丈亦解棋乎?" 曰: "欲試之耳." 因與對局, 西厓連輸三場, 心異之, 曰: "兄丈何時學棋於誰乎?" 曰: "人於凡事, 何必學而後能耶?" 因又曰: "今夕, 必有一僧, 投節於君之門下, 苦請留宿矣. 幸勿輕許, 必指送余家, 以爲歇宿,[41] 否則必大敗矣." 西厓怪而應諾. 旣還, 果有一衲, 容貌不凡, 薄暮來到, 懇乞一宿, 西厓百端稱托, 又[42]曰: "吾兄之家, 在於山後咫尺, 甚僻靜, 又好游僧談話, 可往投之." 乃使小奴指導之, 公見, 卽款接饋飯, 許宿於夾房. 至夜深, 秉其熟寂, 持一口大劍, 就跨僧腹, 而言曰: "汝以爲我國無人, 而有此唐突乎?" 僧驚覺哀告曰: "乞活乞活!" 公因數之, 曰: "我國本無讐怨於汝, 而汝欲逞毒, 遍歷環境, 覘知國情. 今又假裝欲殺吾弟, 吾豈不知乎? 汝之命懸於吾手, 汝所挾匕首, 今可[43]出矣." 僧乃自腋間, 出一寶刀, 光如新磨. 公曰: "非不知殺汝爲快, 而我東氣數八年, 兵火有不得免. 吾不逆天, 特貸汝一縷, 汝可歸告汝主, 使知東國有人, 勿犯我安東一境." 僧曰: "不敢不敢!" 連聲喏喏而去. 後倭寇果不入安東, 僧乃平秀吉也. 倭虜釀禍屢年,[44] 遍行八路, 已闖其虛實要害, 而無人知者, 柳公能知之, 豈非異人耶?

---

40) 號謙庵: 저본에는 빠져 있으나 가, 다본에 의거하여 보충함.
41) 宿: 저본에는 '息'으로 나와 있으나 가본을 따름.
42) 又: 가본에는 '且'로 되어 있음.
43) 可: 가본에는 '急'으로 되어 있음.
44) 屢年: 이본에는 '累年'으로 되어 있음.

2-20.

鄭愚伏經世, 家尙州. 嘗赴擧上京, 路過丹陽, 日昏失道, 投山谷間, 見茅屋數間隱映於松林. 進扣[45]其扉, 見一老人燈下看書, 神彩[46]淸癯, 卽推窓而入, 老人掩卷, 問曰: "何來何客, 深夜到此?" 公具言失路之由, 且告之飢, 老人曰: "山中無食." 卽於橐中, 出團餠與之, 甘滑如柏子, 吃未半, 頓覺豊飽. 仍問曰: "觀主人形貌異凡, 曷不顯名? 當世以圖不朽, 而徒守荒寂之濱, 與草木同腐, 後世孰有知者乎?" 老人曰: "君所謂不朽, 指立德·立功·立言者歟?" 曰: "然." 老人笑曰: "世之稱道德者, 莫高於孔孟; 語功烈者, 莫盛於管葛, 然求之於今日, 其人與骨皆已朽矣. 獨其名在耳, 其可謂不朽乎? 況文章小技, 遷·固以來, 作者無數, 而蟲吟秋露, 鳥弄春花, 爭巧鬪奇, 炫燿一時. 而及其芳華謝盡, 霜霰交集, 則聲沈響絶, 寂然無聞, 不亦哀耶?[47]" 公始知其爲異人, 又問曰: "人固有不死之理歟?" 老人曰: "有之, 諺曰: '子不夜行, 安知道上有夜行人?' 今君不遇不死者, 則亦安知山澤之間有不死者存乎? 誠若修道鍊法, 千日功畢, 能延年益筭, 白日升天. 其或塵形未蛻托死以葬, 雖千百年後, 金骨不朽[48], 限滿之後, 亦能破塚飛昇, 此所謂太陰煉形脫屣人間, 歷萬劫而長存者也." 公曰: "果若所敎願學焉." 老人熟視良久, 曰: "骨格未成, 不可做得." 又曰: "科第則今年爲利, 但不免三入王獄, 終必無憂. 此後七年, 萬姓魚肉, 後三十餘年, 又有大賊, 從西方起, 宗社幾覆, 君皆親見之矣." 公請窮其說, 老人不答,

---

45) 扣: 가, 다본에는 '叩'로 되어 있음.
46) 彩: 저본에는 '采'로 나와 있으나 가본을 따름.
47) 不亦哀耶: 가본에는 '豈不哀哉'로 되어 있음.
48) 朽: 저본에는 '休'로 나와 있으나 이본에 의거함.

乃問其姓名, 曰:"幼失怙恃不知耳." 至夜深, 困劇就臥, 曉起視之,
不知去向. 怪問其家人, 曰:"此家小氓所居, 而其人卽號[49]柳生員,
浮遊諸寺, 時或來過, 愛此山水, 留連數日, 而未嘗見喫焉." 公聞
之, 惘然若失. 是年果登第, 後壬辰有倭寇, 丙子有胡亂, 公辭連逆
獄被逮者三, 皆如其言. 嘗有詩, 曰: '賦命每憐三不幸, 行身何啻
七宜休. 東華久作紅塵客, 欲向丹丘訪道流.' 觀其詩, 可知其有爲
而發.

2-21.

李土亭之菡, 於經學子集, 無不貫穿, 下筆爲文詞[50], 如泉湧, 而
澹然名利, 遯世無悶. 嘗入海島, 種匏剖而作瓢, 買得穀數千石, 散
施貧窮家, 無所儲. 其先墓在保寧, 海邊前有大石爲墓案, 以爲於
風水不吉, 遂入島伐木, 裝千石巨艦四隻, 又爲百尺長杠, 以大索
四面縛其石, 繫于四艦. 及潮水大漲, 石爲水力所浮, 遂倒入深, 此
見其智略出人, 意表可堪. 爲大將領三軍, 而竟決意韜晦, 不衒於
世, 未知何意耳. 嘗作海潮詩, 曰: '三兔三龍水, 三蛇一馬時. 羊三
猿亦二, 月黑又如斯.' 此十[51]二辰言之, 而兔龍蛇馬羊猿, 卽指其
卯辰巳午未申也. 凡海潮, 每日一進一退, 初一日則卯時初站進,
初二爲中站, 初三爲末站; 初四日則辰時初站進, 初五爲中站, 初
六爲末站; 初七日則巳時初站進, 初八爲中站, 初九爲末站. 此所
以曰: '三兔三龍三蛇也.' 初十日則爲午時單站, 此所以曰: '一馬
也.' 旬後三日, 亦爲未時三站, 所以曰: '羊三也.' 十四日十五日,

---

49) 號: 가. 다본에는 '呼'로 되어 있음.
50) 文詞: 가본에는 '文辭'로 되어 있음.
51) 十: 저본에는 '二十'으로 나와 있으나 가본에 의거함.

則只有申時二站, 所以曰: '猿二也.' 望後又復如是, 故曰: '月黑又如斯.' 此二句, 卽盡其海潮往來之義, 故濱海居民及估人舟子, 莫不誦此, 此可謂指南矣. 蓋東海則無潮汐, 識者解之, 曰: "潮汐者, 天地呼吸之氣也. 人之飮水, 始到喉間, 有呑吐之氣, 而及其下於腹腸, 則有水道漸見泄流於下, 東海比之, 則人之腹部也, 名之曰 '尾閭'. 是以, 無潮汐, 斯言得之矣." 土亭性喜, 乘舟泛海, 涉危而不驚. 嘗於海中, 學得老人刺船之法, 一瞬千里, 狂風怒濤, 不能爲害. 嘗乘一小槽, 四隅繫大瓢, 三入濟州, 國內山川, 無遠不到. 其詩曰: '萬里行裝雙脚健, 百年身世一瓢輕.' 所以敍平生也. 嘗携一友人, 發船麻浦, 出大洋, 泊一島, 見嶂巒挿雲, 樹木參天, 謂友人曰: "吾入山, 少頃當還!" 友人潛躡其後, 路入修林, 有壁立可數十丈, 美女四五人, 列坐於上, 遂一躍而登, 相與歡笑. 友人先回臥舟中, 俄而還來, 問其去處, 笑而不答, 反棹而歸云.

2-22.

土亭早生二子, 甚聰慧俊美, 而視若泛泛, 少不慈愛, 至八九歲, 不敎文字. 夫人怪問之, 公曰: "此非吾子也, 幸勿屬情." 各十歲後, 以痘疫, 一日倂死. 公又不臨哭, 夫人恨之, 曰: "丈夫何沒人情如此之甚?" 公曰: "夫人若不信吾言, 宜急使人往候於東門外道旁, 則必有可驗之端矣." 夫人如其言, 送人候之, 翌日還報, 曰: "天未明, 有二童子, 被髮而走, 曰: '吾兩人之讐, 今則未報, 可恨可恨!' 餘無所見矣." 夫人問其由, 公曰: "吾前生爲東道[52] 邑宰, 殺奸吏二人, 以除民害, 今生化而爲子, 欲使我傾心寵愛, 旋又夭慽, 更使我摧

---

52) 東道: 다본에는 '東都'로 되어 있음.

肝斷腸, 以報渠讐, 此俗所謂愛物也. 吾不見瞞於彼, 故其言如此, 幸勿爲悲." 夫人於是, 收⁵³⁾淚而謝之. 昔東門子喪子不哭, 其亦類是也夫!

2-23.

肅廟朝, 尤翁始配德原, 又移巨濟, 過襄陽, 遇雨投一村舍. 其柱上有詩, 倒題云: '三傳市虎人皆信, 一朒⁵⁴⁾裙蜂父亦疑. 世上功名看木雁, 座中談笑愼⁵⁵⁾桑龜.' 問主人誰所題, 對曰: "昨年五月, 有過客書此, 曰: '來年此日, 當更來云.' 而去, 所謂此日, 卽今日也." 先生不覺惘然. 蓋遯世之士, 有愛慕先生, 爲此諷語, 而竟不知爲何人, 惜哉!

先知明驗

2-24.

明廟時, 有術士南師古者, 洞曉象緯堪輿. 嘗過嶺東, 忽仰天大驚墮馬, 曰: "今日, 當有殘害吾東者, 出矣!" 後聞之, 平秀吉果以其日生云. 常曰: "壬辰, 倭寇必大至." 又曰: "乘白馬者, 自南海來, 則我國殘矣." 倭將淸正, 果乘白馬來. 嘗過榮川, 望見白雲橫帶於小白山腰, 以爲, '五十年內, 兵火當不入.' 遂卜⁵⁶⁾居, 其孽孫尙居其地云. 又嘗謂人曰: "社稷洞有王氣, 當有英主出於其坊." 後宣廟自

---

53) 收: 가본에는 '垂'로 되어 있음.
54) 朒: 이본에는 '搊'로 되어 있음.
55) 愼: 가, 다본에는 '眷'으로 되어 있음.
56) 卜: 저본에는 '小'로 나와 있으나 이본에 의거함.

潛邸, 入承大統, 無不明驗.

2-25.

近世以來, 東海魚族, 漸徙西海, 西海之非土産者, 比比有焉. 尤翁每以是爲憂, 吾東舊[57]無靑魚, 自壬辰前, 網得漸多, 俗謂之肥胃, 栗谷以爲兵亂之兆, 未幾, 有倭變. 近年[58]則靑魚翔貴, 貧士無以肥胃, 未知何兆.

2-26.

仁廟國舅韓西平浚謙, 素有鑑識. 仁廟潛邸時, 已知有日角之非常, 作字呼之, 曰'寵之', 蓋謂以龍而加冠也. 又二堉, 卽鄭百昌·呂爾徵, 以鄭爲人短小, 故呼字曰'蜜之', 謂以蚤加冠也; 以呂爲人肥而黑, 故呼字曰'家之', 謂以豕加冠也. 鄭公乃戲其舅呼字以'牢之', 謂公碩大而健也. 世以爲名言.

2-27.

姜承旨緖, 卽弘立之從叔也. 明於易理, 善推人命, 常言, "滅吾門者, 必弘立也." 每憂歎不已. 申象村在孩提時, 姜見之, 稱以爲大器, 及登第, 往見之, 以一門百口爲托, 申公遜謝不敢當. 及弘立降虜將, 有揃宗之禍, 象村時爲吏判, 怳然覺悟, 思欲救之, 往見領相梧里李公, 問曰: "公曾識姜承旨否?" 李公驚曰: "果親矣, 何以有問?" 象村具道其受托事, 李公噴噴曰: "姜公神人也! 我亦受托, 而姜言須與其時當國[59]一宰相, 同爲濟活云矣. 今日乃知爲君也,

---

57) 舊: 가본에는 '古'로 되어 있음.
58) 近年: 가본에는 '近來'로 되어 있음.

姜族將盡劉, 而無計可救, 方自憂歎, 君言如此, 幸須同力." 於是, 梧里遍諭東人, 象村緩頰[60]西人, 以紓姜禍. 此見先知之明, 而亦非付托之得人也歟!

2-28.
崔遲川鳴吉, 兒時多疾瘦弱, 人皆危之. 申象村雅賞稱之, 曰: "雖羸疾如彼, 精神淬鍊, 如精金美玉, 異日, 當爲名世器." 有女欲擇置東床, 不果, 曰: "明知其大貴, 而其於十年痼病, 及子宮不好何?" 崔竟爲張玉城晩女壻, 玉城夫人見其短小孱弱, 懊恨不已, 玉城曰: "婦人[61]何知崔郞? 身貌雖不及中人, 吾子孫當被此人之德矣." 蓋象村精於星命, 而玉城藻鑑, 亦不差矣.

2-29.
東陽尉申翊聖, 文章節行, 爲禁臠中第一, 而又善推數, 知洪沂川命夏必貴, 取以爲壻. 洪公落拓不成名, 寄食公家, 爲四十年, 公之子冕驕妄, 視洪公如土苴. 公嘗從容言於壻乞冕之命, 洪公辭謝不敢當, 公再三懇之, 而終不應.

2-30.
姜判書柏年, 字叔久, 仁廟朝登第. 柳舍人穎, 善相人, 與姜及他僚數十人, 同會于承文院. 姜素多病羸弱, 若不保朝夕, 諸人戲之[62], 曰: "叔久今年不死, 明年必死, 安能久於世?" 柳曰: "不然.

---

59) 當國: 가본에는 '當局'으로 되어 있음.
60) 頰: 가본에는 '挾'으로 되어 있음.
61) 婦人: 가본에는 '夫人'으로 되어 있음.

此座之人盡死後, 獨享晩福, 諸君勿以病弱輕視." 諸人曰: "某也而壽, 孰不爲壽?" 後五十年間, 諸人盡歿, 姜獨存致位一品. 蓋人之壽夭, 不在於稟氣之強弱, 弱者能內蘊精粹, 攝養得宜, 則遐壽者多矣. 昔朱子曰: "人能躋上壽者, 必由於少年多疾之效." 夫強者恃其強, 而多有戕生之事, 則豈能與弱者同歟?

武勇氣略

2-31.

洪允成, 世祖朝策三勳, 封仁山府院君, 性鷙悍剛戾. 嘗莅羅州, 有城隍祠甚靈異, 過者必下馬致敬, 否則遭害. 下吏以告, 洪不聽, 鞭馬過之, 行不數里, 馬倒卽斃. 洪大怒, 卽屠其馬, 載一桶酒, 持弓矢刀斧, 身往其祠, 大叱曰: "爾旣殺吾馬, 是欲食其肉也. 若不喫此肉嚼此酒, 吾當燒毀爾也." 俄而, 酒漸縮而肉猶故, 洪尤怒, 遂毁其像而焚其祠, 居民移奉其神于叢祠. 後有祀者, 神降而言曰: "先請地主[63]享之而後, 祀我." 自是以後, 邑村中或有淫祀[64], 必先祀洪, 洪每醺醺如醉, 曰: "某人有神事者乎!" 後聞之, 果然.

2-32.

田霖, 始爲上黨府院君韓明澮佐幕, 甚有威勇. 韓欲圖大事, 倚以爲心腹, 薦至判尹. 少時, 以喪人往湖南省楸, 匹馬單僕, 行色甚草草, 路遇一少年, 率[65]其婦而行. 有一惡僧, 以手合執少年所騎鐙

---

[62] 之: 저본에는 빠져 있으나 가본에 의거하여 보충함.
[63] 地主: 가본에는 '地神'으로 되어 있음.
[64] 淫祀: 가본에는 '淫祠'로 되어 있음.

子如焦餠, 足不得脫方, 號哭求活, 一行奴僕, 皆被拳打仆地. 又將侵犯轎內, 雖見者皆畏避, 不敢救. 田忿然下馬, 曰: "吾雖在草土, 豈無急難之義耶?" 奮臂而前, 僧大怒曰: "事不干汝, 汝何敢爾必甘心碎骨耶?" 田素善彈丸, 先以手伸其合鐙如摺[66]朽, 遂擧丸正中僧額, 卽斃於前. 少年始得免禍, 百拜稱謝而去. 聞者莫不快意.

2-33.

南將軍怡, 年十七, 魁武科, 討平李施愛亂, 策功拜兵判, 壯略英聲, 震驚華夷. 嘗有詩, 曰: '白頭山石磨刀[67]盡, 豆滿江水[68]飮馬無. 男兒二十未平國, 後世誰稱大丈夫.' 後爲柳子光所誣, 以反逆誅絶, 識者已知其語意跋扈, 難乎免矣!

2-34.

朴燁, 光海朝爲箕伯, 牧御軍民, 甚有才略. 時滿州作梗, 西路多事, 廢主倚以爲重, 不遷至十餘年. 燁每用貨善行, 間巡到龜城, 適値淸兵圍城. 夜半有一胡, 踰城潛入燁寢所, 附耳數語而去. 翌朝, 燁令人往犒牛酒爲長串炙, 以頒於虜營, 而恰當人數, 不贏不縮, 胡將大驚, 以爲神, 卽講和解去. 有才能如此, 而但恣行暴虐, 人多怨謗, 且以奇巧獻媚, 罪不容誅, 可勝歎哉!

---

(65) 率: 저본에는 '眷'으로 나와 있으나 가본을 따름.
(66) 摺: 가본에는 '拉'으로 되어 있음.
(67) 刀: 다본에는 '劍'으로 되어 있음.
(68) 水: 저본에는 '波'로 나와 있으나 이본에 의거함.

2-35.

申汝哲, 英廟朝[69]爲捕將. 時凶徒締結中外, 將謀反逆, 上欲一幷收捕, 而恐打草驚蛇, 夜深後, 密令中官, 召捕將入侍. 汝哲卽佩長劍, 衷細甲于身, 進伏于榻前, 自然有聲, 上曰: "將軍何甲也?" 對曰: "如此深夜, 命召帥臣, 則必有事變, 故敢衷甲而對[70]待矣." 上稱之, 卽手錄凶黨姓名, 以付之, 曰: "何以則緝捕無漏?" 汝哲一覽訖, 拔所佩刀, 刮取座前粧版, 以卷[71]之, 作大平籥. 出宮門吹之, 其聲洪亮, 無遠不聞, 諸營軍馬, 一時來聚, 衛護宮城. 群僚百官, 以爲闕內有變, 皆疾馳詣庭. 汝哲卽率諸校健卒, 坐金虎門內, 凶黨[72]之在錄中者, 一一收縛, 無一漏網, 以正王法. 人皆以[73]將略稱之.

2-36.

英廟戊申間, 凶徒布散中外, 甚是危疑, 而武臣張鵬翼, 忠勇俱全, 上倚[74]以爲心腹. 每夜, 令帶劍宿衛於閤門外, 欲就枕[75], 則必問: "張鵬翼在否?" 卽應然後, 上乃安寢. 其孫志恒, 能繼其武, 而驕於士大夫, 雖卿相之前, 不稱小人. 國制以六曹爲上司, 故左右捕廳, 不敢稱衙門, 而張爲捕將, 高揭板額, 右捕廳之, 稱衙門, 自其時始焉. 蓋其強項習氣, 亦有可觀者矣.

---

69) 朝: 가본에는 '時'로 되어 있음.
70) 對: 이본에는 빠져 있음.
71) 卷: 가본에는 '捲'으로 되어 있음. 서로 통함.
72) 凶黨: 가, 다본에는 '凶徒'로 되어 있음.
73) 以: 가본에는 '以爲'로 되어 있음.
74) 倚: 가, 다본에는 '依'로 되어 있음.
75) 就枕: 가본에는 '就寢'으로 되어 있음.

豪士奇氣

2-37.

柳雲, 字從龍, 燕山朝爲書堂官, 常大會宴集, 與趙靜菴同宿. 夜半, 宿醉未醒, 裸身踐人, 立檻頭而溺之, 先生曰: "從龍此何狀也?" 公曰: "此好矣! 吾不效君[76]小學之道也." 先生亦笑, 其無如之何, 而愛其風骨, 只勸檢束而已. 嘗以繡衣至公州, 州官恐忤霜威, 不敢進妓, 終霄轉輾, 不勝無聊. 朝起, 書壁上詩, 曰: '公山太守慴威稜, 御史風流識未曾. 空館無人消永夜, 南來行色淡於僧.' 此見其豪放不羈. 己卯之禍, 疏論權奸, 力救諸賢, 以名流見稱.

2-38.

林錦湖亨秀, 倜儻有奇氣, 嘗與退溪同業, 醉輒呼曰: "君亦知男子快意事乎?" 先生曰: "第言之." 曰: "大雪滿山, 身着黑貂裘, 腰帶白羽箭, 臂掛千斤强弓, 乘鐵驄馬, 揮長[77]鞭, 馳入澗谷, 陰風一起, 萬竅叫噪. 忽有大豕, 驚起于前, 輒一發而殪之, 卽下馬, 拔釰屠之, 斫老櫟燒之, 貫長串炙之, 膏血點滴, 踞胡床而啗之. 以大玉椀痛飮, 數巡至醺, 仰見峯雪, 片片如錦, 飛灑醉面. 此時此興, 君何以知之? 君則但汨沒於几案之間而止耳, 惡足以言此哉?" 退翁每以奇男子稱之. 明宗朝, 入湖堂, 不免於士禍, 戒子孫勿事儒學, 故公之子枸不學. 及公仲雪拜縣監, 監司勸學校, 送詩賦題於列邑, 皮封書曰: '縣監親執開坼.' 枸誤以賦字爲賊, 問吏曰: "何以聚軍?" 對曰: "吹[78]角以聚, 聚土兵數百." 吏請見文字, 曰: "非賊字而乃賦

---

[76] 君: 가본에는 '群'으로 되어 있음.
[77] 長: 가본에는 '馬'로 되어 있음.

字也." 枸驚曰: "何以散軍?" 吏曰: "吹角以散." 人傳之爲談.

2-39.

閔老峯鼎重, 素剛直守法, 爲錦伯時, 禁屠甚嚴, 食不御肉. 公妹弟鄭普衍[79], 居忠州, 爲人卓犖, 不拘小節. 候公巡道歷訪, 宰一大角爲饍, 請入于內以供之, 曰: "聞令公爲牛禁, 在營久不食肉味, 故吾設此, 欲與共食之." 公正色固辭, 曰: "邦禁至嚴, 爲道臣者, 何可躬犯?" 終不下箸. 臨發, 命下吏捉囚主家奴子, 吏白鄭公, 請給奴子, 鄭公曰: "吾家本無奴僕, 只有吾老夫妻而已, 方伯之令, 何敢違拒?" 卽令夫人替行, 夫人以裙蒙面而出, 吏惶駭[80]趨[81]告公, 公大驚下轎, 徒步與之更來, 深謝鄭公而罷. 蓋公之執法無私, 誠足警勵, 而鄭公之事, 雖爲詭異, 亦見氣岸脫俗, 不挫於人矣. 鄭公素尙名節, 號太白山人.

權術機辯

2-40.

具壽永, 燕山朝致位卿宰, 以奇技淫巧, 慫恿導[82]惡, 朝野側目. 及朴元宗等諸大臣, 謀反正擧事, 結陣於光化門外, 具自知必死, 罔知所措. 有一健奴, 請急具酒食, 當導令公而去, 以求幸[83]免, 乃

---

78) 吹: 저본에는 '聚'로 나와 있으나 가, 다본에 의거하여 바로잡음.
79) 衍: 저본에는 '演'으로 나와 있으나 의미상 바로잡음. 가본에는 '寅'으로 되어 있음.
80) 惶駭: 가, 다본에는 '惶遽'로 되어 있음.
81) 趨: 저본에는 '驅'로 나와 있으나 이본에 의거함.
82) 導: 가본에는 '遵'으로 되어 있음.
83) 幸: 나, 다본에는 '倖'으로 되어 있음.

盛備佳饌・美醞・鞍馬・僕從, 略如平日, 前後呵擁而進. 奴自持軺床, 引坐於諸帥旁, 衆官雜遝於前, 未及見具之來坐, 諸大臣達夜露坐飢乏中, 且發寒栗[84] 思食而不敢言. 奴持饌榼, 以次投呈, 又以大酌遞進美酒, 諸公不問其出處, 到手輒盡, 始問: "此爲誰家物?" 奴指具而對曰: "此具令公之所賚來也." 諸公相顧錯愕, 奴曰: "今日爲此大擧, 而諸公虛餒, 則何以了事?" 具於是得以交語, 因投機設策, 事成後轉禍爲福, 遂參祿勳.

2-41.

金柏谷父緻, 明於推數, 好算人命[85]. 光海朝, 黨於凶徒, 位至亞卿, 延平諸公, 密議反正, 將除去凶黨[86], 而緻亦在死籍. 諸公欲先卜吉凶, 列錄各人生年月日, 往訊之, 仁廟四柱, 亦在其中. 緻以次歷論, 莫不稱美, 蓋以白衣爲卿相者, 多矣. 至綾陽君紫微, 深玩良久, 忽起入內, 持紅袱奉盤而出, 置所錄於盤上, 斂衽而跪, 曰: "此人君之命也! 龍飛御天, 只隔旬日, 願公幸勿欺我." 諸公愕然失色, 不得已告其謀, 與之同參, 遂得免罪, 竟至錄勳. 噫! 術數之妙, 至於通神, 則可以轉禍爲福, 而當時諸公之先往訊命者, 機事甚不密矣.

2-42.

唐時取人, 必以身言書判, 言者身之章也. 近世武[87]人, 無用弓馬之技, 專以機辯自衒. 昔一武, 試開講, 問道字之義, 不善對者, 置

---

84) 寒栗: 가본에는 '寒慄'로 되어 있음.
85) 命: 이본에는 '身命'으로 되어 있음.
86) 凶黨: 가본에는 '凶徒'로 되어 있음.
87) 武: 저본에는 '無'로 나와 있으나 이본에 의거하여 바로잡음.

諸落科, 有一擧子, 卽對以道路之道. 主試曰: "是何路也?" 曰: "鍾樓四街之路也." 曰: "何以言之?" 曰: "是道也, 四通五達, 一往仁川, 一往義州, 一往禮安, 一往智禮, 一往信川, 終歸於德源而止矣." 主試稱善, 卽賜之通. 又問項羽父名, 不能對者見屈, 一人對曰: "項羽之父, 乃項且也." 曰: "何以知之?" 曰: "項王之臣有龍且者, 楚人乃諱其音讀, 且爲氏, 是以知之." 又問天皇氏甚麽樣子, 對曰: "大鼻巨口, 髥長三尺." 曰: "爾也, 何以知其然乎?" 曰: "試所何以知其不然乎?" 諸試皆大笑, 許令入格. 此雖巷談[88], 亦可以擇焉.

2-43.

國制登武科者, 必經禁軍·六朔然後, 方擬初仕. 故雖名武子弟, 皆納馬入禁軍, 分而爲一二三內, 設內三廳, 輪遞入直. 凡闕內直所, 皆有戾堗以爨, 而內三廳則設廳板, 冬月不炊[89], 藉狗皮以過寒. 蓋其麤習銳氣, 常超距[90]爲戲, 毀畫難禁, 故如是爲制, 而亦所以養成武氣, 必使忍風耐寒, 以備不虞之用也. 英廟朝, 嘗賜內饌, 稠坐中置一大卓, 衆爭相攫取食之, 在後者有不得沾. 有一人, 以鐵箭貫肉炙, 沒器取而啗之, 上聞而壯之, 卽除爲邊將. 又嘗於衣衾中, 獲一大虱, 裹以紅袱, 令內豎稱御命, 輪示三廳, 以試其所爲, 衆皆跪受而奉玩之. 有一人曰: "此物冒犯玉體, 罪不容誅." 卽拔劍斫之. 內豎還報, 上奇之, 卽命筮仕.

---

88) 巷談: 가본에는 '巷說'로 되어 있음.
89) 炊: 가, 다본에는 '爨'으로 되어 있음.
90) 距: 가본에는 '拒'로 되어 있음.

2-44.

古有一武弁, 日候[91]於時宰之門, 自謂親密, 而及其當銓反居人後, 無以擬選, 遂累日絶跡. 使其子告訃, 後十餘日往謁焉, 宰相驚曰:"死者復生乎?"對曰:"小人入地府, 凡十日還來矣."宰相頗信其言, 與之坐, 而問曰:"爲我請言其詳, 地府比人世, 何如?"對曰: "地府果有十王, 而其殿前有柱聯, 大書曰:'天道・地道・人道・神道, 道道無窮; 胎生・卵生・化生・濕生, 生生不息.'諸王皆以慈悲爲心, 人莫不樂善好德, 濟貧恤困, 俗尙醇厚, 其與此世人之强惡澆薄, 大不同矣."曰:"然則比諸陽界, 猶爲可居乎?"對曰:"人皆好生惡死, 故惡入地府, 而以小人觀之, 百物存焉, 四民具焉, 不害爲樂地. 且在世之時, 先歿之人, 皆在其中, 先父母與家人, 俱得相面, 豈不快樂乎?"曰:"然則君何爲還來?"對曰:"人無不樂而忘返, 且冥司不許更出, 而小人則壽限未盡, 世緣尙存, 必欲暫還, 而適一親知爲地府判官, 故圖囑而得回, 且待其限滿耳."宰相曰:"信然乎?"曰:"小人何敢欺謾?"曰:"然則君或與我家人相逢乎?"曰: "小人十日留連, 自先大監以下, 無不拜見, 而語有所逼, 恐駭尊聽, 故不敢遽告矣."宰相因低言曰:"先大監甚事, 而以爲駭聽, 願詳言之, 以慰我永慕之懷."卽進前, 密告曰:"地府與人世有異, 此世之尊貴者, 多爲卑賤; 此世之卑賤者, 多居尊貴. 小人卽席有所未安, 不敢悉[92]陳其所見矣."曰:"旣有所見, 則悉陳何害?"再三固問, 乃曰:"小人始入其處, 見道傍, 有一小店, 擺列器皿, 一箇老嫗, 當壚賣酒, 先相公躬執炊爨, 滌器於前, 衣裾襤縷, 神色憔悴. 小人不勝瞿然心驚, 因蔽目而過之, 故不敢向人說道, 亦不遽白矣."宰相惻

---

91) 候: 가본에는 '俟'로 되어 있음.
92) 悉: 가본에는 '實'로 되어 있음.

然傷感, 因囑曰:"君事同一家, 請爲我隱諱, 勿爲人恥笑." 自此,
待之加厚, 卽除饒邑, 以塞其口. 此乃好談者爲之諺也, 因以記之
以資一笑.

2-45.
中廟朝, 設武科, 廣取千人, 擧子騎牛, 馳射不中, 則駐牛拔矢,
再射必中. 自試所傳呼曰:"何爲久立?" 對曰:"牛方溲廟堂!" 引榜
末, 問曰:"今世武技, 亦有下於汝者乎?" 對曰:"後榜壯元, 是我之
下矣." 時以爲善對.

2-46.
尹參判弘烈, 爲漢城左尹, 觀朝報, 見左尹下表其名, 而漏落姓[93]
字, 怒呼書吏, 責之曰:"爾何敢拔去吾姓字乎?" 吏卽對曰:"小人
雖昏蒙[94], 何敢拔去堂上姓字乎? 只拔左尹之尹字." 乃笑而罷. 此
豈非善於應對者耶?

2-47.
一市人, 將訟卞於平市署, 擇其善辯者, 與之對訟. 其人在外相
對, 攘臂大談, 無所挫屈. 及至官前, 語多遁塞, 不能應變, 竟至落
科, 出而語曰:"尊前異於吾輩之前矣!" 口頭去其渠母字, 不能成
言, 聞者大笑.

---

93) 姓: 저본에는 '性'으로 나와 있으나 이본에 의거하여 바로잡음.
94) 昏蒙: 이본에는 '昏懜'으로 되어 있음.

2-48.

南山洞有一貧士, 冬月無薪, 不能炊㸑, 藉狗皮一領以度日. 親友五六人, 同往問之曰: "一寒如此, 何以過活?" 主人指所藉狗皮, 曰: "生我者此也." 一人大笑曰: "主人妄發矣. 自今號稱生我者, 可也." 一人又大笑, 曰: "兩人皆是生我者也!" 一人又大笑, 曰: "生我者, 何其多也?" 一人又大笑, 曰: "此會不如無言, 開口者, 無非生我者也." 於是, 一座大笑[95], 皆知其妄發, 相顧棘然而已. 有一老人, 參忌祀, 使其長子出主, 其子儵侗糊突, 換奉以來啓櫝, 方覺其非, 諸子侄參祀[96]者駭然. 老人拭昏眸而前, 親審其粉面, 曰: "彼亦人子乎? 此雖責子之言, 而妄發大矣." 有一子, 背負其父, 涉一大浦, 父恐其失足, 戒以小心子曰: "大於此浦者, 子猶能背負而渡[97], 如此之浦, 有何難負?" 蓋方音浦與狗同, 而不覺其妄發也. 有殿有騎馬, 而其父乘之而出, 其子在家, 隣友來問曰: "君之大人在否?" 子指廐而答曰: "視彼則可知矣." 問者大噱. 俗說, 以十月二十日, 稱爲孫石死日, 有一人親忌, 巧値是日, 方行祀時, 風日稍寒, 乃曰: "此漢死日, 每每寒甚." 此亦率爾而發也. 故古人不取善辯, 必以沈默爲貴, 小子愼[98]之.

聰明强記

2-49.

金黃岡繼輝, 聰明罕古, 讀書十行, 俱下一過, 皆領略. 嘗爲完

---

[95] 大笑: 가본에는 '笑之'로 되어 있음.
[96] 祀: 저본에는 '事'로 나와 있으나 가본을 따름.
[97] 渡: 저본에는 '逃'로 나와 있으나 가, 다본에 의거함.
[98] 愼: 가본에는 '戒'로 되어 있음.

伯, 牒訴數千張, 使善讀之, 吏數十人, 羅伏於前, 一時讀過, 蟬噪蜂聒. 旣訖, 令反而題之, 各當其意, 不錯一辭, 如有疊呈者, 輒摘而拔之. 金歸川佐明, 嘗以兵判, 開坐禁軍試才, 例錄其馬毛色, 且書馬主姓名. 後又開坐, 有一馬逸出, 至廳前, 公見之, 曰: "此禁軍某之馬也!" 俄而, 馬主來執問之, 則果是矣, 一軍皆驚. 嘗有永寧殿修改之役, 發僧軍赴役朝者, 衆僧齊會點考, 午間負土而來, 公輒曰: "某寺僧, 其所負土少, 當罰." 無一差錯. 金退憂堂壽興, 嘗爲戶判, 曹吏抱各邑年分俵災文書以進, 一番閱覽, 口呼關文, 輒曰: "某邑田起者, 爲幾卜幾束, 陳者, 爲幾卜幾束云." 更不取考, 而對較原狀, 少不相差. 蓋三賢才能, 各有所長, 而近世以來, 不復有聞唐之張中丞似無以加之矣.

2-50.

昔有一夕宰, 嘗爲監會主試, 出榜後, 見落者來見稱屈, 則卽問首句云何, 其人以實對. 聞之, 輒誦其下數三句, 曰: "首句雖僅[99] 可, 而某句如此, 某句如彼, 甚不可, 故見落, 幸勿稱冤." 箇箇應答, 無一差失. 或參榜者來見, 則不問首句, 而卽誦至十餘句, 曰: "君之首句甚不足, 而某句某句有可觀, 故得入格矣." 蓋累百張句, 作無不記知在心, 此非徒聰明卓絶. 其入落之際, 詳審無忽, 果何如耶? 儒生得如此, 考官應赴, 則似無恨矣.

2-51.

國朝六臘都政, 內外官班, 遷轉陞敍, 皆有格式, 不可違次. 且文蔭武當差者, 許多其數, 故當銓任者, 必預有聰明記, 隨見聞錄之,

---

[99] 僅: 가, 다본에는 '近'으로 되어 있음.

臨時不可無草都目, 而政格則必問於執吏然後, 可無錯謬矣. 尤翁
嘗莅銓曹, 臨政無一錄紙, 只有心草, 而卽席呼名以擬, 而一不差
誤. 以後則更未有聞, 而近世李相國書九, 能如是云, 未知信否.

2-52.

有人善記誦, 使人集雜字數百, 皆割而顚倒雜糅之, 不屬文理. 一
覽訖, 便使取去, 令更書於別紙, 取其本參之, 不錯一字, 是亦難矣!

宇量深寬

2-53.

人之器量, 有大小焉. 聖人者, 天地之量, 而其次有江河之量, 小
人不過爲斗筲之量. 蓋其臨事, 不苟措置有裕, 不以喜怒變其常,
不以夷險易其守, 乃所謂量也. 先輩之如黃翼成·鄭文翼·李鰲城·
李完平, 以器量見稱者, 莫不資學問之功, 故程子曰:"學進則識進,
識進則量進." 然則器量之淺深, 惟在學業之精粗. 嗚呼! 小子可不
勉歟?

2-54.

鄭愚伏經世, 少時入科場, 見一少年, 善製善寫. 把試紙展看之
際, 旁有一人, 挽袖請倩寫, 誤觸墨甁, 墨汁淋漓于紙上. 少年笑而
棄置之, 卽以所製, 移寫于其人試紙, 使之呈券[100], 終不見懊恨之
色. 愚伏不勝歎服, 就問其姓名, 乃吳百齡云.

---

[100] 券: 저본에는 '卷'으로 나와 있으나 나, 다본에 의거함.

2-55.

近有一臺官子弟, 赴小科會試, 出榜日, 傳榜觀之路, 遇一鄉客,[101] 擔箠而入, 坐於席末, 問之, 則亦觀會試而爲看榜來者也. 俄而, 傳榜已過半, 主人始得參榜, 座中爭賀, 客忽辭去, 人曰: "榜未[102]盡出, 盍坐待之?" 曰: "吾亦參榜, 可以歸矣." 問者[103]驚曰: "何時見掛名耶?" 曰: "吾則初度已爲之矣." 曰: "然則何不早言而今纔告歸耶?" 曰: "主人旣同爲待榜, 則客不可先自報喜, 且主人雖非熟親, 吾旣參席, 則不得不更爲主人待榜也. 今已見主人參榜, 而復[104]無所待, 則餘不必觀矣." 遂從客起去. 此雖微事, 其人器量, 亦有足觀焉.

2-56.

昔一貧士, 當饑歲, 有親知爲湖邑守宰, 步往乞貸, 得錢十緡, 躬自携來, 還至近郊, 踰一嶺, 値其無人有一强盜, 劫奪之, 又令解衣. 生方自哀懇, 適官人出譏捕者, 過而問曰: "兩人何相詰如此?" 盜股栗而不能言, 生卽曰: "吾有所貸於彼, 久而未償, 今適逢於路, 有此相持, 此非他人所當知者." 官人曰: "兩人豈相厄哉? 須以好意爲之." 遂[105]不顧而去. 盜始免禍, 乃奉還其錢, 曰: "公仁人也, 吾不敢犯矣." 廣州湖邊有士人, 家貧躬畊, 嘗獨耘, 有豪漢乘駿驄橫馳, 過前去. 後視之, 墜一小袱於地, 啓而視之, 皆銀貨也. 收置於林莽中, 未半晌, 其人還來, 索之甚急. 乃告其處, 其人感喜不

---

101) 傳榜觀之路, 遇一鄉客: 이본에는 '傳榜觀之過路, 一鄉客'으로 되어 있음.
102) 未: 저본에는 '末'로 나와 있으나 가, 다본에 의거함.
103) 問者: 가본에는 '聞者'로 되어 있음.
104) 復: 가, 다본에는 '又'로 되어 있음.
105) 遂: 가본에는 '因'으로 되어 있음.

夢遊野談 卷地 141

已, 分其半與之, 曰: "我則失之, 而君得之, 此乃君之物也, 盍取焉?" 生固辭曰: "吾若有貪心, 則何不盡取而乃直告於汝耶?" 再三强之, 而終不應. 其人慨然有頃, 卽以其貨[106], 投於江中, 因再拜, 曰: "我非別人, 乃盜也. 此物皆穿窬所得, 而遺失於此, 公不取之均, 是人也, 有如公焉, 有如我焉, 公何其仁, 我獨何心? 願自今從公而處, 我亦爲善人也." 遂鬻馬貰屋, 於旁與之耦耕, 卒爲良民. 噫! 盜亦化而爲善, 此非王彥方之流歟? 昔管仲治齊, 擧於盜二人, 盜亦非人也歟!

教無異類

2-57.

顯廟朝, 北伯狀聞, 得一小兒於海濱無人之處, 年可八九歲, 而衣服旣別, 語音亦異, 其所從來, 茫不可測. 備堂送淸譯徐孝男, 見而問之, 則侏離鳥語, 間有一二可知處, 問其土[107]俗, 則作射獵狀; 問其來由, 則作棹船狀. 似是魚皮獿子之捕魚者, 泊于我境, 下陸取物之際, 卒遇暴風, 不得將雛而去也. 柳大將赫然, 令授卒伍, 使之養育, 名以繼卜姓之以魚. 旣長, 爲訓局管庫, 其孫魚震海兄弟, 爲敎鍊官, 連除僉萬戶. 蓋天之生人, 無論華夷‧服食‧言語之外[108], 貌樣與心性, 別無異同, 斷髮‧文身, 可使爲章甫之容也; 狗嗥‧烏噪, 可使爲中華之音也, 惟在敎習之如何耳. 故我東之唐洪宜南三大師之裔, 皆中國來,[109] 而見今爲三韓甲族, 若使魚震海之祖, 早

---

106) 貨: 가본에는 '金'으로 되어 있음.
107) 土: 저본에는 빠져 있으나 이본에 의거하여 보충함.
108) 外: 가본에는 '際'로 되어 있음.

托於士族名家, 則又惡知今日不爲盛族也耶?

2-58.

　壬辰兵亂, 倭人來處我地, 經年閱歲, 丙子胡亂, 我人男女, 被拘潘館, 久後刷還, 則胡倭之遺種於我國者, 必[110]多矣. 余見常賤中有狠毒輕妄包傷害之心者, 必是倭種也; 有獰頑悖惡無禮義之心者, 必是胡種也. 我東本無平姓, 近來江郊[111], 或有平姓[112]民人. 余家奴婢中, 古有平姓所生, 巧惡無比, 不堪役使, 乃斥去之, 此安知非秀吉‧行長輩所遺卵乎? 年前, 平姓人赴武科入格, 主試者卽拔去之, 此則恐或過矣.

微閥顯揚

2-59.

　近世取人, 專以門族相尙, 不論才學, 雖有文章行義[113], 冠於一時, 而若出寒微, 則有不得爲焉. 溯觀於國朝, 中葉以上亦不然, 成廟朝, 潘碩枰以私賤爲正卿; 宣廟時, 鄭琢以鄕族致首台, 如是者多矣. 宋龜峯母, 本安氏家婢也. 龜峯身居賤流, 家有釁累, 而以經行學術, 爲一世所推, 交遊於士友公卿之間, 如金愼獨‧徐藥峯‧鄭崎菴‧姜監司燦之徒, 皆執贄而學焉. 栗谷時爲士林宗匠, 而乃與爲友, 輒呼字曰'叔獻'‧'鵝溪', 貴爲三公, 而與之書, 必曰: "汝受拜

---

109) 皆中國來: 이본에는 '皆自中國來者'로 되어 있음.
110) 必: 가본에는 '亦'으로 되어 있음.
111) 江郊: 가본에는 '江都'로 되어 있음.
112) 姓: 저본에는 '城'으로 나와 있으나 가본에 의거하여 바로잡음.
113) 行義: 가본에는 '德行'으로 되어 있음.

狀, 此雖以道義自尊, 若是傲慢, 不能持分, 則難容於世矣." 洪參
議慶臣, 嘗規其兄寧原君可臣, 曰: "兄丈何與宋翼弼友乎? 吾見必
辱之.[114]" 寧原笑曰: "爾果辱雲長乎? 必不能也." 後見龜峯, 不覺降
塔迎拜, 退謂人曰: "非我拜也, 膝自屈也." 此見天姿高邁, 必有動
人之風, 而惟其遭罹窮厄, 東西奔竄, 豈非自取歟?

2-60.
徐孤青起, 沈判書忠謙家奴也. 受學於徐花潭, 學術高明, 當時
士大夫, 莫不往問, 遠方之人, 負笈而從者甚衆. 後湖儒立祠俎豆之.
沈判書夫人, 嘗以事杖之, 翌日, 喝導者頻到門外, 怪問之, 婢曰:
"客爲見起奴而來矣." 夫人招問其由, 對曰: "小奴嘗納拜於尊貴,
今聞受罪而來慰耳." 夫人悔之, 乃令教兒子, 輒俯伏而教之, 或不
遵教, 則率詣判書祠[115]前, 數其罪而笞之. 兒卽相國悅也, 號南坡,
旣顯欲爲放良, 而固辭之. 此可見謹愼[116]自守, 賢於宋龜峯遠矣.

2-61.
潘碩枰, 本某宰家奴, 幼時, 其主愛其淳敏, 教以詩書, 匿跡力
學. 旣長, 冒法應擧, 人莫知者, 遂登科, 位躋一品, 歷八道觀察使.
爲人清愼[117]謙恭, 其主歿後, 子侄窮賤, 徒[118]步而行, 每遇於路, 必
下軺車, 趨拜於泥塗中, 觀者怪之. 後上章吐實, 乞鐫削己爵官主
家子侄, 朝廷義而優奬之, 命破邦憲就本職, 因官其主. 噫! 脫身法

---

114) 吾見必辱之: 가본에는 '吾見之必辱耳'로 되어 있음.
115) 祠: 다본에는 '祀'로 되어 있음.
116) 謹愼: 가본에는 '謹身'으로 되어 있음.
117) 淸愼: 가, 다본에는 '淸眘'으로 되어 있음.
118) 徒: 저본에는 '從'으로 나와 있으나 이본에 의거함.

網, 遽致大官, 揆以常情, 必拚[119]匿之不暇, 而能不忘舊主, 自暴其
賤, 不啻賢矣. 而其主能成人之美如此, 其必有後於東國矣.

2-62.

鄭琢, 以嶺南土族, 初釋褐, 人無知者. 見隸芸閣, 適往瀛館. 時
高霽峯方在直, 素善推命, 與諸僚論命, 公取筆書四柱, 請推之, 霽
峯怒曰: "君何敢爾?" 公遜謝不已, 霽峯默視之, 乃極貴之命也. 大
驚謝曰: "君之命, 位極台鼎, 壽躋期頤, 他人皆所不及." 後果然.
嶺俗以鄕案爲重, 必考其世系, 婚閥十分無瑕然後, 方許入錄. 公
雖顯於朝, 而見斥於鄕, 爲兵判時, 適値鄕員諸人, 以軍保當番上
京. 其中最親者, 來議曰: "吾一隊上來者, 方執[120]鄕權, 能爲黜陟,
公試以其時, 置酒邀飮, 吾當發言請錄矣." 公如其言, 受暇下鄕,
大供具請鄕老, 爲三日宴. 旣懽洽, 其人果語及曰: "主台位躋上卿,
爲國重臣, 而尙未入鄕, 誠一欠事, 諸君可許其入錄耶?" 座中皆相
顧默然, 末席[121]一人曰: "許錄雖不難, 自今以後, 必將求婚於吾黨,
豈不重難耶?" 其議遂沮. 蓋國初軍保, 多有士夫子弟而失學落講
者爲之, 故如此, 然大司馬之尊貴, 乃爲軍保所不齒, 豈非可笑歟?

吏治

2-63.

吏治有三政, 曰還政, 曰軍政, 曰田政. 按『八域』, 三百六十州,

---

119) 拚: 가, 다본에는 '掩'으로 되어 있음.
120) 執: 가본에는 '集'으로 되어 있음.
121) 席: 나본에는 '坐'로 되어 있음.

各有還穀, 都總定數, 有不得加減, 而每歲春糶秋糴, 取其耗穀, 以爲公用, 自是舊矣. 蓋自近世百弊俱在[122], 吏緣爲奸, 抄戶存拔, 已有不均, 秋而捧糴; 取其精實, 春而發糶, 每多空穀. 是由於吏任之偸弄, 而官不防姦[123], 爲民切骨之害, 亦已甚[124]矣. 比年以來, 漸至[125]消耗, 倉庫空虛, 無以出糶, 亦無所糴. 是蓋[126]都歸於吏逋, 更無出納, 則愚民無知, 雖以爲目前之幸, 而吾未知來頭之將如何爲計也. 或有新莅而矯弊者, 欲爲收逋刻期, 催督[127]法令大急, 則反遭其害, 遇毒而危, 逢變而遞者, 往往有之, 故徒勞無益. 每因循舊跡, 以姑息爲務, 及其遞歸, 有年多入, 按廉以宿逋, 見論至被重勘, 今世爲宰, 不亦難乎? 軍丁總數, 理宜增減, 而國制本有定額, 以次充代, 不減原數, 是稱國初黃翼成公, 防弊杜奸, 爲國家萬世慮者也. 黃口充丁, 白骨徵布, 是爲國之[128]大戒, 而近世無常, 六[129]軍炮保, 十空八九. 爲邑者, 各營公納, 無處區畫, 兒生二三歲, 已爲簽丁, 死者至數十年, 尙有身布, 民雖呼冤, 而官不頉給. 或飢荒之後, 民皆流離散亡, 存者無幾, 而軍案自在, 自官令本里代丁五六戶, 至徵十餘戶, 身布以虛名, 載於都案, 便作鬼錄. 苟有徵[130]募, 則皮之不存, 良可一歎. 田制本有量案, 句田·圭田, 皆載犯標, 字號卜數, 原有帳付, 此則國初用前朝吉冶隱所經理, 而爲一定不

---

122) 在: 나. 다본에는 '生'으로 되어 있음.
123) 姦: 가본에는 '奸'으로 되어 있음.
124) 甚: 가본에는 '久'로 되어 있음.
125) 至: 가. 다본에는 '之'로 되어 있음.
126) 蓋: 가본에는 '皆'로 되어 있음.
127) 催督: 가본에는 '督促'으로 되어 있음.
128) 之: 가본에는 '家'로 되어 있음.
129) 六: 저본에는 '陸'으로 나와 있으나 가. 다본에 의거함.
130) 徵: 저본에는 '懲'으로 나와 있으나 이본에 의거함.

易之規也. 桑海累變, 陵谷多遷, 昔之未墾, 近而新起者甚多, 而自爲隱結, 爲守宰利竇. 至若夾流沿海之處, 則[131]成川浦落地無舊界, 而原結無減, 農夫田戶, 歲徵虛卜白地納稅者, 多矣. 每水旱後, 陳廢之處, 必有災減, 以致恩恤, 本國家之盛意, 而吏爲售奸官不從, 實雖執災以報, 而稱以過多削之. 又削如干塞責而止, 則貪官猾吏, 偸弄其間, 自上而下於民者, 竟無幾焉. 此亦有其名, 而無其實者也, 八路諸邑, 莫不皆然, 豈不痛心? 右三件事, 若非大更張革痼弊, 則雖龔黃召杜復起而爲治, 莫施其才矣. 恨不以狂妄之言, 令今世執政者觀之.

2-64.

大凡人各[132]有一能, 而通於吏治者, 有焉. 蓋爲吏牧民, 必先廉威慈惠, 而至於訟卜曲直, 非臨事[133]機警, 則無以致其能也. 昔有一能吏, 爲畿[134]邑倅, 方出境, 止於逆旅, 有一鷄商, 來訴於前. 蓋俄者, 擔鷄籠而過此店, 一鷄逸出籠外, 捉之不得, 以杖擊殺之. 店主以爲渠鷄爭詰, 至於呈官[135], 本官右其店主, 置鷄商於落科, 杖而出之, 鷄商不勝冤憤, 又此呼訴於客官者也. 促令率店主以待, 問曰: "爾家養幾鷄?" 曰: "數十首." 曰: "然則每日飼鷄, 用何穀?" 曰: "五穀百穀, 無物不食." 問鷄商曰: "爾飼何物?" 曰: "小人則來時, 道旁取糖苗飼之." 曰: "是不難知也." 命剖[136]鷄腹視之, 果糖米也, 店

---

131) 則: 저본에는 빠져 있으나 이본에 의거하여 보충함.
132) 各: 가본에는 '皆'로 되어 있음.
133) 臨事: 가본에는 '臨時'로 되어 있음.
134) 畿: 저본에는 '幾'로 나와 있으나 이본에 의거하여 바로잡음.
135) 官: 가본에는 '訴'로 되어 있음.
136) 剖: 가본에는 '割'로 되어 있음.

主於是見屈, 觀者皆服其明. 有一民來訴, 夜間何人偸葬於渠之母塚, 壓腦咫尺, 請查捕督掘, 雖知其當禁, 而猝難捉得. 乃佯怒, 曰: "汝輩常賤, 若爲山訟, 則人將死無葬地矣." 卽杖數十, 其人號哭, 於途逢人稱冤. 翌日, 有人來呈立旨, 乃偸葬者也, 卽捉囚督掘, 人皆稱快. 有二人相訟, 賣疋木於場市, 爲彼所奪, 兩口當面同然, 一辭猝乍間, 無以辨決, 乃曰: "汝二人必有眞假, 而如此相持, 雖明官, 何以知烏之雌雄?" 兩人宜各分半, 一人曰: "官家旣如是決處, 小人雖冤, 必依官令." 一人呼冤不止, 曰: "寧爲盡失, 不可分半!" 乃曰: "汝旣稱冤, 汝當盡取." 遂予其民, 蓋本非渠物者, 以分半猶爲幸也; 眞是渠物者, 以失半猶爲冤也, 此皆臨時善處者也. 邑底有一店主, 呈以爲夜間失一鍮鉢, 而房內有村女五六人宿焉. 乞爲査推, 因命率待, 列立於庭, 環而視之, 曰: "竊鉢者, 不書面上, 何以知之?" 命皆退出, 比及門限, 忽推窓厲聲, 曰: "其中竊鉢者, 勿出他女!" 皆不失措, 而一女忽蹶然仆地, 因捉入嚴問, 則果竊鉢者也. 此乃觀形察色而知之也. 有人來呈, 賣農牛得二十金, 寢於道旁見失, 願爲推給, 因問曰: "道旁有何物?" 曰[137]: "五里亭長栍外, 無他物也." 曰: "此是長栍所爲." 命捉入猛杖數十後, 拘留于官門外, 令官隷二人守直, 曰: "長栍夜必逃躱, 汝必謹守, 勿失!" 官隷莫知其意, 終夜守坐, 明早密招, 問之曰: "夜間必有來問者, 汝勿欺隱!" 對曰: "邑底某來言, '長栍奚罪?' 官家必是戱[138]弄云矣." 因命捉待其人杖問之, 果是盜錢[139]者也. 此用詭[140]術而得情也, 其餘

---

137) 曰: 저본에는 빠져 있으나 이본에 의거하여 보충함.
138) 戱: 저본에는 '奚'로 나와 있으나 이본에 의거함.
139) 盜錢: 나본에는 '盜賊'으로 되어 있음.
140) 詭: 가본에는 '怪'로 되어 있음.

趙廣漢, 鉏筒鉤距之術, 不一其方, 而此最播傳於世者, 故錄之.

2-65.

金南窓玄成, 明宗時, 累典州邑, 廉雅自持, 而終日吟哦, 事多疎闊. 時人爲之語曰: "愛民如子, 闔[141]境怨咨, 秋毫不犯, 官庫板蕩." 是可謂名言. 近世有一人作宰, 不念機務, 專事詩酒. 道伯書其等題, 曰: '西峯明月東閣寒, 梅斯可以知其政'矣.

2-66.

禹伏龍, 宣廟時, 歷典州郡, 甚有聲績. 爲安東府使, 天將率軍入府, 以事怒欲困迫之, 命以大平簫三十爲前導, 衆皆惶惑罔措. 公密借富民, 小燭臺數十, 如按簫狀, 相間而行簫聲, 聒亂天將, 皆以爲簫不能逞毒而去. 有一民, 負逋租, 貧不能償, 公曰: "汝家有何物可以代租?" 民曰: "只有種鷄二三首." 曰: "烹鷄以來, 吾將食之, 蠲汝所負." 民以爲信, 翌日, 烹鷄以進, 公曰: "吾直戱耳, 官豈有食民鷄代國穀者耶?" 因退之. 民旣出門, 群吏爭取食之, 有頃, 復召謂曰: "更思之, 吾旣許, 汝且熟, 不還生, 還持鷄來, 吾當如約." 民無如之何, 乃以實對, 公悉召食鷄者, 曰: "貧民只有此鷄, 可以蠲租, 而汝輩食之, 惡得免代納乎?" 遂徵其租, 一時而畢, 其詭多類此.

2-67.

說者謂, '文士疎於吏治.' 文果無補於治耶? 昔有一文士, 出宰嶺邑, 邑中大姓, 曰琴氏, 文學者甚多, 而族中兩人, 爭田久訟不決.

---

141) 闔: 가본에는 '閤'으로 되어 있음.

乃判題曰: ‘南薰殿五絃琴, 解吾民之慍兮; 北窓下無絃琴, 悅親戚之情話. 如之何此[142]土之琴, 啁啁哳哳, 鳴不平也哉! 太守閉閤思過外, 更無他道云云.’ 兩人歸而相和, 不復爭訟, 以文術緣飾吏事, 則豈云小補耶? 申光洙, 爲寧越府使, 不治, 東伯李溎, 書貶題曰: ‘文人疎闊遞歸至, 朝訖嶺逢一親友云.’ 往巡營, 班荊坐話, 臨別口號, 贈一絶, 曰: ‘疎闊爲名我不辭, 文人二字敢當之. 一笑來登朝訖嶺, 憑君傳語李監司.’ 其人至營, 爲李誦之, 李扣吟再三, 曰: "此乃文獸!" 蓋許其文而歎其人之不如也. 然則文之於治, 雖謂之無補, 亦宜.

2-68.

余有一親知, 出宰湖邑, 有詩曰: ‘民視官題如冷水, 吏挼公物便恒茶.’ 此見民俗愚頑, 吏習濫猾, 到處皆然.

廉貪

2-69.

鄭新堂鵬, 以淸白自牧. 成廟朝[143], 出爲靑松府使, 有親知卿宰, 寄書求栢子淸蜜, 答曰: "栢在高峯頂上, 蜜在民間蜂筒, 太守何由得之?" 其人得書愧悔, 又書謝過. 當時士大夫之勵廉, 有可觀矣.

2-70.

世人謂, ‘淸白吏子孫全盛者, 寡[144]矣.’ 爲其不近人情無和洽之氣

---

142) 此: 가본에는 '吾'로 되어 있음.
143) 朝: 가본에는 '時'로 되어 있음.

也. 昔有一宰相, 以淸白著名, 累莅雄藩, 持鞭而歸, 廚烟淡泊[145], 妻子屢空. 嘗値初春, 靑魚新出, 門外有賈衒聲, 母夫人聞之, 曰: "安得買新鮮爲白飯以得一飽耶?" 一傔人竊聞其語, 使其妻供具以進, 母夫人喜色可掬, 使婢請大監入內, 欲與共食之, 問: "此物從何至哉?" 母夫人具告之, 乃蹙眉不悅, 曰: "此是鴟鴞之肉也, 願却之." 仍起而出. 母夫人亦憮然而退. 此豈人情乎? 只要自己名譽, 不能爲其親口志之養, 則子孫之不得全盛云者, 亦無怪矣. 蓋國有常廩, 官有應俸, 仕宦者有代耕之資, 奉親者求專城之養, 是其常理. 而士大夫居官莅職, 砥礪廉隅, 不受無名之物, 不取不正之色, 乃所謂[146]淸白也. 何必守於陵之節, 不顧人情, 至於減傷和氣而後, 可耶?

2-71.

尹鑴, 少有虛譽, 其母嘗買私肉欲啗之, 鑴以爲禁物投之籬外. 宋茂朱時杰, 聞之, 曰: "此非人情也, 後必爲大奸慝." 果如其言.

2-72.

古[147]有一邑宰, 欲要民譽, 外爲廉潔, 而內實貪黷. 嘗會邑人, 使各賦詩, 以白鷺爲題, 蓋欲稱其潔白之儀也. 一人題曰: '飛來疑是鶴, 下處却尋魚.' 以寓其譏諷, 非所謂'掩目捕雀, 雀先見我'者耶?

---

144) 寡: 저본에는 '過'로 나와 있으나 나, 다본에 의거함.
145) 淡泊: 가본에는 '澹泊'으로 되어 있음.
146) 謂: 저본에는 '爲'로 나와 있으나 가, 나본을 따름.
147) 古: 가본에는 '昔'으로 되어 있음.

2-73.

　昔年, 有人爲雄邑吏, 任中某倉監官, 最爲饒窠, 久勤有人望者, 爲之. 及其換房, 有一吏納賂五百金, 欲圖取之, 太守欲受賂差除, 恐不叶望, 乃令吏廳筊望以入, 凡數十餘員, 意中人亦在其中. 卽剪紙爲條, 令通引能書者, 各書[148]其名於紙條, 索以爲心紙置諸一器, 夜暗書意中人名字數十條, 如其數密換之. 翌朝, 會群吏於庭中, 令首吏自取一條, 啓視之, 眞所謂四面準六也. 雖非叶望, 亦無辭稱屈, 自以爲至公無私而無人知者, 此可謂至巧, 而身居雄邑, 貪賂行詐[149], 乃至於是耶? 觀於一事, 可知其他.

2-74.

　無論某邑官舍房壁, 當新官到任, 則必以新紙改塗其上, 其厚以[150]寸者, 或有之矣. 某人爲南邑太守, 及瓜將遞, 令刮[151]取舊紙, 可爲累百[152]斤, 浸水爲還紙出, 付紙所改造以歸, 此可謂通理而無害於民也. 然而見利思得, 計無不爲, 則餘外浚民, 膏剝地皮, 皆足爲之矣. 或者以爲無傷, 而余不取焉.

2-75.

　權裕, 致位至卿宰, 有時稱病, 出寓於中村, 或浹旬閱月而還, 此其計徒餔歠也. 自少貪客, 人號權椎, 招油商以入, 必以大碗受之, 爭價還退, 以其器混飯以食, 自以爲得計. 嘗見其子, 修改房堗, 以

---

148) 書: 가본에는 '寫'로 되어 있음.
149) 詐: 가, 다본에는 '私'로 되어 있음.
150) 以: 가본에는 '一'로 되어 있음.
151) 刮: 가본에는 '割'로 되어 있음.
152) 累百: 가본에는 '百餘'로 되어 있음.

油塗紙, 問何以得油, 其子平日所見, 皆其父之事也. 以綿納於空瓶, 日招油商, 必受以瓶, 竟以過價爭詰瀉給後, 取其綿濕, 不費一錢, 而所以得油者, 此也. 具以實告, 裕聞而善之, 曰: "汝之謀, 勝於我矣, 雖諸葛亮, 何以加此?" 此所謂有是父有是子也, 安得不亡?

奢儉

2-76.

東國被山環海, 土地肥沃, 凡民生衣食絲穀之外, 果蓏·漆枲·魚鹽·銅鐵, 無物不產, 所以利用厚生者, 莫不取給於國中, 則雖不通外貨, 亦可矣. 北京人, 以我國紅蔘爲至寶, 佩身以爲珍玩者, 有焉, 故每貢幣來往之時[153], 與彼人交通興販. 國制自司譯院, 歲炮松蔘[154]四萬斤, 踏印封裹, 以付諸譯及商賈, 送致燕京, 以爲交易時價或騰, 每斤爲銀十餘兩, 則我國之每年興貨, 亦不些矣. 國可使常富, 民可使常饒, 而見今公私, 日益蕩殘財力, 歲漸消耗, 此曷故焉. 余嘗入燕, 見譯員中與群胡貿易, 則無一養生日用之具, 都是貝玉[155]·香緞諸般奇貨, 而珊瑚一枝, 琥珀一塊, 價至銀三四十兩. 有纓子一件, 造以蜜花, 而呼價銀八十兩, 吸烟一箇, 斲以眞玉, 而論價銀二十兩, 餘外所買, 莫非此類. 飢者不得爲粟, 寒者不可[156]爲襦, 而萬里外國, 歲歲來貿, 以無用害有用, 蠹國病民者, 是孰使之然哉? 紅蔘四萬斤, 畢竟盡歸於此等換買, 每見我京鍾街

---

153) 來往之時: 가본에는 '來往者'로 되어 있음.
154) 松蔘: 가본에는 '紅蔘'으로 되어 있음.
155) 貝玉: 가본에는 '佩玉'으로 되어 있음.
156) 不可: 가, 다본에는 '不得'으로 되어 있음.

上, 擺列百貨, 娛人耳目者太牛, 自燕都琉璃廠而來者也. 至於服食器用之資, 反爲少利, 而不甚取來, 與倭通貨, 亦與此一般, 言之可嘅. 苟在上者, 祛奢崇儉, 斥去玩好, 必使珠玉, 與土同價, 以矯其流俗痼弊, 則我國財用, 可勝旣歟!

2-77.

凡財用糜費, 飮食尤甚. 余嘗見外邑使客往來之際, 地主設盛饌以待之, 左夾床, 右仙壚[157], 香果珍味, 羅列滿案, 而猶爲不足, 必於檻[158]外設一大卓, 滿揷彩花, 以娛其目. 噫! 八珍在前, 不過適口, 而若是侈糜[159], 害將誰歸? 古人詩曰: '金樽美酒千人血, 玉盤佳肴萬姓膏'者, 是不虛矣.

2-78.

昔尤翁, 在孝廟朝[160], 謝賜豹裘, 疏略曰: "臣所藉非薪, 所抱非氷, 誦武侯之表, 則寸心常焦; 讀文山之奏, 則中腸自裂[161], 雖使懸鶉百結, 積雪三丈, 誠不知其寒也. 政宜君臣上下, 縞素爲資, 牛毛襪線, 不敢妄費, 革奢風, 則如雷振物; 急民隱, 則如渴赴泉. 以少回今日之世道, 則臣雖凍死於雪裡, 不及大碗之不托, 榮耀無窮, 千萬無恨矣." 先生爲國之忠, 溢於辭表, 余未嘗不三復誦之. 噫! 國之害, 未有如奢侈之甚矣. 自衣服飮食, 以至第宅輿馬之盛, 爭事侈糜, 擧世皆然, 民安得不困, 國安得不瘁? 今有豪家富客, 爲

---

157) 壚: 이본에는 '爐'로 되어 있음. 서로 통함.
158) 檻: 이본에는 '檻'으로 되어 있음.
159) 糜: 이본에는 '靡'로 되어 있음.
160) 朝: 가, 다본에는 '時'로 되어 있음.
161) 裂: 저본에는 '熱'로 나와 있으나 가, 다본에 의거함.

林亭一會, 而動費數百金. 古人詩曰:[162] '富人一席酒, 窮漢半年糧.' 此猶爲例談, 上自卿宰, 下至市井子弟, 皆衣紈錦, 一身所飾, 至爲千餘金. 近見鄕居農夫柴商, 皆着細布精木, 此所謂'上有好而下必有甚焉'者也. 古者爲守令, 不敢治居第, 近世則不然, 出宰未幾, 已買宏舍, 一新修改. 每見爲腴邑雄藩者, 一不顧恤, 於貧族窮交, 必先營造, 窮奢極侈, 坐了未幾, 必有意外死喪, 終爲他人入處. 是則天理昭然, 可以爲戒, 而皆迷不悟, 悲夫!

2-79.

古有一名宰, 最恬靜, 有雅望, 所居垣屋, 不庇[163]風雨, 勢將頹壓. 族黨爲外邑者, 遣木手工匠, 將爲葺理, 乃曰: "顧今城內, 人家頹弊者甚多, 何必先修吾家?" 竟謝送之. 食量甚大, 而日中一食, 當時諸宰, 每有宴集, 見請則必往醉飽. 一日, 言于稠中曰: "吾常食人之物, 而吾無一饋, 則無廉甚矣. 某日卽吾晬日, 請備小酌, 諸公幸臨焉." 諸宰常敬重之, 不敢辭避, 一齊趁期而往, 軒輅塡門, 金玉滿堂. 自朝至午後, 無一巡酒, 座中忍耐不住, 有欲稱托先起, 必挽之, 曰: "固知諸公之飢, 而家婢苦不佞慧, 器皿亦皆借人, 自然遲久, 願少竢之." 一向延扼[164], 至夕, 乃進數三大缸, 皆濁酒新漉, 又以十餘大盤, 盛菁甑餠, 置諸座上. 乃以大觥自酌飮, 曰: "主人宜先執盃!" 飮畢, 曰: "此雖薄具, 吾與老妻, 竭力營辦, 幸望諸公盡飽!" 因自起勸飮, 諸宰亦皆飢乏, 各飮一盃訖, 又褰袖至臂, 以手取餠而自喫之, 復勸人甚懇, 皆不得已下箸[165]. 貴人不習惡食, 而

---

162) 古人詩曰: 가본에는 '古詩云'으로 되어 있음.
163) 庇: 가본에는 '避'로 되어 있음.
164) 扼: 이본에는 '拖'로 되어 있음.

亦皆療飢而罷, 司馬公眞率之會, 未有以加於此矣. 昔英廟, 常與諸
臣夜對, 有時賜饌, 或以甘瓠餠, 其尙質崇儉, 卽我朝之遺風也歟!

2-80.

金黃岡繼輝, 與姜允誠·鄭礦·洪天民, 俱是同庚. 四人爲稧, 常
乘月而會, 皆家貧無濟勝, 只有數盃薄酒, 相與對酌, 洪公曰: "吾
願得日産一犢之牛." 鄭曰: "吾願得不釀自生酒之瓮." 姜曰: "吾願
得不衣不食一美妾." 皆是戲談. 黃岡有詩, 曰: '風流姜子實醞藉.'
洪達可景瑞, 亦多能惟我無才者, 當時士大夫之會, 其眞率可見矣.

2-81.

李參判學彬家, 以奢侈聞於世. 新婦値舅姑晬日, 請于本家, 備
早[166]饍以來, 亦當時卿宰也. 素聞其侈, 要入眼目, 乃爲盛饌器用
銀畵, 味具八珍, 令健[167]婢十二名, 戴往其家, 列置內廳. 老夫人次
第啓視, 畢無一言皁白, 旋入內房, 閉戶而坐, 家人請其故, 乃曰:
"新査家所來之饌, 令人恥笑, 宜速出給婢僕, 勿令他人見之!" 十二
婢子甚無顏色, 退待於廚隅, 第觀其動靜, 至日晚, 不見供具. 旣
而, 自後園二靑衣肩擔一龍而來, 鱗甲耀日, 五彩玲瓏, 如是者凡
十餘, 置諸中堂. 其舅姑與諸子, 各[168]食一龍, 每鱗甲中, 皆有珍
膳[169], 味品不一. 又侍婢奉大碗以進, 見其中, 造一小兒形頭脚四
肢, 皆具摘而食之, 其骨節中, 皆貯新味, 名之曰'急殺湯[170]'. 噫! 始

---

165) 籌: 다본에는 '筋'로 되어 있음.
166) 早: 가본에는 '其'로 되어 있음.
167) 健: 저본에는 '建'으로 나와 있으나 이본에 의거함.
168) 各: 가본에는 '皆'로 되어 있음.
169) 膳: 가본에는 '饌'으로 되어 있음.

作俑者, 猶謂之無後, 而況做人形而食之乎! 其後敗亡, 今其孫流落遐鄉, 窮不自存. 天道神明, 福善禍淫之理, 蓋如是已矣.

色戒

2-82.

昔有人過溪亭, 見三箇老人, 皆韶顔白髮, 有仙風道骨. 因跪而問曰: "丈老有何神方, 俱躋高年如此? 願學其術." 其中最老者曰: "娶妻色矗醜." 其次曰: "量腹節所受." 其次曰: "夜臥不覆首." 蓋男子非徒好美色, 美色者, 其淫必倍, 故衛生者, 必先爲戒. 昔宋包恢, 年八十九, 精神猶健, 或問衛養之方, 答曰: "喫五十年獨睡丸." 此與養生書所謂'服藥千裹, 不如獨臥之說', 同意. 盧蘇齋爲相時, 有客乞藥, 公曰: "獨臥散最良, 不須他藥." 客乃傷於色者, 戲之以此云.

2-83.

古人有私其奴妻者, 其侄知之而不敢言. 一日, 問曰: "凡人之慾食與色, 孰重?" 叔曰: "食重." 侄曰: "否! 色重." 叔曰: "何以言之?" 曰: "叔不以某奴之妻, 爲汚而狎之, 若其食餘, 則必不屑喫矣, 以此知之." 叔無以應.

2-84.

李希輔, 燕山朝官亞卿, 頗有時望. 主喪一宮姬, 頗傷情, 李作詩, 曰: '宮門深鎖月黃昏, 十二鍾聲到夜分. 何處靑山埋玉骨, 秋

---

170) 湯: 저본에는 '陽'으로 나와 있으나 이본에 의거하여 바로잡음.

風落葉不堪聞.' 主聞而泣, 時議以此薄之. 申從濩, 號三魁堂, 持論頗正, 以剛直有名. 嘗過妓上林春家, 有詩曰: '第五橋頭綠柳斜, 晚來風日轉淸和. 緗簾[171]十二人如玉, 靑瑣[172]詞臣信馬過.' 以此, 枳於淸顯. 此見古之士大夫澡身浴行, 雖在吟咏之間, 不敢戱褻之談矣.

2-85.

吳進士玹, 有詩才, 而自少放蕩, 坐此坎軻[173], 年近五旬, 不得一名[174]. 鵝溪李山海, 爲吏判, 見吳詩, 曰: '十載靑樓宿, 熏天積謗誼. 狂心猶[175]未已, 白馬又黃昏.' 歎曰: "斯人有才如此, 不可虛抛." 遂擬初仕.

2-86.

松京有名娼[176], 曰'眞伊', 花容月態, 工琴善歌, 遨遊於山水間, 聞徐花潭高蹈潔行, 欲試之. 一日, 束絲帶, 挾『大學』, 往拜曰: "妾聞禮曰: '男鞶革, 女鞶絲.' 妾雖女子, 有志於學, 帶絲而來, 願承俯敎." 花潭笑而誨之. 眞伊乘夜相昵, 如魔登之戱阿難尊者累日, 而花潭終[177]不撓. 眞退語人曰: "知足老禪, 三十年面壁, 亦爲我所壞了, 惟花潭先生, 昵[178]處累月, 終不及亂, 眞聖人也云."

---

171) 簾: 저본에는 '廉'으로 나와 있으나 이본에 의거함.
172) 瑣: 가본에는 '鎖'로 되어 있음.
173) 坎軻: 나. 다본에는 '坎坷'로 되어 있음. 뜻은 서로 통함.
174) 名: 저본에는 '命'으로 나와 있으나 가, 다본에 의거함.
175) 猶: 저본에는 '狂'으로 나와 있으나 이본을 따름.
176) 娼: 저본에는 '唱'으로 나와 있으나 이본을 따름.
177) 終: 저본에는 '繞'로 나와 있으나 이본에 의거하여 바로잡음.
178) 昵: 가, 다본에는 '邇'로 되어 있음.

2-87.

栗谷爲海伯, 巡到黃州, 州牧令妓薦枕, 名曰'柳枝', 才貌出衆. 先生語之曰: "看汝才姿, 殊甚可愛, 但一與之私, 義當率畜于家, 此擧甚重難, 故不爲也." 遂却之, 贈詩曰: '弱質愁低首, 秋波不肯回. 空聞波濤曲, 未夢雲雨臺. 爾長名應擅, 吾衰閣已開. 國香無定主, 零落可憐哉.' 其後, 以遠接使, 到黃州, 柳枝來侍在房, 亦未嘗昵. 旣還, 寓海州江村, 夜有人叩扉, 乃柳枝也. 曰: "公之名義, 人皆慕仰, 況娼妓乎! 後會難期, 故茲敢遠來耳." 先生遂題一絶, 曰: '天姿綽約一仙娥, 十載相知意態多. 不是吳兒腸木石, 只緣年老謝芬華.' 翌年, 先生下世, 柳枝奔哭, 服喪三年. 朴潛冶知誡, 嘗論牛·栗兩先生色失輕重, 曰: "牛溪如如厠, 而偶失一足, 栗谷雖無失足之事, 有若以糞穢爲几案戱玩之具, 其失不細." 蓋牛溪嘗書座隅, 曰'某年某月某日', 或見而問之, 答曰: "此是偶與侍婢有私, 恐有異日亂眞之弊, 故記之以警云."

2-88.

權石洲少時, 神采[179]飄逸, 文章發越, 人皆以早達期之. 嘗遊湖南, 失途入山僻小路, 日已昏黑, 見林木間有一宏舍, 卽往扣之, 闃無人影. 徘徊半晌, 正納悶之際, 有數箇女童, 自內而出, 迎入外舍, 見床几寂然積塵成堆, 可知其無主之家. 而女童告曰: "此本士人某家, 而比年喪禍, 零落已盡, 只有一箇娘子. 今夕, 又當小主人喪朞, 外客雖非便, 旣入深山, 進無所投, 又迫昏暮, 請一宵暫歇, 幸矣." 石洲不得已而坐, 俄而, 供夕飯, 豊潔可[180]口. 夜將半, 聞哭

---

179) 神采: 가본에는 '風彩'로, 다본에는 '風采'로 되어 있음.
180) 可: 가본에는 '適'으로 되어 있음.

聲甚哀. 旣而, 小叉鬟執燭前導, 有一美娥, 淡粧素服, 來跪于前.
石洲惶蹙欲避之, 女斂袵而言曰: "郞君幸勿驚訝, 妾乃主人娘子
也. 年方十九, 家夫醮席奄忽, 今夕已過終喪, 而明日卽妾絶命之
期也. 人生天地間, 莫不有陰陽之義, 而妾則不如無生, 以是寃鬱,
何幸郞君不期辱臨? 此乃一時之緣業也. 非不知踰墻之可醜, 褰裳
之爲媿, 而將盡之命, 冒沒有懇. 幸勿以鄙褻爲嫌, 俯垂哀憐, 俾遂
至願, 則妾死當瞑目, 雖歸地下, 可以解寃結之氣[181], 未知肯聽
否?" 因伏於前, 石洲回面向壁, 而言曰: "聞娘子是士族婦人, 而吾
亦厠於冠裳之列, 豈有此禽獸之行乎? 幸勿再言, 斯速入去!" 女堅
伏不起, 哀泣不已, 石洲辭色愈厲, 終不回心. 半晌後, 女乃拂衣而
入. 俄而, 小叉鬟出, 言曰: "娘子已飮藥而死矣!" 石洲聞[182]之, 毛
骨俱悚. 未及待明, 遂納履而起, 纔出門外, 有物踵後而呼曰: "薄
福哉此人!" 其後, 每入科場, 輒呼如是, 以若文章未免沉屈, 竟以
詩禍遭慘. 此見其寃魂爲之魔也, 雖正人君子, 不幸當此, 則似不
如石洲之固執者矣.

2-89.
金文谷少時, 爲北評事, 往北道, 有妓錦娘, 姿貌絶世. 兵使謂
曰: "汝若得幸於評事, 當有厚賞." 錦娘亦慕公風采, 冀一侍枕, 公
不令退出, 亦不昵近. 至明春, 將還臨發, 錦娘冒死泣訴, 公笑曰:
"何不早言?" 令至前握手, 書一詩於裙. 歸後, 錦娘抱裙泣, 三日不
食而死, 公聞而嗟悔. 後謫海島, 言於子姪曰: "吾無積殃, 惟錦娘
一事, 終爲介念云."

---
181) 氣: 가본에는 '義'로 되어 있음.
182) 聞: 가본에는 '聽'으로 되어 있음.

風流豪放

2-90.

沈聽天守慶, 以直提學, 爲巡撫御史[183], 往平壤, 有所眄妓, 妓謂其親戚曰: "我死後, 必書我墓, 曰'直提學沈某妾某之墓', 足矣." 公之風儀, 於此可想. 平壤城外有衆妓所葬處, 名曰'嬋姸洞', 公有詩曰:'滿紙縱橫總誓言, 自期他日共泉原. 丈夫一死終難免, 願作嬋姸洞裡魂.'後爲錦伯, 士人權應仁, 次之曰:'人生得意無南北, 莫作嬋姸洞裡魂.'公聞之, 邀與共賦, 權吟曰:'歌傳白雪知音久, 路隔靑雲識面遲.'因爲至交.

2-91.

高霽峯敬命, 少豪放, 善吟咏, 贈別美人詩, 曰:'立馬江頭別故遲, 生憎楊柳最高枝. 佳人緣薄含新態, 蕩子多情問後期. 桃李落來寒食節, 鷓鴣飛去夕陽時. 草軟南浦春浪闊, 采采[184]蘋花有所思.'公當壬辰倭亂, 以前東萊府使起義兵, 戰亡于錦山. 其精忠毅烈[185], 與趙重峯齊美, 古人所云'色戒上無烈士'者, 儘不虛矣.

2-92.

李東岳, 嘗在郡, 贈妓詩, 曰:'莫怪樽前贈素衿, 老夫寧有少年心. 秋天月白思鄉夜, 一曲淸歌直萬金.'蓋騷人韻士, 每到妓鄕, 不能無暢情吟詠. 余嘗遊西道, 至宣川, 贈別妓詩, 曰:'宣城楊柳

---

183) 御史: 가본에는 '御使'로 되어 있음.
184) 采采: 가본에는 '採採'로 되어 있음.
185) 毅烈: 가본에는 '義烈'로 되어 있음.

惹春愁, 只[186]恨鳴騶[187]去不留. 別後江山千里外, 相思月色在西樓.' 見者以爲深得詩格, 故錄于此[188].

2-93.
古有爲南伯者[189], 選名妓三人, 曰'百花', 曰'紅蓮', 曰'洞庭春', 輪番侍枕, 不許出外. 一日, 百花當夕, 而紅蓮·洞庭春, 俱[190]寢於夾房, 有一通引, 年纔十六七, 特聰慧, 善屬文, 亦爲巡使所寵. 素與紅蓮有隱情, 敢欲偸香, 乘暗入夾房, 誤踢洞庭春腹, 春驚呼有賊, 卽拿下欲殺之, 告曰: "賤人直犯死罪, 死無所辭, 而但乞爲一詩而死." 巡使知其有詩才, 因曰: "吾今呼韻, 汝卽應口而對, 則可以見恕, 不然則死." 曰: "惟命." 卽呼'行'字, 對曰: '半夜尋芳强起行.' 又呼'情'字, 對曰: '百花深處最無情.' 又呼'驚'字, 對曰: '欲采[191]紅蓮南浦去, 洞庭春水小舟驚.' 巡使瞿然歎, 曰: "天才也!" 遂赦之云.

2-94.
金尙書履陽, 少有才氣, 長於文辯, 而落拓不遇. 以進士遊湖邑, 適親友爲錦伯, 相與酬戲賦詩, 累日游蕩. 巡使爲選一妓薦枕, 方有月事, 翌朝視之, 衽席點汚, 乃令展裙, 磨墨淋漓, 大書杜詩一句, 曰: '曉看紅濕處, 花重錦官城.' 妓以示巡使, 巡使大加稱賞, 厚賞其妓. 後得晚達, 位躋一品, 壽踰八旬, 福祿罕比. 嘗有詩, 曰:

---

186) 只: 나, 다본에는 '爭'으로 되어 있음.
187) 騶: 저본에는 '慘'으로 나와 있으나 이본에 의거함.
188) 于此: 가본에는 '之'로 되어 있음.
189) 者: 저본에는 빠져 있으나 가본에 의거하여 보충함.
190) 俱: 가본에는 '同'으로 되어 있음.
191) 采: 가본에는 '探'로 되어 있음.

'寒士相逢皆雪意, 美人來坐忽春風.' 蓋其氣象發越, 雖在貧窮之時, 而不失其繁華之態矣.

2-95.

余嘗隨星槎赴燕, 姜判書時永, 爲上价, 每以詩酬唱, 甚相親熟[192]. 還至龍灣, 余試問曰: "相公萬里行役, 氣力[193]不減, 風神自倍, 一行莫不慶幸, 而於花柳叢中, 一直冷淡[194], 則豈不爲欠事耶?" 答曰: "吾於十九年前, 以書狀爲此行, 宣川·安州, 俱有所眄, 宣曰'一枝紅', 安曰'綠柳'. 向日來時, 二妓皆來謁而見, 已老矣. 今雖有他美, 白髮難强, 且有舊物, 見在路旁, 好新之嫌, 不可不避." 因以二詩示余, 其贈一枝紅詩, 曰: '倚劍亭前梅一枝, 早春紅藥極華滋. 中經十九年相見, 不見吾衰見爾衰.' 贈綠柳詩, 曰: '淸江弱柳昔維舟, 別後長條已掩樓[195]. 莫道行人攀折盡, 舞腰猶自舊風流.' 余以爲信, 曰: "相公於娼妓之流, 亦能曲盡其情矣." 其後, 行至平壤, 聞宣川妓鳳慧, 連日載來, 方與同宿, 不能含默, 乃爲一絶以送呈, 曰: '林畔【館名】花叢一鳳[196]鳴, 春風飛逐上行旌. 劍亭紅藥淸江柳, 不恨衰容怨薄情.' 卽次以來, 曰: '四牡前頭隻鳳鳴, 能令春色滿歸旌. 花紅柳綠皆隨序, 未必新歡揜舊情.' 是善於分疏, 而文采風流, 可知其老而不衰矣.

---

192) 親熟: 가, 나본에는 '親切'로 되어 있음.
193) 氣力: 가본에는 '氣運'으로 되어 있음.
194) 冷淡: 가본에는 '冷澹'으로 되어 있음.
195) 樓: 가, 나본에는 '拽'로 되어 있음.
196) 鳳: 가본에는 '枝'로 되어 있음.

2-96.

昔蘇東坡, 遊杭州西湖, 有一妓, 色貌絶[197]艷, 歌舞詩詞, 名於一世, 貴介公子, 莫不招邀. 坡公嘗爲劇談, 與相問答, 至誦白居易「琵琶行」'門前冷落鞍馬稀, 老大嫁作商人婦'之句, 女因大悟, 自其日謝去珠翠, 削髮爲尼. 近世李進士正儒, 以此爲題作行詩, 有曰: '迎郎送郎有情世, 半生迷魂兒女癡.' 又曰: '風前月下極樂國, 自謂靑春無歇期.' 是言妙少時[198]繁華之意也. 又曰: '無多春日柳七夢, 畢竟秋霜蘇小眉.' 又曰: '萋萋芳草掩門後, 可憐孤鴛啼爲誰.' 是言衰謝後悲涼之態也.[199] 南木川鍾玄, 又次題而作, 有曰: '西園公子玳瑁簪, 五陵年少黃金羈.' 又曰: '紅樓明月可憐宵, 一曲千金楊柳枝.' 是亦言風流跌宕之時也. 又曰: '蓮花臺下入定路, 無數黃鸝啼送之.' 又曰: '來生緣業佛前祝, 耳目聰明男子爲.' 是乃言大悟參禪之日也. 李·南二作, 播於一世, 人多傳誦. 余少時, 嘗過洛中, 親友家宿焉, 主人之庶族一人, 常從外藩幕下, 老而謝絶, 蓄一少妾, 寄置主家以奉其身矣. 主人年少喜遊, 是夜, 有數三同伴來會, 携登山亭, 終夜讌[200]飮, 適庶族老人, 出他未還. 其妾獨處近房, 本是外邑妓女, 而容貌頗端正, 性行亦堅貞. 自被卜小星以後, 勤執女事, 敬奉丈夫, 族中莫不稱賞. 當時會飮者, 皆有戚分, 別無他人, 固請出來同話, 以爲消寂[201]. 始辭不肯, 再三强之而後出來, 坐於席隅, 罕接言笑, 望之如南海觀音, 徐靚可愛. 座中有通津李生, 性豪蕩, 善文談, 每誦古詩, 喉音淸絶, 若出金石, 聞者稱美. 夜幾半, 萬籟

---

197) 絶: 저본에는 '艷'으로 나와 있으나 가, 나본을 따름.
198) 時: 나본에는 '年'으로 되어 있음.
199) 是言衰謝後悲涼之態也: 가본에는 '是言衰後悲也'로 되어 있음.
200) 讌: 가본에는 '宴'으로 되어 있음.
201) 消寂: 가, 다본에는 '破寂'으로 되어 있음.

俱寂, 醉興方濃, 諸人勸誦一詩, 以快耳聽. 李生卽誦李·南所作數十句, 每一句以意繹[202]之, 以敍其悲怨悽切之意, 音響高低, 令人探聽. 忽見燭[203]下, 其女紅淚珠兒泫然流下, 因背壁哽咽, 不能自定. 滿座見之, 莫不爲之泣下沾襟. 蓋其生長於笙歌繁華之場, 嬉遊自放, 一朝[204]作鎖籠之禽, 雖自檢束, 而本性猶存, 花朝月夕, 不勝寂寞, 及聞此等語句, 自然興悲露出本相[205]者也. 余因想來, 凡世之貪艷富貴·鳴珂擁蓋·馳騁名途者, 及其老而謝病, 深坐室中, 回憶過境, 依俙如一場蝴蝶, 鮮不下雍門之淚, 亦豈有異於彼哉? 因追以敍之.

名筆

2-97.

本朝讓寧·安平二大君, 俱以名筆, 見稱於世. 今崇禮門額, 卽讓寧所書, 而遺失於壬辰兵亂, 至光海時, 人見靑坡橋溝中, 夜有瑞氣, 搜得之云. 其後, 韓石峯濩·楊蓬萊士彦, 最有筆名, 石峯幼時, 夢王右軍授以筆帖[206], 由是得名. 始家貧無紙, 每夏月, 木葉廣大, 摘取滿筐, 臨溪水上, 書便投流, 終日不綴. 朴思菴嘗要楊蓬萊, 題龍湖映波亭, 額以揭之, 一夕, 江風大作, 捲入波中, 人以爲龍宮取去云. 嘗寫一飛字於人家別業, 囑其主人曰: "吾之精力, 盡在於此, 須護惜之." 乃藏于密室, 一日, 有風從海上來, 飄揚其紙, 騰空而

---

202) 繹: 가, 다본에는 '釋'으로 되어 있음.
203) 燭: 가, 다본에는 '燈'으로 되어 있음.
204) 一朝: 가본에는 '一早'로 되어 있음.
205) 本相: 가본에는 '本性'으로 되어 있음.
206) 帖: 저본에는 '貼'으로 나와 있으나 이본에 의거함.

去, 審其時, 乃蓬萊化去之日. 吁! 亦異哉. 昔黃[207]山谷, 寫韋應物 '春潮帶雨晩來急, 野渡無人舟自橫'之詩於一扇, 文與筆, 可謂兩絶. 江南商客得之, 渡江至中流, 風波忽作, 舟幾覆, 雜投貨物以禳之而不熄, 乃投其扇而後見熄. 此果筆法能奪造化, 而鬼神亦有貪愛者也歟!

2-98.
北漢中興寺, 有柱聯, 書'白蓮社'三字, 題其旁曰: "金生書." 又有題曰: "李圓嶠‧尹白下見此, 七日不返, 曰: '天下題板, 當以此爲第一.'" 蓋金生新羅人, 有所書白月樓雲塔碑, 舊在奉化縣古寺墟. 中廟時, 榮川郡守李沆, 轉置于郡樓下, 繚以欄檻, 以護惜之. 壬辰倭亂時, 唐人來此久留, 晝夜摸打幾千本, 時値日寒墨凍, 熾炭印出. 天使未渡江前, 已送人, 乞白月碑印本, 唐人之好古如此. 後有人爲榮川倅[208], 思革邑弊, 爲馬廐於其處, 使糞壤堆積, 人不得下手, 此亦甚矣. 與昭陵蘭亭斷軸於溫韜之變, 廣明菩薩被燒於黃巢之亂, 何以異哉? 余甞見北京安定門內, 有周宣王時石鼓十枚, 卽科斗籀文, 而使行中莫不買[209]紙印, 歸多費銀貨, 余不覺其奇.

2-99.
晉州矗石樓板額, 世傳以爲, '八歲童子, 以名筆聞之, 時邀之書額, 乞鍊精十日而後書之, 乃置之靜室, 饋養至九日, 太守促之, 童子乃書之. 至樓字下體女字, 精力未及, 氣絶而死, 他人替書云.'

---

207) 黃: 저본에는 '昔'으로 나와 있으나 이본에 의거하여 바로잡음.
208) 倅: 가, 다본에는 '守'로 되어 있음.
209) 買: 가본에는 '賈'로 되어 있음.

筆力之難, 蓋有如是者矣. 楊州檜巖寺門楣, 有'天寶山'三字, 元使來見, 曰:"此書有綺紈習, 而兼有蔬筍[210]意態, 果是前朝王子祝髮者筆也." 筆法字體, 亦非觀人之氣象者歟!

技藝

2-100.

明廟時, 宗室端川令某, 性豪放, 善吹笛. 行到松都[211]青石嶺, 被拘於强賊林巨正, 問:"爲誰?" 曰:"吾端川令也." 賊曰:"此金枝玉葉, 非善吹笛者乎?" 曰:"然矣." 賊試令吹之, 時夜將半, 月色正明, 賊徒環而聽之, 笛是鶴脛骨體短, 而韻響淸越. 始弄一曲作羽調, 賊徒咸曲踊飛動, 有衝天之勢[212], 徐變作界面調, 曲未終, 皆噓欷歎息, 至有泣下者. 巨正急揮手止之, 仍解所佩小刀, 與之, 曰:"道路若有所梗, 則以此示之, 必無患矣." 至臨湍, 果有賊黨欲犯, 視其刀, 皆噴噴散去. 雖小技, 能精通入神, 則所助多矣.

2-101.

申求之, 本以常賊, 妙於奕棋, 世無其雙. 時李樑, 位至卿宰, 亦名善棋, 自謂無敵. 求之一日, 詣樑請謁, 樑素聞求之名, 大喜引與對局, 求之故不勝, 樑曰:"爾之技, 止此耳." 他日, 求之以準價買赤珉珀纓子一件, 懷之而往, 曰:"小人與人對奕, 未嘗見輸, 向日, 輸於相公, 心竊[213]怏怏, 終夜不寐. 願用重物, 以爲孤注." 樑曰:

---

210) 筍: 가, 다본에는 '笋'으로 되어 있음.
211) 松都: 가본에는 '松京'으로 되어 있음.
212) 勢: 가본에는 '氣'로 되어 있음.

"汝賭用何物?" 求之出纓子, 示之, 曰: "此乃小人世傳之寶, 當以此 爲賭." 樑甚喜, 曰: "諾. 我若見輸, 當惟爾聽." 又與對局, 求之見 輸, 出纓子以進之. 樑每垂其纓, 以誇賓客, 曰: "孰謂申求之善棋 乎? 吾能賭取此纓." 後數日, 求之又往, 樑諱客杜門, 又與對局, 求 之垂敗而勝者三. 樑憮然曰: "今我見負, 汝欲何物?" 求之遂於袖 中, 出空簡四五十張, 以進, 曰: "小人有女, 請求婚[214]需於關西一 道邑宰." 樑曰: "是不難矣." 樑素敏於書翰, 一揮滿紙而與之. 遂往 納簡, 列邑無不款待, 所資貨物, 連軫駢騎, 梱載而還, 起大第買美 庄, 以過平生云.

2-102.

今世雜技中, 所謂投箋, 不知其始於何時, 而各目八十張, 殺活 無常, 造化不窮. 能者出入纔一再回, 已知他人手中之物預料, 其 生死字, 出入無差. 及其求中[215]而呼, 必曰: "風鳥氷魚, 走鼍落兎." 隨時應變, 十中八九, 此亦見理之所寓也. 有人爲之詩, 曰: '輕輕 落地無聲葉, 箇箇探囊得意錢.' 是以, 不論貴賤好之者, 甚衆. 元 相國仁孫, 少時耽嗜, 以國手得名於世, 其大人切禁之. 嘗奪其冠 履, 拘囚後堂, 使不得出外, 乃潛聚朋徒, 以大屏圍其四壁, 張燭而 爲之. 大人暗從門屛間, 窺覘其所事, 見方設局, 求呼七人字, 擦掌 呼曰: "七十老人, 方在屛後而越見之, 背皮張, 可以出之矣." 六口 一葉, 呼之卽中, 大人出, 曰: "此乃天生也, 神知也." 因不復禁, 任 其所好. 後擢高科[216], 登顯仕, 至陞台鼎, 而不以此有損其名.

---

213) 竊: 가본에는 '切'로 되어 있음.
214) 婚: 저본에는 '昏'으로 나와 있으나 이본을 따름. 서로 통함.
215) 及其求中: 가본에는 '求其中'으로 되어 있음.

術數

2-103.

『易』曰: "極其數, 以定天下之象." 蓋數者, 起於一, 而至于百千萬億無窮極者也. 凡三才五行之理, 萬事萬[217]物之變, 皆以數推之, 預占其吉凶禍福. 故列於六藝之科, 而百家之中, 必有數學. 張良運籌帷幄, 決勝千里之外者, 是用其數也, 韓信將兵, 多多益善, 亦明於數也. 然而學者之功, 不以性理爲主, 而專以數爲工, 則實地上喫緊處, 有所不逮. 故先儒以康節之學, 爲異於程朱而不取者, 是也. 按『皇極經世書』上下萬八千, 元會之數, 乘除加倍, 以極其無窮之變, 朱子謂, "堯夫於物理上漏洩[218]天機, 亦不許之意也." 我朝徐花潭, 亦深於窮格之工, 而人以數學目之. 蓋有近於康節之學, 而鄭北窓·李土亭, 皆明於推數, 其於斯文踐履之功, 不能無遜焉.

2-104.

花潭之弟崇德, 爲雜術. 嘗以釣竿垂於井中, 鉤得長尺金鯉, 以供朝夕, 花潭聞之, 召而責之, 曰: "汝設心不正, 欺人取物, 使市民蒙害, 是何道乎?" 崇德自矜其術, 曰: "兄丈雖欲爲我所爲, 而亦不能也." 花潭命取一盆, 水置前, 以手掬[219]而取之, 銀鱗潑刺, 長幾數尺. 旋放之, 曰: "吾非不知汝術, 而心法不良, 是豈正人君子之所可爲乎? 幸勿復焉." 崇德乃愧謝不敢. 蓋其鯉卽市上所賣, 而以

---

216) 科: 가, 다본에는 '第'로 되어 있음.
217) 萬: 가본에는 '百'으로 되어 있음.
218) 洩: 가, 다본에는 '泄'로 되어 있음.
219) 掬: 저본에는 '拘'로 나와 있으나 이본에 의거함.

幻術眩惑人眼眊而取得者也. 術家之弊, 至於妖惑如此. 余嘗見北京幻術者, 鋪靑帕於地, 搜出一盛水大匣, 每有金鮒躍於其中, 旋取旋藏, 令人眩迷. 我人初見者, 雖以爲神, 而彼人觀者, 以爲例視, 則彼境之爲此術者, 蓋多矣. 花潭豈非廉正有道, 雖知其術而不爲者歟?

2-105.
田禹治者, 本賤流, 而善幻多技. 嘗往申企齋光漢家, 饋水澆飯, 向庭嘆之, 粒粒皆化爲白蝶, 片片飛舞. 人曰: "君能取天桃否?" 禹治因求細繩數百把, 向空擲之, 高入雲霄, 裊裊垂之, 令童子緣繩而上, 曰: "繩盡處有仙桃, 汝可摘下." 漸見童子沒入空中, 移時碧桃和葉, 亂墜於庭, 取而啗之, 甘液淋漓. 俄而, 赤血自空點滴, 卽驚曰: "兒必爲守桃者所執, 已被天罰." 旣而, 臂脚[220]身頭, 相繼墜地, 座中愕然失色. 禹治徐步下堂, 收拾四體, 若有連續之狀, 有頃, 童倏然而起, 固無恙, 座客大笑. 後以左道惑衆, 被逮死獄中. 其後, 人有相遇於路者, 世以爲不死云. 俗諺曰: "禹治見人家, 展金剛畵屛, 泉石奇絶, 林木叢茂, 曰: '吾欲觀景而來, 願借主人驢兒.' 主人試觀其所爲牽驢而前, 禹治卽騎向畵屛中, 因忽不見, 觀者怊悅. 過數頃後, 自屛後倏然而出, 曰: '觀盡矣!' 某峯如斯, 某瀑如許, 細細言之, 有若盡覽者. 及其就捕, 謂旁人曰: '吾將死矣, 要得一醉, 乞買一壺酒來.' 旣飮訖, 躍入壺中, 因滅形影. 官人恐其失捕, 宰塞壺口, 以納於官, 曰: '田禹治只在此中.' 官命碎壺於庭, 壺卽片片亂碎, 各自跳躍而言曰: '我亦田禹治, 我亦田禹治.' 因而

---
[220] 脚: 저본에는 '却'으로 나와 있으나 이본에 의거하여 바로잡음.

未獲云." 此乃幻身遁甲之術, 而荒唐之說[221], 傳於世者, 蓋多矣.

2-106.

朴定齋泰輔, 與其大人西溪世堂, 皆明習影數. 庭前有一桃樹, 結子方熟, 父子各持籌籌之, 定齋所算, 剩於西溪一箇. 仍命摘之, 以爲考驗, 乃與西溪籌相合, 定齋以爲必無是理, 卽窮搜葉底, 得病乾一枚, 曰: "是亦桃也, 可充其數!" 西溪曰: "是不足備原數, 爾籌非矣." 定齋不以爲然. 及杖流至露梁, 西溪送至江頭, 定齋方垂死幾危, 拜辭曰: "向日桃子, 子之籌是矣." 西溪曰: "不然不然! 吾之籌是矣." 父子各執己見, 至死不變, 不亦甚乎? 世以爲諺.

2-107.

有一地師, 嘗語余云: "人家始祖墓, 子孫長遠歲受時享者, 莫不得名穴而占之." 余笑曰: "我國咸從魚氏, 不擇山地, 而軒冕世襲; 梧里李氏, 不出先塋, 而雲仍相承, 此曷故焉?" 地師曰: "以故魚·李兩家, 俱以我東名族, 今見子孫, 零替不振, 此非其驗歟?" 余曰: "旣有山理, 則到處必一般, 而余嘗見遼薊之間, 無邊大野, 無一片山麓, 而人居稠疊, 只於田疇上, 塚墓纍纍, 此豈有刑局龍虎案對耶? 然而其中必有富貴而多子者, 亦有貧賤而無后者, 是則何故而然?" 地師語塞無以應. 乃以水靑龍·水白虎, 草蛇灰線等語, 遁辭粧撰, 終不能明辨. 余則以爲, '地未嘗無吉凶, 而不關於人之禍福, 何者? 人之死也, 形旣朽滅, 神亦飄散, 枯槁一髑髏, 雖入於水火木虫之穴, 何能貽禍作孽於後? 蓋孝子之心, 必欲使其親白骨安穩,

---

221) 說: 저본에는 '術'로 나와 있으나 이본에 의거함.

不使受災害, 則只要其藏風向陽, 與避五忌而已. 若惑聽術士之言[222], 求福於山, 不得安厝, 至與人爭訟者, 吾不知其可也.' 吾鄕有李僉知者, 稍解文字, 始以里正負逋, 見謫於嶺外, 無所衣食, 借得堪輿書數卷, 佩鐵而行矣. 三年而還, 衣履鮮明, 橐有餘資, 問之, 則曰: "賣地術能然矣." 旣還後, 鄕中蚩人愚氓, 頗信其說, 多要占地, 行術數十年, 別無禍敗言. 或有中, 以是漸得其名, 傳播遠邇, 數百里之內, 持騎來迎者, 甚多. 噫! 今世之南士北客, 以名士[223]見稱, 出入於卿相之門, 終爲國師而得守宰者, 無乃李僉知之流歟!

2-108.

李完平先世墳墓, 皆在始興梧里洞, 幅員不甚廣大, 而子孫世葬. 公爲書貽訓, 曰: "風水之說, 杳茫難知, 況先兆所在[224], 尤不可有拘. 爲子孫者, 生而同室, 死而同塋, 骨肉相聚, 神理人情, 少無相礙. 且一離先山, 難於守護, 一再傳迷失處所, 未免人作田搆屋, 實爲可憫. 爲我子孫者, 必爲繼葬, 永世勿替." 以故, 其後孫至今, 遵守其訓, 不用地師, 鱗櫛一壟, 纍纍爲累百塚, 士大夫家無[225]有如此者.

2-109.

潘南朴氏始祖應珠[226], 本羅州戶長, 歿後, 其子迎地師卜葬. 師乃同鄕人, 新占一處, 旣去, 潛躧其後, 欲察其誠僞, 地師至[227]其

---

222) 言: 나본에는 '意'로 되어 있음.
223) 名士: 나본에는 '名師'로 되어 있음.
224) 先兆所在: 가본에는 '先祖所'로 되어 있음.
225) 無: 가본에는 '未'로 되어 있음.
226) 珠: 저본에는 '州'로 나와 있으나 이본에 의거하여 바로잡음.

家, 其妻曰:"朴氏平日厚待[228]君, 果獲善地以酬耶?"師曰:"爲卜佳兆, 而猶不若旁邊大柳樹下某坐[229]之原." 妻曰:"何不直告而更待誰人耶?" 曰:"將害於吾, 不得不隱." 朴悉聞之. 及葬期, 命開基於柳樹下, 地師大驚, 知其不可止, 乃懇曰:"容我還家然後穿土, 不然, 吾將死矣." 行未里餘[230], 朴疑其言, 遂穿穴, 有大蜂自穴中出, 逐向地師所往, 至半程, 螫其腦而死. 至今名其地, 爲蜂峴云.

2-110.

南龜亭在, 卽我太祖故人也. 健元陵卜兆後, 上思武侯祠屋長隣近之義, 命公爲占身後地於隣岡, 以故墓在忘憂[231]里. 距陵所爲十里, 亦稱無學所占, 而以爲雖是名穴, 但案有斷頭砂爲欠, 公惡之, 乞勿用. 上許以子孫雖犯惡逆, 誅止其身, 勿用相坐, 故至中世朝家, 特[232]用其典. 公卽余眞外先祖也, 聞諸南氏如此云.

2-111.

某人當親喪, 卜葬要得吉地. 時有僧性智, 以神眼擅名, 而心術不正, 交疎禮薄者, 反遭其害. 又家貧無以市[233]恩, 乃與其弟密唸. 性智方爲人求山, 自狹路獨還, 其弟乘一駿驄, 細布裹鞍轡, 懸一壺酒, 佩一大劍, 率豪奴五六人, 奉喪杖扶醉擁護而往. 性智逢於路次, 躬身拜謁, 卽問:"爾居何寺, 爲何名?" 性智見其危悖, 不敢

---

227) 至: 가본에는 '入'으로 되어 있음.
228) 待: 가, 다본에는 '對'로 되어 있음.
229) 坐: 저본에는 '坐坐'로 나와 있으나 이본에 의거함.
230) 餘: 가, 다본에는 '許'로 되어 있음.
231) 憂: 저본에는 '憂憂'로 나와 있으나 이본에 의거함.
232) 特: 가본에는 '時'로 되어 있음.
233) 市: 가본에는 '施'로 되어 있음.

直告, 遁辭遮拚[234]. 從僕[235]中一人曰: "此似性智." 喪人大怒罵, 曰: "汝敢欺我乎? 汝自托風水, 怵人禍福, 專行奸詐, 如我無勢力之班, 累邀不就, 吾常痛之. 今幸相遇, 吾當炙而食之, 以快吾孝子之心." 卽下馬, 解下布帶, 命諸奴縛之, 取柴薪爇[236]火於路旁. 仍拔所佩腰刀, 劈喪杖爲十餘片, 斲而爲長串, 將貫肉而煮之, 性智哀乞求生, 愈怒愈罵. 俄而, 一喪者帶纛葛, 曳履杖, 徒步僛然而至, 躊躇良久, 問曰: "禪師得何罪而遭此危辱?" 性智哀告相救, 其弟曰: "此僧之罪, 如此如此, 吾決不饒恕!" 其兄卽進前相弔, 因言曰: "此僧雖有罪, 今見此擧, 決非喪者之事, 駭人聽聞, 吾於此僧, 雖非親知, 情狀可矜. 故不忍越瘠, 有此相懇, 幸望寬恕." 弟始若不聽, 兄終不捨去, 半晌相持, 弟因投崖塹, 上馬不顧而去. 兄望見之, 曰: "何物老嫗生如此狂悖之子也?" 乃親釋其縛, 撫摩肩背, 百端慰解, 性智曰: "喪主乃活人之佛也! 小僧願盡心圖報, 敢問定山與否?" 曰: "雖有初占, 未得名師[237]而決之, 方自憂悶." 性智曰: "願隨往觀之." 因與俱歸, 果卜名穴. 信有是事, 則其人亦非行權而得之者歟!

2-112.

醫藥於諸方, 最爲有理, 蓋自神農以後, 醫家者流, 皆所以對症投劑, 博施濟衆, 則固不可忽矣. 然而人之壽夭生死, 皆有定命, 有不可違, 則聖人所以製[238]醫藥者, 非爲其死者可以生也, 夭者可以

---

234) 拚: 가. 다본에는 '掩'으로 되어 있음.
235) 從僕: 가본에는 '衆僕'으로 되어 있음.
236) 爇: 저본에는 '褻'로 나와 있으나 이본에 의거함.
237) 名師: 이본에는 '明師'로 되어 있음.
238) 製: 저본에는 '制'로 나와 있으나 가본에 의거함.

壽也. 人生百年, 不得無疾病, 故特以此爲救時攝生而已. 是以, 山野之人不食, 當歸一角, 而多有無疾而壽, 豪富之家, 日以刀圭爲事, 而亦或多病而夭, 然則人之生死, 於醫藥有不關矣. 古人詩曰: '藥必活人方聖藥, 醫逢壽者是良醫.' 此豈非達理之言歟?

2-113.

陽平君許浚, 宣廟時, 以名醫稱於世. 少時, 嘗以審藥, 隨使行赴京, 到醫巫閭下, 有一大虎, 遮於馬前, 牽衣俯伏, 垂淚如訴, 浚曰: "汝欲害我乎?" 虎搖頭蹴躑, 回望遠山, 若將偕行者然. 浚乃登其背, 其行如飛, 至一石窟[239]中, 將三箇兒雛列於前, 皆流血淋漓. 又曳已斃一惡獸, 吼怒蹴踏, 有若報仇之狀. 浚意其爲彼獸所傷, 出囊中治瘡之藥, 以傅之, 曰: "汝子瘡處, 非久當完, 汝須還送我!" 虎略無動意, 卽奔往山坡, 多致獐兎於前, 浚飢餒頗甚, 敲火燔炙而啗之. 留數日, 其雛傷處, 幾盡完了, 跳踉出遊, 虎欣欣蹈舞. 浚曰: "汝子病已差, 我當還歸." 虎乃伏於前, 遂乘之, 一日之間, 行千餘里, 至玉河舘而下之, 使行時尙未到. 自是, 大得名, 稱爲內醫, 錄壬辰扈聖勳, 今『東醫寶鑑』, 乃浚所編緝云.

2-114.

古者, 有太卜之官, 有卜筮之書, 龜用千歲, 蓍用百莖. 若司馬季主嚴君平之流, 深究太易之理, 明言變化之故, 則所以視禍福·語吉凶者, 果不虛矣. 近世所謂卜者, 以賣術爲主, 刻木爲龜, 削竹爲蓍, 目不識丁者, 乃能作卦而說兆, 是可信耶? 成廟時, 盲人洪季

---

239) 石窟: 이본에는 '巖窟'로 되어 있음.

寬, 以名卜稱於世. 燕山嘗[240]置曆書於案上, 使卜之, 季寬曰: "太歲在君前, 諸神列四方, 此必曆書也." 又執金橘訊之卜, 曰: "若非黃鶴卵, 必是洞庭橘." 言多奇中, 燕山心忌之. 一日, 捕鼠置器中, 命卜曰: "不中則死!" 曰: "四足之物, 晝伏夜行而好穿, 此必鼠也." 主曰: "幾箇?" 曰: "四箇也." 主怒以爲欺君, 卽命誅之. 季寬臨刑, 歎曰: "此必牝鼠孕三雛, 而俄者未及告, 是亦命也!" 主聞之, 命剖視鼠腹, 果有三雛矣. 俗謂, '洪季寬亦不知死日.' 此亦郭璞·李淳風之流, 而未達一間者歟!

2-115.

某人在行路上, 欲驗其夕所館人之姓名而筮之, 使奴執物以示之, 奴將雙木枝以示, 卽解曰: "將館於林姓人家也." 更令執物以筮其名, 奴示以所負袋囊, 乃問: "袋所容幾何?" 曰: "容米十斗." 又解曰: "十斗卽百升, 今夕必館於林百升家也." 暮投一店舍[241], 卽呼林百升, 主人果應聲而出, 此乃東方朔逢占射覆之術也. 東方朔嘗於行路, 口渴, 將乞水於途傍人家, 見李樹上白鷺, 卽呼主人, 姓名曰 '李白鷺', 主人出來, 此豈臆料而能然者耶? 尤翁嘗謂人曰: "難知者占也, 故吾嘗[242]備具占筮之器, 而不爲之云." 有人爲斷時占, 每多靈異, 望見路上, 有一女戴物而過, 或問: "君能知彼爲何物乎?" 曰: "此是栗子也." 曰: "君亦能知其數爲幾乎?" 曰: "六十四也." 乃追[243]而叩之, 果是栗子, 而數爲六十四, 甚怪而問其故, 曰: "心者

---

240) 嘗: 가, 다본에는 '常'으로 되어 있음.
241) 店舍: 가본에는 '店館'으로 되어 있음.
242) 嘗: 가본에는 '當'으로, 나, 다본에는 '常'으로 되어 있음.
243) 追: 가, 다본에는 '進'으로 되어 있음.

至靈也, 因其心所發, 而卽其物之所形, 則鮮有不中者矣. 嚮吾見一烏[244]含木枝向西而去, 其飛八八然, 西木爲栗也, 八八爲六十四也. 吾是以知之云." 有人破字占吉凶, 無不合, 一科儒將赴初解, 往見之, 偶呼串字, 卽曰: "此二中也, 必獲連中." 果如其言. 其後, 他人聞其事者, 臨科往尋, 故呼串字, 曰: "此有心也, 串下有心, 君必以憂患, 不得應擧矣." 其人果有親患坐停. 又有人欲驗前程, 呼問字, 卽曰: "左右人君之象也, 必獲侍君王, 大吉!" 他人同往[245]者, 又呼問字, 卽曰: "寄口人門, 是爲乞食之兆." 後果悉驗. 所問雖同, 而所解各異, 此非徒泥於一揆, 而別有占驗之方矣.

2-116.

古者, 先王必用巫祝, 所以禳災祈福, 以利於民也. 今所謂巫者, 貪人財物, 怵人禍福, 惑世誣民, 最甚可惡. 有客爲余諺曰: "有一巫女, 好詐善欺, 人以靈異稱之, 惑信者多矣. 嘗以感疾呻吟不起, 近境有一人, 有病妻, 持粢米, 騎犢子冒雨而往, 見其病臥, 勢將虛還, 方自咄歎. 其夫在門見之, 曰: '君若有所問而來, 則何不問我?' 其人曰: '主人亦知巫術乎?' 曰: '女子所爲之事, 丈夫豈有不能? 我則靈於我妻百倍矣.' 其人雖知其戲談, 而旣已來矣, 乃曰: '主人若如此, 則請爲病占明告吉凶, 如何?' 其夫曰: '是不難矣.' 卽置盤于前, 擲米而言曰: '客必自東而來矣.' 其人曰: '何以知之?' 曰: '卦如此矣.' 又曰: '此客姓則木邊, 姓朴也.' 其人曰: '然矣.' 曰: '所騎犢子, 必借於人也.' 其人曰: '然矣.' 曰: '所問者妻病也.' 其人曰: '然矣.' 曰: '病則動土爲祟也.' 其人曰: '吾果於十餘日前, 修改房

---

244) 烏: 가, 다본에는 '鳥'로 되어 있음.
245) 同往: 가본에는 '同姓'으로 되어 있음.

埃, 自然動土矣.' 曰: '然則君須速還, 作一甑餠, 買一豚脚, 祝於土地之神, 則不過數日, 將獲瘳矣. 必依我爲之.' 其人驚服, 稱謝而去. 巫女在房, 悉聞其所語, 問於其夫曰: '君何以知之若神?' 夫曰: '此非難知! 吾觀其人衣袂, 東濕而西不甚, 今日東風微雨霏灑, 可知其自東而來矣. 其人戶牌佩在囊索而下垂, 吾見其朴字, 則豈不知其姓乎? 犢若渠物, 則休憩之際, 必索藁草喂之, 而終不爲此, 豈不知借騎乎? 若問其父母子女之病, 則其妻必來, 而今者丈夫親來, 則可知其妻病也. 今當秋節凉生, 農役方歇, 則其間豈無動土之事乎? 至於病之遲速, 不可逆料, 而吾見其人年少, 則其妻亦必少矣, 少女必有孕, 漸而呻吟不食, 則爲其丈夫憂悶而來訊者也. 胎上例症, 豈其久而不差乎? 至於禱神所費, 非吾所關, 豈計其虛實乎? 汝之平生所爲, 不過如此而已, 汝勿欺我.' 其妻無以應." 噫! 人家婦女, 偏信巫卜, 不計虛費, 其丈夫亦見欺, 而惟婦言是聽者, 不及於彼, 亦遠矣.

2-117.
燕山朝, 李長坤亡命, 入北關, 常數月一至其家, 見其妻而去. 一日到家, 天已向曙, 不敢入, 隱於舍後竹林, 妻以過期不至[246], 疑其死, 召巫訊之, 巫曰: "不死, 影在影中矣." 公聞之, 自是, 不敢復到家. 晚年, 常謂巫言不差.

2-118.
李慶全少時, 不信巫覡, 見必敺逐之. 其弟某, 有詩名, 十八而

---
[246] 至: 가본에는 '來'로 되어 있음.

夭, 母夫人哀之, 招巫降神, 巫多言其平生行事, 甚見靈異. 慶全聞之, 以爲, '婢僕中符同巫女, 預有指敎.' 自外而入, 欲諫其母, 巫卽張扇而前, 抱腰而啼, 曰: "兄來兄來! 吾詩曰: '靑蘿烟月管無人, 樹老蘭窓雲滿臺.' 兄以爲短命句, 兄果知我乎知我乎?" 慶全大哭而出, 曰: "眞妖巫也!" 自是, 不爲之禁云. 世人皆以爲諺, 而余獨不信, 以爲傳之者誤.

禪佛

2-119.

自古, 異端如黃老·楊墨之流, 皆行於一時, 暫有旋亡, 而至於佛, 自漢明帝以來, 至于今, 與儒幷立, 一盛一衰, 其法有足信而然歟? 男女産育, 卽天地生生之理也, 如使人人皆從佛敎, 則人之類滅久矣. 然而人皆易惑難曉, 至陷於高明, 蓋自晉·魏·梁·隋之間, 下而唐·宋, 近而明·淸, 莫不信佛. 余嘗見燕京, 大都之中, 比比有寺刹, 皇帝紫光閣宴會, 蒙僧參班[247], 閣老以下, 皆先爲之禮焉, 陋矣. 胡俗固不足論也, 我東素稱禮義之邦, 而粤在羅麗佛法大行, 儒敎不興. 安文成公有詩, 曰: '香燈處處皆祈佛, 楮幣家家盡事神. 惟有數間夫子廟, 滿庭春草[248]寂無人.' 觀其詩, 可以知其俗矣. 我國初尙奉釋敎, 都城內有慈壽·仁壽兩尼院, 奉列聖朝位版, 上自宮禁, 下及士庶, 皆用舍施設齋. 顯宗朝, 兪市南棨, 上箚極言, 特命撤去用朱夫子, 毁僧舍作書堂爲例, 以其材修學宮. 今泮宮一兩齋闢入齋, 其時所搆而取, 一擧兩得, 闢異端, 入吾道之義以名扁,

---

247) 班: 가, 다본에는 '伴'으로 되어 있음.
248) 春草: 이본에는 '芳草'로 되어 있음.

此實歷代帝王未有之盛擧也. 其後, 不許僧尼入都門, 見俗人, 必拜外道, 則僧徒皆有雜役, 佛敎未嘗不衰矣. 然而游衣游食之徒, 群聚山谷, 惑世誣民, 其中尼姑, 最可痛惡. 有一武弁, 爲楊牧, 東門外尼姑十餘輩, 來訴以爲, "邑底一民, 招誘渠之徒弟爲妻, 乞速推還." 卽大怒以爲, "良家女子, 汝始何招誘爲徒弟乎?" 乃命抄入邑下鰥民[249]十餘名, 各付一尼姑, 驅出之, 眞可謂快男子矣.

2-120.

世[250]稱三敎曰'儒·道·釋', 釋氏所云'佛法靈異'者, 皆不可信, 而卽其所見, 亦多靈怪底事, 此未知何敎而能如是也. 陜川海印寺, 有十八[251]萬大藏經以儲而傳, 以爲, '新羅哀莊王, 遣使入唐以舶載來, 建閣百二十間, 以藏護之.' 于今千有餘年, 板如新刻[252], 飛鳥廻避, 無一遺屎. 近年, 寺有火災, 佛殿僧房, 蓋入回祿, 而藏經一閣, 巋然獨存, 可謂靈矣. 浮石寺有名仙飛花樹, 僧說以爲, "新羅僧義相, 修鍊得道, 將入西域天竺, 植杖於寮門前簷, 曰: '吾去後, 此杖必生枝葉, 若不枯死, 則可知吾生存矣.' 寺僧卽其所居塑像以奉, 而樹在窓外, 卽生枝葉, 長至屋宇, 亦不上穿, 僅一丈有餘." 光海朝, 鄭造爲嶺伯, 至寺見之, 曰: "仙人所杖, 吾亦欲杖之." 卽鉅斷而去. 後卽抽二莖如前, 四時長靑, 亦甚靈怪矣哉! 仁廟反正, 造以逆誅, 孼雖自作, 而其亦獲戾于佛矣. 金剛山楡岾寺, 有一石鍾, 僧云: "五十三佛, 自西域出來, 以石鍾泛海到此, 而或有山火, 將及

---

249) 鰥民: 가. 다본에는 '鰥夫'로 되어 있음.
250) 世: 가본에는 '古'로 되어 있음.
251) 十八: 의미상 '八'이 되어야 함.
252) 刻: 저본에는 '閣'으로 나와 있으나 가. 나본에 의거함.

於寺, 則以水沃鍾, 必得雨滅火. 寺後有石碓, 其大如盆, 而洌泉迸出, 大旱不竭[253], 曰'烏啄井'. 蓋創寺之初, 鑿井不得泉, 僧徒以汲澗爲患, 群烏來集, 啄之爲井." 寺中有事實舊錄, 余嘗目見, 故記之.

2-121.

太宗朝, 明永樂皇帝, 遣太監黃儼, 迎銅佛于濟州. 至使館, 欲上先拜佛像然後行禮, 上曰: "佛像自天朝而至, 則予當拜之以致敬, 朝廷之意而今不然, 何拜之?" 有河崙·趙英茂等, 皆曰: "皇帝崇信佛道, 遠求銅佛, 且黃儼驕倨無狀, 恐難違拒, 願從權禮佛." 上曰: "予之諸臣, 無一守義, 畏儼如此, 其能救君難乎? 人主擧動, 不可輕遽." 遂言于儼曰: "藩國禍福, 在天子, 不在銅佛, 當先見天子使臣, 豈合拜吾土佛像耶?" 儼笑許行禮, 竟不拜佛.

2-122.

世傳, '我世祖幸金剛山, 回至斷髮嶺, 欲祝髮, 群臣諫止云.' 此甚無稽. 朴思菴詩曰: '薜蘿通御氣, 禽鳥識龍章.' 俗語空多誤, 東巡是省方, 此足以明之. 南秋江「遊金剛錄」, 曰: "麗太祖登嶺斷髮, 掛樹以結緣云." 蓋僧徒傅會而爲說耳.

2-123.

成廟時, 有一人, 以土田臧獲, 施于佛寺以祈冥福. 其後, 子孫窮不自存, 與寺僧相訟累屈, 鳴金訴之, 上判曰: "納田於佛以求福也, 佛乃無靈, 子孫貧窮, 福還於佛, 田還於主, 爲宜云云." 噫! 大哉王言也! 必也使無訟, 非此之謂歟?

---

253) 竭: 이본에는 '渴'로 되어 있음. 서로 통함.

2-124.

江湖散人金叔滋, 卽佔畢齋大人也. 以闢佛爲己任, 嘗語人曰: "佛家所謂閻羅王者, 苟有之, 殺人父母, 殺人愛子, 其虐已甚. 爲人父子[254]者, 當求報其讐怨, 刻其象, 立之庭, 出入射之, 可也." 乃反盛其齋供以媚之, 世俗無知莫甚於此云.

2-125.

西山大師, 名休靜, 行高律嚴, 淹貫釋典, 爲叢林[255]所宗. 有詩曰: '舞月癯仙千丈檜, 隔林淸瑟一聲灘.' 壬辰倭亂, 糾率僧徒數千人上謁, 宣廟嘉之, 賜號'一國都大師八道禪敎都摠攝', 乃令徒弟義巖率衆, 屯于順安法興寺, 爲元帥聲援, 傳檄八路寺刹. 於是, 健禿勇衲, 莫不來赴, 惟政起關東, 處英起湖南, 皆其高足也. 處英與權都元帥慄合兵, 鏖戰于幸州, 得捷. 惟政隨大兵, 進克平壤, 號四溟堂, 又號松雲. 倭將淸正, 要與相見, 賊兵列立數里, 鎗[256]劍如束, 松雲了無怖色, 從容談笑. 淸正問: "貴國有寶乎?" 答曰: "我國無他寶, 惟汝頭爲寶耳." 曰: "何謂也?" 曰: "我國購汝頭千金, 非寶而何?" 淸正大笑. 後以通和, 又入日本, 倭奴厚待以送之. 余少時, 遊金剛山, 見正陽寺佛卓上有烏銅香爐, 僧以爲, '松雲自倭所致, 而旁有旗纛, 亦其時所建云.'

2-126.

同春先生, 嘗與尤庵[257]對坐, 有僧靈運來謁, 請寫佛經題目. 尤

---

254) 父子: 가본에는 '父母'로 되어 있음.
255) 叢林: 가본에는 '叢梵'으로 되어 있음.
256) 鎗: 저본에는 '創'으로 나와 있으나 이본에 의거함.

翁曰:"昔朱子, 不爲寺觀題額, 今寫此何如?"同春曰:"曾已許之, 故渠忘勞遠來, 不可食言."遂書與之. 尤翁嘗戲贈畵僧雲彦詩, 曰: '僧乞吾詩吾乞畵, 僧言君貌畵難能. 嚬松怒石吾猶畵, 那得模君面目[258]憎.'此見先賢之於僧徒, 亦未嘗拒絶之. 韓昌黎悅泰顚而造其廬, 送文暢而序其詩者, 亦與此一般矣.

2-127.

余游金剛, 宿楡岾寺, 有老僧, 曰'月松大師', 頗聰明, 識道理, 眞可與語者也. 問三界之說·證果之義, 大師云:"佛說以爲三千大界, 而見在界, 乃所謂閻浮提世界, 生此界者, 蓋多物慾剛虐淫亂, 最爲難化. 故釋氏大慈大悲, 普濟衆生, 以淸淨爲敎, 各使修道鍊行, 皆化爲善男信女, 必幻生於極樂世界, 此乃佛家之大功果也. 故古人詩有云: '大千都是一禪床.'是其意也."余曰:"自古, 有聖帝明王, 大賢洪儒, 必以禮義忠信, 敎化萬民. 今如大師之言, 則堯舜孔孟, 反不若佛祖之敎耶?"曰:"否否. 佛祖雖有此敎, 不能盡化其愚頑, 故天作之君作之師, 使之治而敎之, 以復其本性, 雖吾佛家, 豈敢有非聖之論耶?"余又曰:"道有高下, 功有淺深, 佛道之極至處, 未知何在?"大師曰:"儒道有階級, 學者必循序而進, 以造乎極, 佛家則不然, 施敎傳法, 一朝頓悟, 則便是佛也. 故必曰:'圓覺安有階梯?'敢問儒道之極至處爲何?"余曰:"大而化之之謂聖, 聖而不可知之之謂神, 先輩以此謂道之極也."大師曰:"唯唯."余復曰:"大師雖耽佛, 於儒書必有所觀, 儒家所論與釋氏, 或有同歟?"曰:"多矣. 『大學』之窮理正心, 『中庸』之天命之謂性, 『孟子』之存心養性

---

257) 尤庵: 이본에는 '尤翁'으로 되어 있음.
258) 面目: 가, 다본에는 '耳目'으로 되어 있음.

等語, 皆與釋氏近者也."相對至夜半, 言如縷析, 無塞難處, 眞道僧也. 余爲一詩以別, 曰:'上人氣宇滌塵襟, 六十三年入定深. 朝出山門相笑別, 松風蘿月見眞心.' 余尙記在心, 故錄之.

閨範賢哲

2-128.
凡人家門運之盛衰興替, 專由於婦人之賢否, 蓋人能孝友睦婣保家貽後者, 必有賢婦人相之. 故文王之德而猶云:'聖母賢妃[259], 成之遠, 助之深.' 是也. 且人生子多肖其母, 而在孩提之時, 必學於母, 故凡形容端正, 性行純美者, 必資於其母之賢也. 是以, 婚娶之道, 勿論門地之崇庳[260], 家計之饒乏, 只觀其人之家法內行何如, 而至於釐女士立賢配, 有關於家運命數, 豈望其幸也歟?

2-129.
崔恒, 號太虛亭, 世祖朝拜相, 歿後, 葬于南漢城下. 其夫人見之, 曰:"此是無后之地, 宜改葬, 而國制禮葬不敢遷, 吾宜別葬." 遂躬自卜地, 終爲各窆. 夫人卽公繼室, 而其子孫至今猶存者, 乃其夫人所生云. 蓋山地不出凡眼, 故婦人亦有知之如是者矣.

2-130.
許忠貞公琮, 成廟朝爲上卿, 弟文貞公琛, 爲刑房承旨. 廢妃尹氏賜死, 召諸宰會議, 二公將詣闕, 過其妹申永錫夫人. 夫人素有明

---

259) 妃: 가, 다본에는 '妣'로 되어 있음.
260) 庳: 가, 다본에는 '卑'로 되어 있음.

識, 苦挽二公, 勿參其議, 兄弟於中路, 故墜馬橋下, 稱病不進. 李世佐以代房賫藥, 及燕山甲子, 李被泉壤之禍, 而二公超然獨免. 後人名其橋, 曰'琮琛橋', 此豈非夫人先見之明非時人之所可及者歟!

2-131.

洪鶴谷瑞鳳, 母夫人柳氏, 卽於于夢寅之姊[261]. 嘗過豆毛浦讀書堂, 登覽遊賞, 其守直老嫗, 示傳來玉盃, 曰: "此非湖堂先生, 不得飮." 夫人曰: "吾雖婦人, 尊舅爲湖堂, 夫爲湖堂, 子爲湖堂, 夫之弟聖民, 吾之侄潚, 皆爲湖堂, 獨不飮此盃乎?" 命酌飮之, 當時傳之爲美[262]談. 鶴谷早孤, 柳氏親自敎授, 勸課甚嚴, 少怠則撻之, 裹其笞於錦袱藏之, 曰: "家之興替, 係於此矣." 每受誦, 必隔帳而聽之, 人問其故, 答曰: "兒或善誦, 吾必有喜色, 兒見之, 易生驕怠之心, 故以爲障蔽, 使不見云."

2-132.

閔著重兄弟, 少時, 同居一室. 嘗値科時, 明當入場, 其夫人夜夢, 一龍飛升於盥匜中, 卽令侍婢, 盛水於匜, 置諸廳前以試之. 其弟先入盥洗而出, 夫人已知其小郞登第, 翌日果驗. 若使凡常婦女有是夢, 則豈有舍其夫而却讓於叔耶? 能處心至公, 一任於天, 雖男子之達理洪量, 亦未易然矣.

2-133.

昔有簪纓家閨秀, 納幣後, 新郞墜馬而死, 家人欲令新婦發喪,

---

261) 姊: 가, 나본에는 '姊'로 되어 있음.
262) 美: 저본에는 빠져 있으나 가본에 의거하여 보충함.

女不肯, 曰:"我何嘗與新郎一面而令我守節乎?" 卽以所受幣, 盡投諸門外, 堅坐不動, 飮啖如常, 父母亦不能強, 因止之. 以此, 播傳於世, 且以爲不祥, 無人求娶, 年踰二十, 尙未出[263]嫁. 當時士族一童子[264], 自請於其父母, 固要通婚, 遂娶入門, 甚見賢淑, 四德兼備, 百行無缺. 因得偕老, 五福俱全, 多生子女, 終享富貴. 此與凡常女子, 拘於禮法, 徒含羞恥, 誤了百年, 身分有不可同日語者. 而自請求娶[265], 昌大門戶者, 豈尋常人兒耶?

2-134.

洛中一貧士, 娶後於鄕谷百里之地, 兩窮相合, 累年不能率歸. 嘗臨科四五日, 新婦夢, 前簷鷄窠化龍飛升, 卽起解下, 以剪刀歪折之, 裂裙幅以爲枕. 明日, 苦懇於其父母, 致送夫家, 其夫雖是意外, 而亦自不妨, 久離之餘, 卽與同枕. 後數日, 登第起家, 至卿宰, 終又偕老. 噫! 鄕谷女子, 臨事措置, 其智如此, 致令人家成立門戶, 不亦宜耶?

2-135.

金夏材妻, 李相國徵之女也. 初昏酬酢之際, 夏材夸矜其世閥, 新婦曰:"郞君何敢以門地自矜於我耶?" 新郞曰:"吾家四世爲文衡, 豈不勝於君乎?" 新婦曰:"郞君不過稱四世文衡, 而我則爲八世, 君惡敢當我哉?" 新郞曰:"君家文衡, 安得爲八世耶?" 新婦曰:"本家舅家, 合而言之, 則非八世乎?" 蓋金自黃岡以後, 李自白江以

---

263) 出: 저본에는 '山'으로 나와 있으나 이본에 의거하여 바로잡음.
264) 童子: 다본에는 '男子'로 되어 있음.
265) 求娶: 가, 다본에는 '求婚'으로 되어 있음.

後, 皆四世主文[266], 故如是爲言. 後夏材伏法, 其妻沒爲官婢. 噫! 夫婦相會之初, 便以門地相高, 驕矜如此, 其敗亡也固宜!

2-136.

婦人於妬忌, 其天性難以化之, 深爲可恨. 古有一宰相, 以夫人妬甚, 平生不得近女色, 心生一計. 一日, 佯爲憂色, 夫人怪問之, 答曰: "吾與夫人偕老, 身貴且富, 子孫滿堂, 生前之樂, 可謂備矣. 而竊有身後之憂, 未解於心者, 亦非婦女所知." 夫人固請聞之, 乃曰: "近日, 人有爲我言, '人死則必入冥府, 不論貴賤, 皆令負土一石以供役.' 吾自少不能卑事, 若果如是, 顧何以堪?" 夫人曰: "此或有可免之道耶?" 曰: "苟欲蠲免, 則亦甚易事, 而但恐夫人不聽我也." 夫人曰: "第言之." 曰: "人平時, 得一少艾, 則便令除三斗土. 我與夫人, 相會之後, 絶無房外, 而但有妓妾侍枕者, 爲一二次, 則一石土太半除減, 而尙有餘存, 氣力之不勝, 姑舍勿論, 吾之僚友, 皆已蠲免, 而吾獨不免, 擔負而行, 則亦不爲恥笑乎? 是以, 憂之." 夫人深思[267]良久, 曰: "請自量氣力三斗, 則可以堪乎?" 宰相默思以爲, '婢妾中一個, 將有見許之意.' 卽答曰: "吾雖老而無力, 三斗土可以堪矣." 夫人曰: "願更勿憂! 其餘則妾當戴而從之矣." 其計遂不得行. 古人詩曰: '牡丹露滴眞珠顆, 美人折得墻邊過.' 含笑問檀郎, 妾顔强如花. 檀郎故相試[268], 反道花枝好. 美人故相猜, 蹴踏花枝道. 花若勝於妾, 今夜花共宿.' 噫! 天性之難變, 蓋如是矣.

---

266) 文: 가본에는 '文衡'으로 되어 있음.
267) 思: 저본에는 '畏'로 나와 있으나 이본에 의거함.
268) 試: 가본에는 '誠'으로 되어 있음.

2-137.

兪松塘家, 有一義鬟, 甚有姿色, 性又淳良, 公甚愛之. 一日, 謂夫人曰:"吾筋力衰邁, 不可無扶護之人, 而不欲近娼妓, 某婢明慧, 可使欲置左右, 夫人以爲如何?" 夫人曰:"相公若近外人, 則余甚不喜, 而至於某婢甚好, 吾當卜日而進之矣." 公喜而致謝. 後數日, 岳丈見過, 與[269]夫人同侍, 夫人告曰:"家長欲以某婢爲護枕席, 實爲無妨." 岳丈驚曰:"汝誤也! 老夫已有桑中之戲, 宜速罷議." 公色沮. 小星之約, 不攻自破, 蓋爲夫人所瞞.

2-138.

鄭桐溪夫人, 頗有獅子吼, 公畏之. 謫島中, 乃有一少[270]妾, 及歸, 不敢率[271]入, 置于間舍, 潛自往來. 或曰:"公曾不畏爾瞻輩凶焰, 何畏夫人如此乎?" 公曰:"不然. 爾瞻輩殺則殺矣, 長日侵虐, 誰能禦之? 實爲可怕, 不如且[272]愼." 聞者不覺齒冷. 昔有一名士, 蓄一妾於外, 夫人覺得拘之夾房, 牢鎖其戶, 不許出入. 其從弟來見, 問曰:"何爲見拘?" 曰:"有罪故如是." 曰:"無計可出乎?" 曰:"旣已見拘, 則雖諸葛亮奈何?" 從弟曰:"若諸葛亮, 則初不入矣." 其夫人之肆惡, 可知矣[273].

---

269) 與: 가본에는 '則'으로 되어 있음.
270) 少: 저본에는 빠져 있으나 나본에 의거하여 보충함.
271) 率: 저본에는 '牽'으로 나와 있으나 이본을 따름.
272) 且: 저본에는 '其'로 나와 있으나 이본을 따름.
273) 矣: 저본에는 빠져 있으나 가, 다본에 의거하여 보충함. 나본에는 '焉'으로 되어 있음.

2-139.

俗諺曰:"鼴鼠欲爲仰婿, 求婚於天, 天曰:'吾雖尊, 非日則無以爲明, 日勝於我.'乃求婚於日, 日曰:'吾雖有明, 浮雲蔽之, 則不免暗昧, 雲勝於我.'乃求婚於雲, 雲曰:'吾雖有蔽日之能, 大風吹之, 則飛散不住, 風勝於我.'乃求婚於風, 風曰:'吾雖有披雲之才能, 折木拔屋, 而山前石佛, 搖之不動, 佛勝於我.'乃求婚於佛, 佛曰:'吾無所畏, 而惟鼴鼠穿我脚底, 則吾有顚仆之患, 鼴鼠勝於我.'鼴鼠喜曰:'天下之尊, 莫我若也.'因與鼴鼠爲婚."此雖戲談, 亦足爲警[274]. 凡婚娶只要其門, 當戶對勿論貧富, 方可得宜. 吾族有胤錫, 故承旨興宗孫也, 家世簪纓, 頗甚赫奕, 而取富爲田兵使文顯婿, 田氏世爲武家, 而姓又稀僻, 已失本色. 親知中有人, 作詩譏之, 曰:'君娶田家爲是田, 田家割與幾頃田. 田雖信美非吾土, 不失心田是福田.'世以爲名言.

慈孝惇行

2-140.

昔太祖以上王位, 移御咸興, 太宗遣使問安, 一無得還, 故俗謂, '其去而不歸者, 以爲咸興差使.'朴承樞淳, 忠直慷慨, 與太祖爲布衣交, 欲以誠意感動天意, 自請而往. 乘母馬, 至行在近處, 以子馬繫于樹而行, 相與躑躅悲鳴, 移晷不得進. 上王臨眺而怪之, 旣進, 欣然敍舊, 賜酒食, 曰:"爾何遠來見我?"對曰:"竊不勝犬馬之情, 欲一瞻天顏而死."上王曰:"繫子馬而行, 何也?"對曰:"妨於行路,

---

[274] 警: 저본에는 '驚'으로 나와 있으나 이본에 의거함.

故繫之, 則母子不忍相離, 雖微物亦有至情而然也." 上意憾然, 有 不悅之色. 淳因涕泣嗚咽, 上王曰: "爾其休矣, 吾且思之!" 卽諭以 回蹕之意. 淳承命辭行行在, 諸臣爭請殺之, 上王不許, 度其行已 渡龍興江, 始許之, 授使者劒, 曰: "若已渡江, 則勿追也!" 淳偶得 暴疾, 尙在江北, 遂斬其腰. 後人以詩哀之, 曰:'半在江中半在船.' 使者復命, 上王大驚, 問曰: "淳死何言?" 對曰: "淳跪向行朝, 大呼 曰:'臣死矣! 但願無改前旨.'" 上王涕淚交流. 後數日, 謂諸臣曰: "朴淳, 余少時良友, 余終不食言." 遂決意南還, 太宗聞淳死, 大[275]
慟曰: "知其必死而行, 忠勇無比." 命畵其半身, 以著其實.

2-141.

成廟嘗鍾愛少子, 詩曰:'世人最愛霜後菊, 此花開後[276]更無花.' 蓋不論貴賤, 莫不愛少子, 雖或偏性, 是亦常情.

2-142.

沈聽天堂守慶, 詩曰:'兒飽我飢飢亦飽, 兒寒我煖煖猶寒. 是心 若使移於子, 大舜曾參滿世間.' 此可謂善言人情.

2-143.

人莫不愛子, 而或有愛孫甚於愛子者, 此乃理之舛也. 記曰: "抱 孫不抱子, 或因子長孫幼, 而人之愛幼, 尤甚而然矣. 然而孫之於 祖, 雖受其愛, 愛祖之心, 比於愛父, 甚懸殊, 此固常理也." 古有一 孩兒, 拾得二梨, 而一大一小, 以其小者, 進於其父, 而大者進於其

---

275) 大: 저본에는 '太'로 나와 있으나 이본에 의거함.
276) 後: 저본에는 '花'로 나와 있으나 이본에 의거함.

祖. 其祖始以爲, '愛祖甚於愛父而然也.' 旣而, 其父問之, 其大者乃拾取於糞潿之中也. 昔陶菴李公, 詩曰: '孫兒捉魚貫柳枝, 過我門前入渠家. 須臾其父作羹進, 始信人間理不差.' 或以爲金三淵詩, 而豈非深察其人情者歟?

2-144.

古者, 嶺西一女, 嫁於嶺東, 早喪其夫, 夫家無人, 只有舅存[277], 而兩目俱閉, 女躬執炊汲, 盡心孝養. 其父母哀其年少無子, 欲奪而嫁之, 以詭辭邀還女, 見其家方營辦酒食, 心疑之, 問於小奚, 奚曰: "明日, 將爲君迎新郞." 女卽夜逃還其舅家, 至嶺上, 有虎當路, 女乃就前而哀告, 曰: "汝欲食我, 我非惜死, 而但有病舅在家, 汝幸容我暫還, 以爲告訣, 吾終不失信於汝矣." 虎叩頭而前, 女隨其後, 至家拜舅, 舅驚疑其猝至. 女烹伏雌, 以進於舅, 食畢, 具以實告, 將欲就死. 舅持杖大呼而出, 曰: "虎何忍食我賢婦?" 虎因忽不見, 而舅兩目遂開, 相對喜幸. 是夜女夢, 山靈來言曰: "吾感君孝心, 護送到此, 回路誤陷機穽[278], 明日, 吾將死矣. 吾之命今係於君, 君其活我!" 因覺而異之, 早起探聽, 則去夜大蟲陷在穽中, 已告於官, 太守率丁壯, 持弓矢刀[279]鎗, 來坐野店, 方議執虎. 女就訴其顚末, 願以身代死, 太守曰: "果若汝言, 虎必不傷汝, 汝往穽旁, 可以放虎出否?" 女曰: "惟命!" 卽往入穽, 手執虎耳而出, 虎俛首低尾, 有若乞憐之意, 遂釋之. 人莫不謂孝感所致, 狀聞于朝, 命旌其閭, 復其家.

---

277) 存: 가본에는 '在'로 되어 있음.
278) 穽: 가, 다본에는 '井'으로 되어 있음.
279) 刀: 저본에는 '弓'으로 나와 있으나 이본에 의거함.

2-145.

近世士大夫家, 擇地占山, 必廣其塋域, 禁養樹木, 是於奉先之節, 可謂備矣. 然而不過幾年, 怠於省墓, 每當節祀, 不爲躬進, 令人遞行. 方仕宦京師, 而累年不省楸者, 或有之, 與古人之攀柏悲號, 甚不同矣. 余有一親友, 家貧無騎, 雪中徒步省墓, 作「履雪操」, 曰: "北山有雪, 淺沒履深過膝, 尋樵跡易蹉[280]跌. 攀木木折, 踐石石觸, 木折傷余手, 石觸傷余足. 不見雪惟望松楸, 顚倒行空山無人來, 惟見鳥鼠跡雪上縱橫. 寄語鳥與鼠, 莫囓墓前樹葉, 莫壞墓後莎城. 倘或囓且壞傷, 我遠路人子情. 拜于雪, 不見吾親迎我形; 號于雪, 不聞吾親慰我聲. 空將掬掬血淚灑, 作雪上'哀哀劬勞'字." 余因識之.

2-146.

趙樂靜錫胤, 奉大人居江郊. 嘗有事渡露梁, 風勢甚急, 登舟而旋下, 其船中流果覆. 隣人望見於岸上, 走告於其大人, 至再至三, 大人方對客圍棋, 略不驚動, 曰: "吾兒必[281]不乘危." 客請退, 不許終始落子. 已而, 其子來謁, 徐問曰: "俄者, 有人來我報急, 果有苗脉否?" 對曰: "其人見我登舟, 未見其還下[282], 故致此驚動." 曰: "有何驚動?" 其父子間相信, 如此.

2-147.

古人曰: "養子方知父母恩." 蓋子生三年然後, 免於父母之懷, 則

---

280) 蹉: 저본에는 '差'로 나와 있으나 이본을 따름. 뜻은 서로 통함.
281) 必: 저본에는 '不'로 나와 있으나 이본에 의거하여 바로잡음.
282) 還下: 저본에는 '還'으로 나와 있으나 나, 다본에 의거함. 가본에는 '旋下'로 되어 있음.

其顧復抱負, 恩斯勤斯, 以至於長者, 固難矣. 及其長而無敎, 則近於禽獸, 故能食, 則敎以右手; 能言, 則敎以唯諾. 五年六年而敎之數日, 方名十年, 就傳敎以詩書, 則其誘掖漸磨之方, 可謂難矣. 大抵至要莫如敎子, 至樂莫如讀書, 以至要而兼至樂, 則天下之喜, 未有以加於此. 故俗稱有三喜聲, 科榜呼名聲, 一也; 生男初啼聲, 二也; 子弟讀書聲, 三也. 然而近觀世人於子弟, 多不勸課, 優遊放散, 虛送歲月, 此非父兄之過歟!

2-148.

昔有人, 長於文辯, 善應變成句, 而其子頑鈍沒覺, 目不識字, 百無一能. 以故, 年至及冠, 無人取婿. 乃以其子天才發越, 必爲文章, 夸獎於人以求婚, 不知者, 只信其父之言, 往觀郞材, 招與相對. 適有人牽獵狗過前, 其子出而呼狗, 擧動駭視, 其父抌[283]護之, 曰: "吾兒出言成章, 是云'月移山影改'也." 窓前有火爐, 方焚[284]糠烟起, 其子掩鼻而咤之, 其父卽曰: "此云'花老蝶不來'也." 有隣女, 戴盛饌而過門, 其子呼曰: "麪一鉢[285]." 其父曰: "佳哉! 此云'菊秀寒椊發'也." 又小婢取田中束稃而至, 其子曰: "東稃三掬." 其父曰: "對好矣, 此云'桐浮細雨陰'也!" 如是粧撰, 掩其罅漏, 客信之許婚. 及期將行, 其父諭之曰: "彼家壁上有鳥字, 乃名筆也. 汝見之, 必曰: '鳥字善寫.' 人以汝爲能書也.[286] 且汝爲新壻, 就席之際, 必言此坐彼坐矣, 汝必曰: '天爲幕, 地爲席, 何處不可云.' 則以汝爲能

---

283) 抌: 가, 다본에는 '掩'으로 되어 있음.
284) 焚: 가, 다본에는 '燒'로 되어 있음.
285) 鉢: 가, 다본에는 '器'로 되어 있음.
286) 人以汝爲能書也: 가본에는 '人以汝爲能筆也, 且汝爲能書也'로 되어 있음.

文也. 且今月旣望矣, 夜深後, 月照東窓, 汝必推窓視之, 曰: '月明窓外愛無眠云.' 則以汝爲能詩也." 其子銘心而往, 見壁上[287]鳥字, 卽曰: "鼠鳥字善書[288]食矣." 人皆怪之. 及行禮, 就席曰: "天方地方, 何處不宜?" 坐人皆笑之. 旣入新房, 花燭旣滅, 月影初上, 卽以手推却窓扇, 妻母方窺見於外, 驚而仆地. 乃曰: "月明窓外, 曖昧[289]女沛矣." 莫不駭然. 噫! 如此之子, 是可敎之而能乎? 反爲取拙貽羞, 可謂莫知其子者矣.

子姓繁衍

2-149.

洪範五福, 不言子孫, 蓋五福特以一身上言之, 則子孫亦身外也. 然人之祈福, 必稱多男, 五福雖全[290], 無子孫, 則無以爲福也. 而況有賢子孫, 旣孝且順, 能克家而幹蠱者乎! 古人詩曰: '無藥可醫卿相壽, 有錢難買子孫賢.' 可謂至言.

2-150.

某人素患貧窮, 衣食甚艱[291], 而連年生子, 無一病憂. 次第長養, 年僅三十有餘, 凡有十男, 繞膝滿堂, 索乳覓飯, 叫呼[292]爭嚇, 不勝其苦. 乃謂其妻曰: "吾夫妻同處一室, 則又不知生幾男, 自今以後,

---

287) 上: 저본에는 '子'로 나와 있으나 이본을 따름.
288) 書: 가본에는 '寫'로 되어 있음.
289) 曖昧: 이본에는 '曖眛'로 되어 있음.
290) 全: 가, 다본에는 '存'으로 되어 있음.
291) 艱: 가본에는 '難'으로 되어 있음.
292) 叫呼: 이본에는 '叫號'로 되어 있음.

吾將去家出遊, 以待其斷産後乃還, 如何?"妻亦應諾. 翌日, 擔輕裝, 納苴履, 信步而行, 望門輒投, 至一處, 宏舍華搆, 主人甚豪富. 因乞留宿, 至夜深後, 主人翁獨坐, 吁歎數聲, 旣而問曰: "客亦有子女否?"乃悉陳其辭家之由. 主人頗甚驚異, 待之加厚. 明日, 勸留甚疑, 也自不妨, 因蹲坐度數日, 主翁密請曰: "老夫有懇於君矣. 吾之財産, 爲累鉅萬, 却不羨王公, 而但無一箇子女, 以傳其業. 每以此爲恨, 欲見生育, 畜少妾十箇, 列屋以居, 而終無胎氣, 年少諸女, 必無是理, 實由我故. 今聞君有十男, 可知其子宮甚好, 請輪遞入寢, 竟有實效, 則自當厚謝, 幸勿有讓."客辭以不敢, 而再三固請, 自[293)]其夕, 親携入一小室, 令其共寢. 三日後, 引處外堂, 其間供饋飮饌, 調補蔘茸之屬, 無不畢備. 一月後, 又引至他室如初, 凡十處輪寢, 殆周一年, 客欲辭歸, 乃裝金銀貨寶累千貲, 駄送至家, 十個美娥, 亦各有贐物表情. 旣還, 遂爲猝[294)]富, 而家中十男, 亦皆長成, 因各娶婦, 分戶廣置田宅, 與其妻坐而安享, 將爲十年. 忽一日, 十個轎子, 次第而來, 各有一玉童子, 陪行而入, 問之, 則曰: "自某處來."蓋富翁十妾, 皆已受胎, 以次生男, 不勝歡喜, 稱爲己出. 過了幾年, 老病而逝[295)], 三霜後, 諸女各抱其子, 相謂曰: "此兒實有其父, 而不從則將爲天下無倫之徒, 盍往從焉?"遂賣田宅財産, 各治任來歸. 於是, 男子幷[296)]二十人, 一妻十妾, 合聚一處, 貨亦累千萬, 遂列置門戶歌瑟, 以過一生安樂, 豈不異哉? 其人命福, 有勝於鄧鄷侯郭汾陽, 亦多矣.

---

293) 自: 저본에는 '多'로 나와 있으나 이본을 따름.
294) 猝: 저본에는 '卒'로 나와 있으나 가, 다본을 따름. 뜻은 서로 통함.
295) 逝: 가본에는 '死'로 되어 있음.
296) 幷: 가본에는 '凡'으로 되어 있음.

2-151.

　某人無一男, 只生五箇女子, 皆以物名名之. 一曰一喜, 是言始生一女, 雖不如得男, 猶可以爲喜也; 二曰二瞻, 是言連生二女, 已爲足矣, 更不欲生女也; 三曰三恥, 是言不得一男, 生女至三, 令人羞恥也; 四曰況四, 是言生三女, 已爲羞恥, 又況於四乎, 謂其羞恥之甚也; 五曰暨五, 方音暨與狂同, 是言終無一男, 而生女至五者, 令人欲狂也. 蓋人之於子女, 慈愛無間, 而或婦人297)愛其女婿, 甚於子婦, 是乃偏性也. 然女已出嫁, 則只知有舅家, 而於其所生, 漸見疎薄, 或往來本家, 以求取爲心. 故每人家多女者, 往往蕩敗先業, 古人所謂'盜不過五女之門', 而稱賠錢貨, 是也. 昔有人, 多女畢嫁, 而女常來留, 求索無節, 其父嘗窺視於窓鏡間, 女從外見之, 曰: "此一雙火珠, 何處生的, 願父賜我." 父推窓而言曰: "汝拔吾眼而去."298) 聞者大笑.

積善餘慶

2-152.

　李貞幹, 卽全義李氏之祖也. 少時, 與妻兄文繼宗·孝宗遊獵, 二人逐獐, 而使公候其逸. 見一獐奔觸馬前, 仰視良久, 已而産子, 公遂避去, 報以不見. 又與捕魚, 兩人執網, 公執筐, 見魚之噞喁, 若惜死然者, 輒放之. 兩人笑曰: "更勿令李君執筐." 後公六子登科, 六代方伯.

---

297) 婦人: 가, 다본에는 '婦女'로 되어 있음.
298) 汝拔吾眼而去: 가본에는 '汝欲拔吾眼而去耶'로 되어 있음.

2-153.

李縣令公麟, 卽益齋齊賢之孫, 娶朴彭年之女. 合巹之夜, 夢有八箇老人, 來拜於前, 曰:"某等將就死, 君若活湯鑊之命, 則當有厚報." 公驚覺而問之, 則饔人將以八鼈作羹, 卽令放之江中. 一鼈逸去, 小奚持鍤以捕之, 誤斷其頸而死. 公後生八男, 名曰龜, 曰鼇, 曰鼈, 曰黿, 曰鼉, 曰鯨, 曰鯤, 曰鯉, 所以志其祥也. 皆有才名, 人比之荀氏八龍, 其中黿, 行義文章, 尤著於世, 寃死於燕山甲子之禍, 其驗益明. 李氏至今繁衍, 爲我東盛族, 而其家不食鼈湯.

2-154.

尙相國震, 爲箕伯, 平壤城內, 夏月多蠅, 衣服飮食, 須臾點汚. 公令民課日捕蠅, 市有賣蠅者, 後喪一子, 哭之曰:"吾平生, 無傷害之事, 獨於平壤, 誅蠅太過, 今日之哭, 豈非報耶?" 蓋雖微物, 不可好殺, 仁人生物之心, 當於古人之編竹渡蟻, 見之矣.

2-155.

閔監司光勳, 當仁廟喪, 成服後, 以鬠帽子不用, 故以紙作匣[299], 懸於壁上. 旣而, 有喝導聲, 李司諫慶徵, 來拜公, 後邀兩胤, 出廳事坐話, 老峯兄弟問曰:"知君詣臺, 袖中有何彈文?" 李曰:"患無所言, 欲借作於接長矣." 老峯曰:"大事則姑未思得, 而昨日哭班, 目覩某官某人, 白布笠下, 晏然着鬠帽子, 國恤成服之日, 甚爲可駭. 雖是微事, 臺臣不可不論." 李曰:"第爲爲我草成啓語." 老峯乃口呼啓本驪陽執筆書之文, 未及卒, 公頭着壁上所懸紙匣鬠帽子

---

[299] 匣: 저본에는 '家'로 나와 있으나 가본에 의거함.

出, 謂李曰: "此胡大罪? 蔭職非如君輩官銜之易罷易復, 辛苦積仕[300], 坐計日月, 思得一廛. 雖是國服, 倉卒之間, 未及變通, 仍前權着君. 若論此, 必先劾老夫, 而次論其人." 二公愕眙[301], 不敢出一言, 停筆而坐. 公又切責曰: "汝等乃爲此積不善之事耶?" 老峯兄弟, 乃裂去啓草, 李亦無聊而去. 閔氏之至今嬋赫, 亦非由公之厚德歟?

2-156.

昔[302]有一卿宰, 有一女, 甚鍾愛, 青年喪夫, 來留本家. 一日, 公自外入, 不見其女, 尋至後園, 時春氣方濃, 百花爛開. 見女折花揷髻, 寢於樹陰, 淚痕滿臉, 心甚哀之, 若不見而出. 傔人中有姓魏者, 貌甚俊美, 而無父母妻子, 來托於公. 公亦寵愛之, 乃裝輕寶累千貨, 得一匹善馬, 夜半招其女, 付魏傔, 曰: "汝同此女, 往某處安身, 則足過平生. 不遠千里, 任汝所之, 勿使我更有所聞." 女與魏傔, 泣辭而去. 翌日, 早起入內, 直入女寢房, 須臾, 出取大鐍, 鎖其戶, 不許家人入見, 曰: "女不勝悲哀, 飮藥而死矣. 初終襲斂, 吾當自爲, 幸勿臨視!" 卽以當日, 入棺出殯, 蓋其夫人已有所相議, 而竝其子不知也. 魏傔一去後, 因無形影. 後十餘年, 其子以繡衣暗行, 至北關, 投宿一村庄. 主人頗饒居, 顔面甚熟, 問其姓, 乃魏氏也. 心甚驚疑, 而不敢詰問, 因寢. 至夜半, 主人呼與入內, 見主婦抱三子一女而坐, 乃其妹也. 遂相與執手而哭, 信宿乃反, 反面後, 不忍永諱其大人, 從容告曰: "今行見一稀奇事, 得逢向年魏

---
300) 仕: 가본에는 '任'으로 되어 있음.
301) 愕眙: 가본에는 '愕然'으로 되어 있음.
302) 昔: 가본에는 '昔者'로 되어 있음.

儂." 大人卽張目, 曰: "誰敎汝采訪此等事來?" 遂不敢復言. 其後, 公五福盈³⁰³⁾備, 子孫繁衍, 世襲軒冕. 北道魏氏, 亦甚昌大, 科宦相承, 豈非由祖先陰德致歟?

2-157.

年前大饑, 米價高踊, 市斗至三百, 而米商閉肆操縱, 不肯出賣, 都下嗷嗷. 亂民數十輩, 相聚爲黨, 各持椎杖, 打破米廛, 隨後和應者, 亦不知其數, 遍行一城, 其疾如飛. 各營及諸法司, 多發猛卒, 一幷收捕, 擧皆逃散, 獲三十餘人, 首倡七人, 令軍門梟首³⁰⁴⁾. 餘悉流竄, 掌邦禁刑, 暴亂不得不然, 而於其中不無玉石, 俱焚³⁰⁵⁾之歎矣. 朴尙書周壽, 時爲兵判, 兵隷所捉, 爲二十餘人, 而不送秋曹, 卽自本營杖而釋³⁰⁶⁾之, 皆得免死. 是亦有幸不幸, 而其宅心爲善, 必有未艾之福矣.

2-158.

近世搢紳家楷範, 未有如李尙書義甲之家. 昆季六人, 皆踰六旬, 同朝共閒, 登文科, 位躋卿宰者三, 承蔭仕, 官至州牧者三. 尙書年最老, 位最高, 而大小家事, 無不總裁, 群弟必咨稟而行. 自冠婚喪祭, 以至衣服飮食, 家有定法, 用有常度, 無一過濫. 族戚親知之間, 專以賙恤爲務, 兄弟累典州藩, 而家無所儲, 每月分施窮餓米, 至爲百餘斗, 遂爲定例. 晩年勢不得行, 數賣家藏器物以應之,

---

303) 盈: 이본에는 '兼'으로 되어 있음.
304) 首: 저본에는 '示'로 나와 있으나 가, 다본에 의거함.
305) 焚: 가, 다본에는 '燒'로 되어 있음.
306) 釋: 가, 다본에는 '放'으로 되어 있음.

泣[307]官淸儉, 主試秉公, 終始令名, 壽躋八耋[308]而終. 有絶筆詩, 曰: '不才幸値太平辰, 穩穩經過八十春. 賦與皇天偏厚我, 太平時節又歸眞.' 旣喪內外, 緦功爲二百餘人, 苟非積善餘慶, 豈能如是耶? 公先人參判泰永, 五莅外藩, 到處遺愛. 嘗爲嶺伯, 京居一窮士, 出兵曹資帖十餘張, 往賣於南邑. 蓋其見欺於人, 而以僞造現發, 本倅捉囚其人, 必欲窮覈, 適値道伯巡行至邑, 具以事告, 答曰: "此有朝家法禁, 各有司存, 則恐非外宰所可知者, 請速放還." 其人遂免於不測之禍, 其仁恩厚德, 莫非此類.

善惡報應

2-159.

宣廟時, 譯官洪純彦, 入中原, 以銀千兩, 求天下美色, 以夕爲期, 往視之. 紅樓珠箔, 鋪置極麗, 一少艾端坐歛容, 光艶奪目, 將欲就枕. 忽見雙淚滿臉, 怪問之, 乃言曰: "妾本中土名族, 妾父無他子女, 只有妾一個, 而家在南京, 旅宦京師. 意外遘癘, 二親俱亡, 四顧無親, 返葬無路, 妾不得已自賣其身, 乃與君有今夕之會, 而女子之道, 守一而終者也. 相距萬里, 終遂一別他適, 不可更逢未易, 安得不悲?" 洪本仗義疎財有意氣男子也, 聽罷惻然, 更整衣冠, 斂膝而答曰: "吾雖外國賤人, 粗知禮義, 豈爲今一夕之歡, 以誤君百年之前程乎? 些少禮物, 幸勿掛意." 卽起而出, 其女感恩不已, 每織錦, 必添繡'報恩'二字, 乃所謂報恩緞也. 當壬辰請兵, 洪又以首譯入焉. 時石尙書星, 方尊顯用事, 要見洪甚款, 因邀入內

---

307) 泣: 가본에는 '㳒'로 되어 있음. 서로 통함.
308) 耋: 다본에는 '耄'로 되어 있음.

堂, 與夫人相面. 洪俯伏不敢視, 夫人勸起, 曰: "君不知妾乎? 妾乃昔年受恩於君者也, 銘心刻骨, 何嘗一日忘諸? 今日幸要君與妾, 結兄妹之誼, 如何?" 洪始知爲其女, 而不意貴顯至此也. 尙書曰: "君之高義, 孰不敢[309]歟? 貴國請兵, 吾當力言于朝, 令君得竣事而還, 以爲荊妻結草之報." 其禮物賞賜, 不可勝記. 蓋天朝之出師救難, 再造東藩, 未嘗不藉於洪之力也. 竟錄勳封唐城君. 噫! 人之施德於不報之地, 而自然有報應者, 豈非天理歟?

2-160.

仁廟時, 倭人攻琉球國, 擄其王而去. 其世子載寶物, 往贖其父, 漂到濟州, 州牧李灣出見, 問舟中貨寶, 答以[310]有酒泉石·漫山帳. 所謂酒泉石, 卽方石一塊中凹而深, 每以淸水貯之, 卽變爲美酒. 所謂漫山帳, 以蜘蛛絲染藥織成, 小張則可覆一間, 大張則彌山蔽野, 而雨亦不漏, 眞絶寶也. 牧使遣兵圍捕, 誣以犯境殺之, 盡籍舡[311]中物. 世子以石投海, 臨死, 書一詩曰: '堯語難明桀服身, 臨刑何暇訴蒼旻? 三良入穴人誰贖, 二子乘舟賊不仁. 骨暴砂場纏有草, 魂歸故國弔無親. 竹西樓下滔滔水, 遺恨分明咽萬春.' 令人聞之可爲流涕. 蓋琉球雖處海中, 衣冠物色, 與我國略同. 余嘗赴燕, 入太和殿, 朝參見, 琉球使三人, 同入參班, 廣帽大袖, 可知爲冠帶之國. 而回想李灣[312]事, 不覺靦然面愧.

---

309) 敢: 이본에는 '感'으로 되어 있음.
310) 以: 가본에는 '曰'로 되어 있음.
311) 舡: 저본에는 '帕'로 나와 있으나 이본에 의거하여 바로잡음.
312) 灣: 저본에는 '澯'으로 나와 있으나 가본을 따름.

2-161.

陽陵君許積, 氣宇槐梧, 識見明透, 位躋台鼎, 爲國柱石. 及年老, 志衰爲惡, 子堅所誤, 不得死牖下, 惜哉! 堅旣誅, 積語人曰: "吾爲持平時, 有年少常漢, 所着如貴公子, 捉來懲勵之際, 門外有發聲訽辱者, 捉入問之, 則乃其人之妻, 服色又如王公女子. 余卽猛杖而幷斃之, 一日, 夢見一老人, 來言曰: '童孩不知法理, 容或無怪, 而不爲薄警, 使獨子獨女, 一杖幷命, 汝豈享福必生惡子覆滅汝家?' 余覺而惡[313]之, 未久生堅, 初不欲擧, 而事涉虛誕, 不敢[314]向人說道, 任其所養. 今日, 乃符如是, 皆由余積殃而事, 皆前定奈何?" 俗說, '積殺大蛇, 堅以蛇精化生云.' 鄭陽坡, 素與積相善. 一日, 忽愀然不樂, 子弟請其故, 答曰: "吾昨見汝車而來矣, 始入外舍, 寂然無人聲. 常見此公, 多在後堂, 故因入開其戶, 汝車方傅粉凝粧, 對鏡而坐, 余愕然還閉而出. 須臾出來, 但笑而言他. 此公本多才能, 人間萬事, 皆嘗[315]試爲之, 然爲女子樣, 則極爲可怪, 何晏粉面?" 終不自保平生, 故人將遭此禍, 此心豈得平? 後果驗.

2-162.

某人爲海邑守宰, 境內一士人, 本以簪纓舊族, 零替流寓者, 已爲數世見忤於本倅. 倅肆怒逞憾, 出送鄕所差帖, 脅令投刺, 其人逃遁不得, 竟爲所屈, 因作鄕族, 而家計稍饒. 本倅之孫貧窮, 不得娶妻[316], 取富結婚, 乃其人之孫女也. 取婦入門者, 豈不愧恨? 某

---
313) 惡: 가본에는 '思'로 되어 있음.
314) 敢: 가본에는 '欲'으로 되어 있음.
315) 嘗: 가, 다본에는 '言'으로 되어 있음.
316) 妻: 저본에는 빠져 있으나 가본을 따름.

人爲畿邑倅, 當饑歲, 抄戶設賑, 有一窮班, 入錄於飢口. 方饋粥之
際, 自言班名, 倅怒曰: "飢民何論班常?" 因斥逐之. 後其人, 赤手
成立身, 致萬金, 爲其孫, 求婚於京居士族率來, 乃昔日設賑太守
之孫女也. 不過數十年, 人事互變, 天道好還, 至於如此.

2-163.

有一京班, 貧窮年老, 弊袍[317]破冠, 借騎往楸下, 路逢一外宰, 方
呵導而過, 以未卽避馬, 令健隸捉下毆打, 受辱滋甚. 旣還, 因病不
起, 召其子, 語其由, 托以報怨而終. 數十年後, 其子登科爲御史,
而昔日外宰之子, 又爲該道雄邑[318], 繡衣入境, 封庫黜罷, 書啓論
罪. 知其事者, 雖以爲出於私嫌, 而亦足謂觀過知仁, 天理之報復,
乃有如是者矣.

享祀神道

2-164.

端宗朝六臣, 皆絶祀[319], 惟朴氏僅存. 當其忌日, 祀孫繼昌, 病不
能參, 昏夢中, 有頎然六丈夫, 儽然而來. 其五止于門外, 其一入據
卓上而食, 以袂裹其餘瀝, 出門外, 餽其同伴. 仍覺之, 自其後, 每
忌日, 別設一卓於中門外, 以祀之. 『詩』所云: '以妥以侑, 來假來
饗.' 豈空言歟?[320]

---

317) 袍: 나본에는 '衣'로 되어 있음.
318) 邑: 저본에는 '牧'으로 나와 있으나 가, 다본을 따름.
319) 祀: 저본에는 '嗣'로 나와 있으나 가본에 의거함.
320) 豈空言歟: 가본에는 '豈是空言耶'로 되어 있음.

2-165.

余先祖明原君, 中年患疫[321], 頓絶三日而甦, 謂子弟曰: "始也, 一身俱痛, 五腸煩鬱, 遂穿窓隙而出, 怳怳焉茫茫[322]焉, 莫知所止. 忽見一處, 簫鼓交奏, 籩豆錯陳, 巫人招之, 因盤桓欲入, 則諸鬼以爲新來, 不許同叅. 而見庭下分置粟飯, 麤惡不堪食, 有一鬼延之勸喫, 余怒曰: '吾不可與汝輩同餐!' 因回程, 冥然而往, 昧然而來." 乃是一夢, 常戒家人, 以爲, "人死之後, 本體乃外物也. 我死勿用灰槨, 猶有魂靈能食, 可以享祀, 而必爲精潔云." 家無所傳文字, 先人得見於『於于野談』, 嘗爲余輩言如此, 故謹錄之.

2-166.

昔某人, 自幼少時, 每年當某月某日, 夜夢飄然輕擧, 向東峽而行, 穿雲渡水, 至側僻處, 入一茅舍, 見老嫗燃燈設饌, 哭而祭之. 因據卓右, 享其飮食訖, 芒芒[323]然歸. 旣覺, 腹猶果然, 歲以爲常. 所道山川歷歷可記, 至中年, 仕爲東峽宰, 將赴任所, 沿路所見, 一如夢中. 山邊果有一茅茨, 主嫗出見, 顏貌甚熟, 怳然興悲. 因下馬問嫗平生, 時年七十餘, 寡獨無依, 而自言, "某年喪子." 與己生年相符. 問其祭日, 乃某月, 每年[324]所夢之日也. 於是, 大悟前生爲嫗子, 遂載與俱往, 敬事之, 以終其年云.

2-167.

金靑城錫胄沒後, 有神憑于關西一武人, 自稱靑城魂靈, 空中作

321) 疫: 가, 다본에는 '痘'로 되어 있음.
322) 茫茫: 저본에는 '芒芒'으로 나와 있으나 가, 다본을 따름. 뜻은 서로 통함.
323) 芒芒: 가본에는 '茫茫'으로 되어 있음.
324) 某月每年: 가본에는 '某年某月'로, 다본에는 '某年某日'로 되어 있음.

聲, 能言平生事爲及所著篇章, 了了不錯. 本家迎致京師館于門外, 而供奉之, 其所指揮, 無非亂家之事. 論定山地, 則以水湧處爲吉, 而勸成之; 評品親舊, 則以有益者爲害, 而使絶之, 讐家細作指爲善人, 術士迂論稱爲可信, 果是相國魂靈, 則豈如是耶? 擧家不悟, 而不能斥遠之, 終有絶嗣之禍, 誠爲可怪! 世祖朝, 勳臣之家, 多有自[325]稱其先靈而降之者, 以禍其家, 此非讐怨之人, 死而爲神, 假托而作怪者歟!

2-168.

宣廟壬辰亂後, 城中有許雨者, 家有神怪, 白晝與人酬酌, 豫言禍福, 別無害人之事, 而但夜間男女有人道, 則必拍掌大笑. 家人甚苦之, 作符呪, 以付于四壁簷樑間, 使不得接跡, 則空中言曰: "吾不害汝, 汝何嫉我?" 乃已之, 因相與親熟, 與人無間. 一日, 問曰: "鬼神亦有死乎?" 曰: "有死矣." 曰: "何以則死?" 曰: "鬼神最嗜蝙蝠炙, 見之則不得不食, 食之則死矣." 其家求得燔, 而置之樓上[326], 忽聞有哭聲, 問: "何哭?" 曰: "汝欲除我, 爲此蝙蝠炙以待我, 我將食之, 食之將死, 故哭之." 已而哭止, 更無影響. 此必兵燹之後, 陰氣鬱結, 致此乖蟞[327], 若清平之世, 則必無是矣.

2-169.

柳夢寅, 嘗寓湖西, 人多患瘧, 戲作一詩, 傅[328]其背, 卽愈. 其詩

---

325) 自: 저본에는 '多'로 나와 있으나 가, 다본에 의거함.
326) 樓上: 가본에는 '樓下'로 되어 있음.
327) 蟞: 가본에는 '戾'로 되어 있음.
328) 傅: 가본에는 '付'로 되어 있음.

曰:'土伯盤困九約身, 峩峩雙角柱窮旻. 龍脂亂沸千尋钁, 虎戟交縱[329]萬甲神. 哆哆吸來塵渤海, 張拳打破粉昆侖[330]. 可憐水帝孱兒鬼, 星馳風騖地外淪.' 蓋瘟神卽水神, 而土克水, 故用『楚辭』土伯之語也. 遠近互相傳寫, 雖積年老瘧, 無不譴却焉.

神明默佑

2-170.

李白沙, 生不周朞, 老婢抱持近井, 放諸地而坐睡, 公匍匐見幾入井. 婢夢見白鬚老人, 以杖扣脛, 曰: "何不看兒?" 痛甚驚覺, 趨而救之, 心自異之. 後家中有饗禮, 掛其祖益齋畫像於堂, 婢見驚, 曰: "此卽前日扣吾脛者也!" 噫! 益齋英靈, 能不泯於數百年之後, 救其孫於岾危之際, 豈徒其神甚靈? 抑亦異於凡兒, 能致神明之默佑也歟?

2-171.

李月沙, 壬辰之亂, 爲見妹氏往抱川. 時賊方下北道, 往來不絕, 公騎馬越嶺, 忽聞連呼, 莫往者三. 停驂四顧, 闃無人影, 意其誤聞, 遂下嶺纔一二[331]步, 又呼如此. 甚怪且疑, 回鞭欲還, 見賊數十騎, 從山下而來. 遂疾馳過山, 賊追不及, 若前進數步, 則必不免餓虎之噱, 此豈非異於常人鬼神陰有以護之者耶?

---

329) 縱: 나, 다본에는 '摐'으로 되어 있음.
330) 昆侖: 가본에는 '崑崙'으로 되어 있음.
331) 一二: 가본에는 '二三'으로 되어 있음.

三疑事

2-172.

我東稱有三疑事, 其一, 陝川海印寺, 有兩箇木鉢, 不相大小, 而遞入其中, 互爲出納, 其理殊不可曉矣. 其二, 兩白之間, 有浮石寺, 寺後有一巨石[332]橫立, 而又一石上覆, 如屋霤之下垂, 不相連合, 有些空隙, 以繩度之, 出入無碍, 稱爲浮石, 是亦可訝. 其三, 長淵金沙, 隨風成巒, 倐忽左右, 朝夕遷徙, 游動不定, 而沙上塔廟, 終不埋沒[333], 亦爲可怪. 近世, 李判書春躋家有宴會, 宰一大角以需, 而食後死者不知數. 蓋一門內渾率爲百餘人, 滿堂族親賓客貴人, 又不知幾人, 而無一死者, 輿儓下隷及諸家奴婢, 死者累百人. 或者造言以爲, "李家有算命者, 謂殺千人而後可得活云." 故置毒如是, 是無可據. 下輩所食, 皆是兩班之退餘, 而又或同器有生有死, 是豈可憑耶? 死者眷屬, 叩門號哭, 至於上聞令法司, 捉其家丁[334]嚴覈, 而竟未得端緖, 此可與三疑事並稱也. 近見李家, 零滯[335]不振, 子孫窮困, 此雖非自作之孼, 其必有餘殃而然矣.

居鄕

2-173.

栗翁在海州, 與鄕人相約作契, 各出穀若干石, 春散冬斂, 名曰

---

332) 巨石: 가본에는 '怪石'으로 되어 있음.
333) 沒: 나, 다본에는 '壓'으로 되어 있음.
334) 家丁: 나본에는 '家子'로 되어 있음.
335) 零滯: 가본에는 '零替'로 되어 있음.

'社倉'. 每春秋講會, 賙助婚喪, 蓋朱子因崇安之飢, 而設此規, 先生效之, 而其儀尤備云.

2-174.
牛溪居坡山[336], 有客坐於外堂, 開窓相對. 有村氓, 騎牛過於百步之內, 先生卽闔戶以避之, 故居鄕五十年, 上下安之. 尤翁每行路, 不呵禁人之登馬, 曰: "彼之乘馬, 何害於我而必欲禁之乎?" 嘗言於門徒曰: "昔士人輩, 聚一處爲川獵, 有一豪漢, 馳馬過前, 年少一人, 有欲捕治, 其中長者, 止之, 曰: '吾輩如是會坐, 而彼不下馬, 若非有所怙[337], 則必是失性. 將死之人, 旣而見其人, 入山谷凹地, 而久[338]不出, 使人覘之, 則已死矣.' 蓋俯飮泉水, 而仍不起, 卽探其囊中, 有尹元衡書, 乃其奴也. 若怒其傲慢, 而施以一箇箠楚, 則其禍當如何? 世人每不忍小憤, 必致大禍, 君輩戒之." 故先生於家間奴僕外, 未嘗有箠焉.

2-175.
洪都正養默, 晚年結廬於楊州楸下, 時時往處焉. 嘗爲先代延諡, 爲接禮官, 欲宰一牛送言于本牧, 得許題然後始屠. 翌日, 招墓直, 謂曰: "此洞班家與汝輩, 亦有私屠乎?" 對曰: "有之." 曰: "何以防後患?" 對曰: "若以一緡錢, 預給於本邑捕廳首吏, 則不入於官廉." 曰: "然則我亦入鄕循俗, 預爲防患, 如何?" 墓直曰: "不然不然! 京班以延諡爲名, 則雖無官題, 必無是非, 而況有許題, 則何必

---

336) 坡山: 가본에는 '坡州'로 되어 있음.
337) 怙: 가, 다본에는 '恃'로 되어 있음.
338) 久: 저본에는 '入'으로 나와 있으나 이본을 따름.

煩慮?"曰: "吾亦斟量而屠宰, 旣法禁也. 居鄕之人, 不當有犯, 且官吏以班家之故, 不得例食, 則雖不敢言, 豈無怏怏於心乎?" 乃以百銅付之, 必使往遺焉. 墓直心以爲笑, 受之而去, 至夕來報, 曰: "校吏輩稱謝不已, 此所謂烹食生魚, 而曰:'圉圉焉, 洋洋焉, 油然而逝者也.'" 子産之智, 猶可欺之以方, 而自少時, 累典州牧, 稱爲能吏, 習知民情世態, 則是豈見欺而以爲信哉? 欲使其子孫能知畏法重禁, 示以謹愼之道也. 余時親見, 已窺其意, 而不覺感歎. 近年, 法綱頹弛, 居鄕殘班, 無難犯屠, 逢變遭辱者, 甚多, 庶乎觀此而改之.

2-176.

有一貧士, 流寓嶺外, 自官付之還戶, 無以圖免. 乃以奴名呈訴, 曰: "矣上典, 髫[339]而居漢北, 弁而移關東, 長而僑湖西, 老而轉嶺南, 不問可知爲東西南北之人也. 所居不過一弊廬雙不借, 所業只是三尺琴一床書. 其詩曰:'妻謂天皇氏, 奴云[340]士大夫.' 此見迂闊之甚也. 又曰:'薄田秋不稅, 虛屋夜無倫.' 此見貧窮之極[341]也. 又曰:'心存靜裡牢關戶, 理在虛中默看山.' 此見愚拙之至也. 又曰:'今日安知明日事, 南方豈久北方人.' 此見欲歸之速也. 今雖有齊棠之發, 終豈無漢糴之責? 督如星火, 廚不烟矣, 折如乾木, 水豈生乎? 食之甚易, 納之甚艱[342], 伏願官司, 俯賜鑑燭, 俾矣上典, 彈琴讀書, 優遊卒歲云云." 本倅特許頉免, 更以米肉遺之.

---

339) 髫: 가본에는 '髻'로 되어 있음.
340) 云: 가본에는 '謂'로 되어 있음.
341) 極: 가본에는 '甚'으로 되어 있음.
342) 艱: 가본에는 '難'으로 되어 있음.

2-177.

京居一士人, 退寓鄕第, 閉門讀書, 使其奴墾田治圃. 有一奴, 甚愚頑, 牽[343]牛而過堂下, 曰: "班常命數, 何其相懸, 彼則安坐讀書, 而使我勞苦如此?" 其主聞之, 招而言曰: "汝欲爲我之逸乎?" 奴曰: "何辭之有?" 卽使跪于床下, 出『小學』一卷, 敎以音義, 使讀之終日不輟. 未半晌, 奴已厭倦, 不能耐久, 又不習跪, 脚痛轉甚, 乃告曰: "今日始知班之勞甚於奴矣." 伏乞歸耕[344], 更不怠慢, 乃釋之. 其後, 服勞盡力, 不敢言苦, 有時叱牛, 曰: "汝欲讀『小學』乎?" 聞之可笑.

卜

2-178.

士大夫卜居於鄕, 必先觀地理. 地理不美, 則水泉少味, 風氣多惡, 人有疾病, 而不可居矣. 次觀[345]生利, 人不能鼇家蚓食吸風飮露, 則必擇土沃野廣, 有耕稼之利然後, 可以居矣. 次觀[346]人心, 人心不淑, 則必多悔吝, 無里仁之美矣. 次觀[347]景槩, 若無山水可賞, 則無以陶寫性情, 不得其逍遙盤桓之樂矣. 四者缺一, 則便非樂土也, 故先輩莫不擇地而居之. 如坡山, 牛溪之居; 石潭, 栗翁之基; 懷德, 三宋之鄕, 退溪之陶山, 遂菴之黃江, 丈巖之金灘, 西崖之河回, 皆以勝地有名. 是蓋不出於嶺湖之間, 而畿邑數百里內, 無可

---

343) 牽: 저본에는 '宰'로 나와 있으나 이본에 의거함.
344) 耕: 가본에는 '秡'으로 되어 있음.
345) 觀: 가, 다본에는 '看'으로 되어 있음.
346) 觀: 가, 다본에는 '見'으로 되어 있음.
347) 觀: 가, 다본에는 '看'으로 되어 있음.

居處, 獨驪江稍勝, 故古家名裔, 多爲之主焉. 是以, 京族之轉徙而南者, 多有餘運, 不墜家聲. 若流落於漢北者, 因作土民, 不能復振. 此由於地運之利不利, 卜居者, 可不觀歟?

卷人

科擧

3-1.

國朝之科目取人, 欲其試才攷藝, 收采[1]人物. 以故, 三年設一大比, 每有邦慶, 必設增廣・庭試, 以至有節製・陞庠, 以爲月課. 外道則亦有都會道科, 先王之立經陳紀, 靡不用極. 若夫恢張大公, 展施宿學, 爲國家導和延祥, 是乃主司之責. 而事到手頭, 便起私心, 姻婭・族黨・親知之間, 援引挾雜, 赫蹄關節, 密密綢繆. 或沒廉冒恥, 不顧醜謗, 一心滔滔, 猶恐有失. 至於文筆巧拙, 雖能具眼, 奚暇辨別? 不然, 則自愛身名, 發明爲公, 佳作善筆早呈者, 意其有勢有財, 不敢擇取, 只取其最晚紙面之凶怪者, 以黑榜眼. 故每科若非勢人富客, 則必迂土僻姓, 本不科業者, 多參榜中, 窮儒實才, 蓄銳伺發, 各盡其才者, 上下不及未免寃屈, 是可忍耶? 雖曰公道, 其害有甚於私也. 且古者主試, 必擇當世之有文望者爲之, 近世則不然, 雖不識科體, 平生不作一詩一賦, 亦當其任, 乃以盲杖考取, 惟意出榜, 爲儒赴擧者, 亦可哀矣! 以故, 每當科時, 人冀僥倖, 不計早晩工拙, 必以呈券爲主. 鉏耰棘矜, 目不識丁者, 莫不勇赴, 受券至爲數十萬張, 儒風文氣, 何其盛耶? 雖使歐陽公・蘇長公, 爲之考試, 有不能盡得閱眼, 而殿庭則當日坼榜, 執科則不過數日, 初不入考, 自歸落軸掛眼者. 詩賦則只覽初句義策, 則但觀起頭, 故妄發不成樣者. 每多高捷, 或滿紙書套, 只作一二行者, 亦有參榜,

---

1) 采: 라본에는 '探'로 되어 있음.

乃以得失, 付之命數, 是亦曰: '試才而取人乎!' 何不令千萬人各書姓名, 納於一筒中, 拈闆而取之, 乃紛紛然設圍命題, 以致其煩費耶? 昔金淸陰爲監會主試, 凡十五日出榜, 仙源以爲太速, 恐有遺珠之歎, 其亦異乎! 今之時矣, 以儒生言, 則以爲得失不在於文, 終年不讀不做, 每臨場, 乞句借筆, 爭相納券, 以冀萬一. 故懸題末頃, 已有先呈, 纔度半刻, 堆積如山, 太半雷同, 都不成說, 而其中亦有幸不幸焉, 可發一笑. 余少時, 嘗赴畿營覆試, 初擇爲八十人, 而解額僅六窠, 巡使徐英淳, 令諸儒升坐廳上. 冬月短晷, 午後出題, 卽懸時繩爲定限, 曳白而出者, 已數十人. 余時先呈受券畢, 因考取十八人, 又令比較, 時已昏黑, 燈燭輝煌, 筆硏整齊, 眞所謂白戰, 令人銳氣自倍. 余又首呈居魁, 蓋面試取才, 如瓮中捉鼈, 見屈者無所怨咎. 每科苟能如此, 則以實才爲名者, 何患不中, 而豈有僥倖耶? 因[2]記其騏驥盛壯之時, 俾警愚豚.

3-2.

玉皇病世之科擧, 多私少公, 命諸仙官, 設場於白玉樓, 試天下人才, 以蘇軾爲考官, 黃庭堅爲參試, 李長吉爲讀券官. 必擇佳作善書者, 編次以進, 正是文從陸海潘江出筆自顔筋柳骨來. 玉皇親手坼封, 壯元乃石崇子也. 玉皇曰: "此乃金谷富豪之子, 而素所蓄銳, 何能如是精篤耶?" 卽命入侍, 問曰: "此文與筆, 皆汝所爲乎?" 石子頓首謝, 曰: "臣本無學藝, 不能自爲, 此皆借手於人也." 玉皇曰: "誰爲汝代之?" 曰: "文是唐學士李白所製也, 筆是晉右軍王羲之所書也." 玉皇曰: "二人何爲代汝?" 對曰: "臣家計稍饒, 李太白

---

[2] 因: 라본에는 '固'로 되어 있음.

桃李園春夜之宴, 王羲之蘭亭上巳之會, 皆送千金以助之, 今日有此來報." 玉皇歎曰: "以文筆取人, 則失之者多矣. 富而無文者, 以錢買之; 貧而無錢者, 以文賣之, 誰能禁止乎? 人世之無文無筆而登科者, 無怪其多矣. 自今, 不可令天下專以文藝取人也." 乃命朱衣御史·黑策使者, 分送人間, 每場屋, 不論文筆之工拙, 只觀命數之窮亨, 必使朱衣點頭而取之, 更以黑策盲杖而考之. 雖平日自許有試鑑者, 臨考則必眼迷神眩, 不知其巧拙. 此雖好事者之言, 而深得其世情者矣. 昔有一文宰, 爲監試考官, 出義題, 自古在昔, 先民有作³⁾覽, 過累千張, 皆辨明古昔之義. 漸覺支煩, 到手輒書外字, 忽疑心一張混於其中, 遽開眼視之, 曰: "此雖乏古昔之義, 而文理稍勝於他矣." 竟以朱筆批而取之, 此非其人之日數耶? 年前, 余見京士子弟監試, 買一巨擘, 率入場中, 題出司馬公事, 而以私藁中韓·魏公事所作, 謄而與之, 使得早呈, 無一句近似, 而出榜後, 亦得高中. 俗所謂科場得失未可知者, 非此之謂歟!

3-3.

古有一卿宰, 素有文望, 明春, 將擬監會主試, 而其子亦篤於科業, 多與文士交遊. 乃令於親知中赴會圍者, 預求得⁴⁾私藁以進, 批評其巧拙, 以還之. 及赴試, 役其子薦某某實才, 幸無遺珠, 卽答曰: "使各自製以呈, 切勿書通." 及出榜, 意中人皆得參榜, 無一見漏. 此比於盲杖爲公, 相去遠矣. 昔韓昌黎, 爲陸宣公贅所擧, 陸沒後, 其子能文詞, 而落拓不遇. 韓公爲考官, 心欲濟之, 乃以大夫鴆爲題, 觀篇內不書贅字者, 果得之. 古人爲私, 亦異乎今矣!

---

3) 作: 라본에는 '覺'으로 되어 있음.
4) 得: 라본에는 '其'로 되어 있음.

3-4.

儒生臨科, 食必忌蠔, 以其義似於屈也; 羹輒避瓜, 爲其音同於外也. 又魚鮮中落蹄, 與落第音似, 故不食者多焉. 有一人, 恒言惡用落字, 入場見親友, 以落蹄爲饌, 乃把箸而進, 曰: "請食入蹄!" 入云者, 取其相反之辭也, 一場大笑. 柳參議熙, 將赴司馬試, 夢乘駿馬而馳, 忽見跌墜. 旣覺憮然, 借乘武人駿馬, 遍踏長安, 忽馬蹶而墜, 不覺其痛, 仍大喜其夢之驗, 果得參榜. 申判決塾, 每科貓橫過前則必中, 將赴會圍, 終日行不見貓, 甚憫爲見貓過. 夜訪人家, 見病貓蹲于門外, 拂其扇以驚之, 貓乃截路[5]而過, 乃大喜, 翌日取應, 果捷科. 儒之以科爲重, 蓋如此矣.

3-5.

柳司諫忠寬, 將赴殿試, 與鄭彥慤, 同宿[6]於申判書公濟家, 夢攀一松樹, 坐第五枝, 上下皆有女人. 旣覺, 語其夢, 彥慤年晚不第, 而從事卜筮, 臥而診其夢, 曰: "松者棺也, 第五枝第五年也. 上下女人, 必生二女, 皆亡矣." 柳大怒, 素有膂力, 壓而毆之, 猶不服, 曰: "若取場中饌鷄若酒來, 當以好辭解之. 不然, 終不改." 乃取鷄酒餉之, 彥慤盡其饌, 改診其夢, 曰: "松字十八公, 明日及第, 當取十八人, 坐第五枝, 當參第五名, 上下女人, 皆安姓人也." 翌日, 出榜果十八人, 而柳登第五, 安玹·安璋, 居首末, 皆如鄭言. 雖惡夢, 苟解之以善, 則亦有轉災爲祥之道歟!

---

5) 路: 라본에는 '路上'으로 되어 있음.
6) 同宿: 라본에는 '同食'으로 되어 있음.

3-6.

申相國玩, 少登文科, 往見陽坡鄭公, 公喜曰: "余日昨夢, 一龍橫臥於天, 首尾亘東南門, 腰當鍾街. 騎坐者, 如今科榜人, 數見余呵導而過, 莫不下之, 獨騎腰者不下. 今君顔面, 酷似其人, 此可以卜君之他日, 名位當不在老夫之下矣, 幸爲國家自愛云."

3-7.

世以爲, '臨科者得龍夢, 則必占[7]魁云.' 然龍之於人, 非若牛馬犬豕常目之物, 則夢之亦難矣. 故欲其夢者, 多畫龍貼[8]壁, 強求其夢, 而人之榮顯, 自有定數, 何有於龍, 何待於夢耶? 昔有鄕擧十餘人, 作科行於路上, 各言夢兆, 蓋常時夢龍者, 亦多矣. 中有一人, 作詩曰: '人言龍夢最宜科, 每到科時說夢多. 我是眞龍何必夢, 乘雲一蹴到天河.' 及入場, 他皆見屈, 而獨捷云.

3-8.

俗說以爲, '家有喜事, 鵲必先報, 南鵲稱得男, 巽鵲稱登科.' 此未知何據, 而唐人詠征婦詩, 曰: '忽聞枝上鵲, 虛畫鏡中眉.' 觀此, 則鵲亦無靈, 甚矣. 昔有人兄弟, 爲科業俱擧發解, 將赴會圍, 有鵲來, 巢於北扉下[9], 人以爲北鵲不利[10]. 其幼子在側, 爲文以解之, 曰: "鵲昔鳥也, 北兩士也, 物舊則神, 吾家必出兩進士." 果如其言, 兄弟聯璧, 此未必鵲爲其兆, 乃其言爲之讖耳. 成廟嘗微行, 至南

---

7) 占: 라본에는 '卜'으로 되어 있음.
8) 貼: 나, 라본에는 '粘'으로 되어 있음.
9) 下: 저본에는 '外'로 나와 있으나 라본을 따름.
10) 利: 나본에는 '科'로 되어 있음.

山下, 見一草屋, 庭有老槐, 主人與其妻, 含枯枝上樹, 搆以爲鵲巢. 問其故, 答曰: "人言鵲巢登科, 而鵲不來巢, 故躬自爲之耳." 因請觀其所爲文, 乃碩儒累擧不中者也. 明日, 卽設應製, 御題出 '人鵲滿場', 不知其解, 自上親考坼封, 果其人也, 因命賜第. 猗歟盛哉! 大聖人之所成就於人, 乃有若是者矣.

3-9.

有一鄕客, 擧東堂初解, 將赴會圍, 素無宿工, 無以呈券. 前期一月, 往遊北漢寺, 有二[11]儒生, 方做表策, 見甚精勤, 問之僧, 乃當時卿宰家[12]子弟, 方爲會試做工者也. 留與同宿數日, 密招一髠, 以囑曰: "吾有所懇於汝, 汝肯聽否?" 髠曰: "第言之." 曰: "汝今夜稱有夢兆言, '彼鄕客, 先化爲龍, 二公各傳於左右兩翼, 一躍乘雲而去.' 能使彼信聽, 則吾當厚酬." 乃先以盤纏所餘數緡, 佩之, 髠應諾, 宿於他房. 夜深後, 踊躍疾呼曰: "二公寢否? 小[13]僧今者夢如此如此, 豈不奇哉? 豈不壯哉? 今番會試, 壯元探花, 皆出吾寺中, 願諸公多爲施主, 無忘小僧之德." 言訖而出. 二人始與客同留多日, 汨於鉛槧, 別無酬酢, 及聞僧語, 曰: "君亦觀會試否?" 曰: "然." 二人曰: "然則臨場不遠, 何以取應?" 曰: "吾有同鄕親友, 約爲同接, 方留此以待矣." 二人曰: "俄者僧夢, 果若其言, 則吾三人同榜必[14]矣. 君不必他適, 與吾輩同接, 何如?" 曰: "固所願也, 但吾無文無筆, 恐貽憂於君." 二人曰: "是則勿慮!" 卽引之上座, 左右翼而

---

11) 二: 라본에는 '一'로 되어 있음.
12) 卿宰家: 라본에는 '卿宰相'으로 되어 있음.
13) 小: 저본에는 '二'로 나와 있으나 나, 라본에 의거함.
14) 必: 라본에는 '出'로 되어 있음.

坐與之, 同飯共寢, 惟恐失之, 不許他往. 及試日, 挾兩腋入場, 先取鄕客試券, 一人製之, 一人書之, 使先呈然後, 又各製[15]呈而出, 蓋二人皆當世[16]有才名者也. 及出榜, 三人以次得中. 噫! 客之計誠奇矣. 弄假成眞, 因人成事, 所謂可欺以方者也. 其後, 兩人當路, 終始顧護, 多做好官.

3-10.

某人將赴擧, 夢神人授一句, 曰: '寒風颯而夕起, 天宇廓其崢嶸.' 及入場, 遇題秋景, 合用此句, 忽猛然思之, 曰: "神非助我, 必欲戲我." 以爲金玉爲神所忌, 寒風改以金風, 天宇改以玉字, 書呈, 果得鬼捷. 是人也, 能知鬼神之情狀者歟! 正廟時, 柳之翃夢, 一巨人謂曰: "必以祝壽母, 與元子魯有頌, 曰: '如岡爲書頭然後, 可以中矣.'" 柳自其後, 不論某科, 頭書其句, 每擧必屈, 終不改悔. 三日製逢御題, 小臣拜獻, 南山壽居首, 賜第人之榮顯, 自有其時. 而柳始未覺, 所以累屈而至, 是乃驗矣. 有人每臨科, 夢寡女素服而哭, 累試輒屈, 而終不止, 曰: "寡女其如余何?" 竟逢題伊寡婦之利, 遂占魁科.

3-11.

我國陞庠, 卽古學制月課之義也. 每月一抄, 爲十二抄, 計畫取十人, 四學亦以四時分等爲學制, 以試合製, 取十六人, 以付進士試, 其始設法, 可謂備矣. 中世無古, 冬臘風雪, 連日設場, 終夜呵凍, 諸生廢讀, 以奔競爲事, 流弊已久, 革之爲難. 然而在朝家, 引

---

15) 製: 라본에는 '題'로 되어 있음.
16) 當世: 라본에는 '當時'로 되어 있음.

進士類, 獎拔後學, 必資於是, 而他日之名臣碩輔, 謀畫於廟堂之上者, 蓋不出於東西二庭也. 然則必擇泮長之有文望者, 久任而責成然後, 才子佳士, 以文爲交, 當有鳴世之盛, 而今時則不然, 豈望人才之成[17]就耶? 噫! 儒生積年勤苦, 飽經艱況, 畢竟所獲, 不過一解, 而或成痼癖, 終不知止, 是亦惑之甚者. 昔一窮儒, 參計畫有吟, 曰: '儒巾正草袖中存[18], 徒步凌晨入泮村. 書吏探機耳暫附[19], 主人勸麵口初溫. 暮從捷徑巡鑼洞, 曉出鳴鍾崇禮門. 十二抄終[20]十九畫, 大廳直到榜聲喧.' 爲此詩者, 亦癖於是者矣. 余亦少時, 累年喫苦, 熟知其弊, 故言.

3-12.

古制, 進士升諸司馬, 辨論官材, 以詔爵祿之時, 故自古以進士爲重矣. 我國每式出二百人, 稍稍筮仕如茅, 斯拔不得者, 擧皆虛老於窮廬之下, 依舊城南一布衣, 竟何所裨? 然人自讀『史略』以後, 父兄敎以科工[21], 作詩作賦, 必期望於進士, 何也? 以士子之所準的, 是已至於大科, 以爲在天, 而不敢力求, 又或世家子孫, 拘於一進士, 不得承蔭, 而空老者有之. 然則一小科, 亦不爲小矣. 昔有人, 以詩大鳴於世, 久而未中, 至年三十九, 以終場得生員, 至唱榜日, 有吟曰: '桃花如笑柳如眠, 雙笛春風立馬前. 三十九年新進士, 行人指點是神仙.' 是若自喜, 而實見自嘲之意.

---

17) 成: 저본에는 '盛'으로 나와 있으나 나, 라본을 따름.
18) 存: 라본에는 '在'로 되어 있음.
19) 附: 나, 라본에는 '付'로 되어 있음.
20) 終: 라본에는 '中'으로 되어 있음.
21) 科工: 라본에는 '課工'으로 되어 있음.

3-13.

凡大比, 明經爲重, 每式取三十三人, 以其榜, 奏聞於上國, 其始法意, 非專爲講誦而已. 東堂三場出題, 論疑心, 賦表策, 以試之然後, 方有會講. 入格後, 又有同庭試及殿試, 則士之全才兼製講者, 可以應擧, 而比於他科之一張呈券而有得者, 不宜幷論. 然而中古以來, 稱以講科, 以講爲主, 初解製試, 便作文具一任. 其借文倩筆, 不計工拙取之, 故西道人, 雖口誦七書, 而不能製一句, 是奚用明經爲哉? 或者以爲, '講生誦七書, 不必幷註釋.' 更令兼『戴記』·『春秋』等數秩, 則猶可有愈, 斯言好矣.

3-14.

士生斯世, 所以立身行道, 惟在於科擧一條, 則其得失之間, 所係非輕, 命道[22]之窮亨, 判焉; 門戶之興替, 由焉. 但當精義致用, 蓄銳伺發, 朝益暮習, 必求其專冬讀夏課, 必致其勤詩賦表策, 無試不能然後, 陛庠增式, 無往不獲, 此所謂修人事待天命者也. 今之爲士者, 不結其網, 而謾羨臨淵之魚, 不修其塔, 而甘作聞齋之僧, 悠悠度日; 掘臨渴之井, 每每赴試. 求入泮之兒, 或有時開接, 而不能專心致力. 一客之來, 謂以解[23]工, 數句之成, 視以自足, 語其鈍, 則五日一篇, 而妄擬一天; 論其病, 則千瘡百孔, 而自期百中. 及其入場, 無以應, 猝袂中策套, 莫賴魍魎之椎, 網裡表藁; 便作傀儡之索, 解題排置, 費商量於半日, 論套餘草, 反求索於隣接牛膚馬膚, 不暇擇精狗糞猫糞, 惟思了當. 是以, 每擧必敗, 全軍皆陷, 榜眼力[24]指爭言, 必有妙理, 科作纔出, 皆曰: "不成貌樣." 枉咎

---

[22] 命道: 라본에는 '命數'로 되어 있음.
[23] 解: 저본에는 '害'로 나와 있으나 라본에 의거함.

試官之盲杖, 自歎天數之孔慘. 科後例談, 有何所慰晚, 而雖悔竟何所追? 噫! 士習之如此者, 惟在在上之人激厲之如何耳.

科曰文體

3-15.
東文科體, 隨時變改, 而未有如今日之淺近. 蓋考試者, 不觀意味之深淺, 只取句語之緊切, 纔看起句, 便決入落, 故擧子亦以掛眼爲主, 爭相慕效. 有一新學童子, 方事科工, 稍有才名, 隣居常漢, 失其冠, 致疑於隣班, 隣班辨之不得. 童子賦之, 曰: '許由不受堯天下, 兩班寧盜常漢冠.' 其弟曰: "此甚迂遠, 不足以發明也. 吾則曰: '平生冷水欲洗飮, 吾盜爾冠吾爾子.' 必如是而後, 方見信矣." 後其弟果先登科.

3-16.
柳永忠, 能文章, 而每作科文, 多脫題意. 崔監司鐵堅, 與之同閈而善, 嘗同入場, 姑未出題, 崔過而呼, 曰: "恕伯作文幾句?" 柳曰: "題未出矣, 何文之作?" 崔曰: "君於平日見題而作乎?" 一場大笑. 吁! 顧今題未出而作之者, 豈可以一二計耶?

3-17.
科體有六, 兼之者少, 而凡人才各有所長, 俗習各有所尙, 詩策稱嶺南, 賦義稱關西, 疑心稱抱川·松都, 四六不出京城之外, 其大

---
24) 力: 나. 라본에는 '歷'으로 되어 있음.

槩如此矣. 蓋科臼文字, 以古大家觀之, 則不過爲雕虫小技, 無補
於治敎之用, 而凡我國散文, 疏箚詞翰之流, 莫不推此而衍之, 以
爲需世適用之資. 且考試才藝, 只看一句一行, 而可辨其巧拙淺深
者, 莫如是已, 則設科取士, 必以此爲試, 宜其爲國家不易之規歟!

3-18.

凡科體詩賦, 藻繪文字, 專以悅眼爲主, 故試官雖博識, 有不能
盡知其出處而見欺者, 多矣. 昔有一詩客, 入場爲第二句, 曰: '風
豪洞庭孟聳肩.' 未得其對, 沈吟半晌, 忽隣接[25]有人, 相語曰: "華
山張生, 以雪不能上來云." 因曰: '雪盛華山張縮頭.' 卽書呈得中.
又一賦客, 作曰: '同宋玉之悲秋.' 亦無其對, 猛然思之, 所居越家
有婢金伊行娼, 卽爲對, 曰: '似越金之懷春.' 考官亦以對好, 故取
之. 如此者, 蓋多焉.

3-19.

詩者, 百文之宗, 而學之者, 必自得於神韻, 以至於妙耳. 昔姜
柏, 以詩大鳴於世, 而素無行檢. 嘗連鞠獄, 承款後, 嗟嘆曰: "臣之
罪死無足惜, 而但臣死之後, 東國詩脉絶矣." 上聞之, 曰: "吾今出
題面試, 若應口而對, 則可以見赦, 爾果能否?" 對曰: "當如敎矣."
上遂命題'祭六臣墓', 柏口號如誦, 其鋪頭曰: '堯禪舜受昔何年, 六
臣爲忠當此時.' 天顔有喜, 不覺稱奇, 其下又曰: '其心實出薄湯
武, 光廟寬仁猶罪之.' 上瞿然曰: "天才也!" 遂釋之云.

---

[25] 接: 저본에는 빠져 있으나 라본에 의거하여 보충함.

3-20.

昔司馬溫公, 不閑四六, 蓋騈儷之文, 用工尤難, 有才然後, 可以成癖. 近世如柳東賓·朴道翔之輩, 天才飄逸, 十餘歲, 已多警語, 燕太子丹, 以'烏頭未白', 爲對'黃河泰山'; 以'絳灌隨陸', 爲對'竟以大家'. 得名後, 爲表套以行於世, 蓋表家每多蹈襲, 不出於套式之外. 正廟嘗受館閣體, 每科試士多, 出表題, 及覽表套, 曰: "此乃前人之述, 已備矣." 不復命題云.

3-21.

科製中策文[26], 爲大文字, 虛頭以觀立論, 中頭以觀肯綮, 軸條以觀該博, 說救弊以觀謀畫, 橫說直說數百行, 足可謂經世[27]之文. 故非鉅匠宿儒長杠大筆, 則有不能容易爲之. 是以, 中古以前策科, 收券不滿七八十張. 近世則不然, 隨從入場者, 不計精麤, 不問同異, 爭相謄寫, 以呈以冀其幸, 每增別東堂, 多至爲數萬餘張, 易畫[28]之法, 遂不得已罷焉. 主試者, 虛頭一二行, 有不得歷覽, 則軸條·救弊, 何暇及閱耶? 昔李日躋, 始工於策, 入場逢題問世字, 方搆思出草, 隣接有一嶺儒, 走草如飛, 起頭曰: "前車纔過, 來轍繼至, 長歌未竟, 大哭方興." 李大驚閣筆, 曰: "我不能!" 遂曳白而出, 因做四六, 以名於世. 是乃自量其才而爲之者歟!

3-22.

義疑所以辨明經旨, 於學問[29]上, 似可有益, 而俗儒或專事一技,

---

26) 策文: 나. 라본에는 '策問'으로 되어 있음.
27) 經世: 라본에는 '經義'로 되어 있음.
28) 畫: 나본에는 '書'로, 라본에는 '言'으로 되어 있음.

不涉請詩史, 則至於他作, 有不能周矣. 蔡相濟恭, 能文章, 爲各體 而未嘗做義, 有一儒生, 問義法曰: "何以則可以合時眼耶?" 答曰: "是不難. 若義題曰'崇德象德賢', 則起頭必以八字打開, 曰: '吁! 崇崇象象崇崇象象, 何則?' 又曰: '崇故象, 象故崇, 崇者象也, 象者崇也, 崇之者, 非象之歟; 象之者, 非崇之歟!' 其下則'崇象・象崇', 以至於十餘行而止, 可矣." 此雖臆對之說而已, 得其體格者矣.

3-23.

某人專以疑心爲工, 不事他製. 登三角山, 詩曰: '嗚呼三角山, 風景蓋嘗論.' 由此觀之, 則大抵別乾坤. 此二句, 專用疑心套語, 而寂寞無他辭, 雖曰能文, 顧何用歟?

3-24.

古者人士, 不專一能, 凡經術文學之外, 錢穀・甲兵・水利・算數之[30]類, 占相・醫方・陰陽・律曆之法, 無不淹貫然後, 方可謂全才備知. 而我東則不然, 文武・雜技, 各有其業, 文不爲射, 製不兼講, 至於諸方, 雜術皆卑鄙, 而不爲與古之身通六藝者, 大不類矣. 余嘗與北京溫中書忠彦, 爲筆談, 溫欲試余所能, 問能工畵及通音律, 余無以粧撰, 乃強爲大言曰: "我國法意, 四民百工, 各有其技[31], 儒者所業, 止於經學文章而已, 其於畵師・樂工, 耻不與齒. 昔唐弘文館十八學士, 閻立本得預[32]於末, 而竟以畵鳥, 貽羞於人, 晉戴安道

---

29) 學問: 라본에는 '學文'으로 되어 있음.
30) 之: 라본에는 '外'로 되어 있음.
31) 技: 저본에는 '岐'로 나와 있으나 라본에 의거함.
32) 預: 라본에는 '類'로 되어 있음.

破琴, 不肯爲趙王倫伶人. 今足下, 何乃以工畵·音律求備於鄙人乎?" 溫乃謝曰: "貴國法意, 果美矣, 而恐或爲過." 因大笑而罷. 以此觀之, 淸之所謂儒者, 亦不專於文學, 必兼治雜藝而爲能也. 噫! 今世之士, 少專於科臼文字, 老而無成, 則便作無用之人, 良可惜矣!

書籍博覽

3-25.

文章必待博涉而後能耶? 皐陶讀何書, 而有九德之謨; 傅說讀何書, 而有三篇之命? 蓋自書契作, 而民風開圖象出, 而人文[33]創, 世愈降而文愈繁, 至于六經之作, 而已侈然炳烺而夸耀矣. 降自周漢以後, 書籍之夥, 至於汗馬牛充棟宇, 而以聖經言之, 先儒辨析而箋註之, 發明而訓詁之. 至于程·朱, 乃參訂考據, 制其編簡, 以貽後人. 其辭約而盡, 其義詳而備儘, 無以加於此矣. 近世以來, 諸家群儒, 傅會雜說, 作爲註疏·辨義等篇篇, 與本義·原註, 互有異同, 自相矛[34]盾. 此所謂蟊生[35]於稼, 而害於其稼; 蝸生於醯, 而害於其醯, 末流之弊, 至於尹鑴之改釋經註, 此反不如無之爲愈也. 余嘗見北京書肆有『皇淸經解』爲四百卷, 此乃淸儒辨明經旨, 各執己見, 推衍增益, 致多如是者也. 我人好奇者, 不惜銀貨, 以準價買來, 顧無益, 徒亂人國耳, 將何用哉? 蓋淸人好爲冊子編磨印刊, 流出於我東者, 甚多, 其中『淵』·『佩』爲大篇秩, 以爲博涉有益, 而是皆離絶句讀, 分列聲韻, 不得爲一通文字, 吾不覺其美. 昔淸帝

---

33) 人文: 라본에는 '人物'로 되어 있음.
34) 矛: 저본에는 '予'로 나와 있으나 나, 라본에 의거하여 바로잡음.
35) 生: 라본에는 '在'로 되어 있음.

康熙, 合聚天下人才, 博采廣攷, 以爲『字典』·『韻府』等書, 古詩所謂, '太宗皇帝眞長策, 賺得英雄畵白頭.' 卽其意也, 實非所以嘉惠, 後學亦奚取歟? 噫! 唐虞之治, 而只有二典之書; 孔孟之言, 而不過七篇之文, 則文章之盛, 固不在書籍之多矣. 學者又何必探僻搜奇, 以夸其該博而後, 謂之能耶?

刱造文字

3-26.

古人造字, 皆有意義, 如天字, 從一從大; 性字, 從心從生, 易字從日月, 武字從止戈, 是也. 或倣象, 其聯而爲之, 如日字, 四面圓滿; 月字, 下體空缺, 馬字爲四蹄, 鳥字爲兩足, 是也. 蓋自庖犧氏造書契以後, 科蚪·鳥跡[36]之餘, 六體八法, 不一其類. 秦程邈·李斯, 皆用篆隷, 自漢王次仲始制楷字, 至今用之. 而今或有古字通用者, 凡古字之在於『周禮』·『漢書』者, 多不能識, 則恒用文字, 不必用古字, 而爲奇也. 近世人多用半字, 所以省減字畫, 從便易書, 而古無是規, 所可深惡. 故正廟朝科試用半字者, 命拔去不取, 是可爲懲也. 正廟於字學, 最加明審, 敕內閣諸臣, 多有校正, 刊『奎章全韻』及『玉篇』, 以行於世. 如醉字, 本西邊爲卒, 而惡其卒字, 改正以卒; 群字, 本君邊爲羊, 而嫌其爲對, 上君下羊. 本字, 爲其露本, 不令下畫之上拔, 麟字, 變其拘邊, 必書以麟; 龍字, 避其爲厖, 必書以巳. 曺姓之曺字, 中刪一畫, 以別寺曹之曹, 徐姓之徐字, 不貫末字, 以避人未之嫌. 如是者, 多焉.

---

36) 跡: 나본에는 '蹟'로 되어 있음.

3-27.

韻法, 自六經始, 而所以叶聲律, 故古樂府皆用音韻. 我東韻書, 近世則以平上去入, 定爲四格, 比類分彙, 以別華東正音, 今『奎章全韻』, 是也. 余嘗見北京冊肆有淸書韻冊三卷, 似篆非篆, 字體怪奇, 皆以漢字標於其旁, 是乃松坡三田渡碑所書字[37]也. 蓋淸之先卽女眞, 而初無文字, 其主阿骨打, 獲契丹, 與漢人所通書字, 令其臣谷神, 依倣其樣, 合本國語, 始製字形. 城闕門額, 皆用爲題, 亦皆有旁標, 以識之. 『傳』曰'書同文'者, 豈非以海內近徹而言之歟!

3-28.

華人文字與言語, 太半通用, 故每街市路旁, 有人看讀小說, 則雖婦孺不學者, 過而聽之, 便解其義, 此見文與言一也. 凡小說皆有語錄, 蓋以方音·俗言, 合而成文, 令人易知. 故朱書多用語錄, 四書小註, 往往有此, 此亦爲開蒙之一助. 而我國吏文, 必有俚套與語錄, 相近官府文字, 以爲恒用, 亦可謂有補云爾.

3-29.

我國諺書, 卽世宗朝延昌公主所製也. 蓋文字之出, 始於上古, 而只有正音而已, 其於方音·俗言, 多不能盡. 而至於諺文, 以反切解之, 於音釋無所不周, 故婦人小子, 皆習而易知, 以通情辭, 其用甚博. 宣廟時, 嶺南柳參議崇祖, 以此, 釋七書與『小學』章句旨義, 目之曰'諺解'. 其爲學者敎誨之功, 亦多[38]矣.

---

37) 字: 나, 라본에는 '者'로 되어 있음.
38) 多: 라본에는 '切'로 되어 있음.

小說

3-30.

　金西浦萬重, 多以俗諺作小說, 有曰『南征記』, 卽謝女貞玉, 有賢德淑行, 而爲嬌妾所妬, 被敺見逐, 遭罹厄窮之事也. 其辭激切慘惻, 足以感動人心, 警勵薄俗. 其侄[39] 北軒春澤, 以諺書飜謄, 行于世. 肅廟時, 流入宮中, 感回天意, 與司馬長卿「長門賦」一般. 又所謂『九雲夢』, 公在謫時所作, 卽六觀大師徒弟性眞, 與南岳八仙女, 相戲得罪, 謫下人間, 幻生於楊家之事也. 楊少遊, 文章勳業, 冠于一世, 出將入相, 身極富貴, 因與八仙女, 相會做緣, 一生懽洽, 終而限滿還歸空門. 其意蓋以功名富貴, 歸之於一場夢境, 以釋迦寓言, 帶得楚騷遺意. 爲上下二卷, 中原文士見之, 以爲機軸甚好, 而恨不能舖張其事, 以成大篇帙[40]云. 又有曰『彰善感義錄』, 敍花相國珍及尹尙書汝玉之事, 『玉麟夢』, 叙范樞密景文·柳參政原之事, 此未知作之者誰, 而大義, 與『南征記』相彷彿. 皆所以敍閨範內行, 而節節有奇聞異說, 足令人家爲婦女者, 鑑戒而勸懲焉. 此雖閭巷稗說, 所以補風化者, 不可謂小矣.

3-31.

　中國人多爲小說, 余見正陽門外冊肆, 堆積滿架, 而太半是稗官雜記. 蓋江南西蜀擧子, 應擧上京見落者, 路遠不得還, 留待後科, 作小說印刊, 賣以資生, 故其多如是. 其中有稱‘四大奇書’, 卽東都施耐菴所著, 而金聖歎爲評, 以爲天下之書, 無加於此. 蓋耽嗜經

---

[39] 侄: 라본에는 '從孫'으로 되어 있음.
[40] 帙: 저본에는 '秩'로 나와 있으나 라본을 따름. 뜻은 서로 통함.

史, 專治科業者, 斥之爲誕妄不經之文, 平生未嘗一寓目者, 亦多矣. 然而余觀作者之意, 至深且遠, 非等閑文字也. 一曰『金屛梅』, 是說富人西門慶, 蓄妾於一室中, 恣行懽謔[41], 曰金曰屛曰梅, 諸女妬寵猜美, 各以十三省方語, 自相戲慢, 是擧其一家而言也. 二曰『水滸傳』, 乃說宋江等一百八人叛據梁山泊, 上應天罡地煞之數, 奪掠貪官不義之財, 撩亂山東, 橫行天下, 朝廷不得禁, 官軍不敢近, 宛子城・蓼兒洼, 便作一敵國, 是擧其一國而言也. 三曰『三國志』, 天下之亂, 未有如三國之時也, 吳・魏・蜀鼎峙局, 爭謀臣猛將, 如雲若雨, 諸葛亮一着三分, 神機妙筭, 其說甚多, 是擧一天下而言也. 凡家而國而天下, 則更無可益而作者, 乃架虛鑿空, 層思疊意. 又作一奇語, 曰『西遊記』, 蓋以荒唐之說, 叙唐太宗爲魏徵追薦做道場, 當時法師三藏, 率徒弟孫悟空・沙乘・猪八戒等, 往西域天竺國, 持佛經以來, 而所道歷八十一難之事也. 所謂三藏, 以人軀殼而言之, 人雖有一個軀殼, 若非心爲之用, 則無知覺運動, 故以悟空引喩於心, 心卽猿也. 悟空以猿化身, 生於靈坮方寸山斜月三星洞, 始號齊天大聖一觔斗, 行萬八千里, 用金箍棒, 攪擾玉京, 打碎香案, 眞所謂放縱不拘出入無時者也. 玉皇以神道設敎, 着之以緊箍兒, 拘囚於五行山石穴中, 五行者, 卽仁義禮智信, 以爲制心者, 莫如此也. 所謂沙乘, 以意馬爲喩, 猪八戒, 比之於欲[42], 是蓋就人一心上言也. 雖是寓言托辭, 而究其本意, 則深爲有理, 合而稱'四大奇書'. 又著『西廂記』一部, 卽張君瑞會崔鶯鶯之事, 而寫情景處, 曲盡逼切, 更無可比, 有題曰'晉天下萬萬世錦繡才子醉心記'. 近古以文章名世者, 亦多得力於此, 以爲雜書而詆之者, 不

---

41) 謔: 저본에는 '瘧'으로 나와 있으나 나, 라본을 따름.
42) 欲: 나, 라본에는 '慾'으로 되어 있음.

過爲冬烘先生之流歟!

命數前定

3-32.

成廟嘗訪問與己同命者, 遍求中外, 有一常女, 與上同命, 而家計甚富. 上召入問曰: "汝平生苦樂如何?" 對曰: "小女本是私賤, 而父母愛其聰慧, 納財贖, 出嫁得良夫, 未久見背, 惟涉文史爲娛耳." 因詳問之, 其免賤之歲, 卽上踐阼之年; 喪夫之日, 卽中壼昇遐之辰也. 上異之, 曰: "諸般事, 皆與予同, 信乎命數之不差矣. 但[43]予則有後宮十數, 足以供歡, 而汝則不然, 是不同矣." 女俯而笑曰: "少年[44]亦素性繁華, 如唐武后之男妾爲數十人." 上大笑, 曰: "此亦同矣!" 厚賚而送之.

3-33.

李監司噫, 嘗朝京訊命, 曰: '花山荒草路, 騎牛踏月中. 可憐男子輿, 頭戴一枝紅.' 未詳其意. 後爲嶺伯, 巡到安東, 得婦瘧甚苦, 用俗方, 倒騎黑牛. 行至映湖樓下, 瘧威愈酷, 登樓上, 枕妓膝而臥, 問何名, 對曰: "一枝紅." 乃大悟, 曰: "向所謂花山, 卽安東古[45]號, 而一枝紅, 乃汝枝紅也, 吾將逝矣." 已而果然. 噫! 人之死生, 莫非有前定而有不可逃者歟?

---

43) 但: 라본에는 '卽'으로 되어 있음.
44) 少年: 나, 라본에는 '小女'로 되어 있음.
45) 古: 저본에는 '故'로 나와 있으나 라본을 따름.

3-34.
尹弼商, 成廟朝拜領相. 少時朝京, 訪善卜者, 問命, 曰:"勳名兼備, 壽位俱隆, 但終於三林之下." 後燕山時, 被竄珍島, 寓邑底民家, 一日, 樵兒呼同伴, 曰:"明早[46]齊會于上林." 問:"何以云上林?" 主人曰:"此處地名, 有上中下三林." 聞之, 始思三林之說, 甚憮然, 未幾見殺.

3-35.
曹梅溪偉, 被誣於戊午士禍. 時以賀使赴燕, 未還, 燕山命越江卽斬, 到遼東聞之, 一行蒼黃失色. 庶弟伸, 就名卜鄒源潔, 請問吉凶, 無他言, 只書一句, 以示曰:'千層浪裏飜身出, 也須岩下宿三宵.' 伸報于公曰:"初句似是免禍, 而下[47]句難解." 行到鴨綠江, 見金吾郞來候, 以爲行刑命在頃刻, 相對飮泣. 及過江, 聞爲李相克均營救, 只爲拿推, 行中喜幸. 及還, 竟得不死, 杖流病卒, 返葬于金山故鄕. 甲子禍起, 剖棺斬屍, 暴於岩下三日, 乃知其驗.

3-36.
張順孫, 居星州, 貌類猪頭. 燕山幸星州妓, 一日, 宗廟享後獻膰, 妓見而笑之, 主問其故, 妓曰:"星州張某, 貌類猪頭, 今見其酷似, 故笑之." 主大怒曰:"張必爾夫!" 命速拿來, 行至咸昌歧路, 有猫越過, 張請于都事曰:"我平生見猫越路, 則必由有僥倖." 乞由此行, 都事許之, 到縣, 聞宣傳官奉命促斬直下尙州, 而審知有反正之幾[48], 徐行至鳥嶺, 已反正矣. 後張歷仕, 至領相.

---
46) 早: 나, 라본에는 '朝'로 되어 있음.
47) 下: 라본에는 '末'로 되어 있음.

3-37.

李校理首慶, 中廟時[49]謫穩城, 夢受香如差祭, 及放還, 首尾爲一千八百日, 香字是其應也. 金牧使弘度, 初生, 其大人夢有人命名, 曰'歸甲', 乃以爲小字. 及長, 連魁蓮桂, 人以爲魁甲之應, 戊午士禍, 謫甲山而卒, 歸甲之名, 始驗.

3-38.

盲人金孝命, 以名卜見稱, 當某年別試, 或問曰: "今年科擧何如?" 曰: "金姓當魁, 李姓居末." 及出榜, 金慶元魁, 李慶祐末, 而尙相國震爲考官, 欲以洪天民爲首, 諸試固爭, 不得違衆, 出謂人曰: "金慶元, 父萬鈞[50]祖千齡, 皆爲壯元, 此家必占三代魁星, 我豈能易之乎?" 淸江李濟臣, 爲丙申生, 將赴試期, 招一盲卜之, 曰: "丙申生, 李姓爲壯元, 而君則但高中而已." 旣而, 栗谷爲壯頭[51], 亦丙申生也. 噫! 栗翁才學, 雖可壓一榜, 而至於連魁, 豈非數歟?

3-39.

金荷潭時讓, 光海朝竄北塞, 宿野人家, 夢作詩, 曰: '千年河水淸, 中國聖人生. 不有觀魚海, 何由見太平.' 時李澤堂爲北評事, 聞之, 曰: "詩意渾厚雄深, 若非夢中, 則兄作必不能如是矣." 相笑而罷. 後移配寧海, 沿海取路, 到江陵, 時奇相自獻, 亦配在江陵, 相遇. 奇曰: "海邊形勝, 觀魚臺爲最, 牧隱爲作「觀魚賦」, 君時時

---

48) 幾: 나본에는 '義'로 되어 있음.
49) 時: 라본에는 '朝'로 되어 있음.
50) 鈞: 저본에는 '均'으로 나와 있으나 라본에 의거하여 바로잡음.
51) 壯頭: 나본에는 '壯元'으로 되어 있음.

登眺, 則可以忘憂." 荷潭聞之, 心喜以夢爲解. 及到寧海寓所, 距臺爲十里, 是冬隣有癘疫, 移寓觀魚臺下, 喜其與夢相符, 斫材搆舍爲久計. 未及就, 而仁廟反正, 以禮郞召還, 不十年, 位至崇品.

3-40.

張谿谷與李延陽時白·崔遲川鳴吉, 少時, 同遊於李白沙之門. 一日, 三人同侍, 卜者張順命, 適來謁, 白沙曰: "有三少年, 方在座, 爾能精筭其身命吉凶否?" 因以三人四柱語之, 順命推步良久, 曰: "相公必以古人大貴之命, 賺小盲而試之也. 豈有四[52]政丞幷坐於一處乎?" 白沙曰: "吾豈戲汝? 第以所見言之." 順命曰: "三人皆位[53]極人臣, 名滿一國, 但辛巳生, 無文星照命, 科第則未可必, 而五福完備, 最優於其中矣." 蓋延陽爲辛巳生也. 白沙曰: "汝必譽卜, 焉有三人竝坐而皆爲政丞? 且我國兩班, 豈有不得及第而能致位者乎?" 其後, 三人果皆貴顯, 而谿谷與遲川, 中年多病, 子姓不蕃, 又不遐壽. 延陽年過七旬, 子孫衆多, 又以布衣策勳, 位至上相, 一如張卜之言.

3-41.

尤菴嘗推身命於中原, 卜者曰: '山下崎嶇路, 騎牛踏雪行.' 先生常自歎, 命道險釁, 已有所[54]定, 又有曰: '程朱道學, 班馬文章, 楚山曉月, 轄車蒼茫.' 後受命於井邑, 楚山乃井邑古號云.

---

52) 四: 나본에는 '三'으로 되어 있음.
53) 位: 저본에는 빠져 있으나 나, 라본에 의거하여 보충함.
54) 有所: 나본에는 '在有'로 되어 있음.

3-42.

海豊君鄭孝俊, 兒時夢, 有人携往一處, 指紫衣婦人, 曰: "此乃汝配, 當福汝家." 旣覺, 心識之. 連喪三耦, 皆無子, 鰥獨奇窮, 至年三十七, 娶全義李氏. 委禽之日, 默視其容貌衣裳, 宛如昔日夢中所覩, 賢而多福, 連生五子, 皆捷科第. 金文谷啓, 五子登科, 國朝所罕, 有宜降特典, 命超資憲封君, 諸子榮養, 福祿無比, 年八十九終, 夫人先一年歿, 壽亦六十八. 此見配偶, 自有天定, 而迓福亦必有時矣.

3-43.

韓參判聖佑, 文辭不利公車, 晚而不第. 時鄭相載嵩與公同庚, 而位躋台鼎, 公尙自落拓, 聞菊製出令, 手作儒巾, 塗墨曝陽, 試着於頭, 以觀稱否. 公姊兄洪判書受瀗, 適來見之, 笑曰: "俄遇鄭相於路, 坐於平轎子, 儓率擁護, 威儀甚盛. 而君以其同甲, 尙作儒巾, 踊躍赴擧得無[55]辛酸乎?" 公夷然答曰: "彼一時此一時, 吾何畏彼哉?" 翌日入場, 居魁得第, 官至吏參, 享年七十八. 鄭相先三十年而卒, 福祿之備, 子孫之顯, 非鄭可比. 凡人窮達有命, 早晚亦時, 如公之志氣, 到老不挫, 終享富貴, 此豈非知命而竢[56]時者歟!

3-44.

蔡相[57]濟恭, 始登科爲翼陵令, 其時參奉, 卽卿宰家子弟有勢力者也. 每遞直時, 稱托多端, 不肯輪番, 蔡爲其所壓, 不敢相較, 含

---

[55] 無: 저본에는 '辛'으로 나와 있으나 나, 라본에 의거하여 바로잡음.
[56] 竢: 라본에는 '逡'으로 되어 있음.
[57] 蔡相: 라본에는 '蔡相樊巖'으로 되어 있음.

忍僄直. 其人宦數蹇屯, 再見落仕七八年, 後甄復爲翼陵令. 蔡進道大開, 爲畿伯巡路, 奉審入翼陵, 適其人在直進謁, 蔡熟視良久, 曰:"君非向年與我同僚者乎?" 曰:"然矣." 蔡陽驚, 曰:"滯直何太久也?" 此有宿憾而發也. 因相與大笑, 飮酒極懽而罷. 其人詩曰:'柳下曾爲三黜士, 桃前今作再來人.' 亦見其善於文辭, 而宦路升沈, 有不可知矣.

3-45.

尹參判弼秉, 少有詩才, 而家甚貧窮, 無人知名. 居抱川楸下, 食還穀, 至冬月, 無以納糶, 將遭窘辱. 聞一親知爲外宰, 計欲告急請貸, 躡屩上京, 至東門外鞍岩洞, 逢大雪, 不得前, 憩于道[58]旁亭閣. 時洪領敦寧鳳漢, 當路秉權, 適避寓在亭, 風雪中無人來扣, 獨坐無聊. 見門外一少年, 久立不去, 卽邀入與語, 大悅愛其才華, 問:"一寒如此, 何幹上洛?" 尹具以實告, 方欲辭起, 公挽之, 曰:"吾當周章救急, 請爲我論文消寂." 强留數日, 發簡囑本倅, 使其緩頰, 因勸入泮中, 觀升補. 時泮長設三抄, 卽寄書, 公誦盛言之, 當日居魁, 竟參計畫. 自此顯名, 未幾登第[59], 位躋亞卿. 噫! 前輩之愛才獎拔, 乃如此, 而觀其遭遇, 亦非有時命者歟!

3-46.

吾祖藥坡公, 才學冠世, 早歲以文章見稱, 凡大小科榜參發解者十餘, 而輒尼南省. 始衰以後, 遂廢擧業, 竟無所成, 豈非命歟! 纔踰弱冠, 赴東堂會圍[60], 自製自書以呈. 上試李公宜顯, 大加稱賞, 必

---

[58] 道: 라본에는 '路'로 되어 있음.
[59] 登第: 라본에는 '登科'로 되어 있음.

欲置魁, 副試申提學昉, 與李公不愜, 疑其有私摘出. 券中'隱晦'[61] 二字, 以爲不知出處, 遂爲異論, 李公曰: "此二字可驗, 其實才也. 吾於『文選』見之, 纔有日矣." 申公不信其言, 以墨筆抹去之, 李公遮護, 不得滿紙點汚, 乃嗟呀不已, 曰: "公以我爲挾私耶?" 命坼封視之, 上試則素無親分, 而於副試, 乃爲外從妹之女壻也. 申公愧恨不已, 出榜後, 親袖試券, 詣門謝之. 其後, 朝令每科以挾冊申禁, 儒生冒犯着械者, 公入場見之, 曰: "士子之冒禁被辱, 已爲可駭, 而有司之搜, 及其身至於如此者, 殊欠可殺, 不可辱之義." 遂曳券而出, 更不赴擧. 七旬後, 赴英廟朝老人科, 御題曰'憶昔銘', 取甲乙丙三人, 公得居第三. 旣坼榜參乙科者, 爲時輩所忌, 朝臣有稟, 以科名太濫, 更命只取一人. 居首高夢聖, 與公同閈同硏, 超資至知中樞, 其次施賞而止, 其冤屈若此. 而吾先人, 十二歲見背, 煢煢單子, 家無文獻, 無人知其事者. 權副學丕應, 少學於公, 而系子說書中和, 其姪應敎中淸, 爲公外裔. 常[62]對吾先人言, "公文章之美, 操履之篤, 以爲觀感者深道." 其事甚悉, 故家有所傳說話, 余得聞之矣. 公又耽於國朝典故, 多有所述, 而爲塵蠹所侵, 先人恐其久而遂泯脫藁, 淨寫爲五十卷, 題曰'藥坡漫錄', 以公家於藥峴, 常以自號故云. 權公爲序文以載之, 今余謹錄於此, 欲令子孫傳之爲談.

3-47.

尹承旨哲求, 於余爲表侄, 少余二歲, 幼時, 與余昆季同室共[63]學. 吾先人新寓楸下, 禁伐甚嚴, 冬月雪中, 聞山上有斧聲, 命往探

---

60) 會闈: 라본에는 '會試'로 되어 있음.
61) 晦: 저본에는 '誨'로 나와 있으나 나, 라본에 의거함.
62) 常: 나, 라본에는 '甞'으로 되어 있음.
63) 共: 라본에는 '同'으로 되어 있음.

之, 潛步而往見, 墓奴釋斧, 跪告曰: "今當饑歲隆寒, 死中求活, 有此偸斫, 若至實告, 則受罪不輕, 見黜乃已. 伏乞都領[64], 活我活我!" 哀懇不已, 余甚矜惻, 雖不肯諾, 方趁趄未發, 獨曰: "吾輩旣受敎親審, 何敢欺隱?" 因歸直告, 其所執皆如此類. 家甚貧窮, 簞瓢屢空, 冬行躶[65]跣. 然勤心劬經, 旣長, 就居庠舍, 應講入格, 至爲十餘次, 竟獲登第. 當年任栗郵, 三載準瓜, 甚有聲譽, 營褒繡啓, 俱稱其善, 郵卒立碑頌德. 蓋久於貧窮, 而志不爲傷, 短於文辭, 而智有所通, 言貌不揚, 而威能憚壓, 才藝未究, 而惠[66]能濟施, 若使致遠, 則亦一需用之器也. 入卽臺通, 繼被瀛選, 前途稍進, 頗有時名. 又以行臺赴燕, 能守法持正, 無一毫私, 至於聲色, 遊賞澹然無意, 其天性然也. 旣復命親族, 有遭臺啓而遠竄者, 以時卽投疏非格引嫌, 坐是沈滯杜門數年, 又見時相, 有誤失邦禮, 又以前卽上疏, 極論彈之. 甞[67]有宿疴, 退寓郊庄, 旣有年, 公議稱屈, 陞除銀臺, 遂得緋玉. 自以爲宦成名立, 無復進就之心, 是能量才度分, 自知其足者矣. 蓋年未六旬, 位纔三品, 人莫不以前進爲期, 而功名有限, 福分已定, 一病沉綿, 竟至摧折. 余甚哀[68]而惜之, 略述其行事, 錄之于玆.

3-48.

近有綺紈家一人, 送人赴燕, 筭命以來書, 一句曰: '鍾鳴鼎食三十年, 四方多士哭送之.' 自以爲極貴之命, 可比於郭汾陽, 又必有

---

(64) 都領: 라본에는 '都令'으로 되어 있음.
(65) 躶: 저본에는 '踝'로 나와 있으나 나, 라본에 의거함.
(66) 惠: 나본에는 '思'로 되어 있음.
(67) 甞: 나, 라본에는 '常'으로 되어 있음.
(68) 哀: 라본에는 '愛'로 되어 있음.

士流中時望, 不讓於涑水先生歐陽子之流矣. 旣而, 家計剝落, 漸至貧窮, 年踰五旬, 始成進士, 而不得筮仕, 只爲糊口, 入處泮齋, 朝虀暮鹽, 至八旬而後終. 蓋伴儒必待食䜭, 而食大鼎之飯, 及其死後, 東西南北之人, 同居一齋者, 必來一哭, 所謂'鍾鳴鼎食多士哭送'者. 符驗甚明, 而但不能預知耳.

達理知命

3-49.

古人曰: "時乎與我, 則堯殿舜陛, 吾將佩玉鳴珂; 時不與我, 則傅岩渭濱, 吾將耕雲釣月." 是可與言時者矣. 凡士之窮達榮辱, 進退顯晦, 莫不有時, 待時而動, 則吉無不利; 違時而行, 則敗以取禍. 自伊呂・周召, 以至後世, 蕭曹・鄧馮・房[69]魏・裵鄂, 皆得其時者也, 如屈三閭・賈太傅・諸葛武侯・岳武穆・文文山・陸秀夫, 皆失其時者也. 得其時者, 因利乘便, 順而有成; 失其時者, 苦心盡瘁, 勞而無功, 此見人之幸不幸, 莫不由於時之遇不[70]遇也. 故孔子曰: "用之則行, 舍之則藏." 嗚乎! 小子何不精義致用, 以竢其尺蠖之伸歟?

3-50.

有人, 每夜齋沐焚香, 禮拜於北斗, 祝曰: "不願遐壽, 不願富, 不願貴, 惟願生前無疾病禍厄, 不爲熏[71]心焦腸, 平居無衣食艱難, 不使皺眉惱神. 薄田弊廬, 足以資養, 采山釣水, 優閑自適, 彈琴讀

---

[69] 房: 저본에는 '芳'으로 나와 있으나 나, 라본에 의거하여 바로잡음.
[70] 不: 저본에는 '之'로 나와 있으나 나, 라본에 의거하여 바로잡음.
[71] 熏: 저본에는 '重'으로 나와 있으나 나, 라본에 의거함.

書, 一生安享以終云云." 如是禱告積數年, 一日夜深, 有一仙官, 翳雲幡響用佩來, 降於庭, 與之言曰: "汝之誠, 可謂勤矣, 而所欲者, 甚奢矣. 諸福之物, 是皆積善之報, 而汝旣誠求不回, 則猶可得也. 今汝所願, 乃人間淸福, 非人人之所可有, 則司命於汝, 豈可輕施? 然汝當守命安分, 以待其自然, 則汝之所求, 固未嘗不在於汝也. 又何必屑屑於祈禱耶?" 因忽騰去, 其人遂不敢復禱. 蓋人不可求福於天, 而所謂淸福, 尤無不自己求之也[72]歟!

3-51.
某人以'升竹窩'自號, 何者? 升有二義, 有升降之升, 有升斗之升. 蓋以俗言, '自以爲凡事, 必隨時度宜務.' 從其可而行之, 曰'升竹'也. 又欲循理因情, 任其自然而爲之, 曰'升竹'也. 近有一卿宰, 搆一亭於所居, 而扁曰'然竹', 亦所以顧名思義也. 爲一詩, 以揭于楣, 曰: '我心自在[73]居然竹, 風吹之竹浪打竹. 是是非非[74]置彼竹, 飯飯粥粥爲此竹. 市井賣買歲月竹, 賓客接待家勢竹. 平生不可[75]余心竹, 只行然竹過然竹.' 此可謂樂天知命, 與物無競然於事爲上無用心力行之意, 而只欲自求方便, 隨俗沉沒, 豈是大人君子中正之言歟!

3-52.
宋龜峯有詩, 曰: '君子如何長有足, 小人如何長不足. 不足之足每有足, 足而不足常不足. 樂自有足無[76]不足, 憂在不足何時足. 求

---

72) 也: 나본에는 '者'로 되어 있음.
73) 在: 나본에는 '有'로 되어 있음.
74) 非: 저본에는 빠져 있으나 나, 라본에 의거하여 보충함.
75) 可: 나본에는 '如'로 되어 있음.

在我者無不足, 求在外者何能足. 一瓢之水樂猶足, 萬鍾之粟憂不足. 古今至樂在知足, 天下大患在不足. 二世高枕望夷宮, 擬盡吾年猶未足. 唐宗路窮馬嵬坡, 謂卜他生曾未足. 匹夫一飽猶爲足, 王公富貴還不足. 不足與足皆在我, 外物焉爲足不足. 吾年七十臥窮谷, 人謂不足吾則足. 朝看萬峯生白雲, 自去自來高致足. 暮看滄海吐明月, 皓皓金波眼界足. 春有梅花秋有菊, 代謝無窮幽興足. 一床經史道味足, 尙友千古師友足. 德比先賢雖不足, 白髮滿頭年紀足. 同吾所樂信有時, 巷藏于身樂已足. 俯仰天地能自足, 天之待我亦云足.' 噫! 龜峯此詩足以見, 學術有足, 辨論亦足, 可謂知分知足, 足以爲道義之君子. 然而追考其行, 已處世不足者, 甚多, 以其門地之不足, 而自爲高亢者, 是其不足也; 以其命數之不足, 而不能韜晦者, 亦其不足也. 古人曰: "知足不辱." 以若才行文學, 終而厄窮, 不免於辱者, 惡足謂知足歟?

3-53.

任疎菴叔英, 光海朝, 黜居廣州, 簞瓢屢空, 處之晏如. 當饑歲, 親友曰: "今年君必殆矣, 何以不憂?" 公曰: "吾已知其當死, 死必爲餓鬼, 若又憂愁, 當復爲愁鬼, 一鬼不容兩役, 是以不憂." 聞者笑之. 易簀日, 隣媼夜夢, 吏人持靑紙赤管, 索任持平家, 翌朝果逝, 人稱仙解云.

3-54.

人生百年[77], 無愁[78]最難, 有人生兒, 詩曰: '兒生便哭緣何事, 一

---

76) 無: 나본에는 '常'으로 되어 있음.
77) 百年: 나본에는 '百歲'로 되어 있음.

墮人間萬種愁.' 夫弱者, 以疾病爲愁; 貧者, 以窮餓爲愁, 有家者, 以妻子爲愁; 有國者, 以人民爲愁. 杜子美詩曰: '眉攢萬國愁.' 李太白詩曰: '白髮三千丈, 緣愁箇箇長.' 白樂天詩曰: '我爲愁多白髮垂.' 此可見人莫不有愁也. 英廟嘗命招無愁者, 以入中官, 遍求四方, 行至楊湖, 有[79]一老人, 甚多福, 行年七旬, 而無一患病, 有子五六人, 而無一夭慽. 家又饒足, 身亦康寧, 妻妾俱存, 坐享湖山之樂, 人號曰'無愁翁'. 卽召以對, 命厚賞之, 又賜一白璧, 曰: "吾早晚召汝, 汝必持此以待." 因罷, 歸至湖上乘舟, 有一人共舟, 容貌甚偉, 儀表非常. 揖而問曰: "聞君以無愁, 承召回來, 有何賞物乎?" 老人具以語, 出璧示之, 客置諸掌上, 愛玩之際, 忽墜諸水中, 嗟呀無面, 仍下舟而去. 左右失色, 子弟陪行者, 愁歎不已, 老人曰: "此非吾罪, 雖愁何益? 從容還家." 見聞者, 莫不爲之愁, 而老人則安飯穩眼, 頓無一點愁色. 翌朝, 釣叟賣一大魚, 其子卽買, 以供剖其腹, 得璧, 乃昨日墜失者也. 擧家驚喜, 還自無愁. 未幾, 自上復召入對, 懷其璧以獻之, 上驚怪問之, 具以實對, 上歎曰: "天生無愁, 吾於汝何復加賞賜[80]?" 噫! 此翁完福, 雖異於人, 豈能平生無愁? 有愁而不愁, 故能無愁也. 近有人作愁詩, 曰: '來何容易去何遲, 半在胸襟[81]半在眉. 籠如野外連阡草, 亂似空中惹地絲. 門掩落花春去後, 窓含殘月酒醒時. 除却五候歌舞地, 人間無處不相隨.' 爲此詩者, 盍觀無愁翁以解之?

---

78) 愁: 라본에는 '憂'로 되어 있음.
79) 有: 라본에는 '見'으로 되어 있음.
80) 賜: 라본에는 '物'로 되어 있음.
81) 襟: 나본에는 '中'으로 되어 있음.

3-55.

昔有一賢宰, 少時貧窮, 讀書山寺, 寺後有老槐垂陰. 嘗步遊其下, 以杖叩地, 忽鏗然有聲, 刜枂壤而視之, 有大甕, 貯白金者三, 乃以土揜之如故. 還家. 未幾, 寺中失火, 寶殿香廚, 皆入回祿, 僧徒更議重建, 來乞勸善文. 公曰: "吾以貧故, 常住汝寺, 貽弊殊甚, 久未爲報, 今以銀三甕爲施主, 何如?" 僧以爲戱不信, 公曰: "寺後老槐下, 吾已留銀三甕, 以待汝不虞, 可往取之." 僧半信半疑, 卽往掘之, 果然. 僧徒感其義, 復來, 曰: "公聖人也!" 請以半納之, 公笑曰: "吾有貪心, 豈不盡取而與汝分半乎? 第當始成造, 而土木之功, 每日所費, 不論細大, 汝可悉錄以與我, 我將有攷." 僧徒不敢欺隱, 自始至終, 悉爲記以獻之. 蓋僧舍百餘間, 皆一新告成, 而尙有餘資, 買田爲佛享, 總計爲累十萬金. 公翌年登科, 歷躡淸要, 出而爲腴邑雄藩, 所用廩餼, 無大小, 悉錄於冊子, 一準於僧簿. 旣而, 致位至上卿, 將有大拜之望, 忽召子弟, 謂曰: "吾將退矣, 速治鄕第!" 子弟固請其故, 乃告其始[82]終, 曰: "吾之天祿, 今則所餘無幾, 留之無益, 不去必有天殃." 遂歸鄕里, 竟以令名終. 夢遊子曰: "諺曰: '天不生無祿之人.' 此言雖小, 大爲有理, 凡天之生人, 必與之祿, 而但有多寡貧窮而早夭者, 食祿少也; 富貴而享壽者, 食祿多也. 此豈幸而致者乎?" 客問曰: "若其人悉取銀甕, 則將不得爵祿乎?" 曰: "人之榮顯, 自有定數, 則彼雖取之, 未必不顯, 而將有災罰隨之矣, 雖欲久享, 其可得乎? 然則獲銀而不取者, 所以捨此而取彼也. 是固常理, 而其中有不可信者, 有功德者, 得祿或少; 無功德者, 得祿或多, 此亦命數之不可違也." 李芝峯詩曰: '耕牛無蓄

---

[82] 始: 저본에는 '始始'로 나와 있으나 나, 라본에 의거함.

草, 倉鼠有餘糧. 萬事皆前定, 浮生空自忙.' 苟知若此, 則何爲汲汲於名利乎? 聖人曰: "居易以俟命." 是宜服膺而識之.

3-56.

隋末天下大亂, 士民奔竄. 有某人, 見道旁倉宇穹崇, 下有寶口窘豁, 卽避兵入, 其中金貨堆積如山, 而無守者. 心欲之取數十金, 納諸懷中, 忽有朱衣數人, 持杖呵之, 曰: "此乃有主之物, 爾何敢妄取乎?" 其人哀告曰: "吾窮乏太甚, 有此不義之心, 旣知其有主, 則何敢乃爾? 但未知主此者爲誰?" 朱衣曰: "吾亦哀汝欲惠, 而不能自擅, 汝可往尋蔚遲敬德, 受信蹟而來." 其人如其言, 訪問蔚遲敬德, 敬德方爲冶家傭, 箕倨而鍛, 就而揖, 曰: "望君以五百金, 救我窮命." 敬德曰: "吾爲人傭保, 安有五百金與人乎?" 曰: "但有君手跡, 則吾將取焉, 幸君勿疑." 敬德以爲不費之惠, 乃爲假貸信狀, 與之. 其人復至其處, 朱衣乃與五百金. 後敬德佑唐有功, 以其倉爲賞賜, 卽隋帝貪黷于民以儲者也. 原簿爲幾萬貨, 而縮五百金, 方詰責守吏, 忽自樑上, 墜一小紙, 乃前日手狀也, 遂置不問. 嗚乎異哉! 物各有[83]主, 豈有非己有而取之者耶?

3-57.

有一寒士, 窮居陋巷, 不能自養, 一親友往見, 問曰: "君一日所費得幾何而足?" 曰: "日得嚴君平百錢, 則當閉門下帷, 安坐讀書, 而此豈易得乎?" 其人辭去, 後數日復來, 袖一刻鵠與之, 曰: "可將此物深掛於壁藏中, 每日早晨, 以杖叩頸, 當吐百錢[84]. 足以供朝

---

83) 有: 라본에는 '自'로 되어 있음.
84) 錢: 라본에는 '金'으로 되어 있음.

夕, 以過平生, 愼勿再扣, 且勿令人見知, 否則必有大咎." 再三申
戒而去. 翌朝, 試之果然, 自其後, 每日資給不難, 綽有餘饒. 居數
月, 其妻疑之, 早起覵良人之所爲, 伺其出他, 啓鑰視之, 又持杖叩
之, 卽見一縷靑趺, 隨叩隨吐. 其婦其女爭相叩取, 未半晌, 得數千
金而止. 蓋自數月前戶曹所貯公錢, 日縮一兩, 守者莫知其故. 至
是, 見白晝大都之間[85], 連緝帶貫, 騰空而去, 自度支後門, 接于其
家. 卽日發捕, 竟以行妖作怪, 盜竊公貨爲罪, 不免於禍. 噫嘻! 此
實婦人爲之蘖, 而其友不以正道爲敎, 乃至陷人於不測, 其人亦甚
疎, 忽終爲所誤, 悲夫!

3-58.

凡人財産, 能積者多, 而能散者寡矣. 或問於先輩曰: "陶朱公十
九年之中, 三致千金再分散, 是果何意?" 曰: "是亦觀易理也, 易卦
之體, 至於六爻, 而變爲他卦, 陶朱公之財, 六年而一散, 則十九年
間, 自然爲三致矣." 斯言深爲有理. 蓋人竭力治生, 苦勞其身, 以
致財産, 旣富之後, 旣吝且嗇, 不能散施. 又多事爲汨無閑暇, 如是
者, 何用富爲? 昔有關西一鉅富, 聞嶺南有富如己者, 委往訪之,
宏舍華筵, 供饋甚備款. 留至十日, 見主人躬執財簿, 晝夜計畫, 丐
貸塡門, 親自酬應, 百事叢集, 苦惱滋甚, 心竊笑之. 辭歸逾月, 其
人又以回謝來訪, 見高墻大屋, 擬於宰相, 衆人各執一事, 舍後有
茅亭, 纔五六間, 列植花卉, 風景蕭灑, 主人處焉. 左右圖書·琴棊,
侍者僅數三人, 無燕閑雜往來, 只有歌兒·舞女·詩朋·簫客, 遞相
來, 待朝夕. 見數箇梅香, 奉盤而至, 以供珍羞佳肴, 滿三日, 他人

---

85) 間: 나본에는 '中'으로 되어 있음.

來代如是. 凡留十餘日, 主人於家間事, 無一應接, 惟對客閑談而已. 曰: "嚮進君家, 略見外樣, 則貨財足與吾相埒, 而但不使人分之, 躬自勞瘁, 日事擾汨, 雖富何益? 我則不然, 財穀出入, 供饋資養, 各有主者, 不勞形神, 坐而安享, 以盡吾年壽, 君之富, 豈敢與我相抗?" 客叔然而歸. 噫! 人生百年, 身外無物, 雖積貨如山, 竟非己有, 則不散何爲, 徒勞何用? 古人詩曰: '千金散盡還復來.' 是可爲守錢虜戒也. 又曰: '却羨江南富足翁, 日高三竿猶未起.' 是足爲苦勞者戒也. 故余嘗謂, '千古達觀, 惟范蠡一人.'

3-59.

人生於世, 可願者三, 閱盡天下好書, 一也; 識盡天下好人, 二也; 看盡天下好山川, 三也. 凡天下之書, 六經諸史百家之外, 至言格論·奇聞·異說, 不啻爲五車, 則豈不願披閱而盡乎? 天下之人, 忠孝·文章·言貌·風采, 苟有可觀, 則亦不願結識而盡乎! 天下之名山大川, 奇勝甚多, 則孰不願游覽而盡乎? 杜工部詩曰: '古人已用三冬足, 年少今開萬卷餘.' 是見閱天下好書也. 蘇瀨濱見歐陽公, 與其門人賢上人夫游, 是見識天下好人也; 司馬子長二十, 而南游江淮, 是見看天下好山川也. 丈夫志願, 於是乎畢矣. 至若腰金頂玉, 乘高軒騁亨衢者, 於我如浮雲, 奚足爲可願也歟?

交道炎涼

3-60.

古人有父子, 皆喜朋友, 好交遊. 一日, 父問於子曰: "汝之所交, 皆許心通情, 能同死生否?" 子對曰: "某村某人五六輩, 皆與子磨肌戞骨, 可謂金石之交, 緩急足以相須." 父曰: "吾未之信耳." 翌日, 烹一豚, 買一缸酒, 裹以草席, 夜深後, 擔往其子所親之家, 使其子, 言曰: "此乃死屍也, 吾父乘醉殺人, 所遭甚急, 有此相投, 乞爲揙護!" 主人始而驚, 旣而躊躇, 曰: "我家有所忌諱, 不得容護, 請往某家." 乃是五六人中也. 又往如初, 主人曰: "君之父, 何狂[86]悖如此, 欲連累於人乎?" 仍拒門不納. 又携之他, 或稱托, 或避匿, 無一相容者. 乃往其父所親之家, 父言曰: "吾子殺人如此, 幸望急難." 主人驚起, 開門[87]以應, 急聚其徒, 相議埋藏, 皆操[88]鍬鋪以從. 乃解其裹, 出豚與酒, 共坐而飮, 曰: "吾之友, 與汝之友, 何如?" 其子不敢復言. 蓋近世交道[89], 皆趨炎涼, 如是者寡矣. 古人詩曰: '有馬有金兼有酒, 雖非親戚强云親. 樽空馬死黃金盡, 親戚還爲路上人.' 爲此詩者, 乃知交態歟!

3-61.

昔一名士, 廢居江郊, 隣洞有金先達者, 家計稍饒, 最相親厚, 饋獻不絶, 以濟艱乏. 每魚鮮新出, 必以生魚善事之, 名士深感其意, 常謂曰: "我若復起當路, 則君之初仕, 我自擔着周旋矣." 金亦信之. 旣而見叙, 入于京第, 宦路大開, 數年後, 當銓曹. 金往來如舊, 以爲部將一窠, 莫與己爭先. 及大政隔日, 爲草都目, 金不入其中, 其子弟稟曰: "金先達來往門下, 今旣有年, 且江居窮困之時, 多受厚恩, 久未爲報. 今此都政, 可謂千載一時, 若使見漏, 則實爲孤

---

86) 狂: 나본에는 '所'로 되어 있음.
87) 門: 라본에는 '戶'로 되어 있음.
88) 操: 라본에는 '持'로 되어 있음.
89) 交道: 라본에는 '交遊'로 되어 있음.

恩, 大人豈不記西江生魚之羹乎? 伏願留念焉." 答曰: "窣窣矣, 向年金弁所遺生魚, 長不滿尺, 近日諸人所遺, 皆過數尺, 金弁何可以前乎? 又某時, 金所逶石魚, 腐敗不堪食, 吾至今嘅恨, 汝勿更言." 旣而入政席, 多出當窠, 而金弁竟未得參. 噫! 世態之炎凉, 人情之冷煖, 每每如此, 可發一笑!

3-62.

古有金·朴兩書生, 自幼同閈同硏, 情誼甚摯, 嘗約曰: "吾兩人幷皆宦達, 則不須相資, 而若一貴一賤, 一貧一富, 則必有相濟之道, 一生喫着, 與同苦樂, 可矣." 因相誓以信. 後金早登科第, 歷踐淸要, 衣錦食肉, 持梁刺齒, 而朴落拓不遇, 簞瓢屢空, 窮不自存. 金每以祿俸餘資, 時時周急, 而甚爲薄約, 只令僅免餓死而已. 曰: "昔年相約, 吾不忘諸, 而吾亦有妻孥之累, 親戚之求, 日不暇給. 早晚吾當爲方伯, 得厚廩, 其時方始踐言, 幸竢之." 朴雖大失所望, 亦無如之何, 且觀下回. 久之, 金爲箕伯臨行, 謂曰: "君雖不來, 吾不怸然, 而幸須一番躬柱[90]然後, 方有周章矣." 朴然之. 去後, 因絶書信, 無一贈遺, 反不如前日薄況, 窮餓益甚. 朴不得已, 以弊袍破冠, 間關道路, 及至營下, 閽禁不得入. 盤桓累日, 適値道伯出巡, 疾呼於路旁, 陽驚曰: "何不卽通?" 因令留待舍舘, 及還延入, 以數言慰解, 待之如例. 朴亦不敢開口, 只竢其發落, 留連數月, 漸見冷落, 終無顧念之意. 自知見欺, 不勝悔來, 遂告歸, 曰: "吾妻子凍餓, 見方塡壑, 故敢恃前日約誓, 冒沒來此, 而君今居雄藩, 終不我恤, 大非所望, 更有何待? 願從此辭矣." 金謝曰: "吾非不念, 而酬

---

90) 柱: 나본에는 '往'으로 되어 있음.

應甚煩, 未及紓力, 遞歸後, 將有頭緖, 幸勿爲訝." 朴見其欲漫漶, 不忍憤恨, 變色而出, 亦不挽止. 令幕客送盤纏數緡爲謝. 朴知其無可奈何, 卽日回程, 徒步行數十里, 止宿一店舍. 忿氣撑中, 夜深不寐. 忽見一美娥, 持些酒饌, 開門而入, 曰: "小女卽營妓, 名某也. 使道知行次, 當止此店. 命小妓具薄饍[91], 以爲一宵破寂, 敢此來待矣." 朴雖留營多日, 於妓色念不暇及, 及見此物, 不宜怒甲移乙, 亦不可怒岩蹴石. 因命酌酒, 纔倒數觥, 不覺暴醉, 昏倒至明. 乃覺見妓, 不知所往, 而以小鑰鎖了兩闐子矣. 動作不便, 行步甚艱, 尤極憤歎, 而計無所出, 遂起向京都[92]. 寸寸前進, 至松都, 有箕伯家奴, 來拜於前[93], 獻家書, 坼封視之, 間遭妻喪, 其子告訃於己, 而奴又急向箕營而去. 到此景色, 又不可形言. 復强引困步, 十顚九倒, 迫昏至家, 又見他人入室, 問之, 則月前搬移于他處云. 而時已人定, 不可犯夜, 乞暫歇於門側, 坐待天明, 遂尋向某洞, 所謂本家, 見高墻大屋, 非復前樣. 誠是料外, 疑不敢入, 躊躇良久, 見小叉鬟出來, 見之大驚, 還走入內, 尤甚怪訝. 因進入外門, 見堊廬甚高, 而其子掛孝, 方朝哭而止, 悄悅不能出一言, 擧家面面相覰, 疑夢疑眞. 遂進慰其子, 曰: "汝母喪變, 不勝嗟愕." 子曰: "母方生存, 此何言耶?" 曰: "然則廬幕何故?" 子曰: "大人是仙耶鬼耶?" 朴始知其有委折, 乃曰: "吾去後事狀, 必爲詳言, 以釋吾疑." 子亦知其父之不死, 乃進前泣告, 曰: "此乃箕伯之所做作幻弄也. 某月, 大人有書, 已送錢, 換家經理, 未久承訃, 奔哭往箕城, 護喪以來, 姑未安襄, 方停柩在此." 曰: "然則必是虛棺也." 急啓視之, 都是明

---

91) 饍: 나, 라본에는 '饌'으로 되어 있음.
92) 京都: 나, 라본에는 '京師'로 되어 있음.
93) 前: 라본에는 '庭'으로 되어 있음.

紬紋錦, 裹寶物, 以充于內. 因令解包, 重重襲襲, 最後有一鑰匙, 紙封書, 曰: "夫人親執開拆, 朴累日忍疼, 無計脫鎖[94], 其幸又當如何?" 積慍氷釋, 節節可感, 而所經歷困苦之狀, 終不能遣諸胸中. 箕伯遞來, 卽往見而責之, 曰: "故人欲相恤以義, 則何令如是困厄?" 答曰: "君與我賦命不均, 一升一沈, 君無爵祿, 而乃欲如我之豪富, 則必生意外灾患, 將不得保有其樂. 故使之百般困苦困極, 而亨苦盡而甘, 庶無匪分橫得之咎. 是亦從其物理而已, 君須恕諒." 遂相與大笑而罷. 噫! 此人雖出於戲謔, 貴賤之間, 交情可見, 而亦可謂達理者矣.

3-63.

古之士大夫, 雖貧窮, 必杜門讀書, 競以操履相尙, 特以族戚親知之間, 仕宦有餼廩者, 必相賙恤, 得以資養, 而不傷損其志氣也. 今世之士, 雖欲安貧, 何可得焉? 近有南村一窮士, 自遣詩, 曰: '朱門追逐競相歡, 銀燭金爐夜不寒. 歲暮城南三尺雪, 誰憐茅屋臥袁安.' 居一二日, 有一卿宰, 以數石米十貫錢, 送遺之. 此必有以其詩言者, 而斯亦非稀事歟!

流俗痼弊

3-64.

列邑百司, 皆有御用供上, 而其進排之際, 所掌色隷, 必求情債, 歲加年益. 嶺南某縣[95], 供藥蔘三錢重, 而例給至爲四十餘兩; 湖

---

[94] 鎖: 나본에는 '鑰'으로 되어 있음.
[95] 縣: 라본에는 '邑'으로 되어 있음.

西某郡, 供生鰒五十箇, 而雜費亦爲八十餘金, 已成痼弊, 猝不可
變俗. 所謂進上貫之串, 人情載之馱[96]者, 是也. 昔英廟, 始以延礽
君爲司圃提調, 將進西瓜, 別擇[97]美品以進, 而不給情債, 曰: "吾雖
無情債, 下隷豈敢生覬乎?" 及進御後, 上令入侍, 敎曰: "汝爲司圃
堂上, 吾以爲食好品西瓜矣, 反不如前, 何也?" 延礽君就視之, 乃
非昨日所進也, 甚惶懼而退. 自是, 洞知其弊, 卽阼後, 凡各司情債
例受不爲之禁云.

3-65.

國制有牛·酒·松三禁, 城內設二十四懸房, 令泮人主之, 日宰一
角, 任其興販納地稅, 以爲御供. 及太學養士之需, 所以嚴禁私屠,
令其權利者, 亦經國之美規也. 近來法綱解弛, 私屠狼藉, 懸房不
得專利, 且各宮豪奴, 憑公營私, 以廉價勒買. 泮民蒙害, 遂至於閉
肆撤屠, 太學往往闕供, 實爲寒心. 財穀糜費, 莫甚於酒, 而大釀比
年尤盛, 五江三亥酒, 家家釀置, 禁之不得, 雖値灾歲, 一任其舊.
近年穀價之翔貴, 未嘗不由其害, 爲之一歎. 四山養松, 諸營各有
標界, 而禁網疎濶, 斧斤不時, 郊牧之外, 日漸童濯. 近日京師, 薪
貴如桂, 都民甚艱, 是亦可憂. 何以則一振頹網, 令行禁止, 使民自
愛而重犯法耶? 當與能者謀之.

3-66.

漢之時, 太學諸生, 多至爲三萬餘人, 而我朝自國初, 東西齋養
士, 或加或減, 今則以百人爲定式. 庖肆繼肉, 魚廛繼饌, 朝夕常饋

---

96) 馱: 저본에는 '馳'로 나와 있으나 나, 라본을 따름.
97) 擇: 라본에는 '捧'으로 되어 있음.

之外, 間三日有別味, 值名節, 有別供. 每朔, 頒紙筆及墨, 至今不廢. 其始待士之厚, 可謂靡不用極. 而挽近以來, 禮意漸衰, 供億寢薄, 八簋之食, 將至無餘而不飽; 楮[98]毫之頒, 亦皆有名而無實, 齋儒不勝其苦, 每行威作梗爲弊, 甚多. 申參判在明, 爲泮長思欲釐革, 以代錢酌定爲不易之規, 于今數十年, 遵而行之. 蓋其意出於損上益下, 故泮民不忘其德, 立祠享之, 而爲儒者, 實受其害. 後其子錫弼, 始而窮困, 居齋十餘年, 喫苦滋甚, 人以爲法自弊笑之. 噫! 太學卽養賢之所, 而百度凋弊, 事無其舊, 則時變世道, 亦足有觀於斯矣.

3-67.

國有學, 鄕有序, 其義一也. 故八路諸邑, 皆有校宮, 儒賢杖屨之所, 亦有書院, 春秋腏享, 牲幣儀物, 必自官備送, 不敢有忽, 我國家隆師崇[99]儒之道, 可謂備矣. 近見以儒爲名者, 藉此爲重, 出入其間, 敢行不義, 校隸院屬, 侵虐小民, 生弊多端, 反爲貽羞, 已可寒心. 又或以門族相高, 互爲傾軋, 一進一退, 便成仇敵, 亦甚可惡. 吾先祖靖孝公墓, 在果川霜林, 年前余往參時祀, 有宗人自海州來者, 爲六七人, 其中有二黨, 一居梧琴里, 稱儒林士夫者也; 一居茄子洞, 稱鄕外品族者也. 梧李以茄李爲非其類, 而擯斥之, 使不得參祀, 茄李一老人, 率其孫而來, 勢不相抗, 向隅而歎. 余甚憫之, 問其派系, 則來歷昭然, 入於原譜者也. 余乃揚言于衆曰: "今日之會於楸下者, 雖有異派, 本是同根, 不論遠近, 自吾先祖視之, 則均是子孫, 其間雖或有地閥之高下, 今於時祀, 豈有不得參拜者乎?

---

98) 楮: 저본에는 '諸'로 나와 있으나 나. 라본에 의거하여 바로잡음.
99) 崇: 저본에는 빠져 있으나 나. 라본에 의거하여 보충함.

是乃鄕戰也, 本土鄕戰, 何關於先祖先山下乎?" 梧李以余爲聽其喉囑, 而余不顧些[100]嫌, 力右之, 使得同參. 蓋吾宗甚蕃衍, 散處諸道, 不無等級[101]隆殺, 而海州本有栗谷鄕約, 攻其不如己者, 至于此甚, 先賢遺意, 何嘗啓此而然耶? 他邑皆有此習, 故畿內士族, 恥其爲黨, 雖世居其鄕, 一不投足於校院, 而酒徒雜流, 反爲淵藪, 誠可痛心. 余在鄕三十餘年, 亦不入校院. 年前辛亥, 楊邑校官, 有妖僧之變, 齋任與校僕, 皆被刑配, 大興頽廢, 重修舊制. 鄕論必以生進爲掌, 議論[102]行數次, 余不得辭免. 大享時, 入見參班, 爲五六十人, 皆鋤擾之流徒鋪啜來者也. 薦祼興俯, 不中儀式, 有時威喝, 討索酒饌, 言議容止, 無一可觀. 距王京[103], 咫尺之地, 尙如此, 而況於遐鄕外邑乎! 罷享後, 以沙器瓦盆數三件, 分送於齋任, 是謂已例, 而校隷將擔往余家, 程道爲三十里. 余皆却之不受, 齋屬喜其除弊, 餞行至五里亭, 百般稱謝而歸. 施惠見德於人, 若此甚易, 歸卽圖遞, 再不復入.

3-68.

京城北有曹溪洞, 光海時鄭仁弘, 嘗師事曺南冥, 爾瞻倚以爲黨倡議, 建南冥書院於曹溪洞. 欲聚其徒, 以爲鷹犬, 任疎菴叔英, 笑之, 曰: "曹溪祀南冥, 則孔德里合祀孔聖耶?" 其議遂沮. 蓋我國借地名營建者, 甚多, 如海州首陽之淸聖廟, 南陽之臥龍祠, 此皆好事者之爲也. 年前, 湖儒以魯城縣有尼邱山, 議倡夫子廟宇, 投通

---

100) 些: 라본에는 '私'로 되어 있음.
101) 等級: 라본에는 '其等'으로 되어 있음.
102) 論: 저본에는 '輪'으로 나와 있으나 라본을 따름.
103) 王京: 나본에는 '王師'로 되어 있음.

於館學, 是其意出於鳩財營私, 而事係尊聖, 難於議論[104], 無敢拒者矣[105]. 余獨發言以爲, "吾夫子, 以萬世爲士, 太學以外, 我東三百六十州, 皆有校宮, 以俎豆之, 則奚獨於魯城疊設以爲湖儒之私尊耶?" 因以孔德里爲證, 以拒之, 諸儒皆附余言, 遂却來通. 蓋人之好事, 多類此.

老人反常

3-69.

俗語, 稱老人有三反常, 笑有淚哭無淚, 一也; 晝多睡夜無眠, 二也; 久事記近事忘, 三也. 蓋老者之情, 與少時相反者, 甚多, 少時則自愛身名, 砥礪廉隅, 而及其老也, 其志在得, 便生貪慾; 少時則愛人喜施, 能爲賙恤, 而及其老也, 其意甚吝, 不喜假貸. 是由於中無所養, 志氣衰惰, 反不如少壯强力之時也, 故君子以晚節爲難, 可不警歟! 且老人固知死期之不遠, 而或言其不久於世, 則輒有慍意, 此亦好生之慾也. 有一老人, 年近八旬, 種桃後園, 甚勤且勞, 隣居一少年見之, 笑曰: "費力栽種, 將何所求?" 老人大怒, 曰: "君欲我速死乎? 更勿來見!" 遂絶之, 少年覺其失言, 惶愧不敢往. 後三年, 老人尙無恙, 而桃方結實且熟, 老人召其少年, 引至桃樹下, 摘而饋之, 又自喫, 曰: "君向者笑我種桃, 而今我食實, 顧誠何如?" 少年自服其妄發, 累累謝罪. 此見老人蓄憾於中, 而久不能忘也. 洛中一老人, 耳聾太甚, 不得與人酬酢. 而常來往於親知之家, 少輩多爲嘲戲, 老人知之, 爲詩以投, 曰: '人皆嘲笑老聾人, 老聾

---

104) 議論: 나, 라본에는 '異論'으로 되어 있음.
105) 矣: 저본에는 빠져 있으나 라본에 의거하여 보충함.

曾不老聾人, 莫以老聾嘲笑我, 少年他日老聾人.' 此亦有憾意而發也, 年少者, 宜愼之!

3-70.

老人常不勝孤寂, 最以消遣爲難, 雖欲尋訪知舊, 而氣力不能强也, 又欲看閱文字, 而眼視不能明也. 儕流漸見稀闊, 塊坐終日, 無聊太甚, 故有言, '死不爲悲, 而老爲可悲'者, 是也. 有一老人, 聞其友病死, 召謂子弟曰: "汝輩知某友得何病而死乎?" 對曰: "別無他症, 但以癃老而逝矣." 曰: "不然! 汝實不知, 是不勝寥寂而死矣." 是以, 凡居家養老者, 必具小酌, 日請其故舊賓客, 每與之談話消寂, 亦爲養志之一端. 爲子弟者, 不可不念.

滑稽奇談

3-71.

孫必大, 初登第入堂后, 同僚有韓某·盧某, 好諧謔, 書壁上, 曰: "韓大姓生孫必大, 盧大姓生孫必大." 孫見之, 默然卽以筆, 每於大字, 上着一點爲犬字, 兩人始知其自取, 而無以爲辨. 時以爲得反之云.

3-72.

世祖時魚得江, 以滑稽多謗. 其友送紫蝦醢, 答書曰: "所惠寧不感動?" 其友答曰: "君以滑稽遭謗, 自今權停爲好." 蓋'感動'·'權停', 皆紫蝦俗名也. 其弟名得海, 嘗坐燈下, 進前移坐, 曰: "魚得海!" 蓋魚得海者, 方音冥昧不明之謂也. 其謔多類此.

3-73.

宣廟時柳上舍克新, 自少機警, 敏於應對. 白參議惟讓子振民, 戲謂曰: "君與柳色新, 爲幾寸親?" 柳應聲曰: "柳色新系渭城派, 吾系文化, 自不相涉, 第未知君之大人, 與白遊街爲兄弟行耶?" 白無以對. 蓋白遊街者, 東闕街路之名也. 俗音讓與羊・街與狗爲同, 故以此爲戲, 聞者絶倒.

3-74.

柳克新, 唱「鏊鏊曲」, 佯狂作戲, 鄭同知孝誠, 亦入其中. 李白江敬輿爲錦伯, 鄭爲公判, 白江與其子百昌友善, 故呼鄭爲丈, 嘗從容引接, 謂曰: "人言尊丈前入鏊鏊曲, 最善巫覡魂入之狀, 幸望一觀." 鄭曰: "是不難也, 然下輩所見處, 豈可爲乎?" 白江命避左右, 鄭遂同入寢房, 牢閉窓戶, 搖頭轉身, 爲巫女降神之態. 因作白江先君言語動止, 夫婦私昵奇怪醜事, 無所不至. 白江欲出, 而反被所執, 大困一場後, 鄭入見, 曰: "有密稟事, 請屛人." 因附耳語曰: "使道吾子也!" 卽起去. 翌日, 白江請老守令與鄭相親者數三人, 談話曰: "鄭丈近有病乎?" 曰: "未聞." 白江曰: "必有病, 顧諸公不知耳. 日前, 稱有密事, 請屛左右, 忽向我呼爺, 雖欲韜於上官, 實爲悖妄, 非病豈然?" 諸人大笑, 嘲罵鄭, 鄭雖自言呼子, 人無信之者, 鄭又大困矣. 後當丙子之亂, 鄭殉節江都, 豈可以俳諧目之耶?

3-75.

金誠立妻, 卽許筠妹, 號蘭雪軒者也. 金與宋圖南相友善, 逢輒諧謔, 一日訪宋, 宋戲之, 曰: "網席立, 空席立, 金誠立, 來矣, 甚矣! 君之大人, 不善命名於子也." 金無以爲對, 憮然而歸, 語其妻,妻曰: "是何難爲對? 宋匪久必來矣, 必曰: '曼圖南, 龜圖南, 宋圖南, 至矣, 甚矣! 君之大人, 不善命名於子也云.' 則可以報矣." 翌日, 宋果訪入門, 金如是爲戲, 宋亦無以應. 蓋蘭雪軒[106]機警如此. 以詩詞有名, 非所謂才勝德者歟!

3-76.

國制, 外邑每式, 不論豊薄, 必輪次爲試所, 或有事故, 道伯移劃於他邑, 是不得已者也. 一邑宰, 當次東堂試所, 而思欲謀免. 其從兄方居憂, 而與巡使最親, 要得一札以囑之, 從兄恃其無間, 裁書付之, 巡使答曰: "當當東堂者, 不欲當東堂, 則不當當東堂者, 豈欲當東堂乎? 當當者當之, 不當變動云云." 此蓋戲其喪者之言也. 發書者, 宜受其戲, 而戲之者, 亦無相敬之意, 恐爲胥失.

3-77.

昔余聘丈權公, 篤於科賦, 累擧不中, 城西弊屋, 老而不輟, 人稱之, 曰'權賦萬'. 隣居尹致明, 常做科表, 亦成卷軸, 人稱之, 曰'尹表億', 以是有名於世. 北村人士, 嘗有小會於園亭, 有客語以爲諺, 在座金氏一人, 曰: "權賦萬·尹表億, 孰爲之對乎?" 李相國止淵兄弟, 亦在其中, 卽曰: "金時伯, 可矣." 蓋金氏父兄, 以時白爲字, 故戲之也. 金卽曰: "何不云李義悅乎?" 蓋李公親諱也, 滿座絶倒. 此皆機警之甚, 而談謔之間, 語及人親字諱, 恐或過矣.

---

106) 軒: 저본에는 빠져 있으나 나, 라본에 의거하여 보충함.

3-78.
古有才子某, 余失其名, 委禽於豊山洪氏之門. 纔行禮畢, 其主人從氏少年, 戲之曰: "四寸妹夫, 三尺童子." 某卽應聲曰: "重厚之孫, 輕薄之子." 蓋以其人之祖諱戲而答之也, 俱以幼年, 其穎悟, 非人所及. 後皆早達, 立揚於世.

3-79.
昔蘇東坡, 與黃山谷爲劇談, 以易卦名爲言, 曰: "孟嘗門下三千客, 大有·同人." 又曰: "光武兵渡滹沱河, 未濟·旣濟." 又曰: "劉寬侍婢羹汚朝服, 家人·小過." 又曰: "牛僧儒父子相繼, 大畜·小畜." 余嘗繼此而言曰: "董生鷄狗, 孝感所致, 小畜·中孚, 潼關之敗, 責在元帥, 无妄·大過." 蓋文士相聚, 必有才談, 有五六人相會, 一曰: "絺兮綌兮, 日暮掩紫扉, 防風." 此以毛詩·唐詩, 各一句合而爲藥名者也. 一曰: "羔裘豹飾, 經歲又經年, 陳皮." 一曰: "悠悠我心, 嗟君萬里行, 遠志." 一曰: "樂彼之園, 落花盈我衣, 木香." 一曰: "薄言采芑, 山中無別味, 甘草." 一人起曰: "道之云遠, 前路日將斜, 當歸." 又引古語[107], 各擧人名, 一曰: "月出於東山之上, 左丘明." 一曰: "新豊美酒斗十千, 錢若水." 一曰: "平明乃覺, 東方朔." 一曰: "采菊東籬下, 黃香." 一曰: "三山半落靑天外, 岑參." 一曰: "挾泰山以超北海, 岳飛." 一曰: "關山度若飛, 馬超." 一曰: "晉都江左, 司馬遷." 一曰: "長幼有序, 第五倫." 一曰: "兄主前上書, 季札." 此雖俳諧之言, 可博一粲.

---

107) 古語: 라본에는 '古詩'로 되어 있음.

3-80.

某人, 以歷代人物, 爲內外官案, 各當其才而區別焉. 以宋韓琦, 爲領議政, 是取其垂紳正笏, 不動聲色, 措天下於泰山之安也. 以漢丙吉·唐宋璟, 爲左右相, 是取其持大體而秉大節也. 以唐狄仁傑, 爲吏判, 是取其天下桃李, 盡在公門也. 以漢蕭何, 爲戶判, 轉漕·粮餉, 固其職也; 以宋程明道, 爲禮判, 經術·禮學, 當其任也. 以漢諸葛亮, 爲兵判, 軍機[108]·武略, 未有以先之也; 以晉陶侃, 爲工判, 備豫周密, 亦蔑以加之也. 以漢張釋之于定國, 爲秋曹堂上, 是見公平審理, 可使無冤民也. 以宋歐陽脩·蘇軾, 爲兩館提學, 是見濯磨多士, 爲一世宗匠也. 以唐韓愈, 爲大司成; 陽城, 爲直講, 師道自任, 必有敎誨之功也. 以唐魏徵, 爲大司諫; 漢朱雲, 爲正言, 袞職有闕, 必有匡救之效也. 以漢韓信, 爲訓將, 可使申明軍法, 而以漢關羽·張飛, 爲別軍直, 是見宿衛之嚴密也. 以趙廣漢, 爲判尹, 可以肅淸京師, 而以張敞·尹翁歸, 爲左右尹, 亦見辭訟之平理也. 以漢司馬遷·班固, 爲記注官, 以唐賈至·韓翃, 爲知製敎, 文[109]苑有對揚之美也. 以漢疏廣·桓榮, 爲左右賓客, 以宋晏殊, 爲說書, 儲官有輔導之益也. 以宋竇儀, 爲翰林; 胡瑗, 爲修撰, 經幄備顧問之才也. 以漢陸賈, 爲通信使; 劉敬, 爲書狀官, 外國倚專對之任也. 以漢田千秋, 爲健元陵參奉; 以東漢郅惲, 爲東大門守門將, 雖微官末職, 無不得其人也. 至如[110]外除, 則以宋寇準, 爲咸鏡監司, 北門鎖鑰, 是可倚而得重也; 而唐張巡, 爲東萊府使, 南徼保障, 亦足恃而無患也. 以漢召信臣, 爲南陽府使; 以宋王禹偁, 爲黃

---

108) 軍機: 라본에는 '軍務'로 되어 있음.
109) 文: 저본에는 빠져 있으나 나, 라본에 의거하여 보충함.
110) 如: 라본에는 '於'로 되어 있음.

州牧使; 以漢劉昆, 爲江陵府使; 以漢季布, 爲河東府使; 以漢黃霸[111], 爲永川郡守, 是則皆依倣其時而爲之者也. 漢韋賢, 唐裴度, 宋富弼·司馬光, 付判府事, 漢張良, 唐李泌, 宋錢若水, 皆爲奉朝賀. 餘不盡錄, 而苟使有國家者, 隨才授任, 得人如此, 則豈不盛歟?

雜說

3-81.

宣廟時, 天使顧天峻, 書一句, 曰: '烟鎖池塘柳.' 送于我以續之, 李五峯好閔爲儐使, 始甚易之, 欲求其對, 權石州韠爲從事, 在旁難之, 曰: "一句之內, 是具五行, 則又豈有他乎? 莫如早謝之爲愈." 五峯始悟, 如其言, 天使曰: "東人亦有知者." 又出一對以送, 曰: '一張琴上七條絃, 彈出五音六律.' 有一儐伴, 對曰: '百花叢裡三春色, 粧得萬紫千紅.' 天使深許之. 某人奉使入京, 有人呼一句, 以求對, 曰: '三光日月星.' 以'四始風雅頌'爲應, 其人驚服, 此外似無對矣. 金河西, 嘗得一句, 曰: '映山紅映斜陽裏.' 覓對未及, 李青蓮後白, 兒時遊其門, 卽曰: '生地黃生細雨中.' 可見其才之敏給. 古有一妓能詩, 得一句, 曰: '柳綠桃紅春二色.' 能對者, 許以同枕, 有一人對曰: '天靑水白月雙輪.' 遂得如約, 而語其巧, 則終有遜焉. 又有曰: '北斗七星三四點.' 對曰: '南山萬歲十千秋.' 天下無不對者, 於此而見之矣. 李牧隱, 少時入中原, 與一僧坐話, 有人持餠來饋, 僧遂成一句, 曰: '僧笑小來僧笑小.' 使公對之, 蓋僧笑小那地餠名也. 公謝而退, 曰: "異日當更來報." 後遊至一處, 有酒名客

---

111) 霸: 저본에는 '灞'로 나와 있으나 나본에 의거함.

談, 因爲對曰:[112] '客談多至客談多.' 歸而語其僧, 僧大嘉之. 金栢谷居西湖, 地名弓島, 得一句, 曰: '弓島月彎風似矢.' 求其對而未得, 沈吟勞思, 將有年所適有事, 行渡錦江, 忽聳身喜, 曰: '錦江烟織舟如梭.' 此可想其心, 誠求之而有得者矣.

里諺

3-82.

羽毛之屬不一, 而群居並處[113], 各有其長齒, 爲天下之尊, 久矣. 嘗有大會, 萬族皆聚, 羽父左毛公右, 各以次分, 甲乙而坐, 不以貴賤, 不以大小, 只以年齒爲序. 左隊中鴈之大者, 伸頸長鳴, 出曰: "吾嘗稱帝於江南闢水國, 以居遭洪水之災, 失其攸居. 至夏禹氏平水土以後, 乃還彭蠡舊都, 則吾之生, 乃在於禹之前也, 吾當處上坐." 衆莫敢難, 鷄翁搏翼而前, 曰: "吾兼五德, 職在司晨, 昔虞舜氏之孶孶[114]爲善, 必待我而起, 吾年最高, 當居首席." 燕子喃喃而語曰: "吾巢人堂宇, 與相親近, 昔帝嚳妃簡狄, 祠禖之日, 吾墮卵而呑之生聖. 吾雖小弱, 座中之齒, 莫我先也, 吾當爲第一." 鳩子拂羽而言曰: "昔少昊氏, 以鳥紀官, 有爽鳩氏·祝鳩氏之號. 吾雖性拙無巧, 年莫高於我也, 諸君何不讓我爲首乎?" 鷗子張翼而進, 曰: "吾翔風, 則可以戾天. 昔黃帝氏, 作舟以濟不通, 見我之飛, 乃倣象以爲制, 今日序齒, 孰敢先我?" 鵲子雀躍而入, 曰: "百鳥之中, 吾爲最靈, 而又善結巢如人家上樑, 足以庇風雨, 故昔有巢氏

---

112) 因爲對曰: 저본에는 빠져 있으나 나, 라본에 의거하여 보충함.
113) 處: 라본에는 '起'로 되어 있음.
114) 孶孶: 나본에는 '孜孜'로 되어 있음.

搆木爲巢, 實學於我也. 今日之會, 我爲長." 衆皆服, 方議尊爲上賓, 烏公喙啄而上, 曰: "諸君失矣, 唐李義府「詠烏」詩, 曰: '日裏颺朝彩.' 吾自日裏來者也, 纔有天地, 便有是日, 則我之生, 乃在於鴻蒙剖判之始也. 諸君何不察之耶?" 於是, 衆鳥羅拜於前, 推尊爲長老, 號曰'烏有先生'. 其下, 皆以次坐坐定. 右隊中有熊氏, 傀然而進, 曰: "夏禹氏之治水也, 吾拔木負石以效, 其力則今日右隊之長, 吾當爲之." 象氏接踵而起, 曰: "舜之畊歷山時, 吾往爲之耕焉, 吾獨不可爲長乎?" 羊氏其角觝[115]而出, 曰: "黃帝之時, 力牧以千弩, 驅我而行, 則吾與黃帝同時也, 孰敢居我之上乎?" 牛氏忿然而起, 曰: "我乃一元大武也. 昔神農氏, 劉木爲耜, 揉木爲耒, 待我而始敎耕, 則孰敢先我乎?" 馬氏突然而出, 曰: "昔庖犧氏之時, 我負圖出於河, 始畫八卦, 則凡走者之齒, 未有我先也." 欲據上座處焉, 兎公跳踉而入, 曰: "諸君不觀夫! 李白「問月」詩曰: '玉兎搗藥秋復春'乎? 月宮姮娥所捿, 卽我之居也. 夫太極肇判, 日月始生, 而吾乃與月而並生, 今日左隊, 旣以烏先生爲長, 則盍以吾爲右隊之長? 令毛氏之族幷美於羽父[116]之家, 不亦可乎?" 衆皆曰: "善." 於是, 推讓兎居上座, 號曰'兎先生'. 序其下以齒, 盡懽而罷. 噫! 凡尙齒之法, 有不可拘於例也. 夫烏之性陰險, 兎之質輕妄, 不合爲群隊之長, 而乃以一時詭辯, 壓倒諸族, 冒居上座, 其何以鎭物而示衆乎? 必年德俱尊然後, 善矣夫! 遂爲之說.

3-83.

燕子語於簾幕之間, 旣而含泥, 過水田上, 見群蛙, 自相亂鳴, 問

---

[115] 觝: 나. 라본에는 '䚡䚡'으로 되어 있음.
[116] 羽父: 라본에는 '羽氏'로 되어 있음.

曰:"汝輩何爲叫號如此?"蛙子曰:"吾方讀書."燕子驚異之, 曰:
"讀何書?"曰:"讀『孟子』."曰:"何以言之?"曰:"孟子曰:'獨樂樂,
與衆樂樂, 孰樂?'吾朝吟暮誦, 不知止也, 敢問君, 所讀何書?"燕
子曰:"我讀『論語』."曰:"請聞其說."曰:"『論語』曰:'知之爲知之,
不知爲不知, 是知也.'吾時時習之, 口不絶誦. 今君與我, 皆微物,
而能服孔孟之訓, 誦經傳之言, 可謂學問之徒也, 孰敢侮余?"乃爭
相雀躍喜悅, 自以爲得. 有雞子過其前, 曰:"君輩所讀雖美, 猶不
若吾所讀之約而盡也."二子怒曰:"汝讀何書, 而敢慢我乎?"鷄子
曰:"君不學『詩』乎?『詩』曰:'鳶飛戾天, 魚躍于淵.'我則刪其繁而
提其要, 只擧'飛躍'二字, 曰'飛躍飛躍', 君豈若我簡而不煩?"於是,
二子相顧, 瞿然敬服, 群鳥聞之, 議請鷄子爲師. 有烏有公者, 姿質
昏濁, 讀『史畧』「天皇氏」, 只通一各字[117]; 鴟夷子者, 稟性愚暗, 讀
『千字文』, 只記一兩字. 見鷄子甚聰明, 爲群鳥所推, 便起嫉妬, 常
以呑攫爲心, 鷄子不與之較[118], 謹避而已. 噫! 人不能含章可貞, 乃
夸矜[119]小藝, 以自衒於世, 而爲人所嫉惡者, 可不戒哉! 小子識之.

3-84.

有一富人, 喂一角一鬣, 而素有愛馬癖, 飾以青絲, 被以文繡, 養
之華屋之下, 而角者, 則日事服役, 芻蒭不給. 角者忿然, 謂鬣者
曰:"請與子論功, 可乎?"鬣者曰:"諾."角者曰:"昔神農氏, 斲木爲
耜, 揉木爲耒, 耒耨之利, 以敎天下, 而非我則無以施其敎矣. 今子
不過有乘載之功, 而反居吾先, 何也?"鬣者曰:"是則然矣, 子不觀

---

117) 者: 저본에는 '字'로 나와 있으나 나, 라본에 의거함.
118) 較: 나본에는 '較量'으로 되어 있음.
119) 矜: 저본에는 '袴'로 나와 있으나 나, 라본에 의거함.

夫戰乎? 兩陣相對, 且馳且射, 疾足者得焉, 突擊者勝焉, 當是時, 用子乎用我乎?" 角者曰: "用子矣, 然吾與子, 皆畜於人, 而惟在人 用之如何耳. 昔田單以卽墨彈丸之地, 破燕十萬之衆, 一夜之間, 復七十餘城. 是時也, 被我以絳繒衣[120], 束我以兵刃, 所觸盡[121]死 傷, 則此乃吾之所能, 而非子之所及也. 何可以我爲無用於戎陣之 間乎? 故周武王, 還自牧野, 歸子于華山, 放我于桃林, 是見服乘 之勞, 吾與子一也. 漢諸葛亮, 運米斜谷口, 爲木牛流馬, 則其用於 人者, 亦同矣. 是以, 古之賢人, 亦有愛我而飯我, 甯戚扣角而歌相 齊之君, 百里奚擧於吾口之下而相秦, 而覇[122]瀨上隱者, 恐汚我口, 不飮洗耳之水. 以此觀之, 吾未嘗賤也. 今子亦不上於堂, 朝言不 及於子, 則子未嘗不賤也. 瑤池八駿, 豈有勝於函谷之靑牛乎; 渥 洼神駒, 寧有加於籍田之葱犧乎? 今乃喂養不均, 見待相懸, 吾雖 不言, 安得無憾於心乎?" 於是, 鬣者默然無以應, 主人聞之, 曰: "噫! 是吾之過也." 乃敕僕人, 日給料粟豆各一石, 凡有輸載均施, 其役不使有偏. 嗚呼! 畜物猶不可有厚薄, 何況於人乎? 凡御下者, 宜一視而無間焉.

睡說

3-85.

人生於世, 稟天地消息之氣, 故晝醒夜眠, 問人安否, 必曰寢食, 是見寢先於食矣. 昔陳希夷, 爲千日睡, 作臣愛睡歌, 後人爲之, 詩

---

120) 衣: 저본에는 빠져 있으나 라본에 의거하여 보충함.
121) 盡: 라본에는 '皆'로 되어 있음.
122) 覇: 나본에는 '伯'으로 되어 있음.

曰: '華山處士如相見, 不覓仙方覓睡方.' 有兩人對坐, 各言其所願, 一曰: "我但願睡了喫了喫了睡了." 一曰: "子何以喫爲? 我只願睡了睡了." 此以爲睡鄕中有無限滋味. 然非時而寢者, 猶食之過量, 反爲氣害, 又怠惰乘之遺棄, 萬事則其可乎哉! 夫子之惡晝寢[123]於宰予者, 良有以矣.

3-86.

有僧居智異山, 聞徐花潭名, 來謁曰: "小釋稍得彼岸戒律, 願與先生試却睡魔." 花潭遂與相對不合眼, 至旬有五日, 僧便困劇倒臥, 過三日, 始擧頭, 花潭又過十日不睡, 飮啖如常. 曹南冥, 常佩金鈴, 以自警省, 號曰'惺惺子'. 時振以却睡, 曰: "思索之工, 於夜尤專." 鄭湖陰士龍, 平生不寐, 每夜坐達曙, 或以手支頤於案上, 暫爲交睫, 常曰: "人生百年, 一半是睡, 則不過爲五十年, 吾年今七十, 其實百四十." 此皆禀氣淸明, 無一點昏濁, 其精力心神, 異於凡人, 故能如此, 此豈可學而能歟!

酒辨

3-87.

有二客, 過余而談, 一耽嗜麴蘖, 靡日不醉, 以無何爲樂世者也; 一切忌栢酊, 未嘗接口, 以佳味爲狂藥者也. 嗜飮者曰: "堯飮千鍾, 舜飮百觚, 孔子亦惟酒無量, 自古聖賢, 未嘗無飮. 風流才子, 騷人韻士, 非酒, 則無以暢其情敍其懷, 故有道先生邵康節, 亦名之以

[123) 寢: 라본에는 '眠'으로 되어 있음.

太和湯酒之德, 其盛矣! 今子不識其趣, 而難與爲飲, 何以爲人?" 不飲者曰: "凡人之浮浪破落, 鬪狠獄訟, 皆酒之禍也. 昔大禹惡旨酒, 周公作「酒誥」, 所以壞名灾己, 辱先喪家, 皆由於是, 則酒之害大矣. 今子不知其戒, 而昏飲不省, 何以爲人?" 二客各[124]執己見, 爭辨不止, 余聞而解之, 曰: "二君之言, 皆善矣. 樂聖耽賢, 三盃通道, 以長其文采風致, 則飲之可也; 恣飲沉醉, 遺落萬事, 以壞其名敎禮義, 則不飲可也. 然則吾誰從乎? 吾將折衷於二者之間, 若到江山樓臺·詩場親友之會, 必飲數盃, 以助其勝趣[125]; 至於宗廟朝廷·冠帶禮讓之所, 不敢飲一盃, 以攝其威儀, 則如何?" 嗜飲者嗤之, 曰: "是不識酒情者也! 寧可十日不飲, 不可一飲不醉, 苟當快意暢懷之地, 豈可飲數盃而止乎? 且以醉鄕爲日月, 壺裡爲乾坤者, 豈爲拘束於朝廟禮法之場乎? 我則不可, 一日無此飮, 君亦非吾徒也." 不飲者笑之, 曰: "俗語, '斷飲易, 節飲難.' 人非君子, 則酒中不亂者, 鮮矣. 子何不爲其易, 而乃欲行其難乎?" 余曰: "古者, 一獻之禮, 賓主百拜, 終日飲酒, 而不得醉焉. 然則當飲而不飲者, 是乃矯情也; 放飲而至醉者, 是爲縱欲也. 余則素不解飲, 而每到酒場, 見其許心相對, 有雅韻豪意, 則以不飲爲恨; 見其亂頭雜坐, 或狂叫疾呼, 則以不飲爲幸. 是以, 欲處乎二者之間, 隨其時而適宜焉." 於是, 二客皆默然而去. 余嘗見燕京酒肆, 壁上列書酒名, 曰: '史國公·葡萄酒·竹葉靑·梨花白.' 凡十餘種, 而味皆旨毒, 我人雖酒腸, 不能多飮. 彼人則以小酌, 酌之纔一吸而止, 一食之頃, 連吸數十次, 都不過二三盃, 未嘗有醉. 此與蘇舜欽之引滿一大白, 杜子美所云'飲如長鯨吸百川'者, 甚不同. 無乃淸之俗, 亦異於

---

124) 各: 저본에는 '皆'로 나와 있으나 나, 라본을 따름.
125) 勝趣: 라본에는 '盛趣'로 되어 있음.

古之人歟?

古今詩話

3-88.

詩莫盛於唐, 而唐亦有初晩之殊, 初唐作者, 如王勃・盧照鄰之徒, 雖是善鳴, 蓋多浮靡卑軟, 六朝綺麗之習, 猶有存者. 至如晩唐李商隱・溫庭筠之輩, 音韻淸憂, 句語姸媚, 全無半點鄙野, 可謂絶唱. 然而猶不若盛唐李・杜之雄健典重, 直有萬丈虹焰, 故以李・杜爲詩家之正宗. 太白詩, 絶句蓋多, 而律則廑有; 少陵詩, 四韻盛傳, 而絶則甚罕, 亦各有所長而然, 則是詩之難, 可知矣. 自唐以降, 文體隨時變易, 濂洛之詩, 長於冲憺; 元明之詩, 近於輕淺, 季世音響, 日就卑下而已. 近世東國人士, 雖不能明一藝通一經, 而皆耽於詩律, 連篇累牘, 就觀其體格, 不古不俗, 似奇非巧, 成一別樣調法, 抑以此鳴國家一時之盛耶? 余雖能隨俗成句, 而至論古人調格, 實昧然矣. 凡律家之法, 必曰: "起承轉落, 起句實難, 而聯句稍易, 結句尤難." 因次而論之, 曰: "起句, 或如衡岳雲開, 祝融突起; 或如平明趙壁, 赤幟忽建. 上聯, 或如延津風雨, 兩龍交臥; 或如伯牙鼓琴, 山水交音. 次聯, 或如紅女織錦, 五采成章; 或如大匠搆廈, 衆材相稱. 結句, 或如簫韶始撤, 鳳凰猶舞; 或如陰山夜雪, 獵騎初收." 願竢知者而一質焉.

3-89.

唐李靑蓮・杜草堂・韓昌黎三人, 俱爲玉京[126]學士, 侍立於香案前, 玉皇敎曰: "爾輩俱有詩名, 平日所作[127], 必有最得意處, 各書以奏." 靑蓮書對曰: '荒城虛照碧山月, 古木盡入蒼梧雲.' 玉皇曰: "此句豪[128]而健, 眞仙翁劒客之語也, 可謂名不虛得." 草堂書進, 曰: '三年笛裏關山月, 萬國兵前草木風.' 玉皇曰: "此句婉而切, 乃忠臣志士之言也, 可謂名實相副." 昌黎沈吟, 而對曰: '廣川先生洛陽里[129], 破屋三間而已矣.' 玉皇笑曰: "爾之才, 長於文辭, 至於吟詠, 非其所長." 昌黎更書以進, 曰: '春風洞庭浪, 出沒驚孤舟.' 玉皇曰: "此則善矣! 庶可與李杜齊名." 遂宣香醞. 旣出, 靑蓮謂昌黎曰: "君所謂'破屋三間而已矣'者, 只合於序記之文也, 以詩爲名者, 焉有如此句法乎?" 昌黎默然良久, 曰: "是則然矣, 君之「上韓荊州書」有曰: '生不願封萬戶侯, 但願一識韓荊州.' 此乃古詩之體也. 以書箚爲名, 而安有若此文體乎?" 靑蓮無以應, 草堂曰: "人各有所長, 使我而學君, 固不能; 使君而學我, 亦不能, 各從其所好而已, 何必强辨?" 遂相與大笑而罷. 此蓋俗談里巷之語, 而家有初學童蒙, 好聽奇諺, 因書于玆, 以爲納牖之一助.

3-90.
大彫鏤萬物各賦其形者, 天之才也; 擺弄造化能倣[130]象萬物之態者, 詩人之才也. 工於詩者, 必能奪天地之造化, 將見猜厭於神, 故曰: "詩人每多窮命." 蓋從事筆硏, 不得不吟咏, 而固不必探奇尙警務爲警人, 只尙醇古如菽粟, 則亦善已矣.

---

126) 玉京: 나, 라본에는 '玉堂'으로 되어 있음.
127) 作: 나본에는 '得'으로 되어 있음.
128) 豪: 나본에는 '最豪'로 되어 있음.
129) 里: 라본에는 '裏'로 되어 있음.
130) 倣: 저본에는 '放'으로 나와 있으나 나, 라본에 의거함.

3-91.

古人作詩, 不能無疵病. 李白詩曰: '峩嵋山月半輪秋, 影入平羌江水流. 夜發清溪向三峽, 思君不見下榆州.' 其曰'峨嵋'·'平羌'·'清溪'·'三峽'·'榆州', 皆是地名, 兩句詩, 皆以地名合成者, 是爲大欠也. 晚唐詩曰: '鵝湖山下稻梁肥, 豚柵鷄栖半掩扉. 桑柘影斜春社散, 家家扶得醉人歸.' 旣云'稻梁肥', 則是爲秋詩, 而又以'春社'爲言者, 是乃逕庭不合也. 又曰: '姑蘇城外寒山寺, 夜半鍾聲到客船.' 凡鍾聲非夕則曉, 而乃曰'夜半'者, 誤矣. 此皆詩家之高評也, 故記之.

3-92.

唐人詩, 皆有餘意, 見無窮之趣. 送別詩, 曰: '水邊楊柳綠烟絲, 立馬煩君折一枝. 惟有春風最相惜, 殷勤更向手中吹.' 朱子最愛此詩, 以爲, '楊柳旣折, 則已無生意, 而春風披拂, 如有愛惜之心, 是見仁人君子以生物爲心.' 又落花詩, 曰: '樹頭樹底覓殘紅, 一片西飛一片東. 自是桃花貪結子, 錯教人恨五更風.' 謝疊山曰: "說落花氣象, 便爲蕭索, 而此獨有生意." 蓋詩人忠厚之意, 每句語之間, 最忌其迫切. 故我東詩人有吳祥, 吟云: '羲皇古俗今如掃, 猶在春風盃酒間.' 尙相國震曰: "何不云'羲皇古俗今猶在, 看取春風盃酒間'? 不過改下一二字, 其意之相去遠矣." 朱子偏愛杜詩, 爲註長篇, 至孔丘·盜跖, 俱塵埃之句, 因爲絶筆. 作詩者, 不可不觀此而致意焉.

3-93.

作詩者, 先觀氣像[131], 人之壽夭窮達, 皆驗於斯者也. 故敎子弟者, 勿責其巧拙, 宜先審其氣像之好不好, 以勉之耳. 昔有貴家子弟, 十餘歲作詩, 曰: '庭泥橫短蚓, 壁日聚寒蠅.' 識者以爲夭賤之象[132], 果如其言.

3-94.
我太祖微時, 登三角山, 有詩曰: '引手攀蘿上碧峯, 一菴高臥白雲中. 若將眼界爲吾土, 楚越江南[133]豈不容.' 其洪量大度, 不可以言語形容. 嘗占一聯, 曰: '三尺劍頭安社稷.' 一時文士, 皆未及對, 崔瑩遽曰: '一條鞭[134]未定乾坤.' 人皆驚服. 世傳, 太祖始有志於天下, 入中原, 遇明太祖於逆旅, 竦然異之, 請與爲聯句, 曰: '風生大漠山河鼓.' 明祖卽應曰: '日出扶桑宇宙澄[135].' 太祖因惘[136]然自失, 遂辭歸云. 昔南唐使者, 朝宋, 誦其王詠月詩, 宋祖卽以所製華山日出詩, 示之, 曰: '未離海底千山暗, 纔到天中萬國明.' 帝王氣象, 相懸於此. 明文宗皇帝詩, 曰: '風吹馬尾千條線.' 建文對曰: '雨濕羊毛一片氈.' 其繁華蕭索之態, 已懸絶矣.

3-95.
栗谷八歲, 登花石亭, 詩曰: '林亭秋已晚, 騷客意無窮. 山吐孤輪月, 江含萬里風. 遠水連天碧, 霜楓向日紅. 塞鴻何處去, 聲斷暮雲中.' 此見氣象遠大, 但落句短促, 未享遐壽, 豈非先兆於是歟!

---

131) 像: 저본에는 '象'으로 나와 있으나 나, 라본을 따름.
132) 象: 나본에는 '狀'으로 되어 있음.
133) 南: 라본에는 '山'으로 되어 있음.
134) 鞭: 나본에는 '鞍'으로 되어 있음.
135) 澄: 나, 라본에는 '燈'으로 되어 있음.
136) 惘: 저본에는 '罔'으로 나와 있으나 나, 라본에 의거함.

3-96.

鄭林塘, 兒時, 隨大人往北道, 作「厲祭壇」詩, 曰:'聖朝枯骨亦添恩, 香火年年降塞門. 祭罷上壇雷雨定, 白雲如海滿前村.' 如此題者, 易爲凄楚悲傷之言, 而藹然和洽之氣, 溢於其中. 終能致遠大者, 宜矣.

3-97.

成汝學詩曰:'雨意偏侵夢, 秋光欲染詩.' 其語[137]寒淡蕭索, 終不免窮. 尹修撰繼善詩曰:'千里官遊甘蔗盡, 一春時事落花忙.' 皆稱其美, 而不久而歿, 此皆出於性情, 不期而然者矣.

3-98.

貴人作詩, 氣像[138]皆好, 近世貴人, 有詠月詩, 曰:'萬里無雲來宛轉, 一天如水在中央.' 是見任世當路之像也. 有曰:'萬樹繁陰鶯世界, 一江疎雨鷺平生.' 是見安享福祿[139]之像也. 又有曰:'青山北走群龍躍, 碧水東流萬馬馳.' 是見馳騁雲路之像也. 昔唐人詩曰:'梨花院落溶溶月, 柳絮池塘[140]澹澹風.' 此不言豪華奢馳, 而識者以爲有富貴容, 蓋其氣像有難揜者耳. 陳同甫詩曰:'樓臺側畔楊花過, 簾幕中間燕子飛.' 朱子以貪艷富貴非之, 此皆善觀詩意. 如王荊公詩云:'龍帶晚烟歸洞府, 鴈拖秋色過衡陽'者, 亦極富麗. 蓋曰:"詩能窮人." 又曰:"窮者能詩." 余則以爲不然.

---

137) 語: 나본에는 '意'로 되어 있음.
138) 像: 저본에는 '象'으로 나와 있으나 나, 라본을 따름. 이하의 경우도 동일함.
139) 福祿: 라본에는 '福貴'로 되어 있음.
140) 塘: 저본에는 '溏'으로 나와 있으나 나, 라본을 따름. 서로 통용됨.

3-99.

洪相國奭周, 少時, 讀書山寺, 有詩, 曰: '懸橐防穿鼠, 回燈護撲蛾.' 此見思患預防見危極濟之意.

3-100.

古人, 以吟詠而召禍者, 甚多. 隋煬帝時, 薛道衡詩曰: '暗牖懸蛛網[141], 空樑落燕泥.' 煬帝惡其勝己, 搆罪殺之, 曰: "汝能復爲空樑落燕坭乎?" 此不過詩人寫景之語, 而猶見猜召禍, 則況托辭寓意有所譏諷者乎! 我朝, 佔畢齋之「弔義帝文」, 柳夢寅之「寡婦詞」, 權石洲'宮柳靑靑鶯亂啼'之詩, 織成具錦, 陷於禍網, 莫非滄浪坡公所謂'人間識字憂患始'者非耶? 然而王摩詰, 以「凝碧池」詩, 而得免僞爵之誅; 韓翃以「寒食」詩, 而得知製誥. 古人以一詩一句而進身立名者, 亦多, 蓋勿論其利害, 而只付於命數之窮享[142], 可矣.

3-101.

柳夢寅「寡婦詞」, 曰: '七十老寡婦, 端居守空閨. 旁人勸我嫁, 美人顔如槿. 頗誦女史詩, 粗知姙姒訓. 白首作春容, 寧不愧脂粉.' 蓋所以微諷以見志, 終以此不免於禍.

3-102.

昔曹孟德「赤壁江」詩曰: '月明星稀, 烏鵲南飛. 繞樹三匝, 無枝可依.' 竟有北岸之敗, 蘇東坡「松醪賦」, 曰: '遂從此而入海, 渺飜天之雲濤.' 未久, 謫海南. 鰲城李公竄北塞, 五峯李好閔, 別於山

---

141) 網: 저본에는 '岡'으로 나와 있으나 나, 라본에 의거함.
142) 享: 저본에는 '奇'로 나와 있으나 나, 라본을 따름.

壇之路左, 有詩, 曰:'山壇把酒祭茳蘺[143].' 鰲城和之, 曰:'只恐令
威去不歸.' 明年, 果卒于謫所. 噫! 送生者, 何以云祭; 生行者, 何
以云不歸? 是皆無心而發, 終爲詩讖, 作詩者, 不可不愼.

3-103.

沈貞子思順, 官承旨, 少時登南山, 作放糞詩, 曰:'一聲雷雨掀
天地, 香動長安八萬家.' 中廟聞而惡之, 後得罪囚死獄中.

3-104.

英廟朝, 設慶科增廣, 預飭主試, 令一心秉公. 時當冬月, 忽夜風
雷大作, 上疑諸試挾雜行私, 多有冤屈, 致此灾異, 乃命掖隷, 變服
入場, 密探動靜. 時諸試已盡, 考取編次, 將待朝坼榜, 方會坐一
處, 飮酒賦詩, 以此還報. 上怒以爲天灾如是, 而不知警懼, 相與耽
樂爲事, 卽遣內侍稱御命, 奪詩軸以來. 上親自閱覽, 有一詩, 曰:
'時人莫怪冬雷異, 三十三魚盡變龍.' 上意釋然稱美, 曰:"此一句,
足以救灾." 特命宣送內醞. 噫! 一句詩, 可謂有回天之力矣.

3-105.

古人於樓臺題詠, 甚多, 如崔顥「黃鶴樓」詩, 李白「鳳凰臺」詩[144],
王子安「滕王閣」吟, 杜子美「岳陽樓」作, 其文與景, 可謂相稱, 當
爲第一. 至若我東人, 各處各樓, 板上所揭, 亦將汗牛而充棟, 有不
可勝記. 而金剛歇惺樓詩, 有云:'層層浩劫長流雪, 箇箇遙空不綻
蓮.' 又云:'無數飛騰渾欲怒, 有時尖殺不勝孤.' 是寫得最宜者也.

---

143) 茳蘺: 나, 라본에는 '江蘺'로 되어 있음.
144) 詩: 나, 라본에는 '律'로 되어 있음.

海州芙蓉堂, 鄭礥詩云: '荷香月色可淸宵, 更有何人吹玉簫. 十二 闌干無夢寐, 碧城秋思正迢迢.' 諸妓至今歌之, 可謂絶唱. 壬辰倭 寇, 破毁諸板, 而獨留此詩以傳, 蠻人亦有知詩者矣. 平壤練光亭, 金黃元所賦, '長城一面溶溶水, 大野東頭點點山'之句, 人之不許 者, 或有之, 而其凌跨千古, 包括萬象, 亦何以有加於此? 只以此 一句板揭者, 以其更無餘意以續之也. 近世, 李尙書晚秀·洪尙書 義浩, 以上副价赴燕, 洪相國羲周, 以行臺往焉. 三人皆以當世鉅 匠, 各賦一句, 合以成篇, 初聯曰: '萬戶樓臺天半起, 四時歌舞月 中還.' 此言大都繁華之意, 而氣象好矣. 次聯曰: '風烟不盡江湖 上, 詩句長留宇宙間.' 此亦句法雄健, 快得其餘意者也. 末句曰: '黃鶴仙人今[145]已遠, 白雲回棹夕陽灣.[146]' 此則淸曠幽雅, 深得結句 之體也. 或以爲剩語贅語者, 是苟爲之訾也. 安州之百祥樓, 義州 之統軍亭, 亦是騷人登覽之美, 而前述備矣, 不必殫擧. 而余題百 祥樓, 曰: '直通薊北三千里, 橫跨淸南二十州.' 題統軍亭, 曰: '萬 里荒烟生遠戍, 五更寒月動悲笳.' 時李台裕元爲灣尹, 見之, 稱以 爲壓倒諸人, 是或過獎, 而蓋板上諸詩稠疊, 古今而別無佳作. 以 此, 知樓臺題詠最爲難矣.

3-106.

權草樓韐, 松京懷古詩, 曰: '雪月前朝色, 寒鍾故國聲. 南樓愁 獨立, 殘郭暮烟生.' 時以爲絶唱. 自古, 詩人過松京者, 無不作懷 古詩一二首, 而今見南門樓板上, 獨揭權詩一絶, 若某人詩云: '夕 陽立馬高麗國, 流水聲中五百年.' 儘佳矣.

---

145) 仙人今: 나본에는 '千年人'으로 되어 있음.
146) 白雲回棹夕陽灣: 나본에는 '夕陽回棹白雲灣'으로 되어 있음.

3-107.

鄭東溟斗卿, 詩曰: '雨後淸江興, 回頭問白鷗. 答云紅蓼月, 漁笛數聲秋.' 華人見之, 曰: "答云二字, 乃小國人詩也." 唐詩曰: '瀟湘何事等閒回, 水碧沙明兩岸苔. 二十五絃彈夜月, 不勝淸怨却飛來.' 雖無答云之稱, 而可以見問答之意, 此可與言詩者矣.

3-108.

金農巖, 嘗曰: "東溟詩, 所以易高於俗流者, 以平生好讀馬史, 又留意古樂府, 喜用其語." 此皆世人所不習, 故驟見, 足以驚動, 而其實殆古人所謂鈍賊非竊狐白裘手段. 張谿谷以爲, "東溟詩模擬盛唐, 有云: '域中王亦大, 天下佛爲尊.' 可與李·杜上下云."

3-109.

崔孤竹慶昌, 過故宰相園亭, 詩曰: '門前車馬散如烟, 相國繁華未百年. 村巷寥寥過寒食, 茱萸花發古墻邊.' 此得唐人遺調. 孤竹苡茂朱時, 李蓀谷達過之, 適有所眄妓, 乃爲一絶, 以呈於主倅, 曰: '商胡賣錦江南市, 朝日照之生紫烟. 佳人欲買爲裙帶, 手探囊中無直錢.' 孤竹報曰: "此詩可直千金, 但縣小貲乏, 只以白米四十石爲準云."

3-110.

許滄海, 送人遊金剛, 詩曰: '物外淸遊病未能, 夢中皆骨玉層層. 遙知萬二千峯月, 應照孤僧禮佛燈.' 有一僧, 過門而呼曰: "豈有欲改詩疵者乎?" 乃呼而示之, 僧曰: "二句可謂圓滿, 而'照'一字爲病, 請改之." 曰: "何字可勝?" 曰: "以月照燈, 全沒意味, 必改以作字,則好矣." 因辭去, 乃知其異僧云. 此詩, 余得見於滄海詩集中, 而世或以爲金三淵所作, 是必訛傳矣. 近世, 李尙書晩秀, 又有送友之金剛, 詩曰: '蓬萊山色夢中春, 躑躅花前送故人. 五十年來塵滿袖, 憑君聊洗一鬖巾.' 亦可謂絶唱.

3-111.
權松溪應仁, 山居詩, 曰: '結屋依靑嶂, 携甁盛碧海. 徑因穿竹細, 籬爲見山低. 枕石巾粘蘚, 栽花屐印泥. 繁華夢不到, 閑味[147]在幽栖.' 此善形容山居意態.

3-112.
鄭處士之升, 詩曰: '草入王孫恨, 花添杜宇愁. 汀洲人不見, 風動木蘭舟.' 又曰: '鳥啼春有意, 花落雨無情.' 其叔父古玉碏, 嘗稱其仙語.

3-113.
尹紀, 題富平別業詩, 曰: '衡門日噢桃花淨, 無數蜻蜓上下飛. 午睡初醒童子語, 折來山蕨滿筐肥.' 栗谷歎以爲, '出[148]於天機, 非模寫所得.'

3-114.
金栢谷, 詩曰: '曉起翁嗔犢, 呼兒補棘藩. 分明雪中迹, 昨夜虎過村.' 孝廟覽之, 以爲不讓於唐詩云.

---

147) 味: 나본에는 '吟'으로 되어 있음.
148) 出: 저본에는 '山'으로 나와 있으나 나, 라본에 의거함.

3-115.

趙湲, 遊三日浦詩, 曰: '四仙亭上一仙遊, 三日浦中半日留. 春晚碧桃人不見, 月明長笛倚蘭舟.' 此可謂透入妙境.

3-116.

某人唱蓮榜, 從俗率倡, 過幾日後, 將解送之. 家貧無以爲贐, 乃題一詩於扇, 以與之, 曰: '桃紅扇打汗衫飛, 羽調靈山天下[149]稀. 臨別春眠歌一曲, 落花三月渡江歸.' 可知其枵然空還之意.

3-117.

詩可學而能耶? 杜工部稱爲詩聖, 而猶云詩到夔州益工, 是若可學而能也, 江淹夢神人授五色筆, 而藻思日長, 則此非可學而能者也. 蓋詩固有天才而學, 而至於妙境, 神韻自然流動, 則若有造物相之者然. 是以, 或稱有詩魔. 余有一親知, 生而質鈍, 年至及冠, 纔解通史, 至於作句, 不免蒙駿. 嘗疾數日, 忽作狂譫, 不論經史詩集, 無文不誦, 試令製作, 則呼韻輒應, 皆成文理. 余時往見, 試呼'舟'字, 卽應曰: '梅花古閣兼栽竹, 山水新屏或[150]畫舟.' 不亦異哉? 其父母[151]召巫醫, 雜治數月而攫差, 更無吟誦, 依舊一蒙學也. 無乃此人暫與詩魔相接而然歟!

3-118.

金慕齋, 爲嶺伯時, 聞校生有宋某者能詩, 招見於月波亭, 命賦

---

149) 天下: 라본에는 '絶世'로 되어 있음.
150) 或: 라본에는 '盡'으로 되어 있음.
151) 父母: 라본에는 '父兄'으로 되어 있음.

之, 題曰: '金碧樓明壓水天, 昔年誰搆此峯前. 一竿漁父兩聲外, 十里行人山影邊. 入檻雲生巫峽院, 逐波花出武陵烟. 沙鴎但聽陽關曲, 那識愁心送別筵.' 慕齋大加稱賞, 歸而語思齋, 思齋曰: "此乃鬼詩, 非食烟火人語, 果然." 宋初不解文, 而得女妖, 因能作詩. 久後, 其家人呪符逐妖, 乃書於掌上, 曰: '花婦今爲落水神, 世間皆是薄情人.' 自是, 不復識字云.

3-119.
唐人詩, 曰: '曲終人不見, 江上數峯靑.' 或以爲神人所作, 我東稱神詩者, 甚多. 題'夏雲多奇峯', 有曰: '白日到天中, 浮雲自作峯. 僧看疑有寺, 鶴見恨無松. 電影樵童斧, 雷聲隱士鍾. 誰云山不動, 飛去夕陽風.' 以此爲鬼語, 結句則意思恍惚, 雖若彷彿, 而兩聯語甚工巧, 未知何神能, 然是未可信. 近日有傳神詩, 曰: '缺月空山宿, 寒溪老樹聽.' 此近之矣.

3-120.
尹醉夫潔, 夢得一絶, 曰: '路入石門洞, 吟詩孤夜行. 月午磵砂白[152], 靑山啼一鶯.' 車軾見之, 曰: "此非人所能, 必鬼詩也." 蓋人睡夢, 則無知覺運動, 雖人而鬼也, 以夢作爲鬼詩者, 亦宜.

3-121.
壬辰倭亂之時, 洪宗祿有罪被竄, 其子愚駿, 不識文[153], 夢占一絶, 曰: '細雨天含柳色靑, 東風吹送馬蹄輕. 太平名宦還朝日, 奏

---
152) 磵砂白: 라본에는 '沙白澗'으로 되어 있음.
153) 文: 라본에는 '字'로 되어 있음.

凱歡聲滿洛城.' 子未解其意, 以奏凱爲其父放還之兆, 寄示謫中,
以爲不久當宥還, 宗祿曰: "此乃國家中興之兆." 未幾亂平, 宗祿亦
遇赦, 旣還以語人, 人笑以爲, '若論平難之功, 則此子當爲一等云.'

3-122.

夢中作詩者, 甚[154]多. 蓋人之寐也, 心神歸宿, 精爽就息, 有何省
覺而能作詩乎? 是知文者, 思之所得也, 晝之所思, 夜之所夢,[155]
故平時所吟哢, 自然凝思, 至發於夢寐呻囈之中也. 余自兒時,[156] 夢
作頗頻而覺, 便輒忘, 雖不忘而記得者, 多不成說, 不足以語人. 中
歲以後, 往往有夢, 而句作便成, 別無虧欠. 粤在戊申二月十九日,
夜夢先考閱先賢詩集, 命余次韻, 乃七言一絶也. 原韻三句, 旣覺
忘失, 只記一句, 曰: '試觀鷄稚藹含仁.' 余卽援筆而書, 曰: '媧皇
戲土造爲人, 二五之精太極眞. 稟質那無純駁異, 混然均得這心仁.'
旣覺, 泣而記之. 近年以來, 絶不有此, 此非但志衰神耗而然也. 是
乃身累侳傯, 心神擾攘於膠漆盆中, 不復留意於文字之故也, 甚矣
吾衰! 只自咄咄.

3-123.

詩所以寫得情景, 故女子作詩多能, 爲逼切句語. 中廟時,[157] 南
趎妹能詩, 趎嘗使賦雪, 以紅綠爲韻, 卽作曰: '落地聲如蚕食綠,
飄空形[158]似蝶窺紅.' 此與謝道韞'柳絮', 對相彷彿者也. 又曰: '落

---

154) 甚: 라본에는 '尤'로 되어 있음.
155) 夜之所夢: 나본에는 '夜必以夢'으로 되어 있음.
156) 時: 저본에는 '詩'로 나와 있으나 나, 라본에 의거하여 바로잡음.
157) 時: 저본에는 '詩'로 나와 있으나 나, 라본에 의거하여 바로잡음.
158) 形: 나, 라본에는 '狀'으로 되어 있음.

葉風前語, 寒花雨後啼.' 此亦妙辭. 許筠妹蘭雪軒, 刊詩集, 行于世, 其絶句有曰: '燕掠斜簷兩兩飛, 落花撩亂撲羅衣. 洞房無限傷春意, 草綠江南人未歸.' 又曰: '新粧滿面猶看鏡, 殘夢關心懶下樓.' 此等諸作, 無非絶唱, 而駘蕩淫泆之意, 溢於篇章, 全無閨房婦女之態. 以是, 知士大夫家不可以詩詞教習於閨門之內也.

3-124.
趙承旨瑗妻李氏, 號玉峯, 其詩有曰: '江涵鷗夢濶, 天入鴈愁長.' 前世詩人, 未有及此者.

3-125.
余嘗留於灣館, 有一灣客, 爲余誦「龍灣別曲」十餘首, 皆古灣妓所作也. 有云: '願化花間鶯舌巧, 長程曲曲盡情啼.' 又云: '人說阿娘年最少, 天生嬌態善佯啼.' 又云: '此身寧與殘燈滅, 不見明朝上馬催.' 又云: '臨別橋頭金勒馬, 眞情留住假情催.' 此等詩句, 皆逼盡人情. 蓋昔西路諸妓, 多能作詩, 有云: '鳥誰教汝丁寧語, 花若[159]無人寂寞開'者, 不讓於薛濤·張窈窕之流, 而近則未有聞粉黛中詩, 亦衰矣歟!

3-126.
輓詞, 欲其敍情泄哀而已. 有人爲其友輓, 曰: '何處去何處去, 鶴髮親髫齡兒, 都棄了何處去. 何時來何時來, 萬疊山黃昏月, 今日去何時來. 有誰知有誰知, 黑漆漆長夜中, 獨啾啾有誰知.' 是爲三

---
159) 花若: 라본에는 '若此'로 되어 있음.

疊, 極其悽切, 其視漫辭張皇, 亦可謂遠矣.

3-127.
盧蘇齋守愼, 輓孝陵詩, 曰:'廟表全心德, 陵名百行源. 衣裳圖不見, 社稷欲無言. 天慳逾年壽, 人含萬古寃. 春坊舊僚屬, 只有古司存.' 公嘗爲東宮僚屬故云, 聞者莫不感淚. 尤翁寧陵輓詩, 曰:'宇宙懷深恥, 風塵有暗傷. 粢心安野草, 鳳詔帶天香.' 其知遇之感, 於此見矣. 李參奉匡呂, 代人作元陵輓, 曰:'宵駕分儀衛, 萬人惟哭聲. 閭閻遺子女, 城闕若平生. 過廟遲遲躇, 出門冉冉旋. 絳紗千柄燭, 風淚曙縱橫.' 正廟嘗閱諸臣輓詩, 至此甚善之, 召問其人, 卽引見匡呂, 拜參奉. 命納私稿, 親揀爲一卷開刊, 問其堂號, 對曰:"小臣安有堂號? 旣承恩, 除書以官啣, 足矣." 遂命題爲'李參奉集', 行于世.

3-128.
金觀復齋崇謙, 以文行有名, 十九而夭, 其友申恕菴靖夏, 輓曰:'北岷山下少年魂, 爾輩從今莫說寃. 金侍中家才行子, 明朝[160]送葬出東門.' 其哀惜之意, 於斯盡矣. 又有某人, 輓詩云:'千古英雄浪用兵, 秦皇漢武竟何成. 當時若滅閻羅國, 不使男兒有此行.' 此亦奇健, 拔出俗套, 若以濫辭溢美於死者, 甚不可. 昔人有一親知之子, 爲其父請輓, 就考其行, 無一可稱, 但常時好乘駿馬, 且有少妾, 因作曰:'平生駿馬嘶芳草, 未死佳人怨落花.' 意甚悽切, 足以敍哀.

---

160) 朝: 나본에는 '晨'으로 되어 있음.

3-129.

大老之葬, 遠近士林, 莫不爲文以哭, 有一人, 余失其名, 輓曰: '丹旐翩翩曉月明, 四方多士葬先生. 可憐晩義山中土, 難掩剛常萬古名.' 輓詩, 當以此爲第一.

3-130.

有人遠謫在他鄕, 聞其妻喪, 爲輓以送, 曰: '怨呼月姥訴冥司, 來世相逢易地爲. 我死君生千里外, 使君知我此生悲.' 斯可爲逼切矣. 某人失名, 續絃未幾, 又遭叩盆之慟, 有詩曰: '逢何晩也別何催, 不覺其情只覺哀. 祭酌猶餘婚日釀, 斂衣仍用嫁時裁. 庭前舊種梅花發, 簾外東風燕子來. 懿範還從妻母問, 答云吾女德兼才.' 是善寫其情境也. 有人爲其女婿, 輓曰: '若使君生吾女死, 只哀其死不哀生.' 斯可爲約而盡矣.

3-131.

或乞輓於人, 而亡者無兄弟及子女, 而只有老母, 能文章而未能成名, 年纔三十客死, 而返葬於廣州先山. 時則爲三月, 請以一絶盡其意, 乃曰: '生無兄弟死無兒, 三十文章一布衣. 旅櫬歸來慈母哭, 廣陵三月杏花飛.' 此以許多說話, 能盡於兩句, 而猶有餘地, 更以'杏花飛'三字, 以生詩色, 斯可謂良匠已矣.

3-132.

韓進士相憲, 爲鄭嘉山蓍輓, 曰: '淸川際湞洞, 星嶺忽崢嶸. 白月[161]寒岡宅, 秋霜箕子城. 卓乎有是子, 凜若難爲兄. 定作張公厲, 終能西醜平.' 又有人詩, 曰: '萬古綱常三父子, 五城風雨[162]一男兒.'

令人讀之, 自不覺有激厲之心.

3-133.
詩人以詠物爲難. 古人以畫白鷺爲題, 令詩人賦之, 起句曰: '雪作衣裳玉作趾, 窺魚江上幾多時.' 乃出畫本, 示之, 曰: "此是墨畫, 如何因續之?" 曰: '偶然飛過山陰縣, 誤落羲之洗硯池.' 此見臨時應變, 極其機警. 又詠蠔詩, 曰: '前身認是大夫平, 魚腹忠魂變化成. 衰俗猶知尊敬意, 只稱其姓不稱名.' 又詠蠹魚詩, 曰: '秦皇餘魄化爲魚, 食盡當年未盡書. 旣食食其當食字, 人間私字食無餘.' 此等詩甚多, 而只擧一二記之.

3-134.
李判書玄錫, 詠燕詩, 曰: '穿花幾語少陵舟, 飛入昭陽是物尤. 有貌倘能如汝頷, 不須投筆覓封侯.' 權石洲, 詠西瓜詩, 曰: '色似秋天初霽後, 形如太極未分前. 撞破[163]筵前紅露滴, 相如從此懶尋泉.' 此皆膾炙於時, 故書以示兒曹.

3-135.
近年, 有南草聯句詩行於世者, 余不能盡記, 而有曰: '膽破聞日本, 金絲自呂宋. 編葉同貫魚, 斬笋似鍋豵. 几承防灰散, 繩穿去津壅.' 蓋倭人以南草爲膽破怪, 呂宋南方國名, 又稱金絲草, 鍋卽牡豕去勢之稱, 此非徒句作圓滿, 足以觀博覽矣.

---

161) 月: 나, 라본에는 '日'로 되어 있음.
162) 雨: 저본에는 빠져 있으나 나, 라본에 의거하여 보충함.
163) 破: 저본에는 빠져 있으나 나, 라본에 의거하여 보충함.

3-136.

今人作詩, 多用强韻, 蓋詩之用韻, 爲叶於聲律而已. 若用强韻, 則牽掛於韻字, 豈能盡詩意耶? 故萬首唐詩, 絶無强韻, 而近世則甚多, 如網巾詩, 曰: '小嫌針孔濶嫌盈, 巧學踟蹰不學蛩. 朝來斂盡千莖髮, 篹笠緇冠總附庸.' 又硯滴詩, 曰: '河濱遺質歷周秦, 吞吐淸波兩穴因. 形靜玉山心樂水, 孰如其智孰如仁.' 又杜鵑詩, 曰: '爾身本自蜀蚕魚, 飛入江南誤屬豬. 邵子聞之心¹⁶⁴⁾不樂, 天津橋上駐蹇驢.' 此等詩, 雖用强韻, 意思平圓, 無斧鑿之痕, 可佳. 有客好作强韻, 亦能應猝, 主人欲試其才, 曰: "吾呼韻, 而若應口輒對, 則當買一壺酒, 饋之." 客曰: "諾." 主人卽呼'銅'字, 乃應之, 曰: '世人風月太環銅.' 又呼'態'字, 復應曰: '彼以其音我鳥態.' 又呼'蚣'字, 復應曰: '春酒一壺須速買, 今番落只子來蚣.' 此雖常談俚語, 而苟非熟工, 其倉卒機警, 豈能如是耶?

3-137.

近世洛中人士, 耽吟詞律, 爭事酬唱. 每楓秋花辰, 發書招邀, 提壺榼, 挈絲竹, 遍遊於湖亭·林園之上, 各以別號稱題, 競以佳句傳播. 僭擬杜陵, 藐視蘇·黃, 互相追逐, 以此成俗, 亦一流弊也. 年前, 名士家子弟十餘人, 盛設供帳, 爲詩會於蕩春臺, 以夜繼晝. 止宿於僧伽寺, 鋪香硯, 展錦軸, 狂吟亂唱, 旁若無人, 聯¹⁶⁵⁾幅累牘, 蓋百有餘篇. 有一過客, 弊衣破冠, 斗然而來, 睨而視之, 若有所知焉. 座中心異之, 問曰: "能飮乎?" 曰: "能." 乃斟大酌, 飮之, 又問: "能詩乎?" 曰: "不能." 座中一人, 厭苦欲逐之, 戱侮而言曰: "君之

---

164) 心: 라본에는 '慘'으로 되어 있음.
165) 聯: 라본에는 '連'으로 되어 있음.

辭不能者, 必過謙也. 請閱吾輩所作, 評定優劣, 更次一韻, 以助我今日之歡, 如何?" 曰: "不敢不敢!" 諸人强之不已, 乃引軸一覽訖, 竟無一字評隲, 索小紙一片, 細書四韻一律, 飄然下堂而去, 有不能挽也. 其詩曰: '窠裡纔聞呦, 籠中始見鬭. 莫將紫蛻脫, 堪愛毳緜柔. 夜伏䴏宜怕, 朝行鴳可愁. 何時成翻抹, 聲價擅羊溝.' 一座環視, 無人解其義者, 字亦多不通, 乃使僧徒覓其人, 遂不知去處. 諸人惘然若失, 相與還家, 博考『韻府』·『字彙』等冊, 此乃詠鷄兒詩也. 呦卽卵中始生之聲, 鬭卽母鷄方哺之聲, 紫謂卵中軟皮, 毳緜謂始生毛如綿也, 䴏獮屬也, 鴳鴟類也, 翻謂羽始生未調也, 羊溝鷄肆也. 蓋其意, 以諸人比之於鷄兒, 謂其方在於始乳之初, 而其於高唱快鳴, 遠不及也. 噫! 詞律雖小藝, 而至於透妙境入大家, 亦非易然也. 諸人自以爲能, 而畢竟見譏遭辱於有眼者, 固其宜矣.

3-138.

諸生當科年, 會讀於山房, 有遠客, 擔簦踽屨[166]而至, 請寓宿於旁, 諸生戲慢不已. 翌曉辭去, 書一詩, 以付壁上, 曰: '方冠長竹兩班兒, 新買鄒經大讀之. 白日猿孫初出岾, 黃昏蛙子亂鳴池. 威從老釋能生喝, 學向隣童强作師. 若使紅牌浮水去, 明年及第捨君誰.' 及朝, 諸人始見之, 愧恨不已矣.

3-139.

林白湖, 善文章, 豪宕不羈. 少時, 遊於林亭, 時當仲春, 諸生作煎花會, 方出韻賦詩. 白湖着蔽陽子, 衣襤縷, 直驀[167]而前, 曰: "行

---

166) 屨: 라본에는 '履'로 되어 있음.
167) 驀: 나, 라본에는 '趨'로 되어 있음.

客肚飢, 幸値盛會, 願霑餘瀝." 諸生曰: "吾輩方作詩, 約以作之者, 可共此會, 不能者, 不得與焉. 君亦不能, 則速去勿留!" 白湖曰: "何以作詩? 幸望敎我." 諸[168)]生曰: "觸物起興, 寫出卽景者也." 曰: "文字則余何能焉? 當以俚語爲之, 請君以文字繹之, 未知如何?" 諸人曰: "諾." 乃隨言隨書, 卽成一絶, 曰: '鼎冠撑石小溪邊, 白粉淸油煮杜鵑. 雙竹挾來香滿口, 一年春色[169)]腹中傳.' 諸人相顧異之, 問其姓名, 乃林悌也, 大驚延之上座.

3-140.

金三淵, 嘗入金剛, 有一僧橫臥路上, 視而不起, 使奴詰責之, 答曰: "吾方作詩, 未就意想慘怛[170)], 未及見尊者之來耳." 請聞其詩, 乃曰: '老僧枕鉢囊, 夢入蓬萊路. 蕭蕭寒雨聲, 驚起秋山暮.' 三淵瞿然驚歎, 因起而去, 不復與言.

3-141.

隱淪之中能詩者, 甚多. 近世有鄭樵夫者, 擔柴往來於東門外, 吟曰: '生計十年老采樵, 滿肩秋色動蕭蕭. 寒風吹送長安去, 暮踏東門第二橋.' 楊根有李醉松, 亦以販柴爲業, 最善吟咏, 有曰: '楊湖春水碧於藍, 白鳥分明見兩三. 搖櫓一聲飛去盡, 夕陽山色滿空潭.' 他皆絶唱.

---

168) 諸: 저본에는 '詩'로 나와 있으나 나, 라본에 의거함.
169) 色: 나, 라본에는 '信'으로 되어 있음.
170) 慘怛: 나, 라본에는 '慘憯'으로 되어 있음.

3-142.

昔有人, 以繡衣暗行, 投宿一村店, 有擔物而來者四人, 寓宿於隔壁. 至曉, 先起治任, 中有一人, 曰: "盍爲一絶?" 皆曰: "諾." 一人先唱曰: '店樹溪雲曉色凄.' 一人繼之, 曰: '行人抹馬第三鷄.' 一人曰: '阿郞販豆京師去.' 一人曰: '少婦春歸月在西.' 繡衣竊聽, 而心異之, 使從人就問其所居與姓名, 皆不告而去.

3-143.

洛社詩徒, 累日船遊於五湖之間, 碾磳千盃, 散漫百篇, 遊興跌宕, 各自以爲得意. 月夜, 有一人戴弊冠, 僛然而來, 披觀詩軸, 始知其爲文人因饋以酒, 請爲一詩以識之. 始辭以不能, 強而後, 索筆書于軸尾, 曰: '天上有明月, 水中有明月[171], 仰看[172]天上月, 天遠月難親. 俯見水中月, 水近月可親. 須臾狂風吹, 水撓月不定. 倚杖觀水止, 空山秋夜長[173].' 題畢, 因起去, 遂不知其處. 諸人惘然而歸, 皆以爲逢異人云.

3-144.

詩徒十餘人, 以小酌, 會于洗劒亭, 方呼韻共賦. 有擔夫憩于亭下, 忽來問曰: "諸公之詩, 可得一覽否?" 諸人曰: "吾輩方作之未竟, 君若能詩, 宜爲先唱." 卽口號曰: '有溪無石溪還俗[174], 有石無溪石不奇. 此地有溪兼有石, 天爲[175]造化我爲詩.' 一座驚異之, 又

---

171) 月: 저본에는 빠져 있으나 나, 라본에 의거하여 보충함.
172) 看: 라본에는 '觀'으로 되어 있음.
173) 長: 저본에는 빠져 있으나 나본에 의거하여 보충함. 라본에는 '永'으로 되어 있음.
174) 俗: 나, 라본에는 '野'로 되어 있음.
175) 爲: 나, 라본에는 '能'으로 되어 있음.

呼一強韻, 以試之, 復應曰: '人間名利退如鰲, 衣濯淸泉不用鎣.' 滿座瞿[176])然稱賞, 不敢出一語, 旣而下樓, 擔柴而去.

3-145.

名士五六人, 會于狎鷗亭, 方賦詩[177]), 有一人着平涼子, 昂然直入, 知其有所負, 延之使坐, 問其姓名, 曰: "李弊凉." 飮之以酒, 要與共賦, 卽書于軸尾, 曰: '三山半落靑天外, 二水中分白鷺洲. 千載[178])謫仙先我得, 夕陽投筆下西樓.' 蓋三山二水, 卽狎鷗亭與鳳凰臺, 所眺彷彿, 而無人寫得者也. 書畢, 納履而去, 不知所向.

3-146.

年前, 城西諸人, 會做江亭, 以江上梅爲題. 有少年金生者, 稱居江郊, 而投入其中, 賦之, 曰: '世愛寒梅好, 移之煖屋間. 怪植非素質, 雕蠟失眞顔. 一樹江頭立, 百年塵外閑. 玉人前夜夢, 自道勝居山.' 諸人皆閣筆云.

3-147.

李注書壎, 窮廢以老, 而善於詩律, 過六臣墓, 吟曰: '江空砥柱壁, 日照露梁沙. 柳下忽逢客, 相將入酒家.' 此兩句中, 含得無限, 難言底意, 觀者宜默會之. 送人赴燕詩, 曰: '東海渡年年, 百年猶是日. 於君獨奈何, 聊與酒中別.' 外他諸作, 皆有古意.

---

176) 瞿: 저본에는 '懼'로 나와 있으나 나, 라본에 의거함.
177) 詩: 저본에는 '試'로 나와 있으나 나, 라본에 의거함.
178) 載: 나, 라본에는 '古'로 되어 있음.

3-148.

李參判亮淵, 號山雲, 始以學行聞, 不仕居家, 善談論, 喜文詞, 人以方外稱之. 陞秩之日, 近族一卿宰, 送金貫子致賀, 答書書一絶, 曰:'山樵水釣李山雲, 皮肉鬖然老十分. 弊布周衣金貫子, 一般芻屨菊花紋.' 尤長於五絶古詩, 傳於世者, 甚多. 田婦相問詩, 曰:'君家母幾年, 我母恒多病. 了鉏合一歸, 舅嚴不敢請.' 其答詩曰:'君家遠還好, 未歸猶有說. 我是嫁同鄉, 慈母三年別.' 又松京懷古詩, 曰:'燕麥誰家田, 田中古礎石. 麗王歌舞時, 明月如今夕.' 又咏啄木詩, 曰:'啄木休啄木, 老木餘半腹. 風雨寧不愁, 木折[179]無爾屋.' 又登高詩, 曰:'山上雲如墨, 人間今日雨. 誰家喜田事, 誰家憂遠路.' 又田家詩, 曰:'村歸背負兒, 匆匆鳴杵急. 峯陰度野來, 田丁已應入.' 又曰:'抱[180]兒兒莫啼, 杏花開籬側. 花開且結實, 吾與爾共食.' 此等詩, 皆得古意. 家居廣州, 其鄉人爲余誦之, 故書.

3-149.

李光直, 本南土人也. 能文章, 喜飮酒, 性豪氣傲, 雖公卿家子弟, 一見輒戲慢諧謔, 少年則必頤指頷, 應人皆以滑稽待之, 不深責也. 嘗至嶺南, 南中少年, 爭謄一詩, 互相傳誦, 題曰'嘲漂麥', 其首句曰:'壟上木偶如人立, 雨笠能駈鳥雀遙.' 乃道內第一名下所製也. 李心欲壓之, 卽曰:"爲此詩者, 必是卑賤之流也." 皆曰:"何以言之?" 曰:"高鳳, 卽讀書高蹈之士也, 爲其妻者, 雖有怨恨之言, 而豈可以木偶責其丈夫乎? 卑賤之人, 不知其義, 故其言如此無禮, 吾是以知之." 皆曰:"然則先生能作之否?" 曰:"諾. 吾當口

---
[179] 折: 라본에는 '推'로 되어 있음.
[180] 抱: 라본에는 '嘎'로 되어 있음.

號, 君可書之." 卽呼首句, 曰: '弋言加鴈宜言麥, 誰家夫婦登風謠.'
因張眉而言曰: "士夫家婦女, 苟怨其丈夫, 則宜引他人夫妻偕樂之
事, 只以不及人爲恨而已, 此所以爲兩班之文也." 座中皆服, 因繼
而呼之, 未半晌, 卽成一篇. 於是, 轉相傳播, 更不知世有段文昌
也. 每吟咏, 亦必壓倒諸人, 春游詩, 有曰: '十里靑山時雨過, 一聲
黃鳥故人來.' 有二子, 亦皆能文, 常以三蘇自比, 而累擧不中, 終
無所成, 悲夫!

3-150.

申潝者, 椒林人也, 長於文詞, 舟村昺之後. 正廟朝, 忠良科居
魁, 承傳筮仕, 歷察訪. 爲人磊落有氣岸, 常慕古人奇節偉行. 余嘗
踰鳥嶺, 登交龜亭, 見板上有申[181]所題, 曰: '南遊千里客, 主屹幾
重關. 鳥道如天上, 羊腸卽此間. 靑邱無壯士, 白晝過南蠻. 按使交
龜地, 書生拊[182]劍還.' 觀其詩, 猶可想象其人. 余遂次以吟, 曰: '主
屹山重疊, 南維一大關. 茂林春夏際, 危磴嶺湖間. 伏弩宜禽敵, 張
旗可讋蠻. 將軍曾失計, 達水去無還.' 恨不得旁揭一板, 以表余同
志之感也. 晚年以酒自放狂歌, 落魄有吟, 曰: '囊中有物皆歸酒,
馬上無山不入詩.' 此乃放縱不拘, 自比於石曼卿之流者矣.

3-151.

朴進士應爀, 松京人也, 爲人疎宕不羈, 能文辭, 好徘諧. 少時,
遊金剛, 曳竹杖, 躡芒鞋, 拂衣獨行, 行李蕭然, 望門輒投. 至鐵原
界, 有黃氏家, 甚豪富, 卽投節而入, 主人隱几而坐, 因長揖而言

---

181) 申: 저본에는 '中'으로 나와 있으나 나, 라본에 의거함.
182) 拊: 라본에는 '撫'로 되어 있음.

曰: "主人愛士好客, 故過客聞風而來矣." 主人應曰: "君所謂風者, 卽風流風采之謂也, 吾何敢當?" 朴曰: "風有長者之風, 有先生之風, 有君子之風, 有聖人之風, 君何過謙?" 主人曰: "惡何言之太高也? 吾多斜風, 故人或謂我八風." 朴曰: "惟聖人能節八音行八風, 然則主人其惟聖人乎!" 主人呵呵而笑, 曰: "眞文士也." 因勸酒進飯, 款待數日而送之. 其遊山詩, 曰: '晚霧捲來山出骨, 長川磨去石無衣.' 嘗爲余誦之, 故因記于玆.

3-152.

金炳淵者, 不知何許人也. 或戴篛[183]笠, 或着蔽陽子, 或鮮明衣履, 而或弊垢懸鶉. 嗜酒放飮, 靡日不醉, 去就無常, 閃忽莫測, 但不欺其姓名而已. 所到以文章見稱, 呼韻使賦, 應口輒對, 亦多神語. 至於科體行詩, 精速兼備, 或有人評論其疵病, 則便張目叱之, 曰: "長者之文, 安敢妄論?" 聞其名者, 不與之較, 笑而受之. 常止於止處, 或浹旬, 或彌朔, 忽又捨去, 無定住焉. 有東峽人, 爲余言曰: "鄕村有一學究, 率十餘學童, 課讀而坐, 有過客, 攝蔽衣而入, 請饋朝飯. 始難之, 托以空舍無主, 敎以之他, 客牢坐不起, 不得已以草蔬[184]同飯, 因問: '客何居?' 曰: '居楊州.' 曰: '日前, 有楊州過客過此, 今日又見, 是何楊客之多也?' 復問: '客能文乎?' 曰: '粗解作句.' 曰: '然則我當呼韻, 未知能作否?' 曰: '諾.' 其學究乃蒙學先生, 厪解通史初二卷者也. 又乏韻考, 以散韻呼之曰'威'字, 卽應曰: '山村訓長太多威.' 又呼'挑'字, 復應曰: '猛着塵冠鍤唾挑.' 又呼'儔'字, 復應曰: '大讀天皇高弟子, 尊稱風憲好朋儔.' 又呼'鬚'字,

---

183) 篛: 나. 라본에는 '籠'으로 되어 있음.
184) 蔬: 저본에는 '疏'로 나와 있으나 나. 라본에 의거하여 바로잡음.

復應曰: '每逢凡字憑昏眼, 輒到巡盃藉白鬚.' 又呼'州'字, 復應曰: '一飯空堂生色語, 今年過客盡楊州.' 五韻纔出, 四句卽成, 始知其能文, 而村秀才之徒, 便不知其奇也. 旣而辭去, 逢於路者, 以爲金炳淵云." 有人嘗同行過酒店, 囊乏一錢, 卽傾囊飮一盃而止, 口號一絶, 曰: '行李蕭條絶可呵, 餘錢數葉亦云多. 囊中戒女深深在, 野店斜陽見酒何.' 其吟詠播於人口者, 甚多. 噫! 人之抱負如是, 而苟能持身雅正, 行止有常, 則不問來歷, 吾將負笈而從之矣. 奈何放縱不拘, 擺脫名敎, 甘作漫浪之徒耶? 是或斥弛之士, 遭其窮廢, 負才傲時, 自安於暴棄者歟!

3-153.

李德湖, 不知爲何名, 自言居京三淸洞. 出七律韻'曾稱仍能應'五字, 周行八路, 遍訪文人騷客, 以求其詠歌其所志, 搢紳先生, 亦或有製而應之者, 積成卷軸, 肩擔而行. 如此者, 二十餘年. 余嘗閑坐, 有一人曳鶉衣, 斗然而來, 卸擔而坐, 時當盛暑, 汗流沾襟. 問爲誰, 乃自稱李德湖, 解其裝, 示所得詩篇, 皆花牋簡牘, 有不能盡閱, 而因乞余詩一篇. 余固辭以不能, 乃張眉而言曰: "君自高其名, 以我卑鄙而不應耶? 吾已聞所聞而來, 必不空還矣." 堅坐不動, 余不得已, 步其韻, 口號以應, 曰: '相對初無一面曾, 三淸詩客德湖稱. 瓊琚盃[185]盡年將老, 笠屬行遲歲復仍. 長路弊裝何苦甚, 大家高格鮮知能. 寒風暑雨懸鶉褐, 太史南遊亦未應.' 李遂默誦至再三, 曰: "是乃譏訕我也! 然詩意圓滿, 吾當用之矣." 余因問: "將此甚用?" 曰: "將刊板以傳於子孫." 拂[186]衣而去, 此人苦癖有不可知矣.

---

185) 盃: 저본에는 '拾'으로 나와 있으나 나본을 따름.
186) 拂: 저본에는 '遂'로 나와 있으나 나, 라본에 의거함.

3-154.

李進士黃中, 自號甘山, 素有詩才. 弱冠與余同場屋, 見甚精敏, 爲人亦謹拙可愛. 近[187]年以酒自放, 全不撿束, 有時弊衣破冠, 醉臥街路, 人皆謂狂. 而往往有佳句傳播, 有曰:'迂闊蜻蜓眼, 風流蚨蝶鬚'者, 實未易得也. 年前, 過訪余家, 强索酒, 飮畢, 卸倒衣巾, 頹臥不起, 余規之, 曰:"名敎內自有樂地, 何自乃爾?"因張目不答而去, 豈非以余爲道不同而然歟!

3-155.

崔東煥, 號莘圃, 少有詩名, 聞於漢北. 與余同金剛之遊, 至晚無獲, 以吟咏遊於洛下, 一月所得, 爲累百餘篇, 有曰:'鷄鳴遠郭霜千樹, 鴈去長川月一橋.' 又曰:'千年流水僧無語, 四月空山鳥自啼.' 自以爲透得妙境, 不以貧窮介意, 以是自喜. 老不知止詩之惑人, 有如是者矣.

3-156.

申進士在協, 字稚中, 家原州, 而來住泮齋, 爲人卓犖, 不拘於文, 無所不能. 自料試六體, 以至書辭疏章, 下筆立就, 極其精美, 又博覽强記, 多識故事. 又長於詩律, 有曰:'虀塩未必非恩賜[188], 剡籍元無可著題.' 又曰:'已無餘想如鷄肋, 安得全忘似兎蹄.' 他作皆如是[189]. 又有兪[190]進士常煥, 家廣陵, 而同居一齋, 才名相埒. 嘗以同韻, 賦雪景七首, 有曰:'龍噴天花頻戲劇, 鷺疑秋水更鋤舂.'

---

187) 近: 저본에는 '謹'으로 나와 있으나 나, 라본에 의거하여 바로잡음.
188) 賜: 저본에는 '則'으로 나와 있으나 나, 라본에 의거함.
189) 是: 라본에는 '此'로 되어 있음.
190) 兪: 저본에는 '愈'로 나와 있으나 라본에 의거하여 바로잡음.

又曰: '豆灰埋去沙禽篆, 瓊屑篩來月兔春.' 餘外文詞, 博贍溫雅, 亦一巨匠也. 兩人皆與余最善, 文字上多有相議而點竄, 近年以來, 相繼零落, 更無可意, 余甚慟惜, 畧述如右.

八域總論

3-157.

我國僻在海隅, 壤地褊小, 江陵爲正東, 豊川爲正西, 東西不過千里[191]; 海南爲正南, 穩城爲正北, 南北僅三千餘里. 地形挾長, 流峙重複, 無平原廣野. 坐亥向巳, 東高西低, 而山勢皆北向中原, 有拱揖之狀, 故自古服事中朝, 不敢背馳. 江水自峽流出, 倒捲急瀉, 少悠遠平穩之意, 故邑基民居, 隨時改革, 衰旺無常. 與今北燕, 同爲箕尾分野, 故凡有災祥, 多有相符. 術士以爲, '地脉山氣, 甲方踈虛, 故每人家長派, 多不全盛云.' 昔林白湖, 嘗曰: "我東水無千里, 野不百里, 四夷·靺鞨, 莫不入主中原, 而我國獨不得稱帝, 生於如此之國, 不死何爲?" 此是憤慨之言也. 然而四民衣食之原, 未有如我東, 海陸交錯, 野峽相半, 五穀·桑麻·綿絮·魚塩·材木·銅鐵, 凡所以養生之具, 無不畢給, 俗化名敎, 易爲之興焉. 檀君與堯併立, 箕子于周受封, 以八條敎民, 田民飮食, 猶爲籩豆. 婦人貞信自守, 比諸蠻戎, 粗有禮義, 孔子欲乘桴而海者, 蓋有以焉. 其後, 三韓各立, 羅濟並興彈丸, 鰈域瓜分幅裂, 至麗祖統合, 操鷄搏鴨, 始成全局. 而建于我朝, 列聖相承, 諸賢輩出, 古者穢貊朝鮮, 變爲禮俗之鄕, 稱以小華. 蓋丙子以後, 四海九州, 皆化爲氈裘, 王春已

---

191) 不過千里: 라본에는 '千里之間'으로 되어 있음.

謝, 天地方晦, 而文物衣冠, 猶在我東, 方當今之世生於我東者, 亦不爲幸歟! 噫! 百里不同風, 千里[192]不同俗, 一隅偏邦, 分而爲八路, 人物風俗, 各有差殊, 畧采見聞, 列錄于左.

京畿道

3-158.

京畿東北近峽[193], 南接于湖西, 抵于海, 左右道凡三十七官. 漢陽爲肺腑, 三角爲鎭山. 我太祖定鼎以後, 四百有餘年, 王氣蔚蔚蔥蔥, 四方諸山, 皆有控引之勢; 五江三湖, 宛成襟帶之形, 儘萬世無壃之基也. 地脉山勢, 皆爲所華淸淑之氣, 於是焉窮, 故郊坰之間, 無好家基, 人物凋弊, 科宦絶稀. 畿內所居士夫, 反不如湖中楊廣·黔果之間, 流寓京族, 負來而擔柴者有焉. 江郊十里之外, 俗習野樸; 近邑百里之內, 氓風蚩蠢, 兼以上自陵寢, 下至大家墳園, 皆爲所占地, 無空曠, 人乏饒足. 廣州南漢, 本溫祚古城, 四圍天塹, 足恃其險, 而丙子下城, 尙可痛心. 水原, 野勢廣濶, 山氣平穩, 正廟卜園以後, 築城堤堰, 蓋多粧點. 江華, 以甲串爲津, 摩尼爲界, 三面阻海, 足爲保障, 當難失守, 嘗見陷沒, 良可一歎. 開城, 乃麗王古國, 山川秀美, 民物殷富, 而一自百年停擧以後, 人以商賈爲業, 因作賤鄕, 其遺風餘俗, 猶有存者. 圜壁無簷, 蔽笠肩[194]擔, 滿月臺夕陽, 令人懷古之感, 而善竹橋貞忠之血, 斑斑可攷. 坡州, 有三先生鄕約, 吏恭民巽, 指以爲士夫之居. 驪州, 野開壤沃, 兼有帶

---

192) 千里: 라본에는 '千古'로 되어 있음.
193) 峽: 저본에는 '挾'으로 나와 있으나 나, 라본에 의거함.
194) 肩: 저본에는 '有'로 나와 있으나 라본에 의거함.

湖登樓之美, 古家世族, 皆處邑中. 長湍[195], 在兩京之間, 山容脫白, 卿宰之先壟, 最多. 抱川, 山明水麗, 多出科甲, 以文鄕見稱. 南陽, 在海邊, 薪貴如桂, 喬桐·永宗在島中, 爲水路關防. 楊·砥, 有龍門之險; 積·麻, 有紺岳之美; 永·加, 有白雲之勝. 仁·安·金·通, 有沿海之利; 利·陰·龍·竹, 有土厚之樂. 其槪如此, 餘不盡論. 驪樓之淸心, 沁亭之燕尾, 永平之蒼玉屛·禾積淵, 大興之朴淵, 臨津之赤壁, 以地勝有名. 人必稱楊栗·坡蟹·沁枾·松蔘, 安城造笠凉, 陰·竹織鬃冠, 驪·利之早稻, 高陽之細木, 廣州金剛[196]草, 南陽石花醢, 其物產亦足矣.

忠淸道

3-159.

忠淸道, 北連畿邑, 東接江原, 南跨全·慶, 西抵大海, 左右道凡五十四邑. 山野相[197]半, 生理自饒, 人莫不飯稻羹魚, 號爲衣食之鄕. 古家名族, 多居之, 以爲根本之地, 名分甚明, 儀表物色, 無異京華, 而閭里武斷者, 或有焉. 公州, 在車嶺之南, 錦江之上, 卽唐劉仁願所置熊津都督府, 而道伯爲之營, 營之北有小山, 盤結築城, 曰'雙樹山城', 以江爲濠, 有樓曰'拱北', 甚是淸曠. 邑之南四十里, 有雞龍山, 四圍重疊, 洞府深窈, 有龍淵鳳林. 東鶴寺名以奇勝, 維鳩·麻谷, 亦稱家基. 恩津·江景, 與湖南接界, 亦四方一都會也. 燕·松, 富商來留興販[198], 民物繁華. 扶餘, 卽百濟故都, 白馬江, 有

---

195) 湍: 저본에는 '端'으로 나와 있으나 나. 라본에 의거하여 바로잡음.
196) 剛: 저본에는 '光'으로 나와 있으나 라본을 따름.
197) 相: 저본에는 '山'으로 나와 있으나 나. 라본에 의거함.

唐將蘇定方釣龍之處, 懷德·連山, 是先賢杖屨之鄕, 冠帶絃誦, 猶有可觀. 自沔川·唐津, 至洪州·結城等十餘邑, 是謂內浦, 與海相接, 土地肥沃, 兼有魚鹽之利, 而人多瘴腫. 海美有兵馬, 保寧有水軍, 而保寧山水最勝, 永保亭, 攬一邑之美. 淸州有上黨山城, 卽兵使所管, 而華陽洞水石, 彷彿武夷, 有大老書院及萬東廟, 所以寓尊周之義, 令人欽慕. 忠州爲八路之中, 故稱以中原, 物衆地大, 而彈琴臺, 達川之野, 一望平楚, 申將軍之喪師殞身, 尙可憤歎. 堤川·永春·丹陽·淸風四郡, 爲有湖山[199]洞溪之勝, 所謂三仙岩·玉筍峯·島潭·龜潭·降仙臺·彩雲峯, 以奇勝見稱. 俗離山, 在嶺湖之交, 紆回深遠, 多異洞別墅, 環山以下, 曰靑山·報恩·黃澗·永同, 家基亦好, 卜築者甚多鎭. 木川之間, 土利最厚, 皆願生居定, 靑陽之地, 瘴泉頗多, 間有疾病. 溫陽之溫井, 其沸如湯, 洗沐者, 可以療瘡, 餘不悉記. 而土產, 則百物皆備如林, 韓山之白苧靑, 報恩之棗子, 黃澗之墨, 藍浦之石, 最有其名.

慶尙道

3-160.

慶尙道, 北連江·忠, 西接全羅, 南抵大海, 左右道凡七十一邑. 幅員廣大, 爲八路之最, 大小白間爲竹嶺, 主屹山西爲鳥嶺, 上下數十里, 邃林長谷, 石路崎嶇, 鳥嶺有別, 將三南之一大關隘也. 嶺之南, 風氣强勁, 人皆質直, 語音木强, 習俗儉嗇. 我朝晦退等五賢, 皆出於玆, 名臣碩儒, 相繼而起, 號稱鄒魯之鄕, 遺風餘澤, 猶

---

198) 販: 저본에는 '賑'으로 나와 있으나 나, 라본에 의거함.
199) 山: 저본에는 빠져 있으나 나, 라본에 의거하여 보충함.

有存焉. 鳥嶺以下, 聞慶爲初境, 而尙州·善山·咸昌·金山等邑, 在洛東江之上, 家基甚美[200], 古家名裔, 多爲之主. 竹嶺以下, 豊基爲初境, 而榮川·順興·醴泉·龍宮等邑, 在小白山之南, 岷淳壤沃, 稱爲三災不入之地. 禮安·安東, 山川佳麗, 甚見文明, 退溪居陶山, 西崖處河洄, 至今爲第一庄獲, 子孫仍居, 科宦不絶. 星州·陜川等邑, 有伽倻之勝, 風土尤佳; 安義·咸陽等邑, 近智異之深, 景槪甚美. 奉化·英陽, 與峽相近; 寧海·盈德, 與海相薄, 土俗生理, 不無殊差. 左道以南, 漸遠畿界, 文風士氣, 大不及矣. 大丘, 處一道之中, 道里皆均, 爲四方都會之地, 四山高塞, 中藏大野, 鋪以琴湖, 亦一形勝, 而道伯主之. 慶州, 卽新羅故都, 地[201]廣民衆, 有府尹以莅之. 晋州·蔚山, 亦皆雄府而近邊[202], 故有左右兵馬, 以鎭之. 東萊, 與倭相接[203], 設館以待, 歲致蔘幣[204], 左道租賦, 盡入於對馬島, 言之痛甚. 固城, 以海爲界, 爲統制所管, 巨濟·南海, 在海島中, 餘不盡記, 而蓋嶺以南最多佳處. 大白山, 在關東接界, 山上開野, 又多深峽, 有國朝史庫. 智異山, 與湖南連境, 一名頭流, 又稱方丈, 洞府盤互深鉅, 指以爲仙窟. 如安東之映湖樓, 晋州之矗石樓, 安義之搜勝臺, 山淸之換鵝亭, 陜川之海印寺, 最有名焉. 嶺之下, 多枾木胡桃, 每邑多有紙所, 竹田海邊, 則鹽藿魚蛤, 不待價而足. 烟臺稱萊品, 笠涼稱統造, 眼鏡稱慶産, 礪石稱延出. 蔚之鰒[205], 密之栗, 亦美矣.

---

200) 美: 라본에는 '好'로 되어 있음.
201) 地: 라본에는 '會'로 되어 있음.
202) 邊: 라본에는 '塞'로 되어 있음.
203) 接: 라본에는 '近'으로 되어 있음.
204) 幣: 저본에는 '弊'로 나와 있으나 나본에 의거하여 바로잡음.
205) 鰒: 저본에는 '鰒'으로 나와 있으나 나본에 의거함.

全羅道

3-161.

　全羅道, 東北接忠慶, 西南抵大海, 左右道凡五十七邑. 土地肥沃, 人多富饒, 積産至萬石者, 有之. 習俗巧詐僞薄, 士族比忠·慶甚罕, 而文學亦有遜焉. 礪山·珍山·咸悅·龍安, 是爲初境, 而德裕山, 在三南交[206]會, 泉石幽邃, 當難可避, 術士以爲十勝地之一. 有赤裳山城, 內藏國史實錄, 茂朱·長水, 卽其境也. 全州, 卽甄萱故居, 而我李氏本鄕, 奉太祖影幀, 曰'慶基殿', 巡使居, 一道之衝, 交通四路, 百貨咸聚, 亦一都會也. 東爲錦山·龍潭·高山·鎭安等邑, 而峽野相半; 西爲益山·臨陂[207]·金溝·金堤等郡, 而田土甚膩. 井邑, 蘆嶺爲南北通行大路, 西至靈光·務安, 南抵潭陽·光州, 沿海而爲光陽·順天·興陽·靈岩·康津·海南, 水土多惡, 皆有瘴氣, 迫近海寇, 有兵馬水軍以鎭之. 長城, 土沃山水最美, 金河西遯居于此, 而子孫因家焉. 羅州, 地界甚廣, 背有錦城山, 西爲七山海, 生理自饒, 民物至繁, 海中多屬島, 而羣山·法聖, 最爲漕路之要衝焉. 餘不盡論, 而物産與嶺南大同, 紙木扇梳等屬, 最爲堅緻. 自靈岩越海路七百餘里, 爲濟州, 本耽羅王國. 漢拏山, 世稱瀛洲, 甚高且大, 盤踞海境. 其下地方, 爲三四百里, 有旌義·大靜二縣, 爲州牧管下. 地廣人稀, 百穀皆種, 而惟麥最利, 居民多壽, 至百歲者甚衆, 世稱南極星照之如此云. 男少女多, 每人率妾二三人, 環山有牧場, 騰駒逸蹄, 千百成群, 柑橘多産, 而每歲旅庭朝家頒賜, 館學設科取人, 蓋喜其服遠之義.

---

206) 交: 라본에는 '都'로 되어 있음.
207) 陂: 저본에는 '波'로 나와 있으나 나, 라본에 의거하여 바로잡음.

江原道

3-162.

　江原道, 東抵大海, 而連境五道, 西接畿·海, 北通咸鏡, 南跨忠·慶, 凡二十六官. 道伯營於原州, 乃一道之南隅, 而距京最近, 溪山明秀, 人物殷盛, 亦一都會也. 士族多居之春川, 卽貊國故都, 北之山曰'淸平', 南之江曰'昭陽', 地勢平曠, 亦多士夫, 關東以原·橫·春·洪四邑, 稱爲班鄕. 鐵原, 亦界畿, 本弓裔故國, 野田平濶, 地饒人稠, 爲防禦所營. 自邑北通大路, 歷金化·金城, 至淮陽爲金剛, 卽天下之第一名山也. 稱爲萬二千峯, 玉削群巒, 雪噴萬瀑, 世以蓬萊稱之, 必曰: "願生高麗國, 一見金剛山." 山之脊, 曰'鴈門嶺', 以東乃所謂嶺東九邑, 稱八景, 歙谷曰'侍中臺', 通川曰'叢石亭', 高城曰'三日浦', 杆城曰'淸礀亭', 襄陽曰'落山寺', 江陵曰'鏡浦臺', 三陟曰'竹西樓', 蔚珍曰'望洋亭', 是也. 麟蹄之雪岳, 鐵原之寶蓋, 亦以名山見稱. 江陵, 故穢國所都, 五臺山, 重疊深阻, 兵戈不入, 中置史庫, 藏歷代實錄. 南爲大關嶺, 嶺下有九山洞, 泉石絶勝. 寧越, 奉莊陵, 有子規樓, 登之者, 不勝傷感. 蓋東峽地勢高瘠, 水利甚少, 南而平昌·寧越之間, 北而伊川·安峽之境, 民以火耕爲業, 村舍官廨, 多以靑石覆屋. 習俗蚩貿, 不事文學, 與遐[208]土無異, 獨江陵山川明麗, 人才多出, 科甲不絶. 自三陟入海三百里, 有鬱陵島, 樹木參天, 猫鼠遍山, 地廣且饒, 慮其有他變, 不令人居. 每歲春秋, 營將率軍以入, 詗探人居有無, 而不敢深入, 倭人乘時來處, 結夏農作云. 有葦竹成林, 其大如椽, 今動駕時龍大旗竿, 蓋取其

---

208) 遐: 라본에는 '避'로 되어 있음.

竿. 而又有石窟, 産朱砂, 甚美.

黃海道

3-163.

黃海道, 在京畿·平安之間, 東接江原, 西抵大海, 凡二十三官. 山川險阻, 民俗鄙野, 儒鄕通用, 不免爲賤鄕, 是則西北道皆然. 延白·平金, 最近畿界, 京族流寓者或處, 而白川獨稱班鄕, 吏習差勝. 平山路旁有石山, 特發淸潤秀美, 名曰'葱秀', 頗爲奇觀. 延安, 有南大池, 周數十里, 有灌漑之利, 多種芙蕖, 御供蓮根, 蓋取諸此. 海州, 有首陽山, 築城有別將, 南轉爲邑, 邑之北, 有淸聖廟, 海水闖入於兩山之間, 瀦渟於前, 外爲一大湖, 曰'結城浦', 亦有臨眺之勝, 稱以小洞庭. 道伯莅之, 府之北四十里, 有稱'石潭', 泉石絶佳, 栗谷嘗居之, 爲鄕約, 子孫世居. 新·兔·谷·遂等郡, 近峽爲生; 康·瓮·松·豊等邑, 沿海爲利. 瓮津, 有水軍以守之, 而蘇江稱勝景, 長淵有所謂長山串, 峯壑洞林, 逶迤深阻. 北有金沙寺, 海汀皆沙岸, 細沙如金, 映日閃爍, 二十餘里, 每隨風成巒, 朝夕遷徙. 文化, 以九月山爲鎭, 卽檀君[209]故都, 而上築山城, 東西盤紆, 信載·安岳等邑, 卽其旁近也. 瑞興·鳳山, 西通大路, 踰洞仙嶺, 爲黃州, 嶺爲西路之大關隘, 而古稱岊嶺, 樹木夾道, 岩石積疊, 若層臺, 亦甚奇絶. 黃州, 處關海交界, 最爲雄, 府有兵馬以鎭之, 城上有月波樓, 樓下有大溪, 繞城橫流, 亦一勝景. 蓋海西, 一道介於山海之間, 鉛鐵·綿絮·魚塩之利, 無不自饒, 而海州造眞墨, 爲八路

---

209) 檀君: 나, 라본에는 '檀氏'로 되어 있음.

之絶品焉.

平安道

3-164.

平安道, 南連黃海, 東接咸鏡, 西抵大海, 北距野人界, 清川江, 橫貫其腰, 分而謂淸南淸北, 凡四十二州. 地近邊陲, 風氣强勁, 習俗侈靡, 多以弓馬爲藝, 朝家必欲箝制. 自國初待以遐賤, 不許淸宦, 然而每致優恤, 特設道科, 以慰撫之, 與北道同然, 故人皆外爲卑巽, 而內實拂鬱. 中和·祥原, 爲初境, 而平壤卽箕子故城, 城上有練光亭, 亭臨大同江, 江外遙山, 遠控於長林, 大野之外, 明媚秀軟, 華人謂第一江山, 以比於金陵·錢塘城. 內外屋宇櫛比, 人物繁華, 沿江而上十餘里, 有浮碧樓, 樓前有永明寺, 寺後山, 曰'錦繡山牡丹峯', 甚見窈窕秀美, 八路女色, 必以平壤爲第一者, 蓋以此矣. 道伯營於城中, 而城內無井, 皆汲江以爲飮, 以其地勢爲行舟形, 故不得鑿井云. 城外有井田遺址, 是稱箕子所制, 而又有箕子墓及書院, 箕氏之孫, 以鮮于爲姓, 而爲其土甲族. 北通燕路[210], 歷順安·肅川, 至安州, 卽節度所居, 而城上有百祥樓, 俯臨淸川江, 江本名薩水, 麗將乙支文德, 抗隋兵於此. 歷博川, 爲嘉山, 背曉星嶺, 甚高且險, 辛未竊發之患, 蓋始於玆. 踰嶺爲定州, 山勢平穩秀麗, 甚文明, 故人以明經爲業, 登第者常四五十人. 然自經兵燹以後, 城府邑屋, 猶未免凋弊. 又歷郭山, 至宣川, 是防禦雄府, 而距海不遠, 有椵島宣沙浦, 丙子以前, 水路朝天, 自宣沙發船. 又歷鐵

---

210) 路: 나본에는 '道'로 되어 있음.

山·龍川, 爲義州, 是謂龍灣, 居兩國交界, 財貨咸聚, 人物俊美. 府之南, 有白馬山城, 爲保障, 西有威化島, 卽我太祖倡義旋師之處. 府城有統軍亭, 壓臨邊界, 前帶鴨綠江, 乃所謂浿水, 自北道橫亘千里, 江以北, 卽野人界, 朔州·昌城·碧潼·楚山·渭原·江界·寧遠, 是稱沿江七邑, 彼我人禁不得越境, 而常以采蔘, 潛相往來. 江界, 踰赤庚嶺三百里爲邑, 幅員廣大, 自府東距白頭山, 爲五六百里, 亂山絶峽, 胡人多居, 是爲廢四郡. 蓋自淸北, 地[211]近沙漠, 朔氣甚多, 女子之穿耳懸璫, 是見其燕俗也. 自平壤, 東而近峽, 爲江東·殷山·陽德·孟山; 西而沿海, 爲江西·永柔·龍岡·三和, 是與內地不遠, 爲文學者多矣. 成川, 卽古松壤王國, 亦一雄府, 壬辰之亂, 光海奉廟社主, 避患於此. 朴燁爲箕伯, 造降仙樓三百餘間, 制甚宏壯, 爲八路樓觀之首. 前有紇骨山, 十二峯羅列, 入望以形勝擅名. 寧邊, 因山築城, 號爲鐵瓮, 妙香山, 橫跨其境, 洞府重疊, 最高峰曰'藥山東臺'. 世傳, 檀君降于太白山檀木下, 卽其地也. 蓋關西財産, 不及三南, 穀價翔貴, 民皆詰窋儉生, 而明[212]紬大組, 織品甚美, 西草·桂酒, 色味最佳.

咸鏡道

3-165.

咸鏡道, 南接江原, 西抵平安, 東跨大海, 北距沙漠, 凡二十三官. 廣不滿數百里, 而長亘二千餘里, 古爲肅愼氏國, 而是我聖祖龍興之地也. 咸興以南, 指以爲豊沛之鄕, 而風俗[213]勁悍, 與關西

---

211) 地: 나본에는 '嶺'으로 되어 있음.
212) 明: 나본에는 '綿'으로 되어 있음.

等. 有四王陵, 必以土人有地望者, 除寢郞以之筮仕焉. 自鐵嶺以北, 爲安邊初境, 而有釋王寺, 我朝興王, 實兆於此. 轉入爲德原·文川, 與海相隣, 有元山浦, 魚産至足, 沿海商船, 皆止泊於斯, 交通貨物, 亦一大都會也. 歷高原, 至永興, 以黑龍江爲界, 太祖誕降于玆, 有璿源殿, 以奉粹容. 又過定平, 爲咸興, 乃道伯所居, 而人物甚盛, 百貨咸聚, 萬歲橋·樂民樓, 亦一繁華名勝之地. 野中有太祖本宮, 庭有老松, 傳以爲手種, 而其枝葉, 至今猶有生氣. 此將與國家偕存, 以赫厥靈者矣. 又過洪原, 至北靑, 原野相半, 水土甚美, 此以南謂之南道, 南兵使爲之營. 又過利原·端川·吉州·明川等邑, 爲鏡城, 此以北謂之北道, 北兵使爲之營. 過此, 則爲茂山·會寧·鍾城·穩城·慶源·慶興, 是爲六鎭, 本屬女眞, 而我世宗朝, 金宗瑞開拓, 始爲我地. 然而截遠幾界, 王化有未盡洽, 俗習多惡. 地盡頭曰'西水羅', 海中有赤島, 翼祖嘗避賊, 移居于此, 風土人物, 有不可悉焉. 三水·甲山, 在白頭山之南, 距海甚遠, 魚鹽翔貴, 又濱荒寒, 人無飯稻, 惟食耳牟·糖稷, 不種木綿, 冬月衣狗皮, 以禦寒, 與胡俗不遠. 甲山有銅山, 民以采銅爲業, 而以時有防禁, 不得恣意焉. 白頭山, 爲衆山之祖, 一名長白山, 盤踞北荒, 不可測其高大, 而行無人之境, 六七日而後, 始至其下, 故觀者蓋稀. 上有大澤, 周八十里, 東流爲豆滿江, 西決爲鴨綠江, 北注爲混同江. 豆滿·鴨綠以北, 皆爲彼界, 地勢踔遠, 以接寧古塔, 女眞所部云. 蓋深北山川巉險, 民物鮮少, 與彼人接壤者, 纔隔一江. 土人相與往來交易, 每歲, 北評事往觀開市, 貂蔘·黃毛之屬, 蓋其所自出. 而土之所産, 細布最珍, 必稱六鎭, 明吉以南, 亦多廣布·黃紙·靑筆·

---

213) 風俗: 라본에는 '風化'로 되어 있음.

月髻・紅蛤・鰈魚・明卵, 皆稱其美.

敍傳

3-166.

夢遊子, 系出璿派, 鼻祖曰'孝寧大君', 讓德韜晦, 托跡仙佛[214], 身中淸, 廢中權, 與周之虞仲比焉. 歷三世曰'明原君', 爲中明朝名宗, 每賜對講論詩書, 立朝四十年, 以正直有名. 其子參議諱某, 當壬辰倭亂, 奉命招募, 至金城, 遇賊被害. 伊後傳四世, 世承蔭仕, 家尙文學, 曾祖諱某, 號藥坡, 文行卓絶, 凡捷十二解, 而竟未成名, 因以零替不振. 夢遊子, 生於漢城之尾泉, 纔踰髫齡, 擧家移寓於楊州之楸下, 田廬荒頓山, 廚婁空然, 而先人敎誨不倦. 十四五, 畢讀通史・經傳, 能知屬文, 但賦性迂濶於事務, 不識産業, 家人稱以天皇, 鄕隣謂之佛氏. 先人獨嘉其勤讀, 畀以門戶之責, 從事科臼, 凡所做得, 詩千表千, 論百策百, 賦五千義三千, 合萬餘首. 遊藝京師, 出入場屋, 殆數十年, 門衰祚薄, 至晩無[215]成, 四十後, 始登上庠. 先人時已篤老, 以是, 年秋見背, 因無意進取, 遂廢擧業. 其志氣, 頗疎宕不羈, 早歲游蓬萊, 晩年又隨北槎[216], 雖未解飮, 而嬉遊自放. 雖不工詩, 而吟哢自暢, 性又詭異, 不能與時俯仰, 雖積年, 親知少同鉛槧者. 若出於宦路, 則遂息交絶遊, 不復相問. 是以, 寡合於人, 居然老白, 跧蟄窮廬, 不免爲枯松繫匏, 而終不怨尤. 閑居無聊, 編緝此說, 以爲自遣云.

---

214) 仙佛: 나, 라본에는 '禪佛'로 되어 있음.
215) 無: 라본에는 '老'로 되어 있음.
216) 北槎: 라본에는 '北使'로 되어 있음.

금계필담
錦溪筆談

저본 및 이본 현황

저본: 연세대본
가본: 상백문고본
나본: 국립중앙도서관본
다본: 임형택본
라본: 고려대본

卷上

序

 自余家錦溪, 深山窮峽, 寂無來客, 終日閉門, 維[1]事病懶而已. 竊欲著書, 聊以自遣, 然年迫桑楡, 少日記誦, 皆已遺忘, 又傍無書籍, 無所攷據. 乃掇拾舊聞, 隨思輒錄, 僅得百三十八[2]事, 纔一月而畢, 名篇曰'錦溪筆談', 雖謂之杜撰, 亦可矣. 蓋此一篇, 或漏信史, 雜出野聞, 多有眞贗之相半. 然至若管窺得斑, 論及故事, 則不無少補於破寂之資, 而亦足爲談助之一端云. 歲癸酉十月念六日[3], 七十三歲翁雲皐居士, 記[4]于錦溪書屋.

上-1.

 世宗朝, 梅竹軒成公三問, 少時, 嘗遇異人於太白山[5], 心常信服. 及當乙亥[6], 端廟遜于寧越, 乃與朴醉琴彭年諸公, 謀欲復位, 白於其大人參判公勝, 送家人於太白山, 問其成敗. 異人已移徙他處, 其所居壁上, 只存數句語, 家人謄來呈上. 公視之, 書曰: '血食千秋, 名傳萬古, 何問於我?' 公曰: "命也!" 遂與諸公, 擧義同死. 至肅宗朝, 始賜諡復官, 立愍節祠於鷺梁江上, 祠後有六臣墓. 蓋諸公被禍之日, 梅月堂金公時習, 與南秋江孝溫, 乘[7]夜負諸公支體, 潛瘞於岌嵯峴南麓, 立表石, 各識之. 正宗朝, 行幸華城時, 到此駐

---

1) 維: 이본에는 '惟'로 되어 있음. 서로 통함.
2) 三十八: 나본에는 '二十九'로, 라본에는 '三十'으로 되어 있음.
3) 十月念六日: 나본에는 '十月念八日'로, 라본에는 '臘月念三日'로 되어 있음.
4) 記: 나본에는 '書'로 되어 있음.
5) 太白山: 라본에는 '頭流山'으로 되어 있음. 이하의 경우도 동일함.
6) 當乙亥: 라본에는 '擧義之日'로 되어 있음.
7) 乘: 저본에는 '柔'로 나와 있으나 이본에 의거하여 바로잡음.

輦,[8] 特命禁樵牧立碑紀蹟. 余少日[9] 題六臣祠詩, 曰: '越峽江聲
走鷺梁, 廟門疎[10]柳帶凄凉. 捐生家國丹心苦, 埋恨乾坤碧血香. 一
代衣冠委草莽, 千秋弓釼杳雲鄕. 秋江舊傳留今古, 復有人間梅月
堂.' 蓋南秋江嘗作「六臣傳」, 行于世.

上-2.

端廟遜于寧越, 昇遐後, 爲本邑[11]府使者, 輒暴死, 人皆畏避, 遂
成廢邑.[12] 有一朝官, 自求爲府使, 到任之夜, 屛其左右, 獨明燭而
坐. 至夜深, 忽聞警蹕之聲, 自遠而至, 一王者, 具翼蟬冠・袞龍袍,
入御大廳. 朝官惶怖, 卽下庭俯伏, 王者敎曰: "予爲貢生所縊, 弓
絃尙係于頸, 痛不可忍. 欲因本官求解到此, 則皆氣魄不足, 見予
輒怖死, 獨爾不然, 甚庸嘉尙." 朝官始知爲上王[13]顯聖, 伏地嗚咽,
曰: "臣不知玉體所在, 恐不敢承下敎矣." 端廟復敎曰: "前戶長嚴
興道, 獨知其處, 問之, 則可知矣." 遂回鑾. 翌日, 官屬紛集廳下,
互相推委, 不卽上, 朝官推窓, 問曰: "爾等何事[14]紛紜乎[15]?" 官屬
皆大驚, 俯伏請罪, 問曰: "此邑有前戶長嚴興道乎?" 對曰: "有之
矣." 至夜深, 朝官密使招之, 俱道夜來事, 問玉體所在, 興道出涕,
對曰: "小人果伊時戶長也. 曩當賜藥都事王邦衍之來, 上王具翼蟬
冠・袞龍袍, 坐於廳上. 邦衍跼縮不敢上, 伏於階下, 上王敎曰: '子

---

8) 到此駐輦: 나본에는 '駐蹕於此'로 되어 있음.
9) 少日: 라본에는 '少時'로 되어 있음.
10) 疎: 나본에는 '衰'로 되어 있음.
11) 本邑: 저본에는 빠져 있으나 다본에 의거하여 보충함.
12) 遂成廢邑: 라본에는 '無敢之官者'로 되어 있음.
13) 王: 저본에는 '皇'으로 나와 있으나 나, 라본에 의거함. 이하의 경우도 동일함.
14) 事: 저본에는 '所'로 나와 있으나 나본을 따름.
15) 乎: 저본에는 빠져 있으나 라본에 의거하여 보충함.

何罪至於死?' 傍有一貢生, 以弓絃勒加於上王之頸, 從窓隙引之, 遂致暴薨. 貢生不旋踵, 而卽地七竅流血而斃, 陪來上王之宮女, 皆自投淸冷浦巖[16]下而死, 是謂'落花岩'. 邑人恐禍及己, 爭投玉體 於江中, 隨波泛泛而下. 小人乘夜潛負, 埋安[17]於距邑不遠之地, 而 至於[18]弓絃, 果未及解之矣." 朝官迺與興道, 潛到其處, 啓而審驗, 玉貌如生, 弓絃果係於頸, 卽去之, 具衣衾及[19]梓宮, 改而葬焉. 今 莊陵, 是也. 此夜, 端廟復如前來御大廳[20], 下敎曰: "予自去弓絃 頸, 始不痛, 爾與嚴興道, 俱有陰德, 當受厚報矣." 遂回鑾. 自是, 爲邑宰者, 晏然無事. 世傳, 朝官卽駱峰朴公忠元之祖也, 明宗朝 官吏判, 典文衡. 其祭莊陵文, 有曰: '王室之胄, 幼冲之年, 一片靑 山, 萬古寃魂.' 曺參判夏望, 子規樓[21]詩曰: '從古越中三讓地, 至今 江上九疑山.' 膾炙時人.

上-3.

顯德王妃權氏, 卽花山[22]府院君專之女也. 文宗朝, 升良姊[23]爲 正宮, 誕端廟, 以難産薨. 及端廟降封魯山君, 遜于寧越, 遽上賓. 光廟方晝寢, 后見于夢, 怒甚責之, 曰: "叔旣奪其位, 又殺吾子, 我 亦殺叔之子矣." 遂轉向東宮. 時德宗在世子位, 光廟驚覺, 急使內 侍往視東宮, 世子已暴薨矣. 光廟大怒, 卽命發堀昭陵. 前期夜聞,

---

16) 巖: 저본에는 공백으로 되어 있으나 나, 다본에 의거하여 보충함.
17) 埋安: 나본에는 '奉安'으로 되어 있음.
18) 而至於: 저본에는 빠져 있으나 라본에 의거하여 보충함.
19) 及: 저본에는 빠져 있으나 라본에 의거하여 보충함.
20) 大廳: 나, 다, 라본에는 '廳上'으로 되어 있음.
21) 子規樓: 저본에는 빠져 있으나 나, 다본에 의거하여 보충함.
22) 卽花山: 저본에는 빠져 있으나 라본에 의거하여 보충함.
23) 姊: 다, 라본에는 '姊'로 되어 있음.

陵上出哭聲.[24] 人皆怪異, 至是果驗, 遂棄置梓宮於浦邊, 人莫敢收之者. 至中宗朝, 筵臣趙靜庵光祖, 請復昭陵, 年久之後, 無有知梓宮所在[25]者. 禮官循浦邊, 上下審驗, 莫能得, 忽[26]夜夢, 后珠襦黼[27]衛甚嚴, 使女侍招禮官. 禮官隨入, 惶恐伏於地, 后教曰: "爾等良勞." 及覺異之. 明日, 有村中老氓來, 言梓宮所在處, 遂堀沙土丈許, 無所見, 忽漆片隨畚鍤而出, 試堀而驗之, 果梓宮存焉. 迺移葬於文宗顯陵左岡, 舊有樹木遮隔, 自后移葬之後, 樹木[28]皆枯死, 兩陵相望, 豁然無礙, 世皆謂神道所感云.[29] 李副學塏, 當乙亥端廟遜位, 與成三問諸公, 擧義同死, 詩曰: '禹鼎重時生亦大, 鴻毛輕處死猶榮. 明發不寐出門去, 顯陵松栢夢中靑.'

上-4.

定順王妃[30]宋氏, 礪城府院君玹壽之女也. 端宗冲年, 在上王位, 光廟御極, 降封魯山君, 妃爲魯山君夫人, 退處私第.[31] 未幾, 昇遐于寧越, 后[32]乃於東門外淨業院, 依佛門爲主持尼.[33] 院後有小石峯, 日登其上, 望寧越, 時人傷之, 號其峯, 曰'東望'. 中宗朝, 靜庵請立魯山君後, 慰安神道, 后固辭, 願托海平君鄭眉壽家, 奉魯山君祀. 眉壽, 卽寧陽尉鄭悰之子, 而文宗血孫也. 后壽登八十二歲,

---

24) 陵上出哭聲: 나본에는 '哭聲出於陵上'으로 되어 있음.
25) 梓宮所在: 저본에는 빠져 있으나 라본에 의거하여 보충함.
26) 忽: 저본에는 빠져 있으나 라본에 의거하여 보충함.
27) 黼: 저본에는 '廠'으로 나와 있으나 나, 라본을 따름.
28) 樹木: 저본에는 빠져 있으나 라본에 의거하여 보충함.
29) 世皆謂神道所感云: 라본에는 '人以爲情誠所感焉'으로 되어 있음.
30) 王妃: 다본에는 '王后'로 되어 있음.
31) 妃爲魯山君夫人, 退處私第: 저본에는 빠져 있으나 라본에 의거하여 보충함.
32) 后: 라본에는 '妃'로 되어 있음. 이하의 경우도 동일함.
33) 尼: 저본에는 빠져 있으나 라본에 의거하여 보충함.

薨逝[34]于眉壽家, 葬其家後小麓, 今思陵, 是也. 至肅宗朝, 前縣監申奎疏, 請魯山君追復王位[35], 其疏有曰'時移事往, 邱壟已平. 杜宇春風, 長入騷人'之句, '寒食麥飯, 空呑野老'之聲. 又曰: '另封寢園, 庶慰孤魂.' 肅宗覽疏感焉, 下詢廷僚, 興議僉同, 遂追上魯山君, 廟號曰'端宗', 陵號曰'莊陵'. 夫人宋氏, 徽號曰'定順', 陵號曰'思陵'. 噫! 后以幼沖之齡, 托身佛門, 含冤忍慟, 以終餘年, 天荒地老, 哀恨無窮. 至今行過東望峯者, 莫不愴然增感. 余嘗以思陵寢郞, 祇謁陵寢, 嗚咽不勝, 況當日忠臣烈士之心哉! 余有詩, 曰: '思陵花木護仙封, 杜宇聲聲恨萬重. 淨業院東三丈石, 至今猶望越中峯.' 又曰: '群木愴然黯夕曛[36], 齋廬寒食雨紛紛. 梨花晚[37]落當牕見, 杜宇春啼隔枕聞. 終[38]古恨深湘水竹, 至今望斷鼎湖雲. 當時揖遜雖天意, 每到思陵倍愴神.'

上-5.

光廟有一公主, 弱齡[39]賢而有德性. 見端宗遜位, 節齋金公宗瑞與六臣及仗義諸公, 同時殉節, 至於全家屠戮, 嘗涕泣不食, 當昭陵之變, 泣諫不已. 光廟震怒, 禍將不測, 貞熹王妃密招乳媼, 厚給輕寶, 與公主使之遠避, 以夭逝上聞. 乳媼遂與公主, 潛逃至報恩郡, 尋到山峽, 飢困殊甚, 坐路傍少憩. 有一總角, 負米過之, 駐足, 問曰: "觀媼二人, 非村家樣, 胡爲獨在[40]於此?" 媼見總角, 雖垢膩

---

34) 逝: 저본에는 빠져 있으나 라본에 의거하여 보충함.
35) 王位: 라본에는 '王號'로 되어 있음.
36) 黯夕曛: 라본에는 '日欲曛'으로 되어 있음.
37) 晚: 다본에는 '滿'으로 되어 있음.
38) 終: 라본에는 '從'으로 되어 있음.
39) 弱齡: 라본에는 '齒纔十餘歲'로 되어 있음.
40) 在: 다본에는 '坐'로 되어 있음.

衣弊, 狀貌俊秀, 殆非凡類[41]也. 答曰: "吾與此女, 自京城逃難至此, 莫知所適[42], 方躊躇耳." 總角聞之, 潸然[43]出涕, 曰: "吾亦避禍, 來居于此, 已周歲[44]矣." 媼曰: "然則吾與此女, 願從君同居矣." 總角欣然許之. 仍與偕行, 過窮峽至數里許, 有土窟, 揭席門而入, 總角躬自炊飯, 待之. 居數日, 媼自行囊出輕寶, 使賣於市場, 總角驚曰: "此非閭閻間[45]所有, 乃禁中物也. 媼從何處得來乎?" 媼曰: "姑勿問所出處, 試持去." 總角堅不從, 意其爲擧義時宮家避禍之蹤也. 居歲餘, 與公主野合而成禮, 總角始問其逃難所以, 公主泣而不答, 乳媼代爲陳其始末. 總角大驚慟泣, 曰: "我迺節齋金相國之孫也! 吾祖與父, 當甲戌被禍之日, 一門盡爲屠戮, 吾獨逃難至此. 豈意公主幼冲之齡, 能辦此義烈哉?" 自此, 忘其世讎, 敬爲[46]相對, 恩情彌重[47]. 歲久禍網稍弛, 總角盡賣輕寶於市, 得累千金, 築室於山下, 廣置田庄, 躬耕讀書, 連生子女矣. 光廟晚年, 遍幸佛寺, 祈佛懺悔, 將向俗離山, 過公主所居之村. 見一小兒在路傍, 觀光其容貌, 克肖聖躬. 光廟奇之, 駐[48]蹕招前, 忽聞女子哭聲, 出於籬落間. 光廟心動, 問左右曰: "此何哭聲?" 兒對曰: "是吾母哭聲矣." 光廟迺屛左右, 與兒步到其家[49], 一婦人伏地慟哭, 光廟驚問曰: "汝是誰?" 公主收涕, 對曰: "不肖女向[50]承嚴責, 慈殿教與乳母, 離大

---

41) 凡類: 라본에는 '凡品'으로 되어 있음.
42) 適: 나본에는 '往'으로, 라본에는 '向'으로 되어 있음.
43) 潸然: 저본에는 '潛然'으로 나와 있으나 나본을 따름. 뜻은 서로 통함.
44) 周歲: 라본에는 '數年'으로 되어 있음.
45) 間: 저본에는 빠져 있으나 라본에 의거하여 보충함.
46) 爲: 저본에는 빠져 있으나 다본에 의거하여 보충함.
47) 重: 라본에는 '篤'으로 되어 있음.
48) 駐: 저본에는 '住'로 나와 있으나 나, 다, 라본을 따름.
49) 其家: 나본에는 '柴門'으로 되어 있음.
50) 向: 라본에는 '曩'으로 되어 있음. 서로 통함.

內遠避, 行至此處, 不死苟生矣." 光廟執手揮涕, 曰: "曾謂汝已夭逝矣, 豈意汝至今生存於世耶? 今汝丈夫何在?" 公主對曰: "渠是故領相金宗瑞之孫也. 渠亦逃難至此, 偶相逢於路, 仍爲作配, 聞車駕將過此, 避去不在矣." 光廟嘆曰: "金宗瑞有何罪哉? 明日當出送轎馬, 與汝同還京闕, 並汝丈夫, 加以封爵矣."[51] 遂回鑾. 翌日, 遣承旨, 欲迎來, 則乘夜與其夫率家眷, 潛遁不知去處矣. 余從社皐朴尙書承輝, 聞此說節齋後孫, 具此本末,[52] 上言于朝. 社皐時以承旨, 謂其事[53]涉無據, 遂退却, 不爲上聞云.

上-6.

成宗朝, 三魁堂申從濩, 美姿容, 善風調, 曾擢三場壯元, 故自號'三魁堂'. 嘗過名[54]妓上林春家, 詩曰: '第五街頭楊柳斜, 晚來風日轉淸和. 細簾十二人如玉, 靑瑣詞臣信馬過.' 人皆傳誦. 成宗特選湖堂, 與勿齋孫舜孝·梅溪曺偉, 俱賜暇讀書, 世皆榮之. 成廟召對儒臣, 日三講筵, 咨訪沿漠.[55] 一夕, 積雪新霽, 星月滿庭, 獨與宦侍一人, 步到玉堂. 時梅溪方上直矣, 聞讀書聲出於戶外, 成宗從牕隙窺之, 梅溪整衣冠, 方對床咿唔. 宸心欣然, 欲開戶而入, 忽見一宮姬, 自後門徐步而[56]入, 坐於床畔. 梅溪視若不見, 讀書不撥, 久之掩卷, 問曰: "觀汝是宮姬也, 何深夜至此?" 宮姬曰: "吾每從講筵窺見學士, 竊慕風儀, 冒廉至此耳." 梅溪正色, 曰: "宮闈深嚴,

---

51) 並汝丈夫, 加以封爵矣: 라본에는 '加以封爵矣, 汝姑留此俟之'로 되어 있음.
52) 本末: 나본에는 '始末'로 되어 있음.
53) 事: 저본에는 '語'로 나와 있으나 나본을 따름.
54) 名: 저본에는 빠져 있으나 나본에 의거하여 보충함.
55) 召對儒臣, 日三講筵, 咨訪沿漠: 저본에는 빠져 있으나 나본에 의거하여 보충함.
56) 步而: 저본에는 빠져 있으나 나본에 의거하여 보충함.

耳目甚煩, 若有知者, 汝當得何罪? 亟去勿留!" 宮姬面赤薄怒, 曰: "吾已至此, 寧可虛還哉? 學士若不見諒[57], 吾當死矣." 遂拔短刃[58], 欲自裁, 梅溪慌忙奪刀擲地, 曰: "吾當從汝言, 何遽若是?" 卽滅燭相抱而臥. 成廟[59]睹此始終, 驚訝不已, 慮或人知, 躕躇久之, 始還, 脫所御貂裘, 使宦侍伺其熟寢, 潛入房中, 覆於其上而還[60]. 梅溪睡夢中, 忽覺異香滿室, 急超燃燭視之, 迺上所御貂裘也. 大驚悚慌, 方欲陳疏請死, 宮姬已倉黃入去矣. 成廟密使宦侍, 諭之曰: "伊時光景, 惟予獨知, 此[61]非爾罪也. 愼勿自引[62], 姑俟處分, 可矣." 梅溪因[63]上敎, 不敢自引. 翌日, 有一年少玉堂, 請對獨啓, 曰: "曺偉以儒臣, 深嚴之地, 夜擁宮姬, 偃然私寢, 請亟正邦憲." 成廟驚視之, 迺申[64]從濩也, 問曰: "汝何從知此?" 對曰: "臣方上直翰苑, 讀書有疑義, 欲取質於曺偉, 夜深到玉署, 方[65]見宮姬從後門出去, 不敢以私廢公, 敢此請對矣." 成廟曰: "他無知者乎?" 對曰: "臣獨知之矣." 成廟笑曰: "此事予所目擊, 非曺偉之罪也, 姑置勿論. 關西一路, 素稱繁華, 予聞爲方伯守令者, 不恤民隱, 惟事聲樂云. 特[66]以爾爲直指御使, 須遍行列邑, 懲貪墨, 察民隱, 無使一物不得其所焉[67]." 從濩頓首受命, 方欲下堦, 上又敎曰: "西路多美色云[68], 汝此行須

---

57) 諒: 나본에는 '憐'으로 되어 있음.
58) 拔短刃: 나본에는 '自懷中出短刃'으로 되어 있음.
59) 成廟: 나본에는 '上'으로 되어 있음. 이하의 경우도 동일함.
60) 還: 라본에는 '來'로 되어 있음.
61) 此: 저본에는 빠져 있으나 라본에 의거하여 보충함.
62) 自引: 라본에는 '待罪'로 되어 있음.
63) 因: 나본에는 '承'으로 되어 있음.
64) 申: 저본에는 '中'으로 나와 있으나 이본에 의거하여 바로잡음.
65) 方: 저본에는 빠져 있으나 다본에 의거하여 보충함.
66) 特: 라본에는 '今'으로 되어 있음.
67) 焉: 라본에는 '可矣'로 되어 있음.

愼之." 從護俯伏恭聽而退. 發行之日, 行會列邑, 屛退妓輩, 使不得近前. 上又下密旨於箕伯, 必使妓薦枕於此去御史, 而御史則漠然不知也.[69] 箕伯卽以上敎, 通於御史所過之邑, 密關文. 到成川, 府使招集諸妓, 問曰: "爾曹有能侍寢於御史者, 當酬重賞矣." 諸妓皆低首無敢答者, 中有一妓, 名玉梅香, 年纔[70]二八, 才貌殊絶, 昻然對曰: "妾果能之矣." 府使喜[71]問曰: "爾有何術而能之乎?" 對曰: "妾家在於客舍東墻,[72] 待御史道[73]到此, 當臨時行計矣." 府使許之. 時御史遍行列邑, 周察民隱, 處事公平, 民皆稱頌. 一日, 行到成川府[74], 處于客舍, 至夜深, 忽聞女子哭甚哀, 其聲凄切, 至天明始止[75]. 翌日夜, 又如是, 御史頗怪之, 側聽其哭聲, 出於東墻外. 問在傍貢生曰: "此何哭聲?" 對曰: "是乃洞隣寡女也, 年今二八, 才貌出衆, 又善書畵, 恒[76]自言苟非才貌之如我者, 誓不嫁人. 昨春始嫁一美男子, 未幾病死, 自後, 每夜哭至天明, 雖渠父母之勸, 亦不能挽, 于今已周歲矣. 其父母不忍見其狀, 移居外村, 寡女獨居于此矣." 御史聞此言, 自思曰[77]: "此女若每夜哀哭, 至於[78]哭死, 則豈非感傷和氣哉? 吾當面諭, 使止之矣." 遂[79]移步至東墻, 有小缺處, 踰

---

(68) 云: 저본에는 빠져 있으나 라본에 의거하여 보충함.
(69) 而御史則漠然不知也: 저본에는 빠져 있으나 라본에 의거하여 보충함.
(70) 纔: 나, 라본에는 '方'으로 되어 있음.
(71) 喜: 저본에는 빠져 있으나 라본에 의거하여 보충함.
(72) 妾家在於客舍東墻: 저본에는 빠져 있으나 라본에 의거하여 보충함.
(73) 道: 저본에는 빠져 있으나 라본에 의거하여 보충함.
(74) 府: 저본에는 빠져 있으나 라본에 의거하여 보충함.
(75) 止: 저본에는 '上'으로 나와 있으나 가, 다, 라본에 의거하여 바로잡음.
(76) 恒: 저본에는 빠져 있으나 라본에 의거하여 보충함.
(77) 曰: 저본에는 빠져 있으나 라본에 의거하여 보충함.
(78) 至於: 나본에는 '畢竟'으로 되어 있음.
(79) 遂: 라본에는 '乘夜'로 되어 있음.

以到其家, 果見一美娥, 淡粧素服, 坐於[80]欄頭, 對月而哭, 眞殊色
也. 見御史之至, 視若無見, 哀哭良久, 問曰: "君是何人, 深夜到此?"
御史曰: "我御史也." 妓曰: "我聞御史道[81], 遠屛女色, 使不得近前,
寧可踰墻而搜寡女乎?" 御史曰: "非也, 欲爲汝開諭而[82]來此矣. 汝
爲亡夫殉節, 則吾當狀聞旋閭矣. 未能辦此, 則聞汝三從不絶, 當
依父母潔身終老, 可矣, 何至[83]淸平世界, 每夜哀哭, 上干天和乎?"
妓遽起而拜, 曰: "今承所敎, 果至當矣. 雖然妾本賤人, 豈欲爲亡
夫殉節[84]哉? 妾之才貌, 縱不猶人, 平生至願, 在風流美男子, 而卒
難求得, 故所以每夜哀哭, 惟願哭死耳." 御史笑曰: "苟求其人, 不
患[85]無人, 何至哭死乎? 斷自今愼勿夜哭." 妓曰: "妾已牢定於心,
卒不可改矣." 御史沉吟久之, 曰: "然則爾試觀我, 果何如?" 妓對曰:
"竊觀使道, 眞神仙中人, 豈可與比於凡夫乎?" 御史曰: "爾若從今
不夜哭, 吾當娶汝爲小星矣." 妓拜曰: "荷此曲念, 榮感極矣. 雖然
使道此言, 猶未可[86]深信, 若留一信物, 則妾當止哭矣." 御史自袖
中, 出一柄扇子, 贈之, 妓曰: "此猶未可深[87]信, 願得侍寢然後, 方
可放心矣." 御史曰: "豈無他日乎? 吾有所定於心, 今則不可破戒
矣." 妓乃大聲曰: "御史道[88]乘夜, 潛入寡女之室, 將欲何爲乎?" 御
史皇急[89], 曰: "吾當聽汝, 愼勿高聲!" 遂與妓聯枕. 貢生輩從墻隙

---

80) 於: 저본에는 빠져 있으나 라본에 의거하여 보충함.
81) 道: 저본에는 빠져 있으나 나, 라본에 의거하여 보충함.
82) 而: 저본에는 빠져 있으나 다, 라본에 의거하여 보충함.
83) 何至: 나본에는 '胡乃'로 되어 있음.
84) 殉節: 나본에는 '守節'로 되어 있음.
85) 患: 저본에는 '意'로 나와 있으나 나, 라본에 의거함.
86) 猶未可: 저본에는 '不可'로 나와 있으나 나본을 따름.
87) 深: 저본에는 빠져 있으나 나본에 의거하여 보충함.
88) 道: 저본에는 빠져 있으나 나, 라본에 의거하여 보충함.
89) 皇急: 나본에는 '慌忙'으로, 다본에는 '惶急'으로, 라본에는 '惶遽'로 되어 있음.

窺見, 莫不匿笑. 具此始末, 告于府使, 府使報于道伯, 卽密啓于 上. 及御史竣事而還, 上引見, 詢及列邑民瘼, 嘉其稱職[90], 特陞一資. 方其辭退, 上微笑而敎曰:"今行果無所染於女色乎?" 從護俯伏請罪, 曰:"臣本愚暗, 不能奉承聲敎矣."[91] 遂以玉梅香事, 具始末仰達, 上笑曰:"予已先知之矣. 當初曹偉事, 亦如是, 此誠年少名士風流美事耳, 有何瑕疵乎?" 時曹偉亦在班列. 上使宦侍召兩美人至前, 乃向日宮姬與玉梅香也, 遂分賜曺申兩學士, 在廷諸臣, 莫不感戴聖恩, 傳爲美談.[92] 推此可知成廟盛際, 眞太平之世也.

上-7.

仁宗自冲齡, 天姿凝重, 有生知之聖. 在春邸, 每對宮官, 罕言笑. 一日, 値冬至, 臨講筵, 忽帶微哂之色, 講官請其故, 仁宗不答, 講官固請[93]之, 始夷然答曰:"北山寺僧雛, 方首戴粥盆, 過廊下, 盆底破在頭上, 渾身是粥, 故不覺微哂耳." 左右急使人探知[94], 果如睿敎矣[95]. 中廟升遐後, 屛粥飮不御, 面深墨, 哀慟不自勝, 左右皆感泣. 唐天使來弔, 見御容, 退謂朝臣曰:"爾君聖人也, 爾國無福, 當不久於御世矣." 仍嗟嘆不已. 在位纔八月而薨, 屛間有小識, 曰:'領相皮匠, 左相徐敬德, 右相鄭磏.' 蓋御筆也, 皮匠不知是何人, 而世無知者. 諸公皆爲仁宗應時而出, 不得行其道, 豈非天運歟? 仁宗賓天之日, 當日哭聲, 達於八方, 其平日盛德至善之入人深[96]

---

90) 稱職: 라본에는 '殫誠盡職'으로 되어 있음.
91) 曰臣本愚暗, 不能奉承聲敎矣: 저본에는 빠져 있으나 라본에 의거하여 보충함.
92) 傳爲美談: 저본에는 빠져 있으나 나본에 의거하여 보충함.
93) 固請 나본에는 '屢請'으로, 라본에는 '連請'으로 되어 있음.
94) 知: 나, 다, 라본에는 '之'로 되어 있음.
95) 矣: 저본에는 빠져 있으나 라본에 의거하여 보충함.
96) 深: 다본에는 '心'으로 되어 있음.

者, 推此可見矣. 盧蘇齋守愼[97]挽詞, 所謂'廟號全心德, 陵名百行源. 三年短喪心曲漢, 五月居廬禮過膝'者, 豈能形容聖德之萬一哉?

上-8.

宣祖朝, 辛卯夜夢, 一女子手挾禾秉, 自南門而入, 血流滿城, 哭聲震天, 旋入大內, 俄[98]而火起, 宮闕盡爲灰燼. 宣祖驚覺, 深惡之, 至翌年, 倭賊[99]犯我國, 八路蕩殘, 至於去邠, 果符宸夢. 蓋倭字從女從禾, 豈非天之預先告警歟?

上-9.

壬辰島倭之亂, 宣祖播遷龍灣, 御題詩, 曰:'國事蒼黃日, 誰能李郭忠. 去邠存大計, 恢社伏諸公. 痛哭關山月, 傷心鴨水風. 諸臣今日後, 寧復更西東.' 蓋東西分黨, 互相攻擊, 垂數十年, 置國事於度外, 此所以宣祖深惡之也. 宸藻雄健, 有中興氣像. 及三南擧義, 高霽峰敬命, 使儒生柳彭老, 持[100]捷音, 至[101]行在所. 李五峰好閔, 撰[102]頒敎文, 有曰:'地維已盡, 予將何歸? 秋風乍起, 邊塞早寒. 瞻彼江漢, 亦流于東. 思歸一念, 如水滔滔.' 三南士民, 捧此綸音, 莫不感慨流涕. 及癸巳春, 李提督如松, 收復京城也, 金相國命元, 奉審還都, 見宮闕灰燼, 賦詩曰:'不及唐時杜陵老, 江頭猶見鎖千門.' 此皆帶中興氣像.

---

[97] 守愼: 저본에는 빠져 있으나 나본에 의거하여 보충함.
[98] 俄: 저본에는 '娥'로 나와 있으나 가, 나, 다본에 의거하여 바로잡음.
[99] 賊: 저본에는 빠져 있으나 다본에 의거하여 보충함.
[100] 持: 저본에는 '奏'로 나와 있으나 라본에 의거함.
[101] 至: 라본에는 '赴'로 되어 있음.
[102] 撰: 저본에는 '選'으로 나와 있으나 다, 라본에 의거함.

上-10.

光海時, 廢母論起, 白沙李相國恒福, 方病臥, 奮然而起, 秉筆書曰:"誰爲殿下畫此計者? 春秋子無讎母之義, 父雖不慈, 子不可以不孝云." 逆臣鄭造·尹訒輩疏駁, 公謫北青, 出青, 門外餞別者, 惟李五峯一人而已. 詩曰:'此地年年送客歸, 山墻擧酒祭江籬. 吾行最晚當何處, 無復故人來別離.' 白沙詩, 曰:'雲日蕭蕭晝晦微, 北風吹裂遠征衣. 遼東城郭應依舊, 只恐令威去不歸.' 過震岩詩, 曰:'獰風難透鐵心肝, 不怕西關萬疊山. 飮馬震岩千丈嶺, 夕陽回首穆陵寒.' 過鐵嶺作歌, 曰:'鐵伊嶺高復高, 登臨遙望九重天. 願將孤臣雙淚化爲雨, 灑向瓊樓玉宇前.' 此曲流入宮中, 宮女皆歌之, 光海聞之, 潛然[103]下淚, 亦不能宥還矣[104]. 公謫居北青, 夜[105]夢, 宣祖命入侍, 漢陰李相國德馨, 梧陰尹相國斗壽諸公, 皆在, 宣祖敎曰:"嗣子琿悖逆, 不克負荷, 當與卿等, 共議廢立矣." 公悚然而覺, 未幾卒.

上-11.

白沙謫北青, 臨發, 昇平金相國瑬來見, 公出一幅畫馬, 贈[106]之, 曰:"君須訪畫此馬之人, 傳之也." 昇平受而還, 掛在壁上, 逢人輒問, 莫有知者. 仁祖在潛邸時, 路中遇雨, 避入昇平家, 見壁上畫馬, 驚訝不已, 昇平問其故, 仁祖曰:"是我兒時, 承上命所畫者也, 此畫安得在公家乎?" 昇平始知白沙賜此畫, 使之訪問, 蓋有微意存焉. 俄而, 自內間, 備盛饌待客, 心頗疑怪. 仁祖辭起, 遂以畫馬

---

103) 潛然: 나본에는 '潸然'으로 되어 있음.
104) 矣: 저본에는 빠져 있으나 나본에 의거하여 보충함.
105) 夜: 저본에는 빠져 있으나 나본에 의거하여 보충함.
106) 贈: 저본에는 '傳'으로 나와 있으나 나본을 따름.

捧還, 急入內, 問盛饌待客之故. 夫人曰: "夜夢, 大駕臨吾家, 覺而異之, 俄聞客有避雨入吾家者, 從門隙窺之, 果符夢中所見, 故盛饌待之耳." 昇平遂決意, 與擧義諸公, 密謀推戴仁祖.

上-12.

仁祖在潛邸時, 或言, "量狹無人君之度[107]者." 李适構逆前, 頗有識見[108]. 仁祖性癖花卉, 滿庭分列, 适欲試之, 騎悍馬, 到仁祖私第, 使僕夫故縱之奔逸入庭, 蹂躪花卉, 委棄狼藉. 仁祖泰[109]然談笑, 無幾微見於色. 适歸, 以此傳於諸公, 遂定大計. 及擧義之日, 以期會先後事, 與昇平忿爭, 仍激忿造叛.

上-13.

趙忠義者, 嶺南人, 樸陋無識, 一愚氓也. 仁祖潛邸時, 偶相逢於村店, 終日滯雨, 與之對博排悶[110], 仁祖問曰: "君今何往?" 對曰: "我初入京也. 生長遐土, 飽聞京闕之壯麗, 欲一觀而來耳." 仁祖曰: "然則吾家在社稷洞, 君能來訪乎?" 忠義曰: "社稷洞在何處? 公之遇我太慇懃, 何可不訪乎? 但不知公爲誰某, 何以稱之乎?" 仁祖笑曰: "以綾陽君宮門[111]問之, 則人皆知之矣." 忠義曰: "觀公貌樣, 似是官人, 綾陽君是好爵乎?" 仁祖笑而起, 卽還第. 過數日, 忠義果來謁, 曰: "公之家舍甚好矣, 是大闕乎?" 仁祖笑曰: "此非大闕, 迺宮也." 忠義曰: "大闕與宮, 有異乎?" 仁祖曰: "大闕上監之[112]

---

107) 度: 나본에는 '量'으로 되어 있음.
108) 識見: 나본에는 '識鑑'으로 되어 있음.
109) 泰: 저본에는 '天'으로 나와 있으나 나본을 따름.
110) 排悶: 저본에는 빠져 있으나 라본에 의거하여 보충함.
111) 門: 저본에는 빠져 있으나 다본에 의거하여 보충함.

所御, 宮則宗親所居也." 忠義曰: "然則公是宗親乎?" 仁祖笑而不答, 問曰: "君今與我復博, 好矣." 忠義曰: "公欲與我[113]復博, 則以賭對局, 好矣.[114]" 仁祖笑曰: "君欲以何物爲賭乎?" 忠義曰: "公勝我, 則當以一壺酒買[115]進之矣, 我勝公, 則得一書托於本官, 能爲我存問否?" 仁祖笑而諾焉. 復對博.[116] 忠義連負二局, 自囊中出錢, 使之沽酒以進. 仁祖笑而[117]飮少許, 仍作書於本官, 使招見饋酒生色, 忠義大樂, 曰: "吾今下去數月後, 復當入城, 以饍物報公矣." 遂辭去. 居未幾, 仁祖登寶位, 飭宮屬, 若趙忠義復來, 勿漏此事[118], 姑留置本宮, 密奏大內. 數月餘, 忠義果持若干海物, 到本宮, 問曰: "大監何在?" 宮屬笑曰: "已移御他所矣." 忠義曰: "大監與我, 曾有相約, 君能爲我通之否?" 宮屬掩口而笑, 以忠義復來之意, 奏於大內. 仁祖使乘昏從挾門召入, 忠義手持海物, 隨宮屬而入. 仁祖御便殿召見, 忠義進拜於前, 手獻海錯, 曰: "此物甚好, 故[119]爲公一時饌需持來矣." 仁祖笑而命近侍受之. 忠義曰: "公之家舍, 大勝於前, 其間爲好爵而然乎?" 仁祖笑曰: "然矣. 君之所願何事?" 忠義曰: "吾之所願甚難矣, 吾所居洞里, 有朴忠義, 稱號甚羨, 然何可得也?" 仁祖仍使之退待於本宮, 命宮屬[120]製給袍帽, 明日特除忠義, 使之肅謝. 忠義到闕門外, 惶縮不敢入, 及當陛謝, 顚倒失錯, 傍觀皆駭笑. 仁祖引見, 忠義隨承史, 至榻前俯伏, 汗出浹背, 仁祖曰: "爾試仰瞻." 忠義始仰瞻御容, 不勝大[121]喜, 而卽起踴躍, 曰: "良是哉! 公也, 何瞞我之太甚乎?" 仁祖大笑, 左右諸臣, 莫不驚駭, 請施大不敬之罪, 仁祖笑曰: "此予潛邸故人也, 鄕曲愚氓, 於渠何責乎?" 忠義仍辭退, 特除授機張[122]縣監, 使之錦衣還鄕.

上-14.

孝宗嘗爲皇明有北伐之志, 密諭李相國浣曰: "淸人中, 惟攝政王多爾袞·豫親王多鐸, 有才謀智畧, 今其人已死矣, 餘無足畏者[123]. 若以精兵十萬, 直抵山海關, 中原豈無唱義響應之人乎? 我國雖小, 人材多藏於山林[124]草澤中, 卿須[125]與同志者, 留心勞求, 可也." 時宋尤庵先生, 以山林領袖, 與金松崖慶餘諸公, 遂唱大義, 密贊機務. 於是乎, 草野隱逸之士, 蔚然興起, 衆議以申舟村曼可爲都元帥, 柳磻溪衡遠可爲運糧使. 時皇明一朝士, 善風鑑, 兼有智畧. 崇禎[126]甲申後, 逃匿山中, 微聞我國有北伐之漸, 遂削髮爲僧, 與一緇徒, 東來我境, 聞尤庵·舟村之名, 意欲一見. 行至湖中, 與尤庵相逢於逆旅, 尤庵見朝士, 異之, 問曰: "師從何處來?" 朝士曰: "行脚之蹤, 本無定處, 何勞下問乎?" 尤庵曰: "此非論心之處, 吾家在懷德, 可能一訪乎?" 朝士曰: "感公厚意, 謹當如敎矣." 遂辭去, 謂緇徒曰: "宋尤庵一見能識我, 眞宰相之器也." 又轉向鎭川, 至舟村

---

121) 不勝大: 저본에는 빠져 있으나 나본에 의거하여 보충함.
122) 機張: 나본에는 '彦陽'으로 되어 있음.
123) 者: 저본에는 빠져 있으나 라본에 의거하여 보충함.
124) 山林: 저본에는 빠져 있으나 나본에 의거하여 보충함.
125) 須: 저본에는 빠져 있으나 라본에 의거하여 보충함.
126) 崇禎: 저본에는 빠져 있으나 나본에 의거하여 보충함.

門外, 乞糧. 舟村方臥看兵書, 見朝士, 奇其貌,[127] 急下堭, 携手升堂, 曰: "師非乞糧僧, 何故作此態乎?" 朝士曰: "雲遊之蹤, 不得不然耳, 敢問公所觀何書?" 舟村曰: "兵書耳." 朝士曰: "兵書者, 不過論其大略耳. 此在我之才智[128], 徒能讀有何益哉?" 舟村大驚, 知其爲非常人, 要與共宿談話. 朝士推辭厚遺, 行資亦不受, 飄然出門, 謂緇徒曰: "吾觀此人, 其知識眞將帥之才也.[129] 東國將相, 雖有人, 但不知主上何如耳!" 時孝宗方幸交河長陵[130], 朝士在路傍, 仰瞻御容, 至無人處, 痛哭不已. 緇徒問其故, 朝士曰: "路瞻天容, 眞英傑之主也. 雖然上賓不遠, 此乃天數也, 吾復何望哉!" 遂不知所往. 越數月, 孝宗以髻腫昇遐, 北伐之議[131], 從此瓦解矣. 孝宗在潛邸時, 賞從瀋陽東還, 御製詩, 曰: '安得貔貅十萬兵, 秋風直擣九連城. 大呼蹴踏天驕[132]子, 歌舞歸來白玉京.' 嗚乎! 孝廟不忘嘗膽[133]之志, 其英略雄圖, 於此可見, 而至於中途賓天, 豈非天運[134]哉?

上-15.

仁祖朝, 倭國有一女子, 姿容絶艶, 智勇兼備, 自言, "若非大英雄, 非吾配也." 意欲遍遊天下, 求當意者, 遂附商舶潛越海, 到我國界, 故削髮爲尼, 周行到都城, 群惡少艶其色, 欲汚之, 而畏其膽

---

127) 奇其貌: 저본에는 빠져 있으나 라본에 의거하여 보충함.
128) 才智: 나본에는 '智略'으로 되어 있음.
129) 其知識眞將帥之才也: 라본에는 '暫時相見, 然觀其氣象, 眞將帥之才也'로 되어 있음.
130) 長陵: 저본에는 빠져 있으나 나, 라본에 의거하여 보충함.
131) 議: 나본에는 '計'로, 다본에는 '意'로, 라본에는 '策'으로 되어 있음.
132) 驕: 저본에는 '轎'로 나와 있으나 가, 나, 다본에 의거함.
133) 膽: 저본에는 '瞻'으로 나와 있으나 이본에 의거하여 바로잡음.
134) 運: 저본에는 빠져 있으나 나본에 의거하여 보충함.

且勇, 莫敢近.[135] 一日, 尼在闕門外, 觀朝官出入者[136], 孝宗在潛邸, 方自內承候而退, 偶從路傍, 見尼而[137]異之, 命招待本宮, 仍留住宮中, 使蓄髮. 居月餘, 圉人入告曰[138]: "前日所來尼, 忽於昨夜,[139] 竊後槽駿足而逃矣[140]." 宮姬又持尺牘, 來告曰[141]: "尼書置此牘於床[142], 乘夜不知去處矣[143]." 孝宗急[144]坼而視之, 書曰: "妾非朝鮮人, 乃倭女也. 竊欲周遊天下, 欲求一大英雄事之, 及到貴國, 路遇明公, 隨到後宮, 久而察之, 乃小國英雄, 非天下大英雄也. 故竊後槽駿足而去, 留俟他日, 當面陳謝過云." 孝宗覽之大驚, 懊悔其不得挽留. 及丙子虜亂, 避居江都, 爲淸人所執, 北去至瀋陽, 汗頗厚遇之. 一日, 請孝宗, 特設一宴, 其所進珍羞, 皆在本宮時[145]所嗜之味也. 甚疑怪莫測, 汗笑曰: "朕皇后欲見卿矣." 遂邀入後殿, 皇后具珠琉翟褕, 坐於寶榻. 孝宗進拜於前, 皇后降榻, 迎笑曰: "君能記我乎?" 孝宗仰而視之, 迺前日路遇之尼也. 皇后曰: "吾自離貴[146]宮, 權着男服,[147] 借君駿足, 渡鴨綠江, 至瀋陽, 遇今皇帝, 眞天下大英雄也. 遂委身事之, 尊爲皇后矣. 貴國之終始顧護, 皆吾之力也, 君何以知之乎? 觀君有人君之像[148], 此誠小國英雄也, 當

---

135) 莫敢近: 라본에는 '不敢犯'으로 되어 있음.
136) 者: 저본에는 빠져 있으나 라본에 의거하여 보충함.
137) 而: 저본에는 빠져 있으나 라본에 의거하여 보충함.
138) 曰: 저본에는 빠져 있으나 나, 라본에 의거하여 보충함.
139) 忽於昨夜: 저본에는 빠져 있으나 라본에 의거하여 보충함.
140) 矣: 저본에는 빠져 있으나 라본에 의거하여 보충함.
141) 曰: 저본에는 빠져 있으나 라본에 의거하여 보충함.
142) 於床: 저본에는 빠져 있으나 라본에 의거하여 보충함.
143) 矣: 저본에는 빠져 있으나 라본에 의거하여 보충함.
144) 急: 저본에는 빠져 있으나 라본에 의거하여 보충함.
145) 時: 저본에는 빠져 있으나 나, 라본에 의거하여 보충함.
146) 貴: 저본에는 '本'으로 나와 있으나 나본을 따름.
147) 權着男服: 저본에는 빠져 있으나 라본에 의거하여 보충함.

爲君周旋, 匪久使還本國矣." 孝宗東還[149]後, 以此事語筵臣云.

上-16.

肅宗朝, 嘗新[150]構一茅亭於後苑, 副提學尹公絳上[151]疏, 極[152]諫土木之役, 上優批答之. 後數日, 特命入侍, 敎曰: "後苑花事正爛, 欲與卿共賞矣." 至後苑, 承史阻閽不得入, 獨公一人與宦侍數人[153]而已. 上御茅亭, 敎曰: "卿所言土木之役者, 卽此茅棟數間耳. 卿則獨專沽眞之譽, 使予無事[154]得謗於臣民, 卿之心術, 誠極痛惋." 卽命拿下於階[155], 露其兩臀, 棍治後, 使之進前, 天語溫和, 復敎曰: "今卿以經幄之臣, 露臀受棍, 此非禮使之道也. 若外庭知之, 則予之駭擧姑捨,[156] 卿亦豈不貽羞朝紳乎? 雖子侄間, 愼[157]勿以此事言及, 可也." 公伏承上敎, 惶蹙不敢以此言於家人[158]. 臨沒, 始向其子東山相國趾完, 言之云[159].

上-17.

肅宗當元宵, 召對儒臣, 特命賜饌, 敎曰: "今夜風雪甚寒, 南村

---

148) 像: 라본에는 '氣象'으로 되어 있음.
149) 東還: 라본에는 '登極'으로 되어 있음.
150) 新: 저본에는 빠져 있으나 라본에 의거하여 보충함.
151) 上: 저본에는 빠져 있으나 라본에 의거하여 보충함.
152) 極: 저본에는 빠져 있으나 라본에 의거하여 보충함.
153) 數人: 저본에는 빠져 있으나 라본에 의거하여 보충함.
154) 無事: 라본에는 '無端'으로 되어 있음.
155) 於階: 저본에는 빠져 있으나 라본에 의거하여 보충함.
156) 則予之駭擧姑捨: 저본에는 빠져 있으나 라본에 의거하여 보충함.
157) 愼: 저본에는 빠져 있으나 나, 라본에 의거하여 보충함.
158) 言於家人: 라본에는 '事泄於人'으로 되어 있음.
159) 云: 저본에는 빠져 있으나 나, 라본에 의거하여 보충함.

窮措大, 必多凍餒之家矣." 使近侍持來藥飯一篋, 授掖隸一人, 敎曰: "抱此往南山下, 遍訪窮戶, 如有凍餒之最甚者, 卽傳之[160]." 掖隸奉命, 尋窮村, 至墨洞, 有一茅屋, 牛已頹圮, 積雪滿庭, 寂無人跡. 從牕外伺之, 微有呻吟之聲, 側耳潛聽, 則[161]一婦人語曰: "飮此溫水, 好矣." 有人喉間聲, 答曰: "冷堗絶火, 已過三日, 繼[162]飮溫水, 豈可救活乎?" 掖隸聞此言, 知其爲凍餒之最甚者也, 卽以藥飯篋, 自牕外投於內[163], 曰: "此可以救活矣." 遂還復命于上. 過數年, 又値元宵, 上召對儒臣, 賜饌, 敎曰: "予於年前今夕, 使掖隸持藥食[164]一篋, 傳於墨洞最貧之家, 今以數年矣[165]. 其家存沒, 未可知也." 時玉堂李瑞雨, 方入侍, 俯伏奏曰: "是乃臣家事也. 臣於其夜, 凍餓欲死, 忽從牕外投一篋藥食, 故與臣妻, 和水爲粥, 屢日[166]延命, 得無死矣." 上敎曰: "篋中得無所藏之物乎?" 對曰: "中有銀封矣." 上曰: "祇此足爲一家之産矣." 對曰: "臣不知所從來, 故至今留置篋中矣." 上卽命持來驗之, 果封識如故, 上嘆曰: "爾可謂廉介之士也!" 仍以銀封賜之, 自此, 甚賢之, 不幾年, 超擢至亞卿. 蓋李瑞雨, 號松谷, 以詩名於世. 當閔黯之竊柄濁亂, 己巳頒敎文, 雖其代撰, 而[167]爲上所知, 故至甲戌諸南之竄殛, 獨瑞雨超然得免於禍.

---

160) 傳之: 라본에는 '傳于其家也'로 되어 있음.
161) 則: 저본에는 빠져 있으나 라본에 의거하여 보충함.
162) 繼: 저본에는 빠져 있으나 나본에 의거하여 보충함.
163) 內: 저본에는 '空'으로 나와 있으나 가, 라본에 의거함. 나본에는 '房中'으로 되어 있음.
164) 藥食: 나, 다, 라본에는 '藥飯'으로 되어 있음. 이하의 경우도 동일함.
165) 以數年矣: 저본에는 빠져 있으나 라본에 의거하여 보충함.
166) 屢日: 라본에는 '屢月'로 되어 있음.
167) 而: 저본에는 빠져 있으나 라본에 의거하여 보충함.

上-18.

英宗朝, 副提學李公秉泰, 素以淸白聞於世. 上當元朝, 展拜于宗廟, 公方以侍臣, 參斑於衛內, 徒步而行, 上顧左右, 問曰: "朝臣參班中, 彼徒步者誰也?" 對曰: "副提學李秉泰矣." 上曰: "副學家素淸貧, 宜無所騎矣." 卽命司僕給馬, 使之騎而陪從[168], 動駕時, 副學給馬, 蓋自公始也. 公之[169]季[170]父參判公溧, 常[171]爲海伯, 方在海營,[172] 公着弊縕袍, 徒步而行, 至海營, 阻閽不得入. 參判公聞之, 招入大責, 曰: "今汝以經幄之臣, 行北怪擧, 此辱朝廷也." 遂賜新衣服一襲[173], 使改着, 公不敢抗命, 强着之. 及還洛之日, 脫置於冊室, 仍着舊衣, 行至中路, 還送人馬, 又徒步而行, 其淸介如此.

上-19.

英宗寶齡躋大耋, 每日進御建拱[174]湯, 甚苦之, 却而不進, 大臣六卿並交請, 不從.[175] 一日, 使掖隷招儒生一人, 時御新門內[176]慶熙宮, 掖隷從[177]新門城堞, 俯視城下, 有數間斗屋[178], 一書生着弊冠, 披單赤衫, 散步於庭. 掖隷卽出城外, 到其家, 招出書生, 未及着衣冠, 被驅迫, 至閤門外, 闕內[179]諸人, 莫不駭笑. 上使招入, 熟

---

168) 陪從: 나본에는 '陪行'으로 되어 있음.
169) 之: 저본에는 빠져 있으나 라본에 의거하여 보충함.
170) 季: 저본에는 '伯'으로 나와 있으나 나본에 의거함.
171) 常: '嘗'의 의미로 쓰인 것임. 통용되기도 함.
172) 方在海營: 저본에는 빠져 있으나 라본에 의거하여 보충함.
173) 一襲: 저본에는 빠져 있으나 라본에 의거하여 보충함.
174) 拱: 의미상 '功'이 되어야 함. 이하의 경우도 동일함.
175) 不從: 나본에는 '不許'로, 라본에는 '不聽'으로 되어 있음.
176) 新門內: 저본에는 빠져 있으나 라본에 의거하여 보충함.
177) 從: 라본에는 '循'으로 되어 있음.
178) 斗屋: 나본에는 '破屋'으로 되어 있음.

錦溪筆談 卷上 327

視久之, 問曰: "汝誰之子?" 其[180]儒生自視昌披, 不勝慚悚, 俯伏對曰: "臣是故副學秉泰子獻重矣." 上敎曰: "然乎? 爾父卽予故交也, 家素淸貧, 至於子, 而窮困若是乎[181]?" 仍命銓曹卽日六品職, 作窠調用, 使之退去. 又命掖隷招一儒生, 掖隷纔出闕門, 一書生騎驢而過, 卽前拉下, 驅迫至閤門外, 上命招入, 問曰: "滿廷諸臣勸汝, 進御[182]建拱湯, 汝意云何?" 對曰: "若進御建拱湯, 則[183]大有益矣." 上曰: "所益何事?" 對曰: "補元氣健脚力矣." 上熟視其書生, 曰: "健脚力, 健脚力!" 卽命宦侍, 持建拱湯一椀[184]來, 使書生飮之, 曰: "予欲試爾脚力矣." 使掖隷周曳數場[185], 又下敎曰: "此果[186]健脚力乎?" 卽命逐出闕門外. 由此觀之, 蓋[187]凡人窮通, 皆係於命, 其亦有幸不幸矣.

上-20.

明宗朝, 嘗夜[188]夢, 火燄騰天, 滿城皆焚, 宸心正驚惶. 忽見[189]一女子, 自南[190]而來, 潑水撲滅, 在傍一人, 曰: "此尙州李某女也." 上覺而異之, 使道臣訪問於尙州, 果有李某, 而其女年方及笄矣.

---

179) 闕內: 저본에는 빠져 있으나 라본에 의거하여 보충함.
180) 其: 저본에는 빠져 있으나 라본에 의거하여 보충함.
181) 若是乎: 나본에는 '尤甚慘矣'로 되어 있음.
182) 御: 저본에는 빠져 있으나 나, 라본에 의거하여 보충함.
183) 則: 저본에는 빠져 있으나 나본에 의거하여 보충함.
184) 一椀: 저본에는 빠져 있으나 나본에 의거하여 보충함.
185) 數場: 라본에는 '一場'으로 되어 있음.
186) 果: 라본에는 '豈'로 되어 있음.
187) 蓋: 저본에는 빠져 있으나 라본에 의거하여 보충함.
188) 夜: 저본에는 빠져 있으나 라본에 의거하여 보충함.
189) 宸心正驚惶忽見: 저본에는 빠져 있으나 라본에 의거하여 보충함.
190) 南: 다본에는 '東'으로 되어 있음.

卽選入後宮, 封寧嬪,[191] 寧嬪別無色德,[192] 卽凡常女子也, 又無育. 未幾, 明宗昇遐, 宣祖繼極, 偶到李氏[193]宮, 見紅裳半幅露出洞房門隙, 怪而問之, 李氏對曰: "姑母之女, 偶自鄕上京, 故[194]爲一見召入大內矣." 宣祖欲見之, 李氏曰: "鄕曲女子, 上監不必見之矣." 宣祖不聽, 李氏不得已, 使出拜見, 宣祖見其有福氣滿面, 遂納爲後宮, 是乃儲慶宮仁嬪金氏也. 生四男五女,[195] 元宗卽長男也. 及光海政亂, 仁祖以元宗之子, 撥亂反正, 宗社奠安, 仁嬪[196]內外子孫, 奕世繁衍. 明廟之夢五十年後, 至此始驗, 豈不異哉![197]

上-21.

毓祥宮淑嬪崔氏, 仁顯王后宮人也, 賢而有德性. 自己巳以後, 后廢處私第, 淑嬪恒痛泣不食. 肅宗一日[198], 偶乘月色, 散[199]步到後庭, 淑嬪方爨火辦廚膳, 上當門而立, 問[200]曰: "爾何宮人, 夜深[201]辦廚膳乎?" 淑嬪伏地對[202]曰: "臣妾是廢妃宮人, 明日卽故主誕辰, 故不忍虛度, 敢辦朝飯, 欲出送矣." 上思之, 果中殿誕辰也, 頗有悔意, 復[203]問曰: "廢人果[204]有罪否乎?" 淑嬪泣而對曰: "故主之事,

---

191) 封寧嬪: 저본에는 빠져 있으나 나본에 의거하여 보충함.
192) 寧嬪別無色德: 저본에는 빠져 있으나 라본에 의거하여 보충함.
193) 李氏: 나본에는 '寧嬪'으로 되어 있음. 이하의 경우도 동일함.
194) 故: 저본에는 빠져 있으나 나, 라본에 의거하여 보충함.
195) 生四男五女: 라본에는 '連生三男四女'로 되어 있음.
196) 仁嬪: 저본에는 빠져 있으나 라본에 의거하여 보충함.
197) 豈不異哉: 저본에는 빠져 있으나 라본에 의거하여 보충함.
198) 一日: 저본에는 빠져 있으나 나본에 의거하여 보충함.
199) 散: 저본에는 빠져 있으나 나본에 의거하여 보충함.
200) 問: 저본에는 '門'으로 나와 있으나 가, 라본에 의거하여 바로잡음.
201) 深: 저본에는 빠져 있으나 라본에 의거하여 보충함.
202) 對: 저본에는 빠져 있으나 나, 라본에 의거하여 보충함.
203) 復: 저본에는 빠져 있으나 라본에 의거하여 보충함.

妾何敢言乎? 雖然, 此有証驗處, 若暫屈玉趾, 隨妾[205]暫[206]往, 則可略知其祥矣." 上心動, 隨淑嬪, 到後苑, 有土窟, 穴牕視之, 壁上掛后畫像, 禧[207]嬪挽弓射之, 語皆不道. 上不勝駭惡[208], 仍還淑嬪私室, 欲幸之, 淑嬪泣曰: "故主廢處私第, 臣[209]妾何敢當夕乎?" 仍堅執不從.[210] 上頗賢之, 許以復位, 始承恩寵[211]. 自此, 屢幸淑嬪, 漸疎禧嬪矣. 一夕, 積雪滿堦, 天氣甚寒, 淑嬪方侍寢, 上戲謂曰: "予當以爾陞中殿矣." 淑嬪俯首無言, 少頃, 請如厠, 久而不還, 上仍寢睡, 覺而視其側, 淑嬪不在矣. 宸心疑訝, 攬衣而起, 推牕視之, 大雪紛下, 有人俯伏在地, 雪覆成堆, 急下堦扶起, 乃淑嬪也. 上大驚, 抱持入房, 凍僵不能語, 久始醒, 上問曰: "汝何作此擧乎[212]?" 淑嬪對曰: "俄聆下敎, 不敢承當, 所以下階待罪矣." 上自此愈益賢之, 恩寵日隆. 一日, 上晝寢後園, 夢[213]有黃龍, 爲巨甕所壓, 蜿蜒不能動, 覺而疑怪, 躬到後園, 果有巨甕, 覆在庭畔. 及使內侍擧而視之, 淑嬪在其中, 已氣塞矣. 上痛惡禧嬪之猜[214]妬至此, 使宮人扶起淑嬪, 致寢殿, 以藥物[215]救之, 良久始甦.[216] 蓋淑嬪娠英宗時

---

204) 果: 저본에는 빠져 있으나 나본에 의거하여 보충함.
205) 隨妾: 저본에는 빠져 있으나 나, 라본에 의거하여 보충함.
206) 暫: 저본에는 '潛'으로 나와 있으나 다본을 따름. 라본에는 '偕'로 되어 있음.
207) 禧: 저본에는 '嬉'로 나와 있으나 나, 라본에 의거하여 바로잡음. 이하의 경우도 동일함.
208) 駭惡: 나본에는 '駭愕'으로 되어 있음.
209) 臣: 저본에는 빠져 있으나 라본에 의거하여 보충함.
210) 仍堅執不從: 저본에는 빠져 있으나 라본에 의거하여 보충함.
211) 寵: 저본에는 빠져 있으나 나본에 의거하여 보충함.
212) 乎: 저본에는 빠져 있으나 라본에 의거하여 보충함.
213) 夢: 저본에는 빠져 있으나 다본에 의거하여 보충함.
214) 猜: 저본에는 '婧'으로 나와 있으나 이본에 의거하여 바로잡음.
215) 以藥物: 저본에는 빠져 있으나 나본에 의거하여 보충함.
216) 良久始甦: 저본에는 빠져 있으나 나본에 의거하여 보충함.

也, 至于翌年甲戌, 英宗誕降. 仁顯王[217]后復位, 未幾昇遐, 誣[218]蠱逆獄起, 禧嬪賜死, 諸賊伏誅. 噫! 淑嬪之懿行淑德, 若是卓越, 安得不誕我英宗, 以致五十年升平之治哉?

上-22.

貞純大妃金氏, 鰲興府院君漢耉之女也, 本第在瑞山, 家至貧. 嘗寓居于其族人家, 時癘疫熾盛, 村里皆染, 作草幕於郊, 府夫人與后出避. 后纔五歲, 魍魎作群到幕外, 相語[219]曰: "中殿在此!" 皆散去, 府夫人頗異之. 當己卯正月, 國舅與后入洛, 李相國思觀, 方以湖宰赴任, 與國舅舊相識也. 偶相逢於路, 時風雪大作, 天氣劇寒, 李[220]公謂國舅曰: "日寒[221]至此, 公[222]之女得無凍傷哉?" 遂脫贈貂裘而去, 后深德之. 及至京第, 貞聖王后三喪[223]纔畢, 英宗親臨, 方揀擇中宮, 衆女子中, 后獨避所坐方席而坐, 上問曰: "何獨避所坐之席乎?" 后對曰: "父名在此, 故避坐矣." 蓋揀擇時, 衆女子父名, 各書於方席之頭故也. 上問衆女子曰: "何物最深乎?" 或言山深者, 或言水深者, 其所對不一, 獨后對曰: "人心最深矣." 上曰: "何獨人心最深乎?" 后對曰: "他物之深, 猶可測也, 獨人心不可測矣." 上又問曰: "何花最好乎?" 或有言荷花最好者, 或有言牧丹最好者, 或有言桃花[224]最好者, 其所對不一, 后獨曰: "綿花最好矣."

---

217) 王: 저본에는 '皇'으로 나와 있으나 나, 라본에 의거하여 바로잡음.
218) 誣: 저본에는 '巫'로 나와 있으나 라본을 따름.
219) 相語: 저본에는 빠져 있으나 나본에 의거하여 보충함.
220) 李: 저본에는 빠져 있으나 라본에 의거하여 보충함.
221) 日寒: 라본에는 '寒威'로 되어 있음.
222) 公: 저본에는 '君'으로 나와 있으나 나본을 따름.
223) 喪: 저본에는 '霜'으로 나와 있으나 다본에 의거함.
224) 桃花: 나본에는 '海棠'으로 되어 있음.

上曰: "何獨綿花最好乎?" 后對曰: "他花皆不過一時玩好, 而獨綿花衣被天下, 故最好矣." 后時年十五, 上竦然異之, 遂²²⁵⁾特揀於正宮. 方入宮時, 衣裳之製進也, 尙宮內人, 白於后曰: "欲裁出上衣背樣, 請少回坐." 后曰: "尙宮獨不能回坐乎?" 尙宮驚悚無已. 及后入宮, 上問曰: "后窮困²²⁶⁾時, 亦有恤貧之人乎?" 后曰: "向者, 入洛之路, 値劇寒, 若無李某之脫贈貂裘, 則幾至於凍傷矣." 上聞而嘉之, 遂擢用李公, 未幾入相. 至庚申, 正廟賓天, 純祖冲齡卽位, 后垂簾聽政, 特除金魯忠爲²²⁷⁾摠戎使, 經筵官鄭日煥奏曰: "慈殿不由公議, 有此特除, 得無循私之嫌乎?" 后謝之, 褒其直. 時洋學大熾, 八路胥溺, 后廓淸邪穢, 扶植正道, 豈不大有功於宗社哉?

上-23.

光海時, 仁穆大妃幽廢西宮, 延興國舅金公悌男, 全家盡被屠戮, 府夫人濟州牧爲婢, 國舅慘被極刑於西市. 平昔²²⁸⁾親戚與門吏, 皆畏禍, 無敢有收屍者, 余六代祖達城尉, 獨躬往看, 檢襲斂, 世以此多之. 國舅穉子珪, 年纔二歲, 其乳媼竊負而逃, 至南松峴達城尉宮. 光海廉知之, 使宮婢躡其後, 貴主急藏置乳兒於袴底, 端坐不動, 暗祝曰: "天若使金氏不絶血脉, 汝勿啼哭." 兒果不啼哭. 宮婢遍搜宮中, 不得, 欲探視貴主²²⁹⁾身邊, 貴主正色, 曰: "爾等何敢無禮至此?" 宮婢悚然退去, 遂密²³⁰⁾藏置乳兒於複房, 戒左右勿泄,

---

225) 遂: 저본에는 빠져 있으나 나본에 의거하여 보충함.
226) 困: 저본에는 빠져 있으나 나본에 의거하여 보충함.
227) 爲: 저본에는 빠져 있으나 라본에 의거하여 보충함.
228) 平昔: 나본에는 '平日'로 되어 있음.
229) 貴主: 다본에는 '金氏'로 되어 있음.
230) 密: 저본에는 빠져 있으나 나본에 의거하여 보충함.

人無知者. 及仁祖反正, 光海竄喬桐[231], 奉大妃還御正殿, 國舅始伸雪, 府夫人還第後, 貴主始送珪還[232]. 達城尉仍以爲婿, 至今延興子姓, 繁衍爲簪纓世家, 蓋貴主陰德所致也.

上-24.

屈氏, 皇明崇禎時宮人也. 甲申變後, 闖賊李自成, 賜其將劉宗敏, 屈氏不受汚詈而[233]欲自殺, 宗敏惜其艶, 赦而不殺. 及淸入主中國, 隨孝宗東來, 善彈琵琶, 自作「思歸曲」, 始敎宮人頭髻, 蓋明時宮樣粧也. 今宮人所着屈髻, 是也. 臨死, 乞葬西郊路, 墓在高陽,[234] 蓋亦不忘首邱之意也[235].

上-25.

李貳相長坤, 中廟朝名宰也. 當燕山淫虐日甚, 名臣碩輔, 盡被誅殄, 公恐禍及己, 時以校理亡命, 出東門外. 公足最大, 嘗爲人所笑, 是日, 背後追者甚急, 公臥於路傍, 以簔笠覆面, 故佯睡. 追者指而相語曰:"彼足之大, 頗似李校理矣." 仍不顧而去. 公遂得脫, 從間路, 而晝伏夜行, 至北靑府, 偶到村落間, 見一女子臨溪而汲. 公渴甚求飮, 女更汲新水, 滿酌一瓢[236], 手掬溪邊柳葉, 和而進之. 公怪問[237]其故, 女曰:"吾聞渴而急飮, 則必停滯於胸膈, 故果如是耳." 公奇其言, 視其女, 雖村家粧, 頗端正有姿色, 公隨女後, 至柴

---

231) 桐: 저본에는 '洞'으로 나와 있으나 나, 다본에 의거하여 바로잡음.
232) 還: 저본에는 빠져 있으나 나본에 의거하여 보충함.
233) 詈而: 저본에는 빠져 있으나 라본에 의거하여 보충함.
234) 墓在高陽: 저본에는 빠져 있으나 라본에 의거하여 보충함.
235) 也: 저본에는 빠져 있으나 나, 라본에 의거하여 보충함.
236) 瓢: 저본에는 '盃'로 나와 있으나 나본을 따름.
237) 問: 저본에는 빠져 있으나 가, 나본에 의거하여 보충함.

門外, 訪主人, 則迺柳器匠家也. 公仍留而不去, 柳器匠見公, 氣骨壯大, 仍招而爲婿. 自此, 惟日事耽[238]睡, 懶於供役, 柳器匠與其妻, 甚嫉之, 或不與之食. 公食量最鉅, 時多飢臥, 女竭誠供饋, 毫無倦, 公頗安焉. 居久之, 中宗改玉, 竄逐諸臣, 並皆宥還. 又懸榜列邑招公, 公聞此消息, 言於柳器匠曰: "今日柳器, 吾欲[239]往納于官府耳." 柳器匠喜甚, 以柳器與之, 公持而到官門, 自言姓名, 府使則其舊識也. 急下堦迎之, 與公升堂, 問曰: "公中間居停誰家[240]耶?" 公曰: "贅居柳器匠家, 賴妻賢淑, 保有今日矣." 府使曰: "明日, 某將出去矣." 公曰: "須盛備供帳, 爲我生色, 好矣." 府使許諾. 公遂盡醉而還, 柳器匠喜問曰: "果無事善納否?" 公曰: "果善納矣." 柳器匠又問曰: "從何過醉乎?" 公曰: "偶逢故友於邑店, 過醉矣." 柳器匠顧其妻, 曰: "婿今勞矣, 今夕須飯上加飯, 使之頓飽." 妻應諾. 翌日, 公淸晨早起, 灑掃庭內, 柳器匠喜曰: "婿今去惰服勤, 大是異事." 忽見府吏具鋪陳供帳而來, 設於其庭, 柳器匠大恐, 語其妻曰: "婿昨日入官門, 必生大事, 故今有此擧矣!" 公笑而不答. 俄而,[241] 府使出來, 柳器匠夫妻, 大生恐㤼, 避在籬外窺之, 府使與公對坐, 問曰: "嫂氏何在?" 公向廚下, 擧手招之, 女以荊釵布裙, 出拜於府使, 府使答禮, 曰: "嫂氏福相端厚, 眞賢淑矣, 公之丈人丈母, 何在?" 公招之, 使進謁府使, 柳器匠夫妻, 惶恐不安, 匍匐而入, 伏於庭下. 府使饋酒食, 賜顔卽還, 具此由, 報于上營, 狀聞於朝. 中廟特除公副提學, 陞柳器匠女爲正室, 並使乘馹上來. 後

---

238) 耽: 저본에는 '貪'으로 나와 있으나 나본을 따름.
239) 欲: 나본에는 '當'으로 되어 있음.
240) 居停誰家: 나본에는 '避身何處'로 되어 있음.
241) 俄而: 나본에는 '少頃'으로 되어 있음.

公官至貳相$^{242)}$, 女封貞敬夫人.

上-26.

宋相國軼, 中宗朝名相也. 有一女, 性奇妬處子, 時洞里中有妬婦, 夫斷其手, 輪示一洞. 女聞之, 使婢取來, 安於床卓上, 侑之以酒, 曰: "君爲女子, 死得所當, 吾何不弔乎?" 自此, 所聞傳$^{243)}$播於搢紳, 無敢取之者, 公亦不之責$^{244)}$, 任之而已. 默齋洪相國彦弼, 兒時頗負氣, 聞女天性妬悍, 笑曰: "此在男子之善駕馭$^{245)}$耳, 吾何畏彼哉?" 遂請婚於宋相, 公許之. 新婚翌日, 有小婢捧酒肴以進, 默齋故執其手, 蓋欲試之也. 婦在坐視, 若不見, 及出坐外堂, 婦斷其手出送, 默齋卽還家, 以示永絶之意. 宋相與夫人, 責其妬悍, 婦終不悛過. 數數歲, 默齋擢庭魁, 首戴御花, 率舞童, 過宋相門外$^{246)}$而不入, 夫人與婦, 登樓而望, 婦潛然$^{247)}$淚下, 夫人曰: "汝若悔過, 洪郞寧可永絶耶?" 婦曰: "從今當改過矣." 夫人甚喜, 卽告宋相, 以婦悔過之意, 通于默齋, 始與婦和好. 自後, 默齋對婦, 恒矜莊, 不露喜怒之色, 婦甚嚴憚. 及公入相, 年過半百, 與夫人共寢, 曉$^{248)}$當赴闕, 忽微哂, 夫人問曰: "妾與明$^{249)}$公同室, 至於偕老, 而$^{250)}$平日未嘗見喜怒之色, 今忽微哂, 何也?" 公欣然笑曰: "夫人見瞞於我, 故

---

242) 貳相: 나본에는 '領相'으로 되어 있음.
243) 傳: 저본에는 빠져 있으나 나본에 의거하여 보충함.
244) 不之責: 저본에는 빠져 있으나 나본에 의거하여 보충함.
245) 馭: 저본에는 '叙'로 나와 있으나 가, 나본에 의거하여 바로잡음.
246) 外: 나본에는 '前'으로 되어 있음.
247) 潛然: 나본에는 '潸然'으로 되어 있음.
248) 曉: 저본에는 빠져 있으나 나본에 의거하여 보충함.
249) 明: 저본에는 빠져 있으나 나본에 의거하여 보충함.
250) 而: 저본에는 빠져 있으나 나본에 의거하여 보충함.

笑之耳." 夫人曰: "見瞞何事?" 公曰: "夫人悍妬, 若不嚴正, 則無[251]
以制止, 故吾賞喜怒不形矣." 夫人勃然變色, 曰: "公之瞞我, 何若
是太甚乎?" 遂將其鬚滿掬, 公未及回避, 卒當此境, 心甚倉皇. 及
入侍, 中宗見公忽作公然一婆, 怪問之, 公慙悚伏地, 曰: "臣不能
齊家所致也." 上震怒, 使內侍齎藥賜死, 蓋砂磄汁也. 夫人不變顔
色, 對內侍, 一飮而盡, 上聞之, 笑曰: "此眞悍婦也!" 自此, 公更不
能制之矣. 後夫人偶到讀書堂, 把御賜玉杯玩之, 堂直妻曰: "非先
生, 不得把玩此杯矣." 夫人笑曰: "吾父自湖堂至領相, 夫亦自湖堂
至領相, 子亦自湖堂至於領相, 吾不可把玩此杯乎?" 蓋忍齋相國
遑, 卽夫人之子, 而明宗朝賢相也. 世傳爲美談.

上-27.

聽天沈相國守慶, 宣祖朝名相也. 少時, 美姿容, 居在南村, 隔墻
卽時宰家也. 方夜獨對床讀書, 忽見一處子, 開門而入, 坐於床邊,
公讀畢掩卷, 問曰: "汝是誰家女子, 何夜深至此?" 女曰: "吾隔墻家
處子也, 每從墻隙窺君風姿, 爲聽君[252]讀書而來耳." 公正色曰: "汝
以宰相家閨秀, 窺墻潛穴, 作此無恥[253]之擧, 當撻之矣. 出門外, 折
枝而來!" 女大慙, 起身[254]出門, 折枝而入, 公卽撻之, 戒而[255]使去,
女包羞而去. 後擢第, 以時相秉軸, 爲東人所攻. 時有一朝士, 東人
之峻論也, 兄弟俱列三司, 夜坐大夫人房, 方搆疏草, 夫人問曰: "汝
之所欲攻者, 果[256]誰歟?" 對曰: "沈某也." 大[257]夫人曰: "不可矣, 是

---
251) 無: 나본에는 '難'으로 되어 있음.
252) 君: 저본에는 빠져 있으나 나본에 의거하여 보충함.
253) 無恥: 다본에는 '無禮'로 되어 있음.
254) 身: 저본에는 빠져 있으나 나본에 의거하여 보충함.
255) 戒而: 저본에는 빠져 있으나 나본에 의거하여 보충함.

君子也." 朝士曰: "母親何以知沈某之爲君子乎?" 大夫人嘆息久之, 迺以處子時, 受撻之事, 傳之. 自此, 朝士兄弟, 不敢攻聽天云.

上-28.

漢陰李相國德馨, 有嬖妾聰慧, 且[258]才貌殊衆, 公絶愛之. 當倭亂後, 國事孔棘, 宣祖方移御于[259]昌德宮. 公時以首相, 不時引見, 迺貰小屋[260], 置妾於闕門外, 或留宿. 一日, 奏事頗久, 當大暑, 口甚渴, 卽退至妾家, 未及開口, 先伸一掌視之, 妾卽從皮卓上, 捧醒酬湯一椀, 以[261]進之. 公受而不飮, 視妾良久, 曰: "吾今棄汝, 從此他適, 可矣." 仍起而出去. 妾卒聞此言[262], 莫知公意, 終夕悲啼. 自思, '公平日[263]與鰲城相公最親, 當仰探矣.' 卽往拜, 歷告始末, 願聞見棄之由, 鰲城亦思之不得, 正在疑訝. 漢陰適至公, 問曰: "聞令公平日所嬖之妾, 卒地出送云, 抑何故也?" 漢陰笑曰: "此非他人所知耳. 僕於昨日, 自闕而退, 渴甚思飮, 未及開口, 對渠伸掌示之, 渠預備醒酬湯, 卽地捧進, 豈不聰敏哉? 僕手捧醒酬湯, 愛從心生, 視其貌愈艶於平時, 自忖身爲男子, 若迷惑於女色, 漸至沉溺, 其債[264]事可知矣. 是以, 遂割恩斷情, 至於永棄耳, 渠果有何罪哉?" 公嘖嘖嘆服, 曰: "今公此擧, 卽[265]凡人所難, 僕誠不及矣."

---

256) 果: 저본에는 빠져 있으나 라본에 의거하여 보충함.
257) 大: 저본에는 빠져 있으나 라본에 의거하여 보충함.
258) 聰慧且: 저본에는 빠져 있으나 라본에 의거하여 보충함.
259) 于: 저본에는 빠져 있으나 라본에 의거하여 보충함.
260) 貰小屋: 저본에는 빠져 있으나 라본에 의거하여 보충함.
261) 以: 저본에는 빠져 있으나 라본에 의거하여 보충함.
262) 卒聞此言: 저본에는 빠져 있으나 라본에 의거하여 보충함.
263) 平日: 저본에는 빠져 있으나 나본에 의거하여 보충함.
264) 債: 저본에는 '慎'으로 나와 있으나 나, 다, 라본에 의거하여 바로잡음.
265) 卽: 저본에는 빠져 있으나 라본에 의거하여 보충함.

上-29.

光海政亂, 梧里李相國元翼, 退居廣州, 八域人心, 皆望入相. 仁祖反正, 群情怓怓, 猶未底定, 特拜公[266]領相, 遣使敦召, 公膺命入都, 滿城婦孺[267], 方加額相賀. 公過敦化門, 直向西小門外, 是光海廢, 置喬桐, 而[268]將發之所也. 仁祖聞之驚訝, 民心亦皆一變, 朝野惶惶. 公到光海寓所, 泣涘然後, 始徐徐還入, 詣闕肅謝, 請光海全恩, 上大悅肯許, 人心始鎭定矣[269]. 由此觀之, 賢相之係國家安危, 豈不重且大歟? 公少時, 病將至死, 東皐李相國浚慶, 時以藥院提擧, 白于宣祖曰: "有一書生李元翼者, 眞[270]宰相之器也. 家至貧, 病將死, 請自藥院, 賜蔘茸以救之." 宣祖許之. 又姜承旨緖, 有風鑑, 善相人,[271] 賞以其侄弘立托焉. 丁卯虜亂, 姜弘立[272]罪犯大逆, 而得無死.[273] 又謂公曰: "君他日, 每當國家板蕩之時, 輒以首相當之云[274]." 後其言皆驗.

上-30.

陽坡鄭相國太和, 自兒時, 天姿端凝, 人皆目之爲公輔器. 獨公之大人判書公, 每對公, 蹙眉不言, 公悚然不敢見, 至於晨昏定省, 亦廢焉. 夫人請其故, 亦不答. 及判書公[275]爲完伯, 公當歲時下往,

---

266) 公: 라본에는 '梧里'로 되어 있음. 이하의 경우도 동일함.
267) 孺: 저본에는 '儒'로 나와 있으나 가, 다, 라본에 의거함.
268) 而: 저본에는 빠져 있으나 라본에 의거하여 보충함.
269) 矣: 저본에는 빠져 있으나 라본에 의거하여 보충함.
270) 眞: 저본에는 빠져 있으나 나본에 의거하여 보충함.
271) 善相人: 저본에는 빠져 있으나 라본에 의거하여 보충함.
272) 姜弘立: 저본에는 빠져 있으나 나, 라본에 의거하여 보충함.
273) 而得無死: 나본에는 '而姜氏一門, 賴公保全'으로 되어 있음.
274) 首相當之云: 나본에는 '時相救濟矣'로 되어 있음.
275) 判書公: 저본에는 빠져 있으나 라본에 의거하여 보충함.

至參禮驛. 時風雪大作, 人皆凍僵, 公夕入逆旅, 方依枕而臥, 見一丐兒, 年過二八, 不勝寒慄, 徑入廚下, 方²⁷⁶⁾煬竈而坐, 店主驅逐出門. 公見²⁷⁷⁾頗矜惻, 招入房內, 推所食夕飯, 與之. 丐食訖, 頹臥困睡, 時引其手, 揭衣捫虱, 肌膚潔白如雪. 公異之, 迫而察焉, 乃女子也, 不覺心動, 仍近之. 丐驚覺而起, 啼泣不已, 公問其故, 丐泣曰:"妾驛官之女也, 父母俱亡, 妾家素富, 爲庶母所駈逐, 出門無所親. 故鶉衣垢面, 行乞於路²⁷⁸⁾, 流落至此, 今爲君所汚耳." 公聞甚哀憐, 曰:"汝旣窮, 無所歸, 吾欲取汝爲妾矣." 女欣然願從, 公遂招店主, 謂之曰:"此兒非流乞也²⁷⁹⁾, 卽吾所親驛官女也, 姑留店中, 待吾率去, 善待之." 仍優給錢財, 使備一套²⁸⁰⁾新衣, 易其舊服. 卽到完營, 踞²⁸¹⁾縮不敢入, 從挾門, 方欲進謁於大夫人, 判書公從牕隙見之, 喜色滿面, 卽招公. 公意外見父親之招己, 感泣不已²⁸²⁾, 進拜於前. 判書公携其手入內, 謂夫人曰:"此兒貴當入相, 而但面帶靑氣²⁸³⁾, 不得令終, 故深惡之, 平日不欲對面矣²⁸⁴⁾. 今日忽靑氣消盡, 黃色²⁸⁵⁾滿面, 苟無大陰德, 其何能至比?" 仍問曰:"汝作何陰德? 盡言告我²⁸⁶⁾." 公自思別無陰德, 乃以參禮驛逢流丐救濟事, 告之, 公曰:"此誠大陰德也!" 卽使幕裨具轎馬, 率來驛官女²⁸⁷⁾, 作公

---

276) 方: 저본에는 빠져 있으나 라본에 의거하여 보충함.
277) 見: 저본에는 빠져 있으나 나본에 의거하여 보충함.
278) 路: 나본에는 '市'로 되어 있음.
279) 兒非流乞也: 저본에는 빠져 있으나 라본에 의거하여 보충함.
280) 套: 저본에는 '隻'으로 나와 있으나 이본을 따름.
281) 踞: 저본에는 '局'으로 나와 있으나 라본에 의거함.
282) 不已: 저본에는 빠져 있으나 라본에 의거하여 보충함.
283) 靑氣: 라본에는 '殺氣'로 되어 있음. 이하의 경우도 동일함.
284) 矣: 저본에는 빠져 있으나 라본에 의거하여 보충함.
285) 黃色: 라본에는 '黃氣'로 되어 있음.
286) 告我: 나본에는 '無諱'로 되어 있음.

小室. 後陽坡早年入相, 秉軸四十年, 爲我東名相焉.

上-31.

沂川洪相國命夏, 未第時, 家至貧. 東陽尉申公翊聖, 知其必貴, 乃以長女妻之, 遂贅居. 至于四十, 猶布衣也. 人皆嗤笑, 獨象村相國欽, 與東陽尉父子, 待之極厚. 東陽尉子冕, 早貴驕傲, 積不平, 視之蔑如也. 饌婢偶易其匕箸於沂川食床, 冕大怒, 笞其婢, 沂川無幾微色, 人皆服其量. 東陽尉病篤, 將易簀, 內外族親, 皆集病側, 公執沂川手, 曰: "吾以冕托於君, 他日愼勿忘老夫臨死之言." 沂川不答, 公泣曰: "君今無答, 吾家事已矣!" 言訖卒. 冕不勝忿恚, 自此, 益嫉之. 至仁祖朝, 沂川以首相, 時望甚隆, 被上倚毗. 冕與逆臣自點, 盡以我國陰事, 密通[288]於汗, 自點伏誅, 禍將不測. 百官交章請誅冕, 沂川曉起, 將赴闕, 其夫人跣足出中門外, 攀轅哭, 曰: "明公獨不念亡父臨終之托乎?" 公以扇掩面不答, 使婢扶夫人入內, 叱馭催行詣闕, 仁祖教曰: "冕今罪犯惡逆, 何以處之乎?" 公奏曰: "渠雖罪犯至重, 先王血孫, 貴主之子, 何忍身首異處乎?" 上曰: "卿言是矣." 遂使斃於杖下. 此所以公之不負東陽尉[289]臨終之托也.

上-32.

潛谷金相國堉, 當光海政亂, 退居于廣州歸溪, 東陽尉省掃之行, 歷訪潛谷, 蓋[290]平昔知己也. 潛谷方把鋤種蔬, 見公歡然共坐

---

287) 驛官女: 저본에는 빠져 있으나 나본에 의거하여 보충함.
288) 通: 저본에는 '池'로 나와 있으나 나본에 의거하여 바로잡음.
289) 尉: 저본에는 빠져 있으나 나본에 의거하여 보충함.
290) 蓋: 저본에는 '皆'로 나와 있으나 가, 나, 다본을 따름.

第²⁹¹⁾檐下, 命烹狗獹濁醪, 對坐劇飮. 俄聞兒啼聲, 自內而出, 婢急告夫人産一男子, 公素善風鑑, 謂潛谷曰: "是兒啼聲洪壯, 極貴格, 某有一女, 纔二歲, 請爲公子婦, 何如?" 潛谷欣然應諾, 兒卽歸溪金判書佐明也. 至仁祖朝, 潛谷以首揆, 方當局, 値弧辰, 姻親及內外族黨夫人, 畢集內堂. 婢請朝飯於公, 公方對衆賓, 徐答曰: "待東陽尉²⁹²⁾宮所送, 當食之矣²⁹³⁾." 俄而, 東陽尉宮奴, 到中門外, 呼婢入, 送負來之需, 衆視之, 乃以藁席裏烹狗及濁醪一壺也. 諸夫人莫不掩口而笑, 時東陽尉女, 已于歸在座, 見此羞愧, 閉戶而泣. 少頃, 東陽尉至, 公²⁹⁴⁾令進烹狗濁醪, 相對劇飮, 時人傳爲美談.

上-33.

屛山李相國觀命, 肅宗朝以嶺南繡衣, 復命之日, 上問列邑民弊, 公對曰: "統營所屬一島, 入於後宮收稅, 此誠民弊²⁹⁵⁾矣." 上震怒, 擊碎在傍²⁹⁶⁾御硏, 曰: "予以人君, 爲一後宮, 收稅於海島者, 爾敢譏訕乎?" 公起伏奏曰: "臣以經幄儒臣, 奉命在外, 纔一朞耳, 殿下過擧至於如此, 而曾無一人之諫阻者, 中間不言, 三司竝施刊削之典, 何與?²⁹⁷⁾" 上不答, 呼承旨, 持草紙進²⁹⁸⁾前, 在傍承旨²⁹⁹⁾, 皆爲公戰慄. 上曰: "以李某爲副提學!" 承旨書訖, 又敎曰: "以副提學李

---

291) 第: 나본에는 '茅'로 되어 있음.
292) 尉: 저본에는 빠져 있으나 나본에 의거하여 보충함.
293) 矣: 나본에는 '少俟焉'으로 되어 있음.
294) 公: 저본에는 빠져 있으나 나본에 의거하여 보충함.
295) 民弊: 나본에는 '劇弊'로 되어 있음.
296) 在傍: 저본에는 빠져 있으나 나본에 의거하여 보충함.
297) 何與: 가, 나, 다본에는 '何如'로 되어 있음.
298) 進: 가본에는 '至'로 되어 있음.
299) 旨: 저본에는 '史'로 나와 있으나 나본에 의거함.

某爲弘文提學!" 承旨書訖, 又敎曰: "以弘文提學李觀命, 卽拜戶判!" 仍下敎曰: "今聞卿言, 誠是矣. 特以卿爲戶判, 後宮島稅, 卽爲革罷." 伊時, 承旨尹晩菴游也, 遂起而拜伏, 曰: "卽見戶判所奏, 能犯顔直諫, 聖度恢弘, 又襃容, 至於超擢, 而特命革罷宮稅. 君明臣直, 是誠無愧於古昔聖王矣."

上-34.

艮齋崔相國奎瑞, 新卜右相, 諸宰皆造賀, 公笑曰: "吾曩者在庚申南人換局時, 自上特旨拜相, 皆西人領袖也. 吾時[300]以注書, 適在直, 見三大臣爲肅謝. 方造朝, 自金虎門而入, 首揆金文谷壽恒也, 如祥麟瑞鳳, 風采和吉; 左揆乃閔老峯鼎重也, 如光風霽月, 氣像灑落; 右揆卽金息庵錫冑也, 如龍拏虎攫[301], 儀容嚴肅. 于斯時也, 吾自視藐然望之, 若喬松焉, 吾今猥居此座, 豈不墜落哉? 只切慙悚而已."

上-35.

夢窩金相國昌集, 當景宗辛丑, 玉候靡豫, 上下焦惶. 公時在首揆, 族人金純行, 國舅魚有龜妹夫也, 來言, "國舅與金一鏡, 密謀欲除延礽君, 明將發啓云." 公大驚, 急邀疎齋李相國頤命, 寒圃齋李相國健命, 正議建儲之策. 二憂堂趙公泰采, 自郊外乘夜而至, 諸公疑趙相與一邊人爲至親, 恐生他變, 秘而不發. 趙相曰: "聞玉候靡豫, 建儲時急,[302] 令公俱以體國大臣, 何無一言乎?" 夢窩曰:

---

300) 時: 저본에는 빠져 있으나 나, 라본에 의거하여 보충함.
301) 攫: 저본에는 '攫'으로 나와 있으나 이본에 의거함.
302) 建儲時急: 저본에는 빠져 있으나 나본에 의거하여 보충함.

"此誠公之眞心乎?" 趙相奮然[303]曰: "僕今老白首, 朝夕且死矣, 曷敢顧私而負國哉?" 夢窩始以所聞於金純行事, 傳之, 趙相以掌擊地, 曰: "此何等時也? 事在危急, 吾輩[304]何敢晏然坐視耶?" 遂與商確, 方欲請對坐而待朝. 時夢窩孫省行, 纔弱冠, 聞金純行之言, 冒夜至英宗私第, 門已閉矣. 遂越墻到寢所, 英宗方欹枕觀書, 見省行起坐[305], 問曰: "君是何人?" 省行曰: "某是領相孫省行也." 英廟曰: "何夜深至此?" 省行對曰[306]: "今聞國舅與金一鏡, 密謀欲除大監, 明將發啓, 故不避唐突, 越墻到此. 事急矣, 待開門,[307] 亟入告于慈殿, 別圖緩禍焉!" 英宗曰: "王父大監, 知此事乎?" 省行曰: "已知此事,[308] 方與三大臣相議, 請對矣." 英宗默然不答, 省行遂歸, 告于竹醉公濟謙, 公大責曰: "汝以布衣, 私謁王子, 當得何罪?" 遂撻之, 聲聞于外, 夢窩問傍人曰: "撻之者, 誰耶?" 對曰: "令監撻進士主矣." 公召問其故, 竹醉以私謁延礽君事, 告之, 趙相謂夢窩曰: "令抱英妙之齡,[309] 奮不顧身, 爲國大事, 能辦此擧, 眞公家肖孫也. 何可責之乎?" 疎齋與寒圃齋, 亦贊嘆不已. 翌日, 先使正言[310]李廷熽疏, 請建儲繼而請對, 承仁元大妃下敎, 冊封延礽君, 爲王世弟. 一鏡輩含怒, 遂大起誣獄, 老邊人盡被誅戮, 四大臣賜死, 竹醉公父子, 受禍尤酷. 英宗甲辰, 始復官, 贈諡旌閭[311]. 蓋自

---

303) 奮然: 라본에는 '艴然變色'으로 되어 있음.
304) 吾輩: 라본에는 '公等'으로 되어 있음.
305) 起坐: 저본에는 빠져 있으나 라본에 의거하여 보충함.
306) 英廟曰 … 省行對曰: 저본에는 빠져 있으나 라본에 의거하여 보충함.
307) 待開門: 저본에는 빠져 있으나 나본에 의거하여 보충함.
308) 已知此事: 저본에는 빠져 있으나 라본에 의거하여 보충함.
309) 令抱英妙之齡: 라본에는 '令年少書生'으로 되어 있음.
310) 正言: 라본에는 '前持平'으로 되어 있음.
311) 旌閭: 나본에는 '建四忠祠於鷺梁'으로 되어 있음.

文谷至夢窩, 祖子孫四代, 皆爲國殺身成仁, 今其子姓繁盛, 赫[312]世公卿, 豈非天之報施至於若是之厚哉?

上-36.

宋相國寅明, 未第時, 夢一人衣紫, 乘五色彩虹, 方升天, 至半空, 將墜下, 急以兩手捧之, 乃得倐然上天, 覺而異之. 及英宗在春邸時, 一鏡諸賊, 欲百計除去,[313] 締結逆宦尙儉輩[314], 密草傳敎, 謀欲廢之. 爲內侍張世相所覺, 至達於春宮, 英宗欲奏大妃[315], 急至淸暉門, 此乃朝夕問安之路也. 門閉不得入, 宋時以設書, 陪後從之, 急奏曰: "此門東偏有小墻, 越此, 則卽通于大妃殿差備也." 英宗欲越墻, 而墻高不得上, 宋相急以雙手捧之, 始[316]得上, 英宗顧宋相, 曰: "爾何以知此之爲大妃殿差備乎?" 宋相汗出浹背, 曰: "兒時, 臣父以戶曹郞官, 修理殿宮, 隨臣父至此, 故知之矣." 英宗遂[317]趨謁於大妃殿, 奏之, 后方梳頭, 聞此大驚, 未及梳畢, 仍握髮, 與英宗至景宗寢殿. 方昏沈臥榻, 尙儉已書傳敎, 欲[318]儳踏御寶, 英宗卽前, 急奪之. 尙儉慌怵, 牢[319]執其紙, 不欲見奪, 紙幅中裂, 在手視之, 乃廢世弟三字也. 后[320]遂下哀痛, 敎於政院, 領相趙泰耉, 請直斬尙儉, 及司謁文有道事得已[321]. 由此觀之, 宋相夢兆,

---

312) 赫: 저본에는 '奕'으로 나와 있으나 라본을 따름.
313) 欲百計除去: 저본에는 빠져 있으나 나본에 의거하여 보충함.
314) 輩: 저본에는 빠져 있으나 나본에 의거하여 보충함.
315) 大妃: 나, 라본에는 '仁元大妃'로 되어 있음.
316) 始: 저본에는 빠져 있으나 나, 다. 라본에 의거하여 보충함.
317) 遂: 라본에는 '急'으로 되어 있음.
318) 欲: 라본에는 '方'으로 되어 있음.
319) 牢: 저본에는 빠져 있으나 나본에 의거하여 보충함.
320) 后: 라본에는 '大妃殿'으로 되어 있음.
321) 事得已: 저본에는 빠져 있으나 라본에 의거하여 보충함.

始符驗於此, 豈非雙手[322]擎天之功哉?

上-37.

宋相素有神力, 食量最[323]鉅, 未第時, 家貧不得飽, 常晏如, 雖家人亦不知也. 親山在長湍, 一日, 墓奴來告, 某宅方偸葬於階砌前, 下棺在明日卯時矣. 所謂某宅, 卽當時權宰也. 宋相時居楊州[324], 聞此言, 謂夫人曰: "可得一斗米, 能炊飯否?" 夫人怪之, 依其言, 炊飯以進, 公用兩手搏[325]之, 連投於口[326], 食鹽小許, 一斗飯幾食之盡矣. 夫人大驚, 始知公量巨, 而前日食少者, 爲貧忍飢也. 食訖, 卽催步[327]入城, 至其從氏判書成明家, 夜已深矣. 宋公曰: "此去長湍百餘里, 聞某家偸葬, 在明日卯時云, 非但勢力之不能禁, 可[328]能及期當之乎?" 公曰: "我自有料量矣." 乃坐而待罷[329]漏, 卽出南門, 至墓山下, 東方已大明矣. 權宰方欲下棺, 會葬者累百人, 公直到喪人前, 大叱曰: "欲葬其親, 何地不可, 而獨於吾親山前乎?" 左右諸人, 觀其勢頭, 將有不好光景,[330] 爭欲執之, 宋相卽以兩手, 舉其柩, 曰: "若有犯我者, 當撲破此柩矣." 仍舉柩徐步, 轉入水田, 衆皆大驚, 莫敢動手. 時大雨如注, 平地水深一尺, 喪人與諸[331]從, 哭隨柩後, 不顧泥濘之沒膝[332]矣. 宋相至水田中土屯處,

---

322) 雙手: 저본에는 '隻乎'로 나와 있으나 다, 라본을 따름.
323) 最: 나본에는 '又'로 되어 있음.
324) 楊州: 나, 라본에는 '廣州'로 되어 있음.
325) 搏: 라본에는 '團'으로 되어 있음.
326) 口: 저본에는 '加'로 나와 있으나 가, 나, 다본을 따름.
327) 催步: 라본에는 '趣行'으로 되어 있음.
328) 可: 가본에는 '何'로 되어 있음.
329) 罷: 저본에는 '破'로 나와 있으나 나, 다본에 의거함.
330) 將有不好光景: 저본에는 '不好'로 나와 있으나 라본에 의거함.
331) 諸: 저본에는 빠져 있으나 이본에 의거하여 보충함.

拔其傍大枯樹, 折作兩杠, 置柩於其上, 曰: "此可以葬矣." 遂緩步 而去, 宰畏其神力, 卽移葬他處.

上-38.

英宗乙亥春, 親臨春塘臺, 設庭試, 有匿名書, 誣逼上躬, 語極[333] 凶憯. 上涕泣, 使兵判洪公象漢, 嚴加[334]譏捕, 又特敎少論, 自大臣 以下, 勿許攔入衛內. 蓋凶書中有少論一邊同此心腸云, 故也. 梧 泉李相國宗城, 時以右揆, 方坐軍幕, 聞此下敎, 卽起到衛外, 不得 入, 公厲聲曰: "吾大臣也, 汝輩何敢攔阻乎?" 掖隷[335]不敢阻擋, 公 卽趨至榻前, 俯伏奏曰: "臣雖無似忝在大僚, 聞有凶書[336], 方欲請 對, 自上特敎少論, 自大臣以下, 勿許攔入衛內, 少論豈皆同逆乎? 請一見凶書焉." 上卽以凶書授之, 公覽訖, 奏曰: "如此凶逆, 眞亘 古所無矣, 臣當捉納此賊矣." 上玉色稍霽, 曰: "卿能捉得此賊乎?" 公復奏曰: "場內儒生, 勿許出送, 只開月覲門, 以十人爲準, 次次 出送, 則臣當捉納矣." 遂到月覲門外, 據超床而坐, 使捕校·軍卒, 擺列左右, 注目視儒生. 最晚有儒生一人, 裹雨傘於藁席, 擔肩出 門, 公厲聲曰: "爾焉敢若是乎[337]?" 其儒生驚遽仆地, 公卽使搜其 藁席, 內有一儒生伏焉. 卽縛之入達, 上親鞫問情, 乃沈鼎衍也, 遂 伏誅. 蓋公知鑑如神, 人所難及矣.[338]

---

332) 膝: 라본에는 '脚'으로 되어 있음.
333) 極: 저본에는 빠져 있으나 나본에 의거하여 보충함.
334) 嚴加: 저본에는 빠져 있으나 라본에 의거하여 보충함.
335) 掖隷: 라본에는 '掖屬'으로 되어 있음.
336) 凶書: 라본에는 '凶書之變'으로 되어 있음.
337) 乎: 저본에는 빠져 있으나 나, 라본에 의거하여 보충함.
338) 公知鑑如神, 人所難及矣: 나본에는 '梧泉神鑑如此'로 되어 있음.

上-39.

金相國熤, 未第時, 由蔭仕爲光陵令. 近村有趙童者, 每偸斫禁松, 屢被捉於陵隷[339], 公欲笞治, 見其貌, 不類常賤[340], 問曰: "汝是誰人[341]?" 答曰: "某是靜庵後孫, 非賤人也. 家有老母, 及未出嫁長姊, 生計極艱, 日取風落木, 賣於市糊口, 自知犯禁, 願受笞罰." 公問曰: "汝年幾何?" 曰: "二十五[342]歲矣." 又問曰: "汝姊年幾何?" 曰: "二十九[343]歲矣. 貧無求婚, 惟日事紡績, 養老母矣." 公頗憐之, 釋而不笞, 趙童拜謝而去. 公時時給食物,[344] 使遺其母. 有金參奉者, 以同官, 方替直而來, 安東人, 嶺南之巨富也. 公曰: "聞君家居, 有素封之樂, 何栖栖京洛間局束於一寢郎耶?" 金參奉曰: "某非不知此, 但齒過四旬, 無嗣續, 年前[345]又喪耦, 身世踽凉, 爲一謝恩命, 入洛耳." 公曰: "此近村有一閨秀, 年則過時, 而甚賢淑, 班閥靜庵後也, 君欲娶之乎?" 金參奉曰: "年今幾何?" 公曰: "聞年今二十九, 而家至貧, 日事紡績, 養其偏母云矣." 金參奉曰: "年太過矣, 雖然其賢淑, 何以知之乎?" 公曰: "近村人, 皆稱道其孝友, 故知之耳." 金參奉頗有肯意, 公使人招趙童, 謂之曰: "此坐金參奉, 欲通婚於汝姊矣." 趙童曰: "當往禀於老母矣." 少頃, 來告曰: "老母快諾, 吾姊不肯矣." 公曰: "汝姊何意不肯乎?" 趙童曰: "姊言, '吾已過時, 願留養老母, 汝今長成, 娶室時急云矣.'" 金參奉曰: "卽[346]此一言, 可揣其賢淑矣, 公幸爲我力勸." 公使村婆數次往復,

---
339) 於陵隷: 저본에는 빠져 있으나 라본에 의거하여 보충함.
340) 常賤: 라본에는 '賤品'으로 되어 있음.
341) 誰人: 라본에는 '誰家兒'로 되어 있음.
342) 二十五: 라본에는 '二十七'로 되어 있음.
343) 二十九: 라본에는 '三十一'로 되어 있음. 이하의 경우도 동일함.
344) 公時時給食物: 나본에는 '自後時時來謁, 公或給食物'로 되어 있음.
345) 年前: 저본에는 빠져 있으나 라본에 의거하여 보충함.

始許之. 金參奉先送錢財[347], 助其婚具, 擇日娶之, 並趙童母子, 率
眷歸安東, 與公不通信息, 已屢年矣. 公登第後, 除拜安東府使, 到
任數日, 門外有金參奉者, 與一書生請謁, 公邀入見之, 酒前日同
官, 而書生卽趙童也. 公欣然問曰: "君有室後, 果占夢熊之祥否?"
金參奉曰: "室人于歸之初, 擧丈夫子二雛, 皆孿生也. 今年監會,
兄弟聯璧參蓮榜, 趙生亦娶妻, 連生子女,[348] 丈母今當九耋, 尙無
恙, 此皆公之賜也." 公稱賀, 曰: "是誠貴門之福, 僕有何功哉?" 金
參奉曰: "明日, 卽痴豚到門也, 若賜光臨, 蓬蓽生榮矣." 公許諾,
卽出送妓樂及宴需. 翌日往造, 其二雛子已到門矣.[349] 金參奉使二
子, 拜謁於公. 趙生亦携子女進謁, 金參奉曰: "荊布欲一瞻尊顏,
躬謝前日玉成之恩, 願公勿阻." 至懇, 公推辭不得, 隨金參奉入內
堂, 其夫人率兩子婦, 納拜於公. 公答禮畢, 金參奉曰: "此有異事,
公可一觀矣." 遂與公轉到後堂, 忽聞牕裏有人祝願聲, 公細聽之,
曰: "願金熤作政丞, 願金熤作政丞!" 其聲連續不絶, 公頗怪訝, 問
其故. 金參奉曰: "此某之丈母也, 自荊布新婚之初, 至于今十七年,
精神雖昏耄, 不計[350]晝夜, 焚香靜[351]坐, 其祝願恒如此. 由此論之,
天感其誠, 公當作相矣." 公聞此, 惻然不已, 纔出坐外舍, 擧家惶
惶. 俄聞哭聲震動於內, 皆言, "金參奉丈母, 卒然昏倒於席, 氣息
已絶云." 公爲之墮淚, 仍致吊而還. 未幾, 登黃閣, 爲正宗朝名相,
此豈非積善之報歟!

---

346) 卽: 라본에는 '今'으로 되어 있음.
347) 錢財: 라본에는 '五百金'으로 되어 있음.
348) 連生子女: 라본에는 '生三男二女'로 되어 있음.
349) 其二雛子已到門矣: 라본에는 '其二雛子, 具鶯衫軟巾, 率倡已到門矣'로 되어 있음.
350) 不計: 나본에는 '不撤'로, 라본에는 '無論'으로 되어 있음.
351) 靜: 저본에는 '獨'으로 나와 있으나 라본을 따름.

上-40.

金相國宇杭, 少家貧,³⁵²⁾ 欲嫁女而乏貨. 其姨從以武弁, 有爲江界府使者, 冀得一臂之助³⁵³⁾, 借款段於知舊, 間關至官門外, 阻閽不得入. 逗留屢日, 資斧告罄, 爲店主所困, 鬻馬償債. 時値隆冬, 飢寒逼骨, 進退俱窘, 正在棲惶,³⁵⁴⁾ 乘府使出倉捧糴, 立在路傍, 始見面, 歷陳阻閽逗留之狀. 府使始使入處冊室, 抵暮而還, 少頃, 進夕飯, 府使則盛備珍饌, 公則只惡草具數器也. 公凍餒方甚, 含忿而坐, 見此大怒, 擧床扑之, 曰: "君之視³⁵⁵⁾我, 何其蔑也?" 府使大怒, 卽使推下於庭³⁵⁶⁾, 命府隷押去, 迫逐出境. 夜已昏黑, 風雪撲面³⁵⁷⁾, 公氣急³⁵⁸⁾喘促, 屢仆於地, 官隷頗哀之, 到官路傍, 縱之使去. 公始收拾精神, 渾身凍僵, 莫適所向, 遙望一点火光, 透出林間, 遂匍匐而前, 就視之, 酒鞋匠幕也. 急取土爐³⁵⁹⁾, 熱其手, 忽見一美娥, 右手提燈, 後有叉鬟, 戴酒肴而來, 住足問曰: "俄者, 被逐於官家, 行次在何處?" 公見其好意, 相問答曰: "吾是也." 美娥曰: "妾本府妓也, 適在東軒守廳房, 目擊當場光景, 行次眞快男子也. 竊意行次歷無限困境, 當此惡寒, 慮有受傷, 故略備酒肴而來矣. 妾家去此不遠,³⁶⁰⁾ 敢請枉顧否?" 公稱謝不已, 遂起身隨到其家, 妓轉入廚下, 別具夕飯而進, 皆美饌也. 公屢飢枵腹, 頓然一飽, 女自

---

352) 少家貧: 라본에는 '未第時, 窮最甚'으로 되어 있음.
353) 一臂之助: 저본에는 '一助'로 나와 있으나 라본을 따름.
354) 正在棲惶: 저본에는 빠져 있으나 라본에 의거하여 보충함.
355) 視: 라본에는 '待'로 되어 있음.
356) 庭: 나본에는 '階'로 되어 있음.
357) 撲面: 라본에는 '甚寒'으로 되어 있음.
358) 急: 저본에는 빠져 있으나 이본에 의거하여 보충함.
359) 土爐: 다본에는 '火爐'로 되어 있음.
360) 妾家去此不遠: 라본에는 '妾家在紅箭門外. 距此不遠'으로 되어 있음.

願薦寢, 謂公曰: "千里雪程, 行次今冒寒到此, 何也?" 公曰: "府使[361]與我姨從, 故爲嫁女, 欲求助婚之資, 冒寒至此矣." 妓笑曰: "官家天性吝嗇, 自到任之初, 日事貪虐, 邑村胥怨, 豈肯顧姨從乎? 妾當以若干所儲之物,[362] 略助婚需矣, 待天明, 束裝亟行, 好矣. 若久住於此, 官家知之, 則行次與妾, 恐有意外之患矣." 公曰: "愛卿高義至此, 吾將何以報之乎?" 妓曰: "妾觀行次氣像, 非久困於布衣者, 他日苟富貴, 無相忘." 遂坐而待朝, 貰一疋馬, 傾篋出紬布數[363]十餘疋, 添行資五十金, 贈之. 公感謝留戀, 不能起, 妓連促之, 始分手, 還到京第. 歲禴已新矣, 時肅宗不時設謁聖科, 公擢魁, 特除校理[364]. 講筵召對之夜, 詢及民間弊瘼, 公迺以江界一事陳達, 上卽出給封書, 使之歸家坼見. 公承命, 卽還坼而視之, 乃以公特差江界府暗行御史, 封庫後駄妓上來也. 公卽忙夜下去, 到中路, 改着弊衣冠, 夜深至妓家, 妓見其衣服襤縷, 行色憔悴,[365] 驚問曰: "行次回程, 纔月餘, 今忽此行, 何也?" 公嘆曰: "愛卿所贈之物, 中路遇盜見奪, 僅保姓命, 在山寺過冬, 爲見愛卿, 復此還[366]來耳." 妓嘆曰: "行次誠運蹇矣, 雖然, 人之窮達在天, 豈無通泰之時乎?" 遂具酒食進之, 毫無厭薄底意[367], 公服其量, 大奇之,[368] 仍聯枕而臥. 妓偶見馬牌之藏在裹衫, 不覺驚喜, 急起坐, 曰: "行次何瞞人之甚? 昨日措大[369], 今日忽作繡衣之行, 豈不神奇哉?" 公微笑

---

361) 府使: 다본에는 '官家'로 되어 있음.
362) 以若干所儲之物: 저본에는 빠져 있으나 라본에 의거하여 보충함.
363) 數: 저본에는 '各'으로 나와 있으나 나본을 따름.
364) 校理: 나본에는 '弼善'으로, 라본에는 '副修撰'으로 되어 있음.
365) 見其衣服襤縷, 行色憔悴: 저본에는 빠져 있으나 라본에 의거하여 보충함.
366) 還: 가, 라본에는 '回'로 되어 있음.
367) 底意: 나본에는 '之色'으로 되어 있음.
368) 大奇之: 저본에는 빠져 있으나 라본에 의거하여 보충함.

略言³⁷⁰⁾, 登第後, 以玉堂入對, 特承上敎, 以暗行來此之由. 妓大喜, 曰: "男子生世間, 寧復有如此快活事乎? 官家恣行不法之狀, 妾嘗記錄在此矣, 行次將何以處官家乎?" 公曰: "當封庫矣!" 妓曰: "此擧猶輕矣. 明日, 出道封庫後, 行次坐東軒, 推下官家于庭, 使官隷押去, 迫逐出境, 則豈不快雪曩日之恥乎?" 公笑而許之. 乃於翌日, 約束驛卒, 待候於官門外, 公直上東軒, 妓已先在矣. 府使見公, 大咤³⁷¹⁾曰: "此漢胡爲復來?" 催呼左右推下, 語未竟, 驛卒齊到官庭, 大呼暗行御史出道, 封庫, 一府皆大驚, 府使惶怵³⁷²⁾, 不及穿鞋, 從後門而逃. 公坐於東軒, 號令官隷, 推致府使於階下, 數貪虐之罪, 使迫逐出境, 在傍見之者, 莫不稱快. 公修書啓後, 欲携妓同還, 妓曰: "不可矣! 公雖承上命, 以御史駄妓還洛, 得無人言乎?" 公稱善曰: "愛卿之言, 誠是矣!" 仍還洛復命, 以妓所言白之, 上嘉之曰: "不意賤妓中, 有此奇女子也." 卽命道臣, 護妓上送. 閭巷間, 至今相傳爲美談.

上-41.

尹相國蓍東, 英宗晩年, 以都承旨, 當毓祥宮展拜. 回鑾之路, 上覓砂磄, 左右率難求得, 方倉皇, 首醫自其囊中, 出半片, 曰: "雖甚³⁷³⁾惶悚, 以此進御, 可矣." 內侍急捧進, 還宮後, 當日³⁷⁴⁾下敎曰: "堂堂千乘之國, 其半首扁鵲拿³⁷⁵⁾囚!" 蓋上嘗以醫官稱扁鵲故也³⁷⁶⁾.

---

369) 措大: 라본에는 '窮儒'로 되어 있음.
370) 略言: 라본에는 '始陳'으로 되어 있음.
371) 咤: 다본에는 '叱'로 되어 있음.
372) 惶怵: 저본에는 빠져 있으나 라본에 의거하여 보충함.
373) 甚: 나본에는 '極'으로 되어 있음.
374) 當日: 저본에는 빠져 있으나 가본에 의거하여 보충함.
375) 拿: 저본에는 '群'으로 나와 있으나 이본에 의거하여 바로잡음.

過數日, 教曰: "首扁鵲分揀, 再昨日傳敎還入!" 又敎曰: "書傳敎者, 誰也?" 承旨奏曰: "都令尹蓍東也." 上曰: "能知其半之爲砂磄之半, 眞機警矣, 都承旨尹蓍東加資." 蓋公自兒時, 甚機警, 上之此敎, 信不虛矣. 公纔六歲, 其從祖近庵[377]判書公汲, 方食靑魚, 謂公曰: "汝以靑魚作詩." 公應聲, 對曰: '吸盡東海水, 渾身是[378]靑鱗.' 近庵[379]公喜, 曰: "他日, 汝當作相!" 後果如公言.

上-42.

夢村金相國鍾秀, 以箕伯將遞歸, 列邑守宰, 爲作別皆來會. 時値七月旣望, 張宴於練光亭, 乘舟溯洄. 公偶以煙竹叩舷, 而誦「赤壁賦」, 煙臺偶落於水中, 公笑曰: "吾在箕營三年, 其所贓物, 卽一煙臺耳. 此雖微物, 大同江神, 使我不許持去, 奈何?" 遂投烟竹於江中. 公若有一毫贓汚, 酒於衆座, 豈發此言哉? 雖近於好名, 先輩淸白之操, 於[380]此可見矣.

上-43.

正宗朝, 夢村自謫所宥還. 時先人偶讀書于南漢山寺, 澹圃再從叔方在府尹, 招先人, 謂之曰: "昨日夢村還第云, 汝今往拜, 可[381]也." 先人卽騎驢到夢村, 公自其篋笥, 出絶句一首, 示之, 詩曰: '盡日吾行東復東, 天高無路訴孤衷[382]. 遙想瓊樓明月夜, 知臣亦在罪

---

376) 也: 저본에는 빠져 있으나 이본에 의거하여 보충함.
377) 近庵: 저본에는 '近齋'로 나와 있으나 나본에 의거하여 바로잡음.
378) 是: 라본에는 '作'으로 되어 있음.
379) 近庵: 저본에는 '健岩'으로 나와 있으나 나본에 의거함.
380) 於: 나본에는 '推'로 되어 있음.
381) 可: 저본에는 빠져 있으나 라본에 의거하여 보충함.
382) 衷: 라본에는 '忠'으로 되어 있음.

臣中.' 仍泣曰:"吾在謫所, 作此詩之日, 特蒙恩宥, 豈非異數耶?" 時有一人在門外, 頻頻窺視, 久之始去. 先人卽還, 以夢村酬酢告公. 翌日, 再從叔判書公, 專送人馬招之, 澹圃公曰:"判書之忽地招汝, 果何事也? 第往觀焉."[383] 先人卽入城, 進拜於判書公, 公曰: "汝昨日往夢村否?" 對曰:"果往拜矣." 公曰:"夢村出示汝而泣者, 果[384]何物耶?" 先人曰:"是乃夢村在謫所, 作詩之日, 特蒙恩宥, 故出示而泣下耳." 公曰:"汝能記誦其詩乎?" 先人誦傳於公, 公書於紙, 納袖中, 遂着官服, 驅軺入闕. 蓋夢村門外窺視者, 卽上之所遣掖屬也, 故使判書公招先人問之. 正宗朝待臣僚之際, 其明察不遺, 有如是矣.

上-44.

鄭丈巖相國澔[385], 家在[386]忠州, 英宗朝名相也. 李參判衡佐, 以史官敦召, 至丈巖, 時公年當八旬, 在後園, 手自移接梨樹, 長不過尺許. 衡佐微笑曰:"梨樹尙穉小, 何時可食實乎?" 公不答. 後衡佐以錦伯, 春巡之路,[387] 歷拜于公, 公與之到後園, 略設酒肴, 使家童摘梨十餘顆, 進之. 衡佐食之, 甘味異常, 問於公曰:"此梨誠佳品矣!"[388] 公笑曰:"君知此梨乎? 是我向日手自移接之梨也, 吾今能食其實矣. 年少名官, 對老人言, 不可若是容易也." 衡佐甚慚焉. 公壽登八十八卒.

---

383) 澹圃公曰 ··· 第往觀焉: 저본에는 빠져 있으나 라본에 의거하여 보충함.
384) 果: 나본에는 '是'로 되어 있음.
385) 澔: 저본에는 빠져 있으나 나, 라본에 의거하여 보충함.
386) 在: 저본에는 빠져 있으나 가, 라본에 의거하여 보충함.
387) 春巡之路: 저본에는 빠져 있으나 라본에 의거하여 보충함.
388) 此梨誠佳品矣: 라본에는 '此梨甚香與他稍異矣'로 되어 있음.

上-45.

 沈相國煥之, 未第時, 家貧有淸操[389], 鰲興國舅子龜柱, 以時宰, 欲結識不可得. 沈相大夫人, 方病劇[390], 其洞隣有皮姓者, 行醫兼藥局, 最親於沈相, 龜柱招之, 問其病症, 皮醫曰: "此非[391]山蔘一二[392]斤, 則不可救矣." 國舅時帶禁將, 龜柱白於國舅, 貸公錢數千兩, 給皮醫, 使貿蔘用之, 戒勿言所以. 皮醫先以蔘數兩重, 進之, 沈相驚喜, 問曰: "從何得此?" 皮醫托辭曰: "某族人方業採蔘, 故求得耳." 遂繼用之[393]一斤, 病始霍然, 沈相深感皮恩, 而不意龜柱之贈蔘也.[394] 遂略設酒肴, 爲之致謝, 皮醫嘆曰: "某家素貧, 顧安得數千金能貿蔘乎? 此乃泥峴金參判[395], 使某貿用於大夫人患節也." 沈相默然無語, 深德之, 然未嘗一造謝. 及遭大夫人喪, 襲斂無策, 只自哀慟, 龜柱聞之, 使門客往吊, 不計所費, 一從喪人指揮, 辨其送終之[396]具. 門客到, 卽請錄示諸具, 沈相使皆用緞屬, 外此諸具, 亦稱是也. 或嫌其過侈, 而太無厭, 沈相嘆曰: "自此, 吾已許心於金台, 當我親喪, 豈不盡誠於送終哉?" 蓋泥金以戚畹, 得人死力, 皆此類也. 豊恩國舅爲禁將時, 問於金相國道喜曰: "吾聞鰲興素淸儉, 今見禁營, 債帳[397]至於數三千, 何濫用之至此哉?" 金相笑曰: "此豈濫用而然哉? 都出於士友間, 恤窮賙[398]貧之所致也."

---

389) 淸操: 나본에는 '時望'으로 되어 있음.
390) 劇: 라본에는 '甚'으로 되어 있음.
391) 曰此非: 저본에는 빠져 있으나 이본에 의거하여 보충함.
392) 一二: 다본에는 '三'으로 되어 있음.
393) 之: 가, 라본에는 '至'로 되어 있음.
394) 而不意龜柱之贈蔘也: 저본에는 빠져 있으나 라본에 의거하여 보충함.
395) 金參判: 나본에는 '金參判捐數千金'으로 되어 있음.
396) 之: 나, 라본에는 '諸'로 되어 있음.
397) 債帳: 저본에는 '債'로 나와 있으나 가본에 의거함. 나본에는 '公遣'로 되어 있음.
398) 賙: 저본에는 '周'로 나와 있으나 라본을 따름.

豊恩亦笑焉.[399)]

上-46.

余從叔父戇軒相國, 自少凝重[400)], 爲士友所推. 未第時, 陪伯從叔父大邱公, 行過於路, 忽有一客, 熟視久之, 踢仆大邱公於地, 公視若不見, 起整衣冠, 徐步而行. 客隨後而來, 又踢仆於地, 公又起整衣冠, 不顧而行, 客遽拜於公, 曰:"某非狂人, 自少學相人之術, 遍觀世人, 無當意者. 路見公二人, 氣象超衆, 欲觀度量, 故試之耳. 從今願隨公, 爲門下客矣." 仍隨後到家[401)], 留不去. 一日, 偶因笞奴, 大邱公與戇軒從叔, 盛怒呵責, 客熟視良久, 曰:"某固知[402)]公兄弟, 皆貴人之相, 而獨以伯氏爲極貴格, 未賞見怒色, 今始見之, 乃猛虎出林格也. 不足爲貴官, 止於蔭官也. 季氏燕雀栖樑聲也, 此極貴格也, 當位至領相矣." 後果如其言.

上-47.

金相國履素, 以冬至使赴燕歸路, 到孫家店, 當夕站留宿[403)]. 夜深, 忽見一宰, 圍玉犀帶, 開門入坐, 公甚疑訝, 問曰:"公是誰?" 宰曰:"我海興君也." 公驚曰:"公已返葬於本國, 何至今留此乎?" 蓋海興君以冬至使, 曾卒於此店矣. 宰曰:"吾爲此間衆鬼所擋, 不得出山海關, 至今獨居于此. 吾素知公有氣魄, 能導我出關否?" 公曰:"僕有何能導公出關乎?" 宰曰:"公之精氣, 都聚於頭額, 吾魂

---

399) 豊恩亦笑焉: 저본에는 빠져 있으나 나본에 의거하여 보충함.
400) 凝重: 다본에는 '凝望'으로 되어 있음.
401) 家: 저본에는 '客'으로 나와 있으나 라본을 따름.
402) 知: 저본에는 '之'로 나와 있으나 다, 라본에 의거함.
403) 留宿: 저본에는 빠져 있으나 라본에 의거하여 보충함.

魄若附於此, 則衆鬼不敢犯矣. 此去山海關, 不過一日程, 出關前,
公能忍痛不作呻吟之聲否? 衆鬼若見痛苦之狀[404], 爲彼阻擋不得
出關矣." 公聞此言, 甚悚然, 亦不敢辭, 强諾焉. 至明曉將發, 忽覺
頭額加戴石臼, 痛不可忍, 强起乘轎, 至午站, 委臥枕邊, 同行皆來
問所苦, 公不答. 臨發, 復强起乘轎, 行到山海關, 頭痛倍加, 如壓
泰山, 不覺痛聲之自出於口, 頭額忽輕, 仍無所苦, 公懊悔不已. 歸
傳此事於本家, 未幾, 海興君魂靈, 現[405]於本家, 不知何以出關, 而
每値忌日, 輒坐交椅, 歆饗飮食[406], 或有不潔, 饌婢受罰. 渾舍惶
懼, 罔敢怠忽, 其靈驗至於嗣孫,[407] 問於嗣孫, 今則無靈云.

上-48.

薑山李相國書九, 卜相後, 三從兄楓石尙書, 謂座客曰: "薑山入
相, 自其弱冠, 吾先人已知之矣. 薑山弱冠登第, 方入侍也, 先人時
以閣臣, 同爲入侍, 見其奏對詳明, 擧止凝重, 甚器之. 一日, 專訪
薑山, 其家在下南村, 纔罷寒喧, 忽聞廊底喧聒, 有斥[408]呼薑山姓
名詬辱者. 薑山不動聲色, 招首奴, 問曰: '某漢又酗酒行悖乎? 吾
之赦渠罪, 已再矣, 不悛舊習, 至於三, 則故犯也. 罪關綱常,[409] 汝
與諸奴, 押去水口門外, 棰殺後來告.' 首奴應命而去, 先人欲觀始
終[410], 故曰: '吾欲與君, 共午飯, 竟日談話耳.' 薑山卽通[411]于內, 日

---

404) 見痛苦之狀: 라본에는 '聞痛苦之聲'으로 되어 있음.
405) 現: 라본에는 '現形'으로 되어 있음.
406) 飮食: 나본에는 '祭物'로 되어 있음.
407) 其靈驗至於嗣孫: 저본에는 빠져 있으나 라본에 의거하여 보충함.
408) 斥: 다본에는 '亦'으로 되어 있음.
409) 罪關綱常: 라본에는 '不可容貸'로 되어 있음.
410) 終: 저본에는 '從'으로 나와 있으나 나본에 의거함.
411) 通: 저본에는 빠져 있으나 가, 나, 다본에 의거하여 보충함.

將向夕, 首奴來告曰: '已棰殺矣.' 薑山曰: '渠雖罪犯當死, 吾家舊物也, 瘞埋之具[412], 從厚爲之.' 首奴應答而退, 先人意猶不信, 將欲起身, 首奴入告曰: '門外有刑曹書吏, 請謁[413]矣.' 薑山招入, 問其來意, 對曰: '判堂大監, 今方坐起, 聞水口門外, 有一屍, 血流滿身, 探問則本宮奴子也. 不告于官, 私自棰殺, 係是法外, 特命小人, 仰探而來矣.' 蓋其時刑判蔡相濟恭也. 薑山曰: '此是[414]吾家私奴, 而罪犯綱紀, 若告于官, 言之恥甚, 故私自棰殺, 以此意歸告.' 由此觀之, 薑山以年少名士, 不煩聲氣, 處事若是[415], 豈非遠大之器乎? 先人每對客道此耳."

上-49.

薑山相國, 多有前知之事, 純廟庚辰, 再任完伯, 釐正宿弊, 一省賴安. 臨歸時, 忽命戶籍庫文書分給諸吏, 使謄出, 別儲一庫. 未幾, 戶籍庫逢回祿之災, 竝許多文書, 盡入灰燼, 而賴此謄本, 迺得無漏. 瓦屐鄭生, 薑山門人, 嘗言, "公方當親忌, 設饌之際, 忽失鷄炙, 自其內庭, 欲治饌婢, 公曰: '此非饌婢之罪, 姑俟之.' 少頃, 果於東墻下得之, 蓋猫之所偸也. 此雖細事, 亦可異." 公遞歸時, 與淵泉洪相國奭周, 交代贈詩, 曰: '東南民力困飢荒, 極濟全須刺使良. 我似歐陽歸[416]潁上, 君如汲直臥淮陽. 十年淪[417]落丹心在, 千里逢迎白髮長. 共是玉皇香案吏, 好將經術答明王.' 淵泉詩曰: '浮

---

412) 具: 나본에는 '節'로 되어 있음.
413) 請謁: 라본에는 '來待'로 되어 있음.
414) 是: 라본에는 '果'로 되어 있음.
415) 若是: 나, 라본에는 '嚴正'으로 되어 있음.
416) 陽歸: 나, 라본에는 '公居'로 되어 있음.
417) 淪: 저본에는 '倫'으로 나와 있으나 나본을 따름.

萍逐水元相値, 老栢經霜便未凋. 江左蒼生猶望謝, 關中約束擬遵
蕭.' 時人皆誦傳.

上-50.
淵泉相國, 嘗以淸北[418]御史, 過宿安州, 諸妓皆言春草亭之風采,
春草亭, 卽金副學近淳也. 美姿容, 善文藻, 少年擢科,[419] 風流文
采, 爲世所稱. 曾以慰諭使過此, 妓爭[420]慕玉貌, 得一顧爲榮, 若是
艷羨矣. 公素澹於聲色, 遂書妓裙幅, 曰: '靑袍學士少風流, 紅粉
佳人背面愁. 盛說當時金侍讀, 滿車香橘過楊州.'

上-51.
淵泉弱冠登第, 以閣臣方在直, 純廟[421]欲試其才, 以'閑似忙, 忙
似閑, 貴似賤, 賤似貴'出題, 使之卽刻製進, 公卽製進, 曰:'閑似
忙, 淵明一日返柴桑; 忙似閑, 右丞朝退望南山[422]. 貴似賤, 信陵公
子屠[423]門見; 賤似貴, 漢家都尉爛羊胃[424].' 人皆至今誦傳.[425]

上-52.
平壤練光亭, 有前朝金黃元懸板一聯, 道盡練光亭勝景,[426] 更無

---

418) 北: 저본에는 '南'으로 나와 있으나 라본을 따름.
419) 美姿容, 善文藻, 少年擢科: 저본에는 빠져 있으나 라본에 의거하여 보충함.
420) 爭: 나, 라본에는 '輩'로 되어 있음.
421) 純廟: 라본에는 '正廟'로 되어 있음.
422) 山: 저본에는 '門'으로 나와 있으나 이본에 의거함.
423) 屠: 저본에는 '都'로 나와 있으나 나, 라본을 따름.
424) 胃: 저본에는 '尉'로 나와 있으나 가, 나본에 의거함.
425) 人皆至今誦傳: 저본에는 빠져 있으나 라본에 의거하여 보충함.
426) 道盡練光亭勝景: 저본에는 빠져 있으나 라본에 의거하여 보충함.

繼之者, 詩曰:'長城一面溶溶水, 大野東頭點點山.' 純廟戊辰, 屐翁李判書晚秀, 澹寧洪判書羲浩, 淵泉相國, 以冬至使, 行登練光亭, 繼一聯, 足成七律. 屐翁詩曰:'風烟不盡江湖上, 詩句長留[427] 宇宙間.' 澹寧詩曰:'萬戶樓臺千畔起, 四時歌吹月中還.'[428] 淵泉詩曰:'黃鶴千年人不見, 夕陽回首白雲灣.' 蓋大同江上流爲[429]白雲灣, 遂以此詩, 懸板於亭上.

上-53.

梅月堂金公時習, 五歲以神童, 名噪一國, 世宗召見, 使賦三角山, 卽應聲對曰:'束聳三峯貫太淸, 登臨可摘斗牛星. 不徒聖代興雲雨, 能使王都萬世寧.' 世廟嫌其穎慧[430]太早, 欲老其才而大用, 未幾上賓, 端宗遜于寧越, 光廟登極. 公時讀書北山寺, 聞此報, 慟哭落淚而逃. 至公州東鶴寺, 遙祭殉節諸臣, 與南秋江, 作「東鶴寺招魂記」, 傳于世. 自此, 絶意功名, 遍遊名山, 入雪嶽遇異人, 講丹學, 居久之. 一書生願從遊, 公每夜開門而出, 夜深始還, 書生隨其後, 潛伺之[431], 公登萬景臺, 與一羽衣道士, 對坐而語. 書生卽還佯睡, 公大責曰:"君欲學道, 而先自欺心, 道不可成也." 仍謝而遣之. 平日, 與四佳亭徐公最親, 入都相訪, 申相國叔舟, 欲因四佳公一見, 公拒不從, 叔舟寄一幛子求詩, 乃太公渭濱釣魚圖也. 公援筆, 卽書曰:'風雨蕭蕭拂釣磯, 渭川魚鳥渾忘機. 如何老作鷹揚將, 空使夷齊餓採薇.' 遂拂衣而去. 光廟因讓寧大君, 欲致之, 終不屈,

---

427) 留: 라본에는 '在'로 되어 있음.
428) 澹寧詩曰 … 四時歌吹月中還: 저본에는 빠져 있으나 이본에 의거하여 보충함.
429) 爲: 나본에는 '有'로 되어 있음.
430) 穎慧: 나본에는 '英慧'로 되어 있음.
431) 之: 저본에는 빠져 있으나 나본에 의거하여 보충함.

退居慶州金鰲山下. 晚年, 至鴻山無量寺, 無疾而坐化[432], 經屢月[433], 顔色如常, 居僧異之, 竟茶毗, 世謂公尸解仙去. 余賞遊雪嶽, 登五歲菴, 拜公畵像, 一緇一俗, 宛帶山澤間烟霞氣, 百世之下, 猶想其高風淸節也.

上-54.

趙靜庵經綸道學, 爲我東儒林之最, 遭際中宗, 慨然以三代之治自期. 在都憲之日, 市不二價, 男女異路, 但冲庵諸賢, 英銳太露, 積忤羣小, 使南袞·沈貞輩, 窺伺動靜, 飛語上聞, 竟致己卯士禍, 善類殆盡, 寧不悲哉! 時有皮匠, 不知何許人, 而避世穢跡, 隱於皮匠[434], 蓋異人也. 獨靜菴知之, 密以時事訪之, 皮匠曰: "子生乎今之世, 不得其主, 欲行三代之治, 豈不迂哉? 將見其災及於子身, 吾亦從此逝矣." 後不知所在.

上-55.

鄭虛庵希良, 善推數, 當燕山初年, 預知有士禍, 方居親喪, 脫置喪服於江邊, 仍潛遁. 及中廟改玉, 聞虛庵不死, 遍訪窮谷, 懸榜招之, 終不出. 退溪少時, 讀書山寺, 見僧壁上有詩, 曰: '風雨驚前日, 文明負此時.'[435] 鳥窺池畔樹, 僧汲夕陽泉.' 疑其爲虛庵所作, 問於居僧曰: "誰所題也?" 僧曰: "近有一衲[436]來, 留於此, 偶書之耳." 退溪問: "衲今安在?" 僧曰: "日前出他, 尙未還矣." 居數日, 退溪方

---

432) 化: 저본에는 '死'로 나와 있으나 나, 다본을 따름.
433) 屢月: 가, 나본에는 '屢日'로 되어 있음.
434) 皮匠: 나본에는 '下賤'으로 되어 있음.
435) 文明負此時: 나본에는 '乾坤奇此身'으로 되어 있음.
436) 衲: 라본에는 '老衲'으로 되어 있음.

夜讀『周易』, 一老衲在傍熟視, 訂其註誤, 退溪疑之, 謂老衲曰: "今上改玉, 群賢皆出[437], 獨虛庵避身岩谷, 終不出, 吾則以爲過矣." 老衲曰: "虛庵何可出乎? 以經幄之臣, 佯死潛遁, 是得罪於君也; 居父母之喪, 不終祥, 是不孝於親也. 同時名流, 皆死於難, 而獨自求免, 是有愧於朋友也. 虛庵負此三大罪, 豈可出乎?" 言畢, 開門出去, 不復見. 有方外道流, 在退溪座, 見虛庵四柱, 驚曰: "此是吾師李千年命[438]也." 蓋虛庵遁跡岩谷, 自稱李千年, 世傳仙去.

上-56.

徐花潭敬德, 明宗時人, 自仁宗上賓後, 杜門不仕[439], 道學之外有神術, 人無知者. 賞登智異山絶頂, 一道士童顔鶴骨, 着羽衣, 翩然而至, 語公曰: "公能從我遊乎?" 公曰: "吾儒門人, 不願從君遊耳." 道士笑曰: "吾亦知公之高矣." 遂竦身入雲而去. 公弟崇德, 賞遍遊名山而返, 與公遊[440]於溪亭, 溪至淺[441], 投竿於溪, 釣得一鯉魚而出[442]. 公笑曰: "技止[443]此乎?" 即投竿於溪, 釣一黃龍而出, 崇德拜伏. 許草堂曄, 公之門人也, 爲拜公到花潭, 値大雨[444], 而溪流暴漲, 不得渡. 過四五日後, 到公門, 見廚下草遍生, 絶食[445]已屢日, 公顔貌敷潤, 無飢色, 怡然獨坐, 彈琴而已. 俗傳, 黃眞松都名妓也, 色

---

437) 出: 나본에는 '出仕'로 되어 있음.
438) 命: 나본에는 '身命'으로, 라본에는 '四柱'로 되어 있음.
439) 不仕: 나본에는 '不出'로 되어 있음.
440) 遊: 나본에는 '坐'로 되어 있음.
441) 至淺: 라본에는 '不深至淸'으로 되어 있음.
442) 而出: 나본에는 '長尺許'로 되어 있음.
443) 止: 가, 나, 다본에는 '至'로 되어 있음.
444) 雨: 저본에는 빠져 있으나 이본에 의거하여 보충함.
445) 絶食: 나본에는 '絶火'로 되어 있음.

藝俱絶,[446] 見之者, 俱迷惑. 眞欲試公, 到花潭請謁, 公欣然許之, 眞自願薦枕, 同被至屢日. 公不少動. 眞必欲破戒, 妖媚百端, 終不動念, 眞始拜伏而去. 世稱松都三絶, 朴淵與花潭, 黃眞其一也.

上-57.

鄭北牕磏, 自仁宗昇遐後, 托跡方外,[447] 與伯氏古玉碏, 俱學鍊丹之術, 世稱仙人. 尹判書春年, 與北牕隣居, 自少相親, 四十猶布衣也. 每以身命問於北牕, 公不[448]答, 一夕當守歲, 尹公懇請不已, 公沈吟久之, 曰: "君大限只在來年, 故所以無答矣." 尹公曰: "雖然, 無死中求生之道乎?" 公曰: "君至懇如此, 今坐待破漏, 直出南門, 到藥峴, 則一老人當駈牛而過, 君哀乞救命, 彼雖困辱多端, 只乞救命, 行到南門, 彼有所言矣." 尹公依其言, 坐待開門, 直趨藥峴, 果有一老人, 駈牛而來. 尹公卽伏地, 懇乞救命, 老人始則無答, 末[449]乃以梃亂棰, 曰: "何許狂客救命於我?" 尹公不避亂棰, 隨後至南門, 老人却立而言曰: "鄭磏敎君至此乎! 當折鄭磏壽一半, 與君矣." 言畢, 人與牛俱不見. 尹公大異[450]之, 卽還, 以老人之言, 傳於公, 慚謝不已. 公嘆[451]曰: "此亦命也! 君今春登科, 窮四十, 達四十, 位亦[452]至一品矣." 尹公問曰: "其老人是誰?" 公曰: "此天之大司命也, 每正初下人世, 定衆生之壽夭矣." 公乃於是年臨化, 詩曰: '顔淵三十不稱夭, 先生之壽何其久.'

446) 色藝俱絶: 저본에는 빠져 있으나 라본에 의거하여 보충함.
447) 托跡方外: 나본에는 '絶意世務'로 되어 있음.
448) 不: 저본에는 빠져 있으나 이본에 의거하여 보충함.
449) 末: 라본에는 '久'로 되어 있음.
450) 異: 나본에는 '驚異'로 되어 있음.
451) 嘆: 저본에는 '笑'로 나와 있으나 나본에 의거함.
452) 亦: 나본에는 '當'으로 되어 있음.

上-58.

北摠知舊中一措大, 因事[453]將往湖南[454], 來見公, 公曰: "君歸路若當[455]怪異之事, 必來見我!" 措大應諾而去, 回路至南蛇嶺, 值日暮, 忽見一僕夫, 控馬而前, 拜[456]曰: "若騎此馬而行, 閉門前可入城抵本宅[457]矣." 措大方坐憇路傍, 聞此言喜甚, 遂跨馬而行, 倏忽之頃, 渡銅雀津, 至其家, 人與馬俱不見. 入其室, 見其子, 方挑燈讀書, 呼之不應, 頗怪訝, 轉身到內, 妻方針衣, 呼之亦不答. 措大怒甚, 以足蹴之, 妻忽中惡, 昏倒於席. 擧家惶惶, 急以藥物灌之口[458], 一邊招巫瞽, 誦『玉樞經』. 措大被逐出門, 思之曰: "吾已死矣! 不然, 寧有是哉?" 遂往見北摠, 公笑曰: "君來乎?" 措大備說所過[459]事, 請其故.[460] 公曰: "君今是鬼, 非人也." 措大哭請救活, 公曰: "當爲君圖之, 試入我袖." 措大不覺已入於袖中, 公待開南門, 到南蛇嶺, 東方尙未明,[461] 路傍臥一屍. 公自袖中, 呼出措大, 推之屍體上, 已而, 措大起坐, 曰: "我果鬼而今復人乎?" 公曰: "然矣." 遂與同還, 日已曙矣.[462] 措大至其家, 子迎拜, 曰: "昨夜, 母親忽中惡, 尙未蘇完矣." 措大默然, 急往見北摠, 謝救命之恩, 問曰: "彼控馬者, 何鬼也?" 公曰: "彼迺驛卒之鬼也. 昨是君絶命日, 而偶與此鬼相値, 仍得以相乘矣."

---

453) 因事: 저본에는 빠져 있으나 라본에 의거하여 보충함.
454) 湖南: 라본에는 '嶺南'으로 되어 있음.
455) 當: 저본에는 '見'으로 나와 있으나 라본을 따름.
456) 拜: 저본에는 빠져 있으나 라본에 의거하여 보충함.
457) 抵本宅: 저본에는 빠져 있으나 라본에 의거하여 보충함.
458) 口: 저본에는 빠져 있으나 라본에 의거하여 보충함.
459) 過: 나본에는 '經'으로 되어 있음.
460) 請其故: 저본에는 빠져 있으나 라본에 의거하여 보충함.
461) 東方尙未明: 저본에는 빠져 있으나 라본에 의거하여 보충함.
462) 日已曙矣: 저본에는 빠져 있으나 라본에 의거하여 보충함.

上-59.

栗谷李文成公珥, 道德學問, 爲我東儒賢[463]之宗. 宣祖甲申春, 以兵判, 筵奏曰: "不出十年, 國家當有土崩之勢, 請預養十萬精兵, 以備不虞[464]." 備堂柳西厓成龍, 以無事養兵, 徒致騷擾[465], 防啓, 公退謂西厓曰: "他人猶可, 而見亦有此言耶? 日後君當思吾言矣." 仍愀然久之[466]. 而見蓋西厓字也. 公卒於甲申春[467], 果十年之壬辰倭亂起, 八路板蕩. 西厓嘆曰: "李文成眞我東聖人也!"

上-60.

李土亭之菡, 與成東洲悌元·洪篠叢裕孫, 爲方外交, 世稱有道術. 宣祖朝, 果川縣有一校生, 窮甚無室, 以射獵爲生[468]. 至太白山, 偶逐一獐, 入深峽中, 行四五十里, 漸窮絶頂而上, 蒼壁下有茅屋. 一女子獨居, 見生甚喜, 問: "客從何來?" 校生曰: "山行射獵, 偶失路至此, 君何獨處于此乎?" 女曰: "我本村家女, 爲一黑人竊負到此, 已數年矣." 校生曰: "黑人今何往?" 女曰: "每日出而去, 至暮, 捕得山獸而歸, 以自食矣." 校生告飢, 女方炊飯, 忽見黑人背擔鹿豕虎豹數十頭, 騰踔而來, 投於庭. 急視之, 身高一丈, 髮長垂地, 遍體生毛, 似人非人. 校生怖甚, 伏於地, 黑人見生大喜, 扶起而言曰: "我之待君, 久矣. 此女雖與我同處, 尙處子也, 今夕君與此女同寢, 可矣." 校生謝不敢. 黑人曰: "君若不從吾言, 將禍君

---

463) 儒賢: 나본에는 '儒林'으로 되어 있음.
464) 虞: 저본에는 '虛'로 나와 있으나 나, 라본에 의거하여 바로잡음.
465) 騷擾: 나, 라본에는 '民擾'로 되어 있음.
466) 愀然久之: 라본에는 '嘆息不已'로 되어 있음.
467) 春: 나, 라본에는 '秋'로 되어 있음.
468) 生: 나본에는 '業'으로 되어 있음.

矣."生大懼從之. 黑人曰:"吾欲見男女交合之狀, 吾所見處交合, 可矣."校生益覺悚然, 方與女同寢, 黑人從傍伏而視之, 目不轉睛, 生大怖不敢違. 每夜如是, 凡四十九日, 女産下一大卵, 黑人大喜, 謂校生曰:"君之大恩, 將何酬報乎?"遂收聚皮物及蔘茸, 作一擔, 幷校生與女背負之, 謂生曰:"須閉目, 勿開視!"遂騰身而上, 但聞耳邊風聲而已. 須臾, 落在平地, 曰:"此君之故土也, 持此物, 與此女同居, 可作富家翁, 吾去矣."生拜問曰:"繼此可復相逢乎?"黑人沈吟久之, 曰:"明年某月某日, 可俟我於慕華館前路."言畢, 騰空而去. 校生遂携女, 同至故居, 盡賣所携物, 得累千金, 富甲一國矣. 至明年所期之日, 到慕華館, 略具酒食, 苦俟黑人, 日已向夕, 頓無影響. 有一老人, 騎驢而過, 少憩路傍, 問曰:"君有何所俟而至暮彷徨乎?"校生洒以黑人之言, 傳之. 老人愀然良久, 曰:"黑人所謂竢渠於此者, 正謂我也."校生問曰:"此果是何物也?"老人曰:"此名鳦, 本處於海外廣漠之濱, 雄居無鴜, 必於男女交合之際, 注目視之, 凝精成胎, 産下一卵, 育爲己子, 猶螺蠃之於螟蛉也. 蓋此物所見之國, 必有兵革之患, 我國當於十年後, 且苦兵矣."校生曰:"敢問先生爲誰?"老人曰:"我土亭李之菡也."遂拂衣而去. 宣祖壬辰, 倭果入寇.

上-61.

梧陰尹相國斗壽, 素睦於宗族, 一族人來留公家, 頗久. 一日, 告於公曰:"某從此大歸, 不復入洛矣."乃以片紙, 納于枕底, 曰:"幸公留心觀此."遂辭去, 公仍忘置不省, 過數日, 偶從枕畔得之, 書曰:"明年三月[469], 倭大擧入寇[470], 陷都城, 大駕播遷, 八路魚肉, 無乾淨處. 此去楊州府東六十里, 有松山, 最爲福地, 早圖避寓於此云." 公異之, 遂送置家眷於松山. 果壬辰, 世家大族在都城, 皆陷沒, 獨梧陰一門, 得免於八年兵禍.

上-62.

愚伏堂鄭公經世, 尙州人. 少時, 嘗赴擧, 過丹陽, 夜失路, 投山谷間, 行六七里, 樹木參天, 一茅屋隱映於松林. 卽進叩柴扉, 闃寂無人, 燈火射出牕牖. 公開戶而入, 一老人隱几看書, 見公掩卷, 問曰: "客從何處深夜到此?" 公具陳失路之由, 且告飢, 老人遂從橐中, 出一團餠與之, 甘美甚香. 公知其爲非常人, 問曰: "世果有神仙之道乎?" 老人曰: "子不夜行, 安知山中無夜行之人乎; 子不遇神仙, 安知世外無長生之客乎?" 公起而拜, 曰: "如生者, 可學長生之術乎?" 老人熟視, 曰: "子骨格未成, 做不得, 只功名中人, 今年當登第, 位至八座, 以儒賢名於世. 但不免三入王獄, 然終當無事, 此後八年, 島夷入寇, 萬姓魚肉. 過三紀[471], 又有西憂, 都城不守, 社稷幾覆,[472] 子皆見之矣." 公請窮其說, 老人曰: "後當自知矣." 公仍困睡, 至曉視之, 老人不在, 問其家人, 對曰: "此家吾所居, 而俄者來此者, 但知爲柳生員, 不知爲誰某. 或時時過此, 留宿而去耳." 公是年果登第, 後壬辰當倭亂, 經八年兵禍, 甲子适兵入城, 丙子汗浸我[473], 甲申朋禍[474]. 公嘗以金震吉事拿鞫, 又辭連金直哉獄被囚, 又與於金夢虎之黨, 自江陵逮囚, 經年始放, 一如老人言. 嘗賦

---

469) 三月: 나본에는 '四月'로 되어 있음.
470) 大擧入寇: 저본에는 빠져 있으나 나본에 의거하여 보충함.
471) 三紀: 나본에는 '三十年'으로 되어 있음.
472) 社稷幾覆: 나본에는 '天下大亂, 人無樂生之心'으로 되어 있음.
473) 汗浸我: 나본에는 '汗陷都城'으로 되어 있음.
474) 朋禍: 나, 다본에는 '明亡'으로 되어 있음.

一絶, 曰: '賦命每憐三不幸, 行身何啻七宜休. 東華久作紅塵客, 欲向丹邱訪道流.'

上-63.

趙重峯憲, 宣祖朝儒賢, 栗谷門人, 道學[475]外善風鑑. 一譯官, 富甲國中, 有一女, 平日信服重峯, 請爲女求婿, 公曰: "君能聽[476]吾言否?" 譯官曰: "當如命矣." 公曰: "鍾街流丐中一總角, 卽其人也." 譯往視之, 果有總角, 鶉衣百結, 臭不可近. 譯官携與同歸, 使盥梳, 易以新衣, 儼然一好男子也. 乃以女妻之, 家人皆嗤笑, 婿入門後, 惟日事耽睡, 懶惰莫甚, 妻母尤壓薄, 或絶食不與, 亦無怍色. 一日, 譯官謂婿曰: "君盍圖謀利乎?" 婿曰: "無資耳." 譯官曰: "然則當用幾何?" 婿曰: "五千則試可矣." 譯官乃與五千, 婿去月餘而返, 譯官曰: "果如意否?" 婿曰: "又有一萬, 則可圖卒事矣." 譯官又與一萬, 婿半年後始返, 謂譯官曰: "今則所圖已完矣, 與我盍往觀乎?" 譯官隨婿出東門, 行六十里, 至楊州松山, 見一座村庄, 排置齊整. 婿曰: "此福地也, 率家眷, 來住於此, 好矣." 譯官卽還, 欲率家眷同往, 妻獨堅意不從, 譯官只携了女往. 翌年四月, 婿同譯官, 上家後山[477]頂, 望都城, 烟塵漲天, 宮闕皆焚. 譯官大驚, 婿曰: "倭犯我國, 車駕已播遷, 滿城皆魚肉矣." 譯官頓足, 曰: "然則吾妻能得免乎?" 婿曰: "已死於亂兵, 此命也, 不可免矣." 譯官曰: "此地能獨無患乎?" 婿曰: "倭避松字, 故不敢入此地矣." 蓋譯官自得此婿, 安居松山, 獨免於倭亂. 由此觀之, 重峯風鑑, 豈不如神乎?

---

475) 學: 저본에는 '人'으로 나와 있으나 가, 나, 다본에 의거함.
476) 聽: 나본에는 '信聽'으로 되어 있음.
477) 山: 나본에는 '峰'으로 되어 있음.

上-64.

光海時, 賊臣爾瞻, 國戚柳希奮, 竊柄濁亂, 有識見者, 皆恬退不任. 金深谷緻, 不無染, 跡於爾瞻[478], 廢母後, 恐禍及己, 遂稱病退居楊州. 素善紫微之術[479], 自算其命, 遇水邊姓人, 始得免禍. 時昇平諸公[480], 方謀[481]舉義, 或曰: "金緻善術數之學, 盍以舉義諸公之命, 質之於彼乎?" 乃以沈器遠, 往問之, 深谷以諸命[482], 展在床上, 次第閱覽, 驚曰: "都是將相之命, 豈不異哉? 君亦不久作相矣." 器遠乃以仁祖之命, 出示, 曰: "此是窮措大命也, 願就公質之." 深谷熟視良久, 急起整衣冠, 焚香跪坐, 始覽焉, 器遠曰: "公獨於此命, 何尊敬至此?" 深谷曰: "此人君之命, 曷敢不敬乎?" 器遠佯若失驚, 曰: "公誠妄矣![483] 何出此滅族之言?" 深谷始悟自家身命, 遇水邊姓人, 始免禍, 乃起而拜, 曰: "今觀諸公之命, 苟非義舉, 安得卒富貴至此乎? 方今凶徒亂政[484], 至於廢母而極矣. 苟有彝性者, 孰無撥亂反正之心乎? 某粗解擇日之法, 擧義之期, 果以何日爲定乎?" 器遠知不可相瞞, 乃言曰: "公言至此, 當盡情告之矣. 今某某諸公, 方推戴綾陽君, 以三月某日, 爲擧義之期矣." 深谷沈思久之, 曰: "此日雖好, 都是純吉, 不可用矣. 今此義舉, 何等大事, 苟非殺破狼帶福德之日, 則不可, 以某推之, 莫過於三月十三[485]日. 此日縱有告變, 亦不足憂也." 器遠還以此言, 傳于諸公, 乃以是日, 更[486]

---

478) 爾瞻: 나본에는 '大北'으로 되어 있음.
479) 紫微之術: 나본에는 '星數之學'으로 되어 있음.
480) 昇平諸公: 나본에는 '昇平金公瑬與諸公'으로 되어 있음.
481) 謀: 저본에는 빠져 있으나 나본에 의거하여 보충함. 라본에는 '主'로 되어 있음.
482) 深谷以諸命: 라본에는 '器遠遂專往楊州, 以昇平公之命, 問之'로 되어 있음.
483) 公誠妄矣: 저본에는 빠져 있으나 나본에 의거하여 보충함.
484) 亂政: 나본에는 '鴟張'으로 되어 있음.
485) 十三: 라본에는 '十七'로 되어 있음.

定義擧之期. 及仁祖登極, 深谷免於難[487], 除拜安東府使. 深谷嘗入中國, 遇異人, 得傳推數之學, 問其平生, 書贈一句, 曰: '花山騎牛客, 頭戴一枝花.' 深谷莫解其意, 及到安東病瘧, 或言, "騎牛行于庭, 卽差云." 深谷試之德甚, 枕妓股[488]而臥, 問其名, 一枝花也, 始悟異人之言, 遂卒於官. 深谷卒後, 有隣人暴死, 入冥府, 見閻王, 卽深谷也. 問曰: "汝壽限尙遠, 何遽至此?" 使鬼卒送還其家, 又曰: "吾平日所着金貫子, 藏[489]在『綱目』在幾卷第幾張, 以此傳于吾家." 其隣人死一日, 卽迺甦, 以公此言, 告于本家. 金柏谷得臣, 卽深谷子也, 試開[490]『綱目』驗之, 金貫子果存焉.

上-65.

光海朝[491], 凶徒煽禍[492], 廢母論起, 儒生李偉卿, 方負士望, 力持淸議, 以大義斥之, 凶徒憚焉, 猶莫敢動. 偉卿嘗遇異人, 問其命, 異人曰: "君本淸貧, 若貪圖富貴, 則極凶矣." 偉卿不以爲然. 家南山下, 窮最甚, 一日, 在外舍讀書, 忽聞其妻一聲慟絶, 久無動靜. 急入內視之, 妻得糟糠少許, 欲炊熟, 乏柴以刀斫柱, 誤傷指, 血流滿地, 仍氣塞矣. 偉卿見甚慘然, 爲之墮淚, 遂扶起, 自思, '男兒[493]不能自食, 使糟糠之妻, 窮厄至此, 此獨不愧於心哉?' 乃着弊縕袍, 起到爾瞻家, 時爾瞻以大北巨魁, 主張凶論, 鄭造·尹訒·李

---

486) 更: 저본에는 '進'으로 나와 있으나 라본을 따름.
487) 難: 나본에는 '禍'로 되어 있음.
488) 妓股: 나본에는 '一妓'로 되어 있음.
489) 藏: 저본에는 빠져 있으나 나본에 의거하여 보충함.
490) 開: 저본에는 '關'으로 나와 있으나 라본에 의거함. 나본에는 '披'로 되어 있음.
491) 朝: 나본에는 '時'로 되어 있음.
492) 凶徒煽禍: 저본에는 빠져 있으나 라본에 의거하여 보충함.
493) 男兒: 저본에는 빠져 있으나 이본에 의거하여 보충함.

覺[494]輩, 皆在座矣. 偉卿至門外請謁[495], 爾瞻與諸賊, 倒屣而迎, 偉卿曰:"某竊思之, 宗社爲重, 國母是輕, 明公之論, 誠是矣, 故此來謁." 爾瞻大喜, 遂使造訐輩, 疏斥仁穆大妃, 幽廢西宮, 白沙諸公力諫, 皆被竄, 遂朝廷之上, 善類一空.[496] 偉卿自參凶論, 被爾瞻吹噓, 擢甲科, 不幾歲, 超遷至亞卿, 人皆唾罵, 亦不顧也. 及仁祖奉大妃, 還御正殿, 登寶位後, 爾瞻諸賊, 皆泣斬於市, 士庶雲集, 萬目爭瞻偉卿. 方載車上, 顧左右曰:"寄語世上人, 少忍飢!" 遂伏誅. 噫! 偉卿平日, 以名節自許, 而不能少忍飢, 躬犯惡逆, 至死方悔, 若早從異人之言, 豈有是哉?[497]

上-66.

光海時, 春川府有一村女子, 聰慧有識鑑, 幼喪父母, 貧無所依, 欲相人而嫁之, 年已過時, 尚處子也. 其親屬在京城[498], 將往訪, 恐路逢强暴辱, 乃換着男服, 行到楊州之樓院, 遇一總角, 爲店幕中雇傭者. 貌醜甚愚蠢, 無可觀, 然有富貴相, 女曰:"此眞吾夫也!" 遂自薦爲箕箒妾, 共執井臼役, 歲餘贖身而退, 賃居于店後一蝸屋. 男則負柴而販, 女則勤於紡績, 家漸饒積, 鏹至七八百金. 女勸其夫, 移居于弘濟院, 大路傍設酒店, 女自當壚而坐. 時光海政亂, 仁穆大妃幽廢西宮, 昇平諸公, 將擧大義, 謀欲推戴仁祖, 每聚議於弘濟院之裳岩, 蓋取其隱僻處也. 女密知之, 俟其散要於路, 請入其家, 進酒食, 諸公欣然一飽. 自此, 每於歸路, 輒到女家, 酒債

---

494) 李覺: 저본에는 빠져 있으나 나, 라본에 의거하여 보충함.
495) 請謁: 나본에는 '通刺'로 되어 있음.
496) 白沙諸公力諫 … 善類一空: 저본에는 빠져 있으나 라본에 의거하여 보충함.
497) 若早從異人之言, 豈有是哉: 라본에는 '豈非後人之所可敢戒哉'로 되어 있음.
498) 京城: 라본에는 '果川縣'으로 되어 있음.

積卷[499], 而女亦不問也. 且女善於談諧, 諸公悅其聰慧[500], 日益親熟矣. 女迺因緣, 出入於仁祖私第, 視同家人. 一日, 女懇於仁祖曰: "愚夫蠢蠢, 目不識丁, 使渠欲學書, 若大監親教之, 粗記姓名, 則足矣." 仁祖笑而許之, 問其姓名, 迺李起築也. 女卽還, 買『史略』初卷, 對起築, 至'湯放桀'句語, 摺在卷裏, 指示起築, 曰: "君挾此冊, 到綾陽君宮, 請學于大監, 大監若教以他文, 君輒以此卷中, 吾之所摺三字, 白于大監, 曰: '妻使小人, 請學於大監者, 只此三字耳.' 卽起身告退, 來傳於我." 起築應諾, 挾『史畧』, 到本宮, 進謁於仁祖, 披卷於前, 指'湯放桀'三字而請學, 仁祖大駭, 亟問: "是誰教汝?" 起築曰: "妻言若是矣." 言畢, 卽起而退, 仁祖道此事於諸公, 恐或機事之漏洩, 將欲乘機除之. 女早已揣度, 潛伺諸公之畢集本宮, 卽排戶而入, 遍告諸公曰: "方今羣凶竊柄, 國綱頹圮[501], 至於廢母而極矣. 苟有彛性者, 孰不欲推戴大監, 思所以撥亂反正乎? 妾雖賤女子, 亦畧知大義矣. 愚夫起築, 信實可使, 況其勇力絶倫, 足當先鋒[502]之任! 使妾夫婦, 亦得參於靖社之勳, 豈非莫大之恩乎?" 在座諸公, 聞女此言, 莫不擊節, 贊嘆曰: "豈意村女子能明大義, 又況識見之若是卓越乎? 此誠於古亦未多見矣." 遂快許入社, 由是, 女亦參於[503]機密, 多少協贊. 至癸亥三月, 李曙率長湍兵五百, 至弘濟院, 女盡捐家財, 宰牛釀酒, 犒饋擧義諸軍, 諸人皆歡欣踊躍, 勇氣百倍. 李起築以先峯將, 到倡義門, 夜將半, 門尙未啓, 起築卽以長杠木, 撞破門扇, 領軍入城, 遂奉大妃還御, 仁祖登

---

499) 積卷: 다본에는 '成卷'으로 되어 있음.
500) 聰慧: 나, 라본에는 '聰敏'으로 되어 있음.
501) 國綱頹圮: 저본에는 빠져 있으나 라본에 의거하여 보충함.
502) 鋒: 저본에는 '峯'으로 나와 있으나 이본에 의거하여 바로잡음.
503) 於: 라본에는 '預'로 되어 있음.

極, 廢光海, 安置喬桐.[504] 策靖社勳, 起築參三等功, 特除黃海兵使, 女封貞夫人, 豈非奇女子哉?

上-67.

仁祖朝, 柳掌令績, 常閑居安東華山. 一丐僧過門, 請寄宿, 愛其年少手秀, 留與談話, 叩以山中事, 對之頗詳. 試探其鉢囊, 有『類合』一卷, 偶閱之, 紙面書曰: "明年正月十四日, 義州陷沒." 時丙寅歲也, 柳公怪而詰之, 僧若不省, 曰: "吾師常看是書, 豈吾師所記否?" 柳公亦不深究, 僧辭去. 至翌年丁卯, 胡兵大擧入寇, 義州府尹李莞死之, 果十四日也.

上-68.

朴震龜, 仁祖朝時人. 金昇平瑬之當局也, 以武弁, 出入於其門下, 丁卯虜亂後, 言於昇平曰: "不出十年, 虜當大擧而來, 都城不守矣. 南漢天險之地也, 車駕當避寓於此, 趁時繕築, 好矣." 昇平曰: "虜若復來, 誰能當之乎?" 震龜曰: "惟匏則可以當之矣." 蓋自謂也.[505] 昇平不悟, 但笑之而已. 震龜居廣州山城下, 乙亥春, 謂所親曰: "明年此爲戰場之地, 人烟俱絶, 君背須遠避, 吾亦從此他徒矣.[506]" 明年丙子, 虜果陷都城,[507] 上避虜, 入南漢, 至於下城, 皆如所言.

---

504) 廢光海, 安置喬桐: 저본에는 빠져 있으나 라본에 의거하여 보충함.
505) 蓋自謂也: 저본에는 빠져 있으나 나본에 의거하여 보충함.
506) 吾亦從此他徒矣: 나본에는 '吾當死於今年, 不及見矣'로 되어 있음.
507) 虜果陷都城: 저본에는 빠져 있으나 나본에 의거하여 보충함.

上-69.

孝宗朝, 宋文正公尤菴, 被召將入洛, 路遇一老翁, 於逆旅相與談話, 知其爲異人, 問平生身數, 老翁曰:"公之此行, 豈爲皇明擧義之事乎?" 尤菴曰:"然." 老翁笑而不答, 但書一聯而去, 詩曰:'世上功名看木雁, 座中談笑愼桑龜.' 尤菴每對人, 道此事, 後果驗.

上-70.

李參判彝章, 與趙判書曮[508], 自少相親, 莫逆交也. 一日, 忽覺右趾生腫, 急使人請趙公, 公適有事, 不得往, 使其胤柯亭公鎭寬代焉. 李公曰:"吾欲與尊大人面訣, 何不枉顧乎?" 柯亭驚請其故, 公曰:"曩吾以嶺南繡行[509], 夜宿陜川海印寺, 有負軍數十輩, 相聚一房, 終夜喧聒. 其中一漢卒, 病霍亂, 轉筋欲死, 衆皆曰:'某也方醉臥廚下, 急請來胗脉, 好矣.' 卽起去, 與一醉漢入來, 厥漢胗脉, 退坐曰:'無慮矣! 少頃, 當痛泄卽差矣.' 俄而, 痛漢果暴[510]泄, 其動作如常. 吾甚神之, 竢夜深, 到廚下, 時値劇暑, 厥漢以赤身, 方枕石渴睡. 吾撼起而請, 曰:'俄見君之胗脉, 眞神醫也. 吾亦有宿病, 願賴君一胗脉也.' 厥漢不推辭, 卽胗吾脉, 熟視久之, 忽翻身倒拜, 曰:'小人不識尊顔, 得罪多矣, 公非御史道乎?' 吾驚其知如神, 不能瞞, 乃曰:'誠然矣! 願以[511]吾平生身數, 質之矣.' 厥漢自其囊中, 出紙筆, 歷書一通贈吾, 曰:'此使道平生身數也, 某年陞資, 某年作宰, 某年遭重服, 至某年當有樹立之事, 渠所謂樹立云者, 卽壬

---

508) 曮: 저본에는 '曬'으로 나와 있으나 나본에 의거하여 바로잡음.
509) 繡行: 나본에는 '繡衣'로 되어 있음.
510) 暴: 저본에는 '痛'으로 나와 있으나 나본에 의거함.
511) 以: 나본에는 '聞'으로 되어 있음.

午夏[512]也. 自此以往, 宦數當少蹇, 至某年, 右趾若生瞳, 則此危惡之症也, 果難治矣. 若過此限, 位當至右相矣.' 吾曰: '寧無可救之藥乎?' 厥漢曰: '雖有當用之藥, 恐難守之矣.' 遂書方文贈余, 厥漢待天明, 仍卽他往. 余復命後, 深藏方文於篋笥, 亦恒記在心中, 間所經歷[513], 皆如厥漢之言, 無小差錯. 到今右趾, 忽生腫, 卽渠所言之某年也. 急從篋笥, 覓所藏方文, 不得, 牢記於心者, 今復忽忘, 此豈非命耶?" 柯亭歸以此言, 白于趙公, 公急往視之, 浮腫已及於腹部, 不可救矣. 正宗卽位, 以某年樹立, 贈右相, 諡忠正公. 此事俱載洪[514]『耳溪集』中「李忠正公遺事」.

上-71.

肅宗朝, 張嬉嬪母, 乘八人轎入闕, 掌令李益壽, 使府隷在闕門外, 擊碎其轎. 一小兒從衆中出, 曰: "金兜金兜!" 俄忽不見, 公異之, 取所碎金兜數片, 納于袖中. 嬉嬪哭訴于上曰: "母乘女轎入闕, 掌令李益壽擊碎云." 上震怒, 將有臨門[515]之擧, 公自袖出金兜, 納供, 曰: "嬉嬪母無爵號[516], 濫乘八人轎, 故碎之矣." 上進覽事得已. 若非小兒所言, 則公豈不危哉? 此誠異事也!

---

512) 夏: 나본에는 '五月事'로 되어 있음.
513) 歷: 저본에는 빠져 있으나 나본에 의거하여 보충함.
514) 洪: 나본에는 '於'로 되어 있음.
515) 門: 저본에는 '間'으로 나와 있으나 가, 나본에 의거함.
516) 爵號: 나본에는 '封爵'으로 되어 있음.

卷下

下-1.

肅宗朝, 一名士, 喪耦不再娶, 卜一妾, 艶而工針線, 賴而資生. 每當吉凶事, 務必前期豫辦[1], 屢試屢驗. 名士頗異之, 詢其前知之術, 妾笑曰: "偶然耳, 何足爲異?" 名士亦不之强問. 時許積方秉軸, 世皆趨附, 名士家與積居比隣, 積欲引爲己援, 屢造其家, 妾勸之絶, 移居他洞. 及積之子堅伏誅, 其所與往來者, 皆被禍, 而獨名士得免. 自此, 待其妾, 益神之. 一日, 方待客手談, 小婢來傳妾言, 請入內, 局未終, 不卽起, 婢連促之. 名士頗疑訝, 急入內, 妾凝粧盛服而坐, 謂名士曰: "來何遲也?" 名士怪問其故, 妾曰: "妾之大限[2], 只在今日, 方坐而待時, 故欲與公永訣, 敢此奉請矣." 名士卒聞此言, 執手驚惶, 悲不自勝, 妾曰: "死生有命, 不可强也. 願公自愛, 勿以妾爲念." 言畢, 臥席而逝, 名士大慟. 自此, 忘寢廢食, 如失心人. 一日, 偶從妾篋笥[3]得一冊, 開視之, 乃自家編年論命也. 自卜妾之日[4], 至妾死之日, 中間所經之事, 皆歷書, 無一差錯, 有[5]曰: "某月某日, 入妾所居之室, 開篋笥, 見自家論命冊子." 名士大驚, 自後歷論, 皆未來事也. 敍'至翌年六月某日, 爲湖西慰諭使兼京試官[6], 翌日發行, 某日到錦營', 至此而止, 更無[7]所書, 名士意深[8]惡之. 至翌年六月, 欲圖得他道以禳之, 言於政官, 圖差平安

---

1) 辦: 저본에는 '辨'으로 나와 있으나 나본에 의거함.
2) 限: 저본에는 '恨'으로 나와 있으나 나본에 의거함.
3) 偶從妾篋笥: 나본에는 '偶入妾房中, 從篋笥'로 되어 있음.
4) 日: 나본에는 '初'로 되어 있음.
5) 有: 나본에는 '又'로 되어 있음.
6) 慰諭使兼京試官: 저본에는 '京試官兼慰諭使'로 나와 있으나 나본에 의거함.
7) 無: 저본에는 '爲'로 나와 있으나 가, 나, 다본에 의거하여 바로잡음.

道, 政官許諾[9]. 至其日, 果有政命, 又値次對. 時湖西癘疫大熾, 死者相屬, 大臣筵奏, 以名官差慰諭使兼行京試官, 使之明日發行. 名士謀避不得, 仍爲下直, 翌日離發, 計到錦營, 尙餘十餘日. 遂催程欲前期先往, 行至公州界, 大雨如注, 溪流暴漲, 不得渡. 至九日, 始快霽, 名官不得已渡錦江, 至錦營, 恰値其日矣. 自知無生理, 言於監司曰: "某命止於今日, 身後送終之事, 敢煩於明公矣." 監司驚問其故, 名士俱陳妾之論命始末, 聞之者, 莫不驚異. 名士果於是夕卒.

下-2.

曺神仙者, 不知何許人. 嘗以冊儈行於世, 『綱目』一帙, 每收藏於身, 或有求見者, 輒自身邊, 連續出置於座, 積滿房中, 人皆神之, 莫知其所以然. 英宗晩年, 忽遍告于諸宰及士夫家[10], 曰: "某有事, 將往嶺南, 數年後當還云." 仍辭去. 及[11]以鳳洲綱鑑事, 儒生數人被誅, 冊儈之在京者, 皆被擊, 而獨曺神仙, 超然得脫, 自此, 世皆知爲異人也. 石醉尹判書致定, 嘗謂余言, "其祖考參判公, 兒時見曺神仙, 至大耋之歲, 亦見之. 自家兒時, 亦見之, 戲書'曺神仙'三字, 納于麻鞋中, 過數年見之, 尙繫[12]於麻鞋. 計其壽[13], 百有餘年, 而[14]恒如四十許人. 至丁卯·戊辰間, 更不得見." 世無神仙云者, 眞[15]譃也.

---

8) 深: 다본에는 '甚'으로 되어 있음.
9) 許諾: 나본에는 '許之'로 되어 있음.
10) 士夫家: 나본에는 '所親'으로 되어 있음.
11) 及: 나본에는 '未幾'로 되어 있음.
12) 繫: 저본에는 '擊'으로 나와 있으나 가, 나, 다본에 의거하여 바로잡음.
13) 壽: 저본에는 '數'로 나와 있으나 가, 나본을 따름.
14) 而: 저본에는 빠져 있으나 나본에 의거하여 보충함.

下-3.

　讓寧大君祠堂, 在南關王廟越岡. 其嗣孫李忠州之光, 少時家至貧, 無計生活, 將入賤役. 一日, 有丐僧到門外, 乞食, 公邀入, 以所食糜粥, 分半與之, 仍留與共宿. 僧深德之, 臨去, 謂生曰: "觀措大甚貧, 吾有一策, 能聽信否?" 公曰: "窮死分也, 有何善策乎?" 丐僧曰: "不然. 吾觀措大, 非久困於貧賤者, 明日若盡伐祠前樹木, 則不數日, 可得[16]發福矣." 語竟辭去, 公試依僧言, 盡伐祠前樹木, 不數日, 英宗獻陵行幸, 回鑾之[17]路, 歷臨南廟, 御下輦臺, 望見一[18]古祠頹圮, 問曰: "是誰之祠?" 承旨奏曰: "是讓寧大君祠也." 上曰: "有祠孫乎?" 對曰: "聞其祀孫至窮[19], 將入賤役云矣." 上曰: "使之入侍!" 公迺以弊袍笠, 進伏於前, 上惻然問[20]曰: "汝爲大君幾代孫?" 對曰: "九代孫矣." 上曰: "若無大君之讓位, 則汝當坐于[21]此座矣." 卽命銓曹, 漢城主簿作窠調用, 讓寧大君祠宇, 遣承旨致祭, 命戶曹一新重修, 又優送錢財於本家, 公謝恩而退. 居未幾時, 除牙山縣監, 屢典州牧, 以善治名於世. 蓋丐[22]僧非凡僧也, 向無一飯之惠, 則豈發福之斯速哉?

下-4.

　李平凉子, 不知何許人, 或稱仙人[23]. 其詩如'半夜燈樓非玩月,

---

15) 眞: 다본에는 '亦'으로 되어 있음.
16) 可得: 나본에는 '必大'로 되어 있음.
17) 之: 저본에는 빠져 있으나 나본에 의거하여 보충함.
18) 一: 저본에는 빠져 있으나 다본에 의거하여 보충함.
19) 至窮: 나본에는 '不能自存'으로 되어 있음.
20) 問: 저본에는 빠져 있으나 나본에 의거하여 보충함.
21) 于: 저본에는 '予'로 나와 있으나 가, 나본에 의거하여 바로잡음.
22) 丐: 저본에는 '乞'로 나와 있으나 가, 나, 다본을 따름.

三朝辟穀不求仙.' '野水鳴漁箔秋花, 雜馬蒭寒水池塘.' '初割稻肅霜, 籬落尙懸匏'之句, 有邱壑閑適之趣. 至如「詠白鷺」詩, '軒軒人立夕陽時, 芳草晴沙倦睡宜. 意到忽然翻雪去, 靑山影裡赴誰期.' 觀此詩, 意有世外遐擧之想. 李凝齋喜之, 亦自號平凉子, 此與陳驚座杜大小冠相同. 凝齋當辛壬誣獄, 以作續永貞行, 受禍最[24]酷. 士大夫方其時, 危行言遜, 可矣, 不宜作詩, 若是也. 又「落照」詩, '山精木魅皆歡喜, 孝子忠臣一苦心.' 語極慘然, 安得令終乎? 至如 '水舍雞鳴夜向晨, 柳梢風動月橫津. 漁歌知在江南北, 一色蘆花不見人', 深得唐人句語, 眞絶唱也.

下-5.

李判書鼎輔, 釋褐前, 屢屈科場, 落拓不遇. 適有事, 往嶺南行, 過竹山金梁驛, 見老少二僧, 爲安東府使下隷所敺, 哀乞得免. 日暮, 公與二僧, 共宿一店, 安東府使, 亦爲入越邊[25]店舍. 夜深, 年少僧獨自語曰: "渠不得赴任, 今夜必死, 何暇敺人乎?" 老僧目止之, 傍人皆昏睡不覺, 獨公[26]聞之, 頗訝其言. 至夜深, 一村喧聒, 爭傳安東府使猝然中惡死. 公大驚, 始知二僧之有神鑑, 卽到僧前, 問自家身命, 老僧初則牢拒, 末乃怒目視年少僧, 曰: "緣汝饒舌, 使我受困矣." 又曰: "吾無所知, 聞[27]於彼僧, 可矣." 年少僧局縮久之, 曰: "公之所願及第也, 今擢第在目前, 捨此何之?" 公曰: "庭試已過, 復有何科乎?" 僧曰: "不必多言, 自此卽還京第, 則數日

---

23) 仙人: 나본에는 '道類'로 되어 있음.
24) 最: 나본에는 '尤'로 되어 있음.
25) 邊: 저본에는 '便'으로 나와 있으나 가, 나, 다본을 따름. 뜻은 서로 통함.
26) 獨公: 나본에는 '公獨'으로 되어 있음.
27) 聞: 가, 나본에는 '問'으로 되어 있음.

內當嵬捷, 官至八座, 當主文[28]柄矣." 公又問其他, 終不答. 至天明, 與二僧作別, 忽忽入洛, 柑製出令矣. 遂入場, 占魁, 官至吏判, 典文衡, 此外身命無可觀. 此其僧之所以不言歟!

下-6.

前佐郎金公基敍家, 廣州之平邱, 家後有古塚, 相傳爲高麗塚. 公一夕, 獨坐看書, 忽見一衲, 狀貌魁偉, 衣服異常, 來坐於前, 曰: "我高麗淸虜將軍也, 革命之初, 削髮逃世, 死葬於君家後矣. 君能爲我設壇, 祭文請於渼湖金直閣, 慰我魂魄[29]否?" 公曰: "前朝去今爲四百餘[30]年, 公之靈魂, 何至今尙存耶?" 衲曰: "吾一片丹心未泯, 周游名山, 今始歸來耳." 公曰: "公之忠魂毅魄, 果百世揚靈矣. 前朝名將鄭地, 曾經淸虜將軍, 公是其人乎?" 衲曰: "非也. 君能記諸王氏舟沈昇天浦時, 詩曰'一聲柔[31]櫓蒼茫外, 縱有山僧奈爾何'之句乎?" 公曰: "記之矣." 衲曰: "吾乃其時僧也." 仍汪然出涕, 公亦慷慨揮淚, 卽具此異事, 作書于金直閣, 請祭文. 金直閣臺山公邁淳也, 臺山以事涉誕妄[32], 辭而不許. 公數次往復, 始作祭文, 送之, 其辭慷慨, 傳于世. 余已忘之, 隨所憶略錄于此, 其首句曰: '子不語怪, 儒奉爲經.' 又曰: '國史多諱, 野聞易零. 不與圖冶, 參耀簡靑. 飄然謝世, 月錫雲甁. 人間萬事, 蓋棺則寧.[33] 忠魂義魄, 發爲英靈.' 又曰: '何由起來, 以壯我廷[34].' 時論以'何由起來, 以壯我廷',

---

28) 文: 저본에는 '大'로 나와 있으나 나, 다본에 의거하여 바로잡음.
29) 魂魄: 다본에는 '孤魂'으로 되어 있음.
30) 餘: 저본에는 빠져 있으나 가, 다본에 의거하여 보충함.
31) 柔: 다본에는 '橾'로 되어 있음.
32) 妄: 저본에는 '忘'으로 나와 있으나 가, 다본에 의거하여 바로잡음.
33) 蓋棺則寧: 저본에는 '則蓋棺寧'으로 나와 있으나 가, 다본을 따름.
34) 廷: 가본에는 '庭'으로 되어 있음.

爲臺山罪. 大司諫具康, 疏駁二公, 有'載鬼一車'·'惑世誣民'等語,
竝拿囚王獄, 禍將不測, 尋得釋, 是乃壬午秋事也. 自後, 淸虜將軍
寂然無靈, 更不見形, 豈非怪異哉?

下-7.

西小門內倭松洞, 有凶家, 入處者必暴死, 遂成廢宅. 艮齋崔相
國奎瑞, 少負氣不畏鬼, 乃乘夜獨往, 明燭端坐大廳, 以觀變. 至夜
半, 忽聞廚下出橐橐聲, 一漆棺自動直上大廳, 公少無怖容, 厲聲
叱之曰: "爾是何怪枉傷人命乎?" 言未竟, 自棺中, 一宰相具象笏[35)]
紫袍, 出揖於公, 曰: "我是前朝宰相也, 死葬於此, 後有人作舍塚
傍, 爨廚壓在吾胸上, 痛不可忍. 故[36)]欲言於家主, 出現則輒皆怖
死, 非吾殺之也. 今君見我不怖, 氣魄甚盛矣, 眞他日名相也. 若收
吾骸骨, 移葬於乾淨之地, 則[37)]當有冥報矣. 此家東墻下, 有舊藏銀
瓮, 惟君所用耳." 公許諾. 明日, 雇人發掘廚下, 果有漆棺, 半已汚
傷, 中有骸骨存焉. 又掘東墻下, 得銀瓮, 遂盛具衣衾, 易[38)]以新棺,
移葬於郊外. 是夜, 公坐大廳, 靜竣之夜深, 其宰相自外而至, 擧袖
稱謝, 曰: "荷君高義, 得免爨廚之苦, 又惠附身之具[39)], 受恩多矣.
君明年擢第, 官至上相, 以淸節當名於世. 然卜相後, 若出而秉軸,
則禍當[40)]不測, 退處鄕廬, 可矣. 至戊申, 當有賊變, 須卽馳到闕外
告變, 卽還, 則君始免大禍矣." 遂辭去. 公仍留住其家, 平生出處,

---

35) 笏: 저본에는 '簡'으로 나와 있으나 다본을 따름.
36) 故: 저본에는 빠져 있으나 나본에 의거하여 보충함.
37) 則: 저본에는 빠져 있으나 나본에 의거하여 보충함.
38) 易: 저본에는 빠져 있으나 가, 나, 다본에 의거하여 보충함.
39) 具: 나본에는 '物'로 되어 있음.
40) 當: 다본에는 '將'으로 되어 있음.

一如麗宰之言. 至英宗戊申, 逆賊麟佐之變, 公家在龍仁, 急騎牛上京, 詣闕[41]告變, 仍卽[42]還鄕. 上屢欲重卜, 而公終始不出, 蓋徵麗宰之言而然也. 上嘉其淸忠, 以一絲[43]扶鼎御書賜公, 公刻石, 奉安于家後小閣. 今其家屢易主, 而倭松洞御書閣, 尙存焉.

下-8.

英宗朝, 一宰有獨子, 齒尙幼, 甚聰敏, 偏愛之. 有一方外友, 善推數, 宰每以兒子之命, 質之不答, 如是者屢矣. 友將病死, 宰到病枕, 謂之曰: "君與我自少膠漆也, 獨於穉子不談命, 何哉?" 友曰: "此兒纔過弱冠, 不得令終, 故不言矣." 宰曰: "雖然, 或有可救之道乎?" 友沈思久之, 曰: "此有一道, 公能信從否?" 宰曰: "苟益於兒, 吾何不從乎?" 友曰: "然則公自今退於江亭[44], 棄置此兒於度外, 任他所之. 過十載後, 始敎書加冠, 則非但禳災, 弱冠登第. 自此以往, 身運大通, 貴至八座, 壽亦至九耋矣." 宰聞此言, 卽陳疏謝病, 退居江亭, 兒子出外遊蕩, 而不之禁. 已過十載, 始敎之以書, 迎婦入室.[45] 至弱冠, 果擢甲科, 卽除玉堂. 宰深喜友之所言皆中也. 當秋夕, 宰之子, 差光陵大祝, 竝享官十餘人, 到兎院汪山灘, 霖雨暴漲, 又無船隻, 不得渡. 恐不及祭享, 遂盡撤店舍, 板扉[46]與長木, 作筏而渡, 到中流, 爲迅波[47]盪擊而溺焉, 無一人得脫者. 訃至宰家, 上下痛哭不已, 宰獨不爲動, 傍人皆怪之, 請其故, 宰曰: "友豈

---

41) 詣闕: 저본에는 빠져 있으나 나본에 의거하여 보충함.
42) 卽: 저본에는 '則'으로 나와 있으나 나, 다본을 따름.
43) 絲: 다본에는 '繫'로 되어 있음.
44) 江亭: 나본에는 '江榭'로 되어 있음.
45) 迎婦入室: 나본에는 '加冠娶妻'로 되어 있음.
46) 板扉: 나본에는 '門板'으로 되어 있음.
47) 迅波: 나본에는 '逆波'로 되어 있음.

欺我哉? 吾兒必不死矣." 傍人皆不信. 至夕[48], 宰之子, 以赤身匍匐[49], 入拜於宰, 宰曰: "汝何能獨免於死乎?" 對曰: "兒時日在江邊, 與群童逐波踏浪, 慣於遊泳, 能從水底, 潛行四五[50]里. 故方當汪灘落水時, 一行皆死, 而兒獨脫去衣服, 逐波順流而下, 抵暮至江邊, 難以赤身出頭, 故今始進謁矣." 宰欣然, 每對人, 則道其友推數之如神云.

下-9.

車軾, 松都人也, 家貧力學, 頗以行義聞. 釋褐後[51], 差厚陵祭官, 見丁字閣頹圮, 祭器鋪陳, 亦皆腐傷. 顧瞻[52]慨嘆, 遂躬自灑掃, 至於器皿洗滌, 亦皆親檢, 竝祭需極盡精潔. 夜夢, 紫衣人宣召, 隨之而入, 有王者具袞冕, 坐殿上, 教曰: "從前祀官, 皆不能致誠於享祀, 予不顧享, 久矣. 今爾致誠, 祭品精潔, 予始歆饗, 甚用嘉尙. 聞爾母方病, 當以靈藥賜療[53], 且有貴子矣." 軾悚然而覺, 歸路, 忽有巨鶻飛過, 落一鰻鱺魚, 長尺許, 軾異之, 持而還家, 作羹以[54]進, 母病遂愈. 又生二子, 長五山天輅也, 季雲輅也, 後皆擢第, 以文章顯於世.

下-10.

有一宰, 自兒時, 每年常夢, 到一村家受祭, 有婦人設饌哀痛. 及

---

48) 夕: 다본에는 '夜'로 되어 있음.
49) 匍匐: 저본에는 빠져 있으나 나본에 의거하여 보충함.
50) 四五: 나본에는 '六七'로 되어 있음.
51) 後: 나본에는 '初'로 되어 있음.
52) 瞻: 저본에는 '詹'으로 나와 있으나 나본을 따름. 서로 통함.
53) 療: 저본에는 '之'로 나와 있으나 나본을 따름.
54) 以: 저본에는 빠져 있으나 나본에 의거하여 보충함.

少年登第, 官至宰列, 其婦人隨歲漸衰, 已成老婆矣, 心常疑怪莫測. 年至三十, 爲平安監司[55], 到任[56]後, 又當受祭之夜, 出營後[57]門, 行不百步, 到其家受祭. 驚覺聽之, 其婦人哭聲, 尙不止, 急問左[58]傍通引曰: "此何哭聲?" 對曰: "此是老妓祭其幼子[59]哭聲也." 宰遂與通引, 尋到其家, 茅屋精灑, 花木分列, 歷歷皆夢中所見. 而陳設祭物, 妓方哀痛, 其衰顔鶴髮, 亦夢中所見之婆也. 宰問曰: "汝之所祭者, 誰也?" 妓知爲監司, 慌忙收淚, 而對曰: "是亡兒之祭也." 宰曰: "汝子幾歲而亡?" 妓對曰: "渠本生而穎敏, 凡百夙成, 年纔十五, 備巡營通引, 見巡使道到任威儀, 歸於妾, 曰: '兒亦長成, 則亦可爲平安[60]監司乎!' 妾曰: '兒妄[61]矣! 汝本賤生, 功名極不過吏戶房·營吏[62], 安敢望監司乎?' 兒聞此言, 奮然曰: '男兒生世間, 不作平安監司, 生亦何爲?' 自此, 厭厭臥病, 雖[63]開諭[64]萬端, 終不改, 竟至數月而亡. 妾由是, 至痛在心, 每當[65]其忘日, 輒哀痛矣." 宰又問: "兒之亡, 今幾歲?" 妓曰: "三十年矣." 宰默計兒亡之歲, 卽己生之年矣. 自知爲妓之亡兒後身, 潸然出涕, 謂妓曰: "爾今衰老無依, 若隨我同處一室, 則凡衣食與送終之節, 吾當盡誠奉之矣."

---

55) 司: 저본에는 '使'로 나와 있으나 나, 다본에 의거함.
56) 到任: 나본에는 '到營'으로 되어 있음.
57) 後: 저본에는 '出'로 나와 있으나 나, 다본에 의거함.
58) 左: 가, 다본에는 '在'로 되어 있음.
59) 幼子: 저본에는 '眷屬'으로 나와 있으나 나본을 따름.
60) 平安: 저본에는 빠져 있으나 나본에 의거하여 보충함.
61) 妄: 저본에는 '忘'으로 나와 있으나 나, 다본에 의거하여 바로잡음.
62) 營吏: 저본에는 빠져 있으나 나본에 의거하여 보충함.
63) 雖: 저본에는 빠져 있으나 나본에 의거하여 보충함.
64) 諭: 저본에는 '羂'로 나와 있으나 나본에 의거하여 바로잡음. 다본에는 '喩'로 되어 있음.
65) 當: 나본에는 '値'로 되어 있음.

妓大喜, 願從宰, 遂與同還[66]. 雖以此事不泄於人[67], 而世多有知之者, 宰事妓如親母, 效誠不替云. 由此論之, 佛家所謂輪回與還生之說, 信不誣矣.

下-11.

余伯父松窩公, 自幼時, 丰姿如畵, 不似塵中人. 纔過成童, 陪先王考, 到安州任所, 游香山, 詩曰: '水落群巖霜後凍, 林疎萬壑霧中寒.' 人皆傳誦[68]. 纔過弱冠而卒, 聞之者莫不嗟惜. 方伯父病劇時, 英宗親臨[69]慕華館, 設[70]文臣朔試射, 王考時以春坊[71]不中, 命卽發配于靈巖郡, 同時行譴者三十餘人. 臨發, 不得見伯父, 到謫所之夜, 夢忽飛揚至一處, 峰巒峭秀, 有小庵在其下, 扁楣曰'玉泉庵', 有石佛存焉. 王考拜而問: "見兒子病劇而來, 死生未聞, 敢聽指示焉." 石佛曰: "此非汝子, 是我燒香童子也. 偶淪落世間, 今方到此矣." 王考擧目視之, 石榻傍果有一童子, 捧香而立, 其面貌淸秀, 宛若伯父. 王考持而痛哭, 傍人[72]皆驚, 久之始醒, 深疑怪, 問主人曰: "此邑[73]有玉泉庵否?" 曰: "有之矣.[74] 月出山下有此庵, 素稱名勝矣." 王考遂記夢事於冊子, 明日, 尋到月出山, 訪玉泉庵, 果於石佛傍有香童子, 宛是夢中所見也. 其石像克肖伯父, 及聞訃

---

[66] 還: 다본에는 '歸'로 되어 있음.
[67] 不泄於人: 저본에는 '於不泄人'으로 나와 있으나 가본에 의거함.
[68] 傳誦: 나본에는 '稱之'로 되어 있음.
[69] 臨: 저본에는 '任'으로 나와 있으나 다본에 의거함.
[70] 設: 저본에는 빠져 있으나 나본에 의거하여 보충함.
[71] 春坊: 나본에는 '玉堂'으로 되어 있음.
[72] 人: 저본에는 '大'로 나와 있으나 가, 나본에 의거하여 바로잡음.
[73] 邑: 나본에는 '近處'로 되어 있음.
[74] 有之矣: 저본에는 빠져 있으나 다본에 의거하여 보충함.

音, 果在是日也, 豈不異哉? 從曾祖奉朝賀公, 作伯父墓誌, 紀此事.

下-12.

又王考以大司諫, 當英宗親鞫儒生沈儀之也, 上疏伸救, 上震怒, 三倍道甲山府遠竄. 時退軒趙參判榮順, 亦以疏劾晉庵李相國天輔事, 上命着氈笠, 三倍道甲山府遠竄. 王考與退軒, 玉堂[75]舊僚也, 戲贈詩, 曰: '徒行着氈笠, 人說舊巡宣.' 蓋[76]退軒曾經北伯故也. 及到鵩舍夜坐, 似夢非夢間[77], 一名士幅巾深衣, 來坐於前, 王考起而迎之, 問曰[78]: "君是何人?" 答曰[79]: "某是故校理吳瓚也. 某曾謫居于此, 死無伸寃者, 感公釋褐初, 疏辨某寃, 有曰: '魂招塞外, 名在丹書.' 始得伸雪復官, 幽冥中某受賜, 多矣." 蓋吳瓚, 當辛壬後蕩平論起時[80], 以玉堂疏劾李光佐事, 英宗親鞫定配于甲山, 仍沒於謫所[81]. 王考庚午釋褐之初, 以正言首辨其寃, 始得蒙允矣. 王考問曰: "公已反葬, 何尙留於此乎[82]?" 曰: "某無眷屬, 返柩時[83]不曾招魂, 故不得還, 故居耳." 王考又問曰: "然則公今住於何處?" 曰: "方住於此洞巫家矣. 公之恩宥, 當在數月耳." 王考驚覺, 招隣巫, 問之所奉之神, 乃吳校理也. 王考果於數月後宥還. 先兄在玉署時, 與吳校理致淳聯直[84], 卽其傍孫也, 言之甚詳.

---

75) 玉堂: 저본에는 '春坊'으로 되어 있음.
76) 蓋: 저본에는 빠져 있으나 나본에 의거하여 보충함.
77) 間: 저본에는 빠져 있으나 나본에 의거하여 보충함.
78) 曰: 저본에는 빠져 있으나 나본에 의거하여 보충함.
79) 曰: 저본에는 빠져 있으나 가, 나, 다본에 의거하여 보충함.
80) 時: 저본에는 '特'으로 나와 있으나 가, 나, 다본에 의거함.
81) 所: 저본에는 빠져 있으나 나, 다본에 의거하여 보충함.
82) 乎: 저본에는 빠져 있으나 나본에 의거하여 보충함.
83) 返柩時: 저본에는 빠져 있으나 나본에 의거하여 보충함.
84) 聯直: 나본에는 '伴直'으로 되어 있음.

下-13.

余宰宜寧時, 有姜生者, 當正月初旬, 以事往統營, 到晉州[85]南江. 行人未聚, 坐店舍待之, 一書生以弊衣冠, 來坐其傍, 見面有飢色, 買一盂[86]飯勸之, 其書生欣感致謝. 俄而, 行人叢集, 梢工招之, 使登船, 姜生忿忿欲起, 書生摻其裾, 曰: "少坐竢之." 姜生曰: "方有聚急事, 不可久坐矣." 書生堅執不放, 梢工已棹, 舟移岸矣. 行至中流, 爲冰澌所迫, 舟覆於江, 滿船行人, 皆溺死. 姜生方知書生之爲異人, 遂起拜謝活命之恩, 書生不答而去. 是癸丑間事也.

下-14.

祥原吳生仲訥, 信實人也[87]. 嘗謂余言, "戊子[88]春, 同邑有參進士榜者, 夜與同學儒生三四人, 集妓家, 歌笑歡甚. 忽見一丐者, 來請寄宿, 妓許宿廚下, 丐者躍入房中, 曰[89]: '今日夜盛會, 何可無酒乎? 吾自有錢, 亟辦酒肴!' 諸人皆笑其妄[90], 丐者自其囊中, 信手掬出者, 無非錢也. 連續不絕, 頃刻至於十餘[91]貫, 一座莫不駭異. 丐者曰: '只此足矣, 盍辦酒肴乎?' 妓乃買酒肉進之, 諸人皆盡飽, 妓戲謂丐者曰: '君有仙術[92], 能使吾輩見岳陽樓乎?' 丐者曰: '是誠不難矣, 諸君亦欲見之乎?' 皆曰: '願一見之.' 丐者曰: '盛一盆水來.' 妓卽捧置一盆水於座, 丐者曰: '試俯觀盆水.' 諸人從其言, 俯視盆

---

85) 晉州: 저본에는 빠져 있으나 나본에 의거하여 보충함.
86) 盂: 저본에는 '盃'로 나와 있으나 가, 나본에 의거함.
87) 也: 저본에는 빠져 있으나 나본에 의거하여 보충함.
88) 戊子: 나본에는 '丙申'으로 되어 있음.
89) 曰: 저본에는 빠져 있으나 가, 나, 다본에 의거하여 보충함.
90) 妄: 저본에는 '忘'으로 나와 있으나 가, 나, 다본에 의거하여 바로잡음.
91) 餘: 저본에는 빠져 있으나 나본에 의거하여 보충함.
92) 仙術: 나본에는 '神術'로 되어 있음.

水, 初小漸盛, 俄而成大海, 渺漫無際, 皆倉皇避坐於海中一小巖. 忽童子二人, 棹小舟而來, 泊於巖邊, 丐者曰: '諸君可登此舟矣.' 諸人遂登舟, 一童子棹舟而行, 一童子坐船頭, 吹簫, 簫響淸亮, 遠入雲霄. 舟中設床卓, 嘉肴美酒, 排置齊整. 舟[93]行如電, 瞬息千里, 俄而, 迫於岸邊, 一層樓高聳立在巖[94]壁上, 下有舟楫[95], 錯列如林. 丐者曰: '此乃[96]岳陽樓也! 請與同上, 可矣.' 仍相與扶携而登, 是夜月色如晝, 遠近山川, 歷歷可數. 丐者擧手指[97], 曰: '彼樓外[98], 濁浪排空一望無際者, 洞庭湖也; 中有一峰, 如拳蒼翠揷雲者, 君山也. 彼班竹列於岸邊者, 瀟湘江也; 上有一殿愁雲凝結者, 黃陵廟也.' 諸人隨丐者所指, 歷覽諸勝, 皆欣歡. 俄有, 美娥四五人, 捧一大卓而至, 珍羞綺饌, 皆平生所未見也. 中有黃橘, 甘美噴香, 丐者曰: '此洞庭橘也, 其佳品名聞天下矣.' 妓乃取三四枚, 置之裙領, 問於丐者曰: '此去朝鮮爲幾里[99]?' 丐者曰: '數萬[100]里矣.' 妓驚曰: '然則吾輩將何以得返乎?' 言未竟, 諸姬與丐者, 皆不見, 諸生心甚悄悅, 東望故國, 海濤杳茫, 方相抱大哭. 時東方已大明, 隣人聞其家哭聲, 群起急往視之, 妓與諸生, 坐大樻上, 相持痛哭. 莫不怪駭, 抱下臥席, 急以藥物救之, 良久始醒, 而[101]丐者已杳矣. 妓視裙領, 異香撲鼻, 橘卽存焉." 此雖近於幻術, 丐者豈非異人歟?

---

93) 舟: 저본에는 빠져 있으나 가, 나, 다본에 의거하여 보충함.
94) 巖: 저본에는 '名'으로 나와 있으나 다본에 의거함.
95) 楫: 가본에는 '棹'로 되어 있음.
96) 乃: 나본에는 '是'로 되어 있음.
97) 指: 저본에는 '措之'로 나와 있으나 가, 나본을 따름.
98) 樓外: 저본에는 빠져 있으나 나본에 의거하여 보충함.
99) 幾里: 다본에는 '幾萬里'로 되어 있음.
100) 數萬: 나본에는 '萬餘'로 되어 있음.
101) 而: 저본에는 빠져 있으나 나본에 의거하여 보충함.

下-15.

鄭相國文翼公光弼家, 住南山下會賢坊. 忌辰, 有老傔家在南門外, 爲參祀事, 到南門, 門已閉矣. 不得入, 待開門入[102], 始忿忿而步, 到水閣橋, 忽見望炬一雙前導一[103]大臣乘平轎子, 下隷捧芭蕉扇而來, 近前視之[104], 乃文翼公也. 老傔大驚, 趨謁於前, 公自袖中出給生梨一顆, 遂雙手受之. 到本第, 纔已罷祀祭, 床上生梨一顆不在, 擧皆駭異, 老傔從袖中出梨顆, 納之, 人皆驚異. 文翼公忌辰, 爲下人[105]設門祭者, 蓋[106]自此始也.

下-16.

我太祖創業初, 松都人夜夢, 一神人身長[107]數丈, 赤髮靑臉, 貌甚獰特. 自東奔走而來, 言曰: "我松嶽山靈也! 與三角山神, 相鬪不能勝, 困頓至此耳." 遂渴飮後, 西江至盡, 自後潮不至, 後西江水涸, 舟楫不通云. 又壬辰倭亂初, 白沙李相國夜坐, 閽人入告曰: "門外有異人, 請謁矣." 白沙使邀入, 見一人, 長丈餘, 面貌[108]凶獰, 腥臭滿身, 啾啾數語而去. 見之者, 莫不怖甚, 問公曰: "此何人也?" 白沙曰: "此非人, 乃白岳山神也, 來言, '非久當有兵亂云.'" 因愀然不樂. 至三月, 果有倭亂.

---

102) 入: 저본에는 빠져 있으나 나본에 의거하여 보충함.
103) 一: 저본에는 빠져 있으나 가, 나, 다본에 의거하여 보충함.
104) 之: 저본에는 빠져 있으나 가, 나, 다본에 의거하여 보충함.
105) 下人: 나본에는 '下隷'로 되어 있음.
106) 蓋: 저본에는 빠져 있으나 나본에 의거하여 보충함.
107) 長: 저본에는 '丈'으로 나와 있으나 가, 나, 다본에 의거함.
108) 面貌: 나본에는 '狀貌'로 되어 있음.

下-17.

丙子胡亂, 仁祖避入南漢, 都城士女, 擧皆奔竄, 闕內空虛無人. 有一書生, 携其家眷, 入處大內, 所儲食物, 恣意取用. 穩過五六[109]朔, 胡兵始退, 大駕還都, 書生方始還家. 蓋汗意只欲降我國, 意不在擄掠, 故不許胡兵之攔入闕內也. 書生識見, 豈非高人一等哉?

下-18.

師姙堂申氏, 己卯名賢命和之女也. 生而端莊, 有德性, 及笄, 嫁李公元秀, 夢黑龍入懷, 生栗谷李文成公珥於江陵之烏竹軒. 夫人娠公時, 動以胎教, 一循禮度, 公之道學成就, 皆夫人所教也. 又善書畫, 其翎毛·山水, 至今相傳於世, 其片楮隻字, 爲世至寶.

下-19.

倡義使金公沔, 少家貧, 村隣一女子, 有異才, 而貌甚醜, 有黃髮大人之稱,[110] 人無娶[111]之者. 公聞其賢, 娶之入室, 治家有法, 且多前知之事. 一日, 招奴給銀三兩, 曰: "持此往某場市, 有鬻病馬者, 三兩則可買之矣." 奴不信, 試往某場, 則果有賣病馬者, 問其價, 三兩[112]也. 奴買之而還歸, 親下庭針灸, 過數日, 馬病霍然, 勤喂養月餘, 視之名駿也. 其所居村南, 有大坪, 每爲溪流所漲, 沙石坌集, 自前棄置者也. 婦言於公, 招集一村民夫, 具酒食饗之, 請出力新起作畓, 衆[113]皆笑之. 公信婦之言, 力勸起墾, 數日後, 忽大雨暴

---

109) 五六: 나본에는 '三四'로 되어 있음.
110) 有黃髮大人之稱: 저본에는 빠져 있으나 나본에 의거하여 보충함.
111) 娶: 저본에는 '取'로 나와 있으나 나본을 따름.
112) 兩: 저본에는 '色'으로 나와 있으나 가, 나, 다본에 의거하여 바로잡음.
113) 衆: 저본에는 빠져 있으나 가, 나, 다본에 의거하여 보충함.

漲, 溪流移向他處, 遂使衆人築堰防川, 遂[114]成沃畓, 得累百石. 一村賴之, 遠近皆敬信, 若神明. 凡春秋耕種, 皆竢婦指揮, 曰:"種麥則麥熟, 種豆則豆熟, 若違所敎, 必致失稔." 以此, 人益神[115]之. 辛卯春, 使一村皆種匏, 至秋獲千餘頭, 婦命爆乾, 皆穿之以竹竿, 用松烟墨塗之. 又使爐冶鑄[116]鐵, 圓如匏, 穿以鐵杖, 別儲一庫, 人莫測其意. 明年壬辰, 倭犯我境, 婦約束村人, 曰:"若離此一步地, 必死於倭矣. 愼勿驚惕, 一從我指揮, 可矣." 衆皆應諾, 婦從庫中出匏杖, 分給諸人, 俟倭入境, 一齊突出, 使之結陣以待. 又先使十餘人, 運鐵匏杖, 置倭來路之衝. 群倭過此, 見屢百戶大村, 意欲劫掠, 見路傍鐵匏杖, 爭欲擧之, 不能動, 蓋其重三四百斤也. 正在疑訝, 村人五六[117]百名, 一齊肩擔黑匏杖, 大呼而出, 倭望見相顧而[118]驚, 曰:"此村人, 都是力士, 不可輕敵." 皆避走, 相戒不敢入, 八年兵禍, 獨此一村獲免於難. 婦勸公倡義討賊, 預知其爲國殉節云.

下-20.

靈[119]壽閣徐氏, 余三從叔參判公女也. 賢而有德性, 自兒時, 明算法, 不學而能讀『尙書』, 至'朞三百'註, 一見卽解. 及笄, 嫁洪相國樂性[120]季子參判公仁謨, 生三子, 長淵泉相國奭周也, 仲沆瀣翁吉周也, 季永明尉海居顯周也. 淵泉·沆瀣二公, 文章博學, 爲近世宗匠, 皆靈壽閣親自敎誨成就耳, 海居又以詩擅名於世. 淵泉兒時

---

114) 遂: 나본에는 '仍'으로 되어 있음.
115) 神: 다본에는 '信'으로 되어 있음.
116) 鑄: 저본에는 빠져 있으나 가, 나, 다본에 의거하여 보충함.
117) 五六: 나, 다본에는 '六七'로 되어 있음.
118) 而: 저본에는 빠져 있으나 다본에 의거하여 보충함.
119) 靈: 의미상 '令'이 되어야 함. 이하의 경우도 마찬가지임.
120) 樂性: 저본에는 빠져 있으나 나본에 의거하여 보충함.

病劇, 醫皆釋手, 大夫人獨泰然, 或問其故, 答[121]曰: "吾生此兒時夜夢, 書其棺上, 曰'左議政洪公之柩', 寧有夭橡之理乎? 況[122]兒作人非凡, 他日必作相信無慮矣." 後果如其言. 夫人嘗使沆瀣赴小科, 成進士後, 不許赴大科, 蓋善風鑑, 故知其官止於蔭仕而然也. 沆瀣精於算學, 善曆法, 此皆大夫人所敎也. 淵泉公三昆季, 互[123]相唱和, 强請作詩, 夫人或有酬和, 而輒扯之, 曰: "此非婦人之事也." 所著有『靈壽閣集』二卷, 皆婦女箴戒, 而訓迪子姪之言也. 常臥病枕, 其從姪洪海士翰周, 亦以文章名於世, 從枕傍, 拈[124]出『文獻通考』中一章, 曰: "叔母能誦此乎?" 夫人笑曰: "吾今耄矣, 聰明已減[125], 何能記誦乎? 第當試之." 遂臥誦, 無一字錯誤, 海士驚曰: "一部『文獻通考』, 叔母皆背誦至此乎?" 夫人笑曰: "爾但知此章在『通考』, 獨不知出自諸家書乎?" 海士乃連招他章試之, 輒皆誦無遺. 蓋其聰明强記, 亦[126]非凡人所及也.

下-21.

高參判庚, 蕘峰之後也. 世居光州, 幼喪父母, 流寓於嶺南高靈縣, 爲村家雇傭, 趨役服勤, 信實無惰, 容人皆愛之, 稱高道令而不名. 隣居有朴座首者, 家甚貧, 秪育一女, 頗有識鑑, 過時而無問聘者. 一日, 高道令與朴座首者, 設博對局, 高道令曰: "請與座首丈賭博, 可乎?" 朴座首曰: "可." 高道令曰: "我若不勝, 則爲座首丈當

---

121) 答: 저본에는 빠져 있으나 나본에 의거하여 보충함.
122) 況: 저본에는 '沈'으로 나와 있으나 가, 나, 다본에 의거하여 바로잡음.
123) 互: 저본에는 '之'로 나와 있으나 가, 나, 다본에 의거함.
124) 拈: 저본에는 '招'로 나와 있으나 가본에 의거함.
125) 減: 저본에는 '感'으로 나와 있으나 가, 나, 다본에 의거함.
126) 亦: 저본에는 빠져 있으나 나본에 의거하여 보충함.

服一年雇役, 座首丈若不勝, 則可招我爲婿否?" 座首奮然作色, 推局而起, 曰: "太不當, 太不當!" 高道令仍慚而去. 女從籬落間窺之, 目擊此事, 待[127]座首入來, 故意問曰: "父親有何不平, 連稱'太不當'乎?" 座首嘻笑曰: "高道令欲使我招渠爲婿, 此非不當而何?" 女曰: "高道令今雖賤役, 其本士夫[128]也, 又況作人信實, 隣里皆稱道令[129]. 若招他爲婿, 吾家之幸, 有何不當乎?" 座道怒甚, 不答而出, 隣里知其事者, 皆携酒而至, 力勸玉成. 座首迫於衆論, 乃許諾. 及當燕爾之夕, 女[130]謂高道令曰: "妾觀君之貌, 非久困於貧賤者, 況君士族也! 今頭角嶄然, 目不識丁, 其墜落家聲甚矣. 請與君盟約, 限十年, 妾則日事紡績, 竭力聚財; 君則讀書成就, 發身登科. 彼此牢記在心, 十年前勿許相見, 何如?" 高庚曰: "君言誠佳矣, 雖然, 事之成不成, 何可必也?" 女曰: "有志者事竟成, 苟存誠心, 何患不成?" 高庚曰: "諾. 但吾手赤無資, 斧其執從而請學乎?" 女曰[131]: "妾有所織布數正, 藏在篋笥, 久矣, 出而賣之, 足可備君資斧矣. 待鷄鳴離此, 亟去勿留." 遂纏纏攬衣而起, 開篋笥, 出二正布, 給之. 高庚遂分手作別, 慨然出門,[132] 時東方尙未明矣[133]. 賣布於市, 得數十金, 遍遊村廬訪塾師. 行到陜川界[134], 遙望一村舍, 極精灑, 環以淸溪, 垂柳成列, 讀書聲出於茅屋. 高庚心頗欣然, 就而視之, 一老翁

---

127) 待: 저본에는 '往'으로 나와 있으나 가, 나, 다본에 의거함.
128) 士夫: 나본에는 '班閥'로 되어 있음.
129) 令: 저본에는 빠져 있으나 가본에 의거하여 보충함.
130) 女: 다본에는 '新婦'로 되어 있음.
131) 女曰: 저본에는 빠져 있으나 가, 나, 다본에 의거하여 보충함.
132) 高庚遂分手作別, 慨然出門: 나본에는 '待鷄鳴, 庚與女, 遂揮涕分手, 出柴門'으로 되어 있음.
133) 矣: 저본에는 빠져 있으나 나본에 의거하여 보충함.
134) 界: 저본에는 빠져 있으나 나본에 의거하여 보충함.

與童子四五人, 方對床課讀, 卽摳衣而入, 拜於床下, 曰: "生早失父母, 長而失學, 願從先生而學書矣[135]." 老翁熟視久之, 曰: "然則曾讀何書?" 高庚曰: "初無所讀矣." 老翁乃以『千字文』授之, 曰: "此童子初學先習之字也, 君其試讀." 高庚起而稱謝, 獻其資斧, 所餘請備所食之費, 老翁曰: "吾非待食客求售者, 然姑留此, 補君衣服之資, 可矣." 高庚自此留而不去, 日夕對『千字文』, 咿唔不撤, 群兒皆强笑, 猶不顧也. 老翁嘉其勤學之誠, 盡心敎之, 過月餘, 易以他書, 忘寢廢食, 夜以繼晝, 過五六年, 文思大進. 始敎而科擧之文, 過數年, 各體俱精, 雖老師宿儒, 亦趨於下風矣. 老翁曰: "君之文藝至此, 可出而應擧矣." 高庚自思, '今吾文藝, 猶未精進, 若更加數年讀書, 可以獨步場屋, 吾之赴擧, 尙未晚也.' 遂辭老翁, 入海印寺, 請於衆僧曰: "吾貧儒也, 欲借山房, 數年讀書, 而齋糧無策, 每日可能輪回食我否?" 諸僧許諾. 遂懸髮刺股, 日益[136]攻苦, 恰滿十年之限. 時肅宗設庭試[137], 庚自度宏詞博學, 足可赤幟藝苑, 始赴擧參丙科. 例援假注書, 值大臣登筵, 暴雨如注, 簷鈴亂鳴, 上曰: "諸臣奏對高其聲音, 可矣." 庚書於記注, 曰: '簷鈴聒耳, 奏聲宜高.' 在傍[138]承史, 相顧贊美, 上命進記注, 親覽, 大加天褒, 問: "汝誰之孫?" 庚俯伏奏曰: "臣是[139]故忠臣敬命之後也." 上曰: "霽峰有孫矣, 汝有父母乎?" 對曰: "臣早喪父母, 流寓於嶺南矣." 上又問曰: "有家室否?" 庚始具陳新婚之夕與妻盟約, 卽爲分散之由, 上又問曰: "汝之出門, 已過十年, 聞其消息否?" 對曰: "盟約在前, 尙

---

135) 矣: 저본에는 빠져 있으나 나본에 의거하여 보충함.
136) 日益: 나본에는 '日夜'로 되어 있음.
137) 庭試: 나본에는 '增廣'으로 되어 있음.
138) 在傍: 저본에는 빠져 있으나 나본에 의거하여 보충함.
139) 臣是: 저본에는 빠져 있으나 나본에 의거하여 보충함.

未聞消息矣." 上嗟嘆不已, 特除高靈縣監, 使之給馬下送, 以示錦衣還鄕之榮. 庚感恩肅謝, 行到中路, 留騶從於官驛, 以弊[140]袍笠, 尋到朴座首家, 家已荒廢無居人, 村落亦稀疎, 無舊識之人. 問於隣人, 皆曰: "朴座首已身故, 獨有一女, 嫁高道令, 新婚之夜, 無端出門, 于今十年, 不知存沒. 其婦人甚賢淑, 身致家産, 奄成巨富, 廣置田庄, 此山後百餘戶大村, 皆廊屬也. 人皆稱高道令宅云矣, 高道令有遺腹子, 今十歲, 方置塾師, 敎讀書, 又設乞丐宴. 博探高道令消息, 君若往之, 必飽酒食兼得行資矣." 庚聞此言, 深嘆之其妻之[141]智略. 預先約束, 本縣官屬, 齊會於高家近村, 若聞吹笛聲, 一齊來待于門下. 遂趣步訪高家村, 果[142]村落櫛比, 禾穀山積, 瓦家百餘間, 掩映於樹林. 庚貿貿然, 故作乞丐狀, 到其門, 流丐滿庭矣[143]. 庚直上廳軒, 有老學究着冠在座, 一小童捧冊侍傍, 庚曰: "行乞之人, 敢望一飯之德." 小童拜問曰: "願聞尊姓?" 庚曰: "吾乃姓高矣." 小童慌忙入內, 少頃出, 問曰: "願聞尊客妻家姓氏?" 庚曰: "吾[144]丈人卽朴座首耳." 此時, 婦從門隙窺見, 果高道令也, 急召小童, 迎入內堂, 夫妻相持痛哭. 庚曰: "吾向於出門之日, 中路遇盜, 資斧見奪, 遍訪鄕塾欲學書, 而人皆掉頭, 遂流離周行, 望門乞食. 今始歸來, 賢妻果不負所約, 能致鉅富, 吾獨困頓至此, 寧不慚恧哉?" 婦笑曰: "凡人窮達, 皆有分定, 豈可强而能之乎? 吾今積穀, 至數千包, 平生飽煖, 足矣. 此外復何求哉?" 因進酒食勸之, 庚曰: "吾有同行[145]在門外, 可以此出送矣." 遂招侍婢出送, 在傍婢僕, 莫

---

140) 弊: 저본에는 '廢'로 나와 있으나 다본을 따름.
141) 其妻之: 저본에는 '妻其'로 나와 있으나 나본을 따름.
142) 果: 나본에는 '果然'으로 되어 있음.
143) 矣: 저본에는 빠져 있으나 나본에 의거하여 보충함.
144) 吾: 저본에는 빠져 있으나 나본에 의거하여 보충함.

不匿笑. 蓋庾使從人待酒食之, 出來吹笛於門外, 以招官屬故也.
本縣官屬, 聞吹笛聲, 一齊到門外, 問安於本官及室內, 一村皆驚
惶奔走, 莫知其故. 婦微笑曰: "公之錦衣還鄉, 早已料之矣. 何故
作流丐, 若是相瞞也?[146]" 庾大笑, 始命從人, 使進官服, 改着出坐
外堂, 受官屬見謁. 明日, 椎牛釀酒, 悉召遠近父老婦孺[147]大饗, 婦
曰: "人願天從, 吾夫妻各遂曩時盟約, 復團聚於十年之後, 公已貴
矣, 妾亦富於財矣. 若積而不散, 是猶貉道也, 盍若遍散於窮蔀
乎?" 庾擊節稱嘆, 曰: "賢妻之言, 良是矣, 吾何不從乎?" 於是, 出
置錢穀於庭, 積如邱山[148]矣. 無論隣境, 計其貧戶散給, 男女[149]皆
歡欣踏舞, 頌[150]聲如雷矣, 一境皆稱朴氏之德. 庾與婦赴任, 未幾,
以善治超拜嶺伯, 後官至參判. 嶺南人至今相傳爲美談.

下-22.

延興國舅府夫人之濟州爲婢也, 以賣酒資生. 及癸亥三月, 仁祖
反正, 大妃遣承旨問安, 奉迎還京第. 承旨至康津縣, 將發船, 水路
有千里之遙, 忽見一雙彩鵲, 飛來止於高墻上, 人皆仰見, 頗異之.
及抵濟州, 將下陸, 向南飛去, 到府夫人所住處, 坐於簷端[151], 喳喳
不已. 蓋自古濟州本無鵲, 人咸以爲奇. 已而, 承旨奉大妃命, 奉還
府夫人, 鵲豈非靈禽哉?

---

145) 同行: 나본에는 '同伴'으로 되어 있음.
146) 若是相瞞也: 나본에는 '相瞞之甚乎'로 되어 있음.
147) 孺: 저본에는 '儒'로 나와 있으나 가, 나, 다본에 의거하여 바로잡음.
148) 邱山: 나본에는 '邱陵'으로 되어 있음.
149) 女: 저본에는 '婦'로 나와 있으나 다본을 따름.
150) 頌: 저본에는 '誦'으로 나와 있으나 나본에 의거함.
151) 簷端: 나본에는 '簷頭'로 되어 있음.

下-23.

英宗朝, 有一宰, 年少擢第, 入翰苑, 妻賢淑, 情好甚篤. 一日, 道逢暴雨, 暫避於路傍人家, 主人延入, 盛備酒食待之. 宰頗疑訝, 推辭不食, 主人曰: "某武弁也, 昨日某妻生一女, 夢有人, 謂之曰: '明日一名士, 當避雨入汝家, 此卽汝婿也.' 夫妻覺而異之, 今果如神人所言, 故略備肴羞, 待之矣." 宰聞此言, 怒甚, 拂衣而出[152], 歸傳此事於夫人, 駭忿不已, 夫人默然無言. 歲屢更, 宰已位躋崇品, 年過四旬, 遭夫人喪, 哀慟殊甚. 三霜已過, 再娶迎婦入室, 性行亦賢淑, 至於一動一靜, 衣服飲食之節, 皆與前無異, 宰頗安之, 然不無疑訝於心. 及當前室祀事[153], 婦言於宰曰: "後室夫人, 或有參於前室夫人祀事者乎?" 宰曰: "若有生前親分, 參之無妨矣." 婦乃於將祀之際, 哭盡哀, 感動傍人. 宰頗怪之, 自思曰: "此婦素無親分於前室, 而若是哀痛者, 非假則妄也, 豈非大奸乎?" 遂疏之, 絶跡於內, 婦已揣度, 敬待如故[154]. 宰偶因事入內, 婦言於宰曰: "妾有所懷, 敢[155]請明公, 少坐俯聽." 宰仍坐, 婦曰: "明公之近日[156]疎妾, 豈非以妾當前室之祀, 過於哀痛而然歟?" 宰曰: "然." 婦曰: "明公試觀此物, 則可知妾之本情矣." 遂命義鬟持一箱籠而來, 開視之, 俱是小孩兒衣襪也, 隨年齒漸長, 充滿箱籠. 婦[157]乃揮涕而言曰: "妾始生之初, 前室夫人製此衣襪, 使婢子送于妾家, 至于十歲, 而不替妾家. 又貧時, 復厚饋救濟, 及到十二歲, 送轎邀妾, 留在曲

---

152) 出: 가, 나본에는 '起'로 되어 있음.
153) 祀事: 가, 나, 다본에는 '忌祀'로 되어 있음.
154) 故: 다본에는 '前'으로 되어 있음.
155) 敢: 저본에는 빠져 있으나 나본에 의거하여 보충함.
156) 近日: 저본에는 빠져 있으나 나본에 의거하여 보충함.
157) 婦: 저본에는 빠져 있으나 나본에 의거하여 보충함.

房, 敎以明公食性及衣服之節, 使之習熟見聞, 于今七年, 獨明公不知耳. 當此忌辰, 豈可寧不哀慟乎?" 宰聞之此言, 深感前室之情義, 至及於身後, 與婦大慟. 自此[158], 琴瑟之洽, 倍加於前[159]云.

下-24.

仁祖朝, 一名士妻甚賢, 有貞淑之行, 夫妻和好, 生一子, 亦聰敏. 當丙子胡亂, 夫妻蒼皇携其子, 出新門, 循城底走, 爲胡所執, 奪其妻, 欲殺名士與兒. 其妻攢手乞命, 胡釋之使去, 仍載其妻而行, 名士負兒而逃, 始得免[160]. 後名士官至宰列, 母恨妻失節, 遇其子甚薄. 所親切友[161], 亦時宰也, 一日, 適在座, 見名士之薄待其子, 問其故, 名士洒以遇胡所經事, 傳之, 恨嘆不已. 時宰驚訝, 曰: "公之伊日, 遇胡在於城西碑閣下[162]乎?" 曰: "然矣." 宰嘆曰: "使此卓異之烈婦, 尙今受疑於公, 豈不冤哉? 若非某目覩此事, 則必湮沒無傳, 而含恨於九泉之下矣. 某於伊日, 亦逃難, 至慕華館, 伏於廳底, 觀其始終矣. 公與此兒逃去後, 待[163]其稍遠, 其夫人奮罵胡雛, 仍自墜於馬, 胡怒甚, 以刃亂刺殺之而去. 某欽其烈節, 待胡去遠, 負其屍, 潛置枯井中, 以土石揜其上,[164] 已過三四[165]年. 今乃聞之, 洒公家事也. 不知其夫人之屍, 今尙在枯井乎!" 名士聞之大驚, 急與之躬到慕華館枯井, 掘土啓驗, 妻滿身血汚, 面色如生. 名士撫

---

158) 自此: 저본에는 빠져 있으나 나본에 의거하여 보충함.
159) 於前: 저본에는 '前之'로 나와 있으나 다본을 따름.
160) 免: 나본에는 '脫'로 되어 있음.
161) 切友: 나본에는 '一友'로 되어 있음.
162) 碑閣下: 나본에는 '路畔'으로 되어 있음.
163) 待: 나본에는 '俟'로 되어 있음.
164) 以土石揜其上: 나본에는 '覆以土石'으로 되어 있음.
165) 三四: 나본에는 '五六'으로 되어 있음.

屍大慟, 具棺衾改葬, 待其子如初云.

下-25.

仁祖朝丙子臘月, 一卿宰子, 新婚之夜, 猝當虜兵之入城, 與妻各分珮玉一片[166], 收藏於身, 倉皇出門, 被虜所擄北去. 屢歲始逃還我國, 已鬢髮星星矣.[167] 尋到故居, 已成邱墟, 問之, 無知之者. 遂削髮爲僧, 入楓嶽, 居歲餘, 復還都城, 訪問先塋所在, 至墓山下, 有新墳,[168] 傍立石碣. 歷叙'當丙子胡亂, 夫妻相失, 已過屢歲, 不知存沒, 妻有遺腹子, 擢第, 官至卿宰, 爲其父, 虛葬衣履云.' 僧見此悲懷塡胸, 慟哭不已. 墓奴聞而怪之, 急上塚, 問其故, 僧曰: "吾亦少時, 所經歷與此略同, 今見碣文, 不覺悲慟耳. 敢問此墓主人宅, 今在何處?" 墓奴曰: "此墓府君與夫人相失後, 聞夫君[169]被擄北去數十年, 或傳沒於虜中, 其夫人天幸有遺腹子, 少年登第, 今爲全羅監司. 大夫人春秋, 今已五十餘歲, 尙無恙. 此墓, 近果虛葬豎碣矣." 僧聞此言, 汪然出涕, 遂下湖南, 至完營, 作原情於監司, 曰: "小僧某, 本以簪纓之裔, 世居某坊, 十六歲時, 始娶妻於某洞某氏. 當婚之夜, 胡兵入城, 與妻相失, 被擄北去, 今始逃還, 聞妻尙無恙, 遺腹子在湖南云. 伏乞特垂鑑察, 使旣失之家室, 復得團聚, 俾完天倫, 千萬泣祝云." 監司覽畢, 滿心悲慟, 急招僧近前, 視之, 韶顔鶴骨, 宛然[170]有士夫風氣, 毫無庸賤之意. 翟然[171]心動, 問曰:

---

166) 珮玉一片: 나본에는 '梳一半'으로 되어 있음.
167) 已鬢髮星星矣: 저본에는 빠져 있으나 나본에 의거하여 보충함.
168) 遂削髮爲僧 … 有新墳: 저본에는 '遂轉向先世墓山之下, 有新墳'으로 나와 있으나 나본에 의거함.
169) 夫君: 저본에는 빠져 있으나 나본에 의거하여 보충함.
170) 宛然: 나본에는 '灑然'으로 되어 있음.
171) 翟然: 나, 다본에는 '翟然'으로 되어 있음.

"師之所失夫人年甲, 幾何?" 僧淚下如雨, 仰面對曰: "與小僧同庚矣." 監司又問曰: "願聞師之世系?" 僧曰: "耳目甚煩, 不敢直告, 兒時片紙所謄世系, 在囊中, 敢此奉獻矣." 監司受而覽之, 僧卽自家亡父也. 然事涉疑信, 不敢認眞, 遂使僧別處後堂, 善其接待. 監司[172]仍廢食飮, 形容日悴[173], 大夫人泣而問曰: "吾不死於丙子, 而至今苟生者, 惟[174]汝之故也. 今汝有何隱痛, 至於全廢寢食, 形容日悴耶?" 監司悲懷振觸, 不能成語, 乃以僧之原情及世系事, 跪而告之, 大夫人泫然出涕, 曰: "此僧安知非汝之父親乎? 吾若親見, 此有一言破疑事, 亟召之." 監司遂命引僧入內衙, 夫人垂珠簾而坐, 僧於簾外, 問曰: "見師之原情與所呈世系, 皆無疑矣. 然師今年老, 非復舊容, 不可遽信, 與妻相別時, 豈無日後取證之物乎?" 僧自囊中, 出玉珮[175]半段, 呈上, 曰: "此果與妻臨別時, 彼此分贈之物矣." 夫人自簾內, 又出玉珮[176]半段, 合之, 分毫無差. 夫人揮涕, 曰: "此亦然矣. 是外, 又無他可信之事乎?" 僧沈吟久之, 曰: "今始覺得矣, 與妻聯枕時, 妻之私處, 有黑痣, 其大如豆, 故小僧曰:[177] '凡女子私處[178]有此異痣, 則必生貴子云矣.'" 語未竟, 夫人揭簾, 突出痛哭, 謂監司曰: "此汝父親也." 於是, 監司拜於僧, 而慟哭渾室, 婢媵皆泣, 一營震動.[179] 監司乃上疏, 陳亡父自虜中生還之事, 上大奇之, 特陞僧嘉善資. 後與夫人, 偕老三十年, 又生一子云.

---

172) 監司: 저본에는 빠져 있으나 다본에 의거하여 보충함.
173) 日悴: 나본에는 '憔悴'로, 다본에는 '日衰'로 되어 있음.
174) 惟: 저본에는 '維'로 나와 있으나 다본을 따름.
175) 玉珮: 나본에는 '梳子'로 되어 있음.
176) 玉珮: 나본에는 '梳'로 되어 있음.
177) 故小僧曰: 나본에는 '小僧戱謂曰'로 되어 있음.
178) 私處: 저본에는 빠져 있으나 나본에 의거하여 보충함.
179) 一營震動: 저본에는 빠져 있으나 나본에 의거하여 보충함.

下-26.

楊蓬萊士彥大人, 承旨公昱, 嘗以靈光郡守, 赴任之路, 到興德邑店[180]. 時值五月初旬, 男婦皆出田疇, 方移秧, 店舍虛無人, 只有女兒, 年可十二, 貌甚妍, 獨居看屋. 公曰: "今欲住此午炊, 汝須亟往招汝父母." 女曰: "吾父母方出田, 專力於農事[181], 不可招矣. 吾當備午炊, 凡人幾許, 馬幾匹乎?" 公愛其聰慧, 問曰: "汝以穉兒女, 能辦午飯乎?" 女曰: "能之矣." 公遂計人馬之數, 以語之, 欲觀其措處. 女一邊鋪食床設饌需, 一邊竝馬料及諸人所食之米豆[182], 以升計之, 各安於釜鼎之內, 請於官屬炊之, 不煩聲氣, 咄嗟之辦, 進排齊整. 公大奇之, 人馬所食之費, 厚價除給, 女本價外, 分毫不受. 公嗟嘆[183]久之, 戲以手中所捉紅扇, 贈之, 曰: "此是吾爲汝禮聘之幣也." 女轉入房中, 鋪紅袱於箱子, 始出而雙手受之, 公曰: "一紅扇, 何若是之致敬乎?" 女曰: "旣稱聘幣, 則物雖微, 而安得不敬乎?" 公尤不勝奇愛, 執其手, 而眷戀久之, 始去. 居未幾, 遭艱奔喪, 而遞還後, 喪耦退居鄕廬, 方鰥居. 一日, 門外有村人, 請謁曰: "某是興德縣舊日店主也, 令公曾以靈光郡守, 過店舍之路[184], 有贈店主幼女扇子之事乎?" 公曰: "果有是事矣." 村人曰: "是某之女也, 今已過時, 誓死靡他, 自言曾受聘幣於令公, 故玆敢來告矣." 公大喜, 遂具人馬[185], 下送迎來, 仍娶而爲妻, 治家有法, 親戚皆稱贊. 歲餘生楊蓬萊, 早年登第, 官至宰列, 與栗谷·松江·朴思庵諸

---

180) 興德邑店: 나본에는 '興德縣'으로 되어 있음.
181) 農事: 나본에는 '移秧'으로 되어 있음.
182) 豆: 저본에는 빠져 있으나 나본에 의거하여 보충함.
183) 嗟嘆: 나본에는 '嗟嘆不已'로 되어 있음.
184) 過店舍之路: 나본에는 '赴任之路'로 되어 있음.
185) 遂具人馬: 나본에는 '卽具轎馬'로 되어 있음.

公, 爲莫逆交. 世稱'我東方之名筆'. 或言, '蓬萊爲側室子者.' 蓋誣言之也.

下-27.
蘭雪軒許氏, 草堂曄之女, 逆筠之妹也. 美而慧, 自幼以詩聞於世. 及笄, 嫁金翰林誠立, 情好甚篤, 世所謂'人間願別金誠立, 地下相逢杜牧之'者, 惡筠之故也, 蓋誣及其妹而汚之也. 誠立嘗讀書南湖, 許氏寄詩, 曰: '燕掠斜簷兩兩飛, 滿庭花落雨霏霏. 洞房盡日傷春意, 草綠江南人未歸.' 其所著「塞下曲」・「遊仙詞」, 雖多唐宋間諸詩偸襲, 然蓋天才也.「廣寒殿上樑文」, 膾炙時人, 至入於中國, 淸人尤西堂侗, 作『外國竹枝詞』, 有詠朝鮮女道士許景樊一絶. 蓋景樊云者, 謂其以'地下願逢杜牧之'句, 强名曰'景樊堂', 以辱之, 蓋輕薄徒惡口氣也. 淸人認以爲眞名之, 曰'許景樊', 此可謂閨女輩作詩之戒也. 許氏嘗有詩, 曰: '芙蓉三九朶, 紅墮二月花.' 果於二十七卒, 豈非詩讖歟?

下-28.
金魯連妻李氏, 校理晦祥之孫女也. 魯連是參判龍柱之季[186]子, 出系爲族叔[187]日柱後, 成婚未幾, 當丙寅貞純大妃昇遐[188] 金氏一門盡皆竄逐. 時魯連未弱冠[189], 儼若成人, 與其兄魯選, 居江郊. 魯選陪參判公, 往金甲島, 日柱方謫居于黑山島, 獨魯連陪本生大夫

---
186) 季: 저본에는 빠져 있으나 나본에 의거하여 보충함.
187) 族叔: 나본에는 '三從叔'으로 되어 있음.
188) 當丙寅, 貞純大妃昇遐: 저본에는 '貞純大妃昇遐, 當丙寅'으로 나와 있으나 나본을 따름.
189) 未弱冠: 나본에는 '年纔十六'으로 되어 있음.

人, 不離病側. 又以其祖漢祿事, 將散配于穩城, 囑禁隷, 姑勿泄於
家人, 入內, 請於大夫人曰: "子娶妻而未及行新禮, 今日不必卜吉,
迎婦入門, 固好矣." 大夫人泣而許之. 時李校理, 亦已島配矣. 及
新婦入門, 至夕, 陪大夫人而寢. 其翌日, 入新房, 至[190]夜深, 謂新婦
曰: "家禍荐疊[191], 吾亦明日將散配于穩城矣. 此去有數千里之遙,
其生還未可必也[192]. 吾家素貧, 況老母病患長淹, 子若善事尊姑, 竭
誠奉養, 則吾死亦無憾矣." 婦聽畢, 不作羞澁態, 泣然出涕, 低首
而答曰: "謹當如敎矣." 大夫人從窓外, 卒聞此言, 痛哭欲絶, 魯連
急起出戶, 涕泣勸止[193]. 明日遂發行, 路過北靑, 詩曰: '黑雲風吹[194]
捲黃沙, 道傍蕭條三兩家. 秪訪行人詢去路, 不知關北是天涯.' 到
及穩城府, 閉門讀書, 不出戶外, 隣人罕見其面. 所著有『愁城雜
錄』[195]二卷, 至乙亥卒, 年二十六[196]. 其本生家在南門外, 大夫人處
數間斗屋, 婦自魯連行配後, 和顔事姑, 克盡孝道. 又工針線, 竭誠
供養, 親隣皆爲贊嘆. 乙亥春, 大夫人半夜於枕上, 忽悲哭, 婦在
傍, 驚覺急扶起, 問其故, 大夫人泣曰: "俄見汝夫現夢, 謂我曰:
'子離穩城, 今始還家云.' 此[197]豈非噩夢耶?" 婦聞姑言揮涕, 曰: "子
婦夢亦如是矣." 居半載, 始聞訃音, 果沒於是日矣. 反葬後, 婦益
竭誠力奉緦姑, 至於朝夕上食, 亦盡其誠, 未嘗有悲慽之容, 見之
者, 皆疑其爲不知夫婦之情而然也. 及當終祥之日, 躬自措辦, 盛

---

190) 至: 저본에는 빠져 있으나 나본에 의거하여 보충함.
191) 荐疊: 나본에는 '荐酷'으로 되어 있음.
192) 未可必也: 나본에는 '無期也'로 되어 있음.
193) 勸止: 나본에는 '扶起'로 되어 있음.
194) 黑雲風吹: 가, 나, 다본에는 '黑風吹雨'로 되어 있음.
195) 愁城雜錄: 나본에는 '穩城雜錄'으로 되어 있음.
196) 二十六: 나본에는 '二十七'로 되어 있음.
197) 此: 저본에는 빠져 있으나 나본에 의거하여 보충함.

陳庶羞,[198] 終夜哀哭, 大夫人力勸始止. 獨還寢房, 天已大明, 寂無動靜, 心甚疑怪, 開戶視之, 婦沐浴如新, 改着新禮時鮮服, 覆錦衾[199]於身, 已死矣. 其枕傍有一藥碗, 床上有三封書, 其一, 上於緦姑書也; 其二, 上緦叔書也; 其三, 上本家祖父書也. 上緦姑書曰: "亡夫臨別, 泣托子婦, 孝養尊姑, 自後, 恐負亡夫之托, 含怨忍慟, 至于十載. 今則亡夫三霜已過, 几筵將撤, 依仰無所矣. 竊欲下從, 敢此自裁, 伏願無至過慽, 善保貴體云." 上緦叔書曰: "緦家有[200]戚聯王室, 自是淸儉, 況禍網以後, 窮困尤甚.[201] 故妾[202]預辦五十金, 藏在箱籠中, 此足以用於喪葬矣. 凡附於身者, 妾已自爲,[203] 勿使他人之手近於妾身, 願與亡夫, 穀雖異室, 死卽同穴, 庶無遺憾云." 是乃丁丑三月十七[204]日事也. 親隣聞之, 莫不揮涕. 是日, 黃霧四塞, 白晝陰晦. 余與此家雖義絶,[205] 有戚分故, 目見伊日光景, 玆錄于此.

下-29.

金魯鼎, 相國觀柱之子也. 當丙寅, 以注書, 散配於機張縣, 居停于邑吏家. 吏之女, 慧而有義[206]氣, 自願爲妾, 居久之. 所謂金在默者, 無賴輩也. 誣告魯鼎兄弟謀叛, 其兄魯亨, 方謫居于關西之渭原, 朝家設鞫, 拿囚其兄弟於王府. 伊時, 委官金相國思穆也, 魯鼎

---

198) 盛陳庶羞: 나본에는 '盛備祭物'로 되어 있음.
199) 錦衾: 저본에는 빠져 있으나 나, 다본에 의거하여 보충함.
200) 有: 가, 나본에는 '雖'로 되어 있음.
201) 況禍網以後, 窮困尤甚: 저본에는 빠져 있으나 나본에 의거하여 보충함.
202) 妾: 저본에는 빠져 있으나 나본에 의거하여 보충함.
203) 妾已自爲: 나본에는 '妾已自了處矣'로 되어 있음.
204) 十七: 나본에는 '十六'으로 되어 있음.
205) 雖義絶: 저본에는 '義'로 나와 있으나 나본에 의거함.
206) 義: 저본에는 '意'로 나와 있으나 나본을 따름.

兄弟, 與在默對質, 初不識面, 都是孟浪之說也. 在默[207]以誣人惡逆, 下送本居華城地, 誅之, 魯鼎兄弟, 遂得白脫, 還鄕配所.[208] 其兄弟方居母喪, 年久始相見[209]於逆旅, 相持慟哭. 魯鼎瞥見, 門外有一男子, 頭戴平凉笠, 身着短後衣, 隱避於[210]衆人中, 心頗疑訝, 招之至前, 卽其妾也, 而改着男服矣. 魯鼎驚問其故, 女笑曰: "妾料公之兄弟, 必騈戮於市, 而無人收瘞, 故作此男服, 追後入洛, 粗辦棺衾二件, 留此待之矣. 今公兄弟得免於禍, 誠是夢外也. 今此凶物, 將焉用之[211]哉?" 遂卽焚之, 飄然出門而去. 世豈有如此義俠之女哉? 此丁丑五月事, 余所目見, 故表而出之, 傳于世.

下-30.

仁廟賓天後, 當明宗幼冲, 文定王妃垂簾. 鄭順明附尹元衡・李芑輩,[212] 乘時竊柄, 遂起誣獄, 釀成乙巳士禍, 柳仁淑・權撥諸公, 皆死焉. 策僞勳, 籍沒群賢家産・奴婢・田宅, 皆入於功臣之家. 柳公童婢甲伊, 入於順朋之門, 或逢舊主之物, 必罵之, 順朋信焉, 頗愛之其聰敏[213]. 甲伊囑順朋之一僕[214], 求得死人屍一臂, 密[215]置於順朋臥枕中. 未幾, 順明遘癘而死, 家人覺得拷掠, 而問曰: "汝何不於初來時, 行咀呪之事, 今始行凶耶?" 甲伊曰: "吾雖賤人, 寧不知爲

---

207) 在默: 저본에는 빠져 있으나 나본에 의거하여 보충함.
208) 還發配所: 저본에는 '還配所發'로 나와 있으나 가, 나, 다본에 의거함.
209) 相見: 나본에는 '相逢'으로 되어 있음.
210) 於: 저본에는 빠져 있으나 나본에 의거하여 보충함.
211) 之: 저본에는 빠져 있으나 나본에 의거하여 보충함.
212) 鄭順明附尹元衡・李芑輩: 저본에는 '仁廟賓天後'와 '當明宗幼冲' 사이에 위치해 있었으나 나본에 의거함.
213) 其聰敏: 저본에는 빠져 있으나 나본에 의거하여 보충함.
214) 一僕: 가본에는 '一傔'으로 되어 있음.
215) 密: 나본에는 '潛'으로 되어 있음.

故主報讎乎? 曾不敢生意者, 特畏靑坡進賜主矣. 進賜主今已下世, 敢售積怨, 死亦甘心矣." 言畢, 遂死. 蓋北窓[216]嘗退居靑坡, 故曰'靑坡進賜'耳. 噫! 甲伊卽一賤婢, 而能知大義, 爲舊主人思欲報仇, 乙巳諸奸, 戕害善類, 恬不知愧揚揚[217]自得, 豈非甲伊之罪人乎?

下-31.

明宗朝, 一宰年老致仕, 退居江亭[218]. 夜聞小兒哭聲, 出於江邊, 躬往視之, 一幼兒女, 年可五六歲. 問: "汝誰家兒?" 女泣[219]曰: "偶失父母, 獨在此哭之耳." 宰乃[220]携與歸家, 久而察之, 顏貌如花, 又聰敏針工, 飮食[221]俱辦精緻. 宰偏愛之, 視同親女, 敎以詩書, 亦能通曉. 年至及笄, 欲擇婿嫁之, 女曰: "此在妾之所擇耳." 乃求入城中, 另搆一小屋於彌雲臺下, 每當佳節日, 覘往來遊人. 一松沈相國喜壽, 少時過此, 女見而悅之, 遂邀入定情焉. 一松過於溺愛, 不理讀書, 女屢言不聽, 女曰: "男兒但沉惑女色, 不圖進就, 則餘不足觀. 妾當遠避, 待公擢第, 是妾相逢之日也." 仍乘夜逸去. 一松雖欲探蹤, 杳無尋處, 乃發憤讀書, 過數歲, 遂擢第, 深喜女之相逢也. 頓過三日, 消息竟杳, 心甚訝鬱, 將至成病. 宰送人請邀一松, 强病進謁, 寒喧畢, 自內庭所進酒肴, 皆前日所食於女者也. 頗疑訝不已, 宰笑曰: "君欲見未忘之故人乎?" 卽叩其屛風, 女從屛後, 出拜於一松. 一松甚喜, 携與同歸, 情好甚[222]篤. 後一松以錦

---

216) 窓: 저본에는 '聰'으로 나와 있으나 나본에 의거하여 바로잡음.
217) 揚揚: 저본에는 '陽陽'으로 나와 있으나 나본을 따름.
218) 江亭: 저본에는 '江山'으로 나와 있으나 나본을 따름. 가, 다본에는 '江上'으로 되어 있음.
219) 泣: 저본에는 빠져 있으나 나본에 의거하여 보충함.
220) 乃: 나본에는 '憐之'로 되어 있음.
221) 飮食: 저본에는 '食飮'으로 나와 있으나 나본을 따름.

伯, 方泣事, 婢忽來傳女言, 請²²³⁾暫見. 一松方接賓, 未卽起, 婢復來連促之²²⁴⁾, 一松頗怪之, 急入見, 女方凝粧而坐, 謂公曰: "妾今將與公永訣, 來何緩也?" 公驚問其故, 女曰: "妾之大命, 至於此時耳. 妾死後, 相公²²⁵⁾愼勿過悲." 言畢, 臥席而逝, 一松不勝慟悼. 方運柩就轝也, 柩甚輕, 啓而視之, 不見屍體, 只存一朶花而已. 一松大驚, 其挽詞曰: '一朶名花載柳車, 香魂何處去²²⁶⁾躑躅. 錦江秋雨丹旌濕, 知是佳人別淚餘.' 一說與此不同, 一朶紅乃錦山名妓也, 一松最嬖之, 其沒後賦此云.²²⁷⁾

下-32.

安平大君, 世宗第三子也. 號匪懈堂, 容止雋爽, 風流澹宕, 又²²⁸⁾以名筆聞於世, 所與遊, 皆一代名士也. 時浿城有一妓, 姿色技藝²²⁹⁾, 俱爲浿西第一. 高自標致, 不輕許身, 雖方伯²³⁰⁾之威, 莫能奪其志. 大君聞其名, 思欲一遊浿城, 登練光亭, 周覽名勝, 兼爲此妓志也. 一日, 門外有崔生者, 通刺請謁, 延入視之, 年纔弱冠, 閑雅甚都, 大君奇之, 與共談話. 崔生曰: "竊聞明公筆名, 久矣, 願得一覽." 大君使侍者, 展白硾紙一軸, 書於其上, 謂生曰: "君旣知筆意, 亦一揮灑, 可矣." 書生謙讓久之, 去大君所書紙幅, 亦書於軸上,

---

222) 甚: 나본에는 '彌'로 되어 있음.
223) 請: 저본에는 빠져 있으나 가, 나, 다본에 의거하여 보충함.
224) 之: 저본에는 빠져 있으나 나본에 의거하여 보충함.
225) 相公: 저본에는 빠져 있으나 나본에 의거하여 보충함.
226) 去: 다본에는 '獨'으로 되어 있음.
227) 一說與此不同 … 其沒後賦此云: 저본에는 빠져 있으나 나본에 의거하여 보충함.
228) 又: 저본에는 빠져 있으나 나본에 의거하여 보충함.
229) 技藝: 나본에는 '才藝'로 되어 있음.
230) 方伯: 저본에는 '方伯氏'로 나와 있으나 나, 다본에 의거함.

字劃端正, 別無新意, 仍辭去. 大君欲更書之, 去崔生所書幅, 字勢墨痕, 猶前幅也. 連去四五張, 如印一板, 大驚始知其神筆也. 後數日, 崔生復來謁, 大君下堂[231] 而執其手, 曰: "君眞天下名筆, 請爲君執鞭矣." 崔生遜謝, 曰: "明公之世, 生何敢以筆名自居乎? 近聞名公將遊浿城, 敢請躡後矣." 大君喜而許之, 卽具一匹[232]驢, 賜[233]之. 崔生辭不受, 隨其後, 或先或後, 至夜則必陪話. 及到浿城, 監司張大宴於練光亭, 列邑守宰, 携名妓皆來集. 大君風采照映, 一座諸人, 莫不聳觀. 獨妓端坐不動, 大君屢屬目之[234], 然妓終落落無意, 矜持如故, 一座敗興. 時管絃迭奏, 騷客滿座, 方吟詠風物, 見崔生攝衣上樓, 大君急起迎之, 謂生曰: "此座諸公, 偶有題詠[235], 君亦次韻, 好矣." 生披詩卷, 次第覽之, 信筆而書一律, 其一聯曰: '王子骨清秋入竹, 美人粧濕雨過花.' 妓在傍見之, 卽離坐磨墨, 又請於大君, 曰: "觀此少年郎君, 詩才若是飄逸, 亦當善於音律, 倘許與妾唱予和汝, 以永今夕, 可[236]乎?" 大君曰: "諾." 妓遂[237]按節而歌, 生亦不辭, 撫琴而彈, 曼聲柔曲, 哀怨清切, 能遏雲而遶樑矣. 滿座奪色, 相顧無語, 崔生見座中[238]氣色不好, 徐起而言曰: "生之來此, 欲一見練光亭也. 今已償債, 敢此告退矣." 遂飄然下樓而去, 妓亦請於大君, 曰: "妾素有賤疾, 不能久坐, 敢先辭退矣." 急忽忽起身, 隨崔生之後, 大君枧然無色, 聽其所之. 崔生行到浮碧樓上,

---

231) 下堂: 나본에는 '下階'로 되어 있음.
232) 匹: 저본에는 '正'으로 나와 있으나 나본에 의거하여 바로잡음.
233) 賜: 저본에는 '贈'으로 나와 있으나 다본을 따름.
234) 之: 저본에는 빠져 있으나 나본에 의거하여 보충함.
235) 題詠: 나본에는 '吟諷'으로 되어 있음.
236) 以永今夕可: 저본에는 빠져 있으나 나본에 의거하여 보충함.
237) 遂: 저본에는 빠져 있으나 나본에 의거하여 보충함.
238) 座中: 저본에는 '衆人'으로 나와 있으나 나본을 따름.

俄忽不見, 妓追崔生, 至此不知所去, 遂自投於江上層壁[239]而死.
浿城人至今相傳爲異事.

下-33.

黃眞, 松京名妓也, 色藝俱絶, 名播一國. 宗室有碧溪守者, 思欲一眄, 而眞高自標致, 非風流名士, 不得親. 乃謀於蓀谷李達, 達曰: "公欲一眄眞娘, 從吾言乎?"[240] 碧溪守曰: "當從君言矣." 達曰: "君本善彈琴,[241] 使小童挾琴隨後, 乘小驢, 過眞娘之家, 登樓賒酒而飮, 彈琴一曲, 則眞娘必來坐君傍矣. 君視若無見, 卽起乘驢而行, 則眞娘亦當隨後而來, 若行過吹笛橋而不顧, 則事可諧矣. 若不然, 則必不成矣." 碧溪守從其言, 乘小驢, 使小童, 挾琴而過眞家,[242] 登樓賒酒而飮, 彈琴一曲, 卽起乘驢而去. 眞果追後而來, 當吹笛橋, 問於琴童, 知其碧溪守也. 乃曼聲而歌曰: '靑山裡碧溪水, 莫誇去未休. 一到滄海難再見, 那得不少留. 明月滿空山, 臨去願一遊.' 碧溪守聞之此歌, 不能去之, 到橋邊而回顧, 遽落驢, 眞娘笑曰: "此非名士, 乃風流郞也!" 卽徑還, 碧溪守慚恨不已.

下-34.

可憐, 咸興名妓也, 才貌俱絶, 有氣節. 每歌「出師表」, 輒慷慨泣下, 是以, 人皆稱[243]之. 冠陽李參判匡德, 當英廟朝, 謫北關, 過咸

---

[239] 層壁: 나본에는 '層巖'으로 되어 있음.
[240] 公欲一眄眞娘, 從吾言乎: 나본에는 '眞非風流名士, 難於酬接, 公能從吾言乎?'로 되어 있음.
[241] 本善彈琴: 저본에는 빠져 있으나 나본에 의거하여 보충함.
[242] 眞家: 다본에는 '眞娘之家'로 되어 있음.
[243] 皆稱: 저본에는 '稱皆'로 나와 있으나 나, 다본에 의거함.

興, 可憐已老矣. 贈詩曰: '咸關女俠滿頭絲, 醉後高歌兩出師. 唱到草廬三顧語, 逐臣淸淚萬行垂.' 蓋英廟在潛邸時, 數次訪冠陽, 故詩中及之.

下-35.

壬辰倭亂, 晉州被圍, 守將朴晉·金時敏, 相繼力拒, 倭屢敗忿甚, 意欲殄滅, 益發兵攻之. 及城陷, 崔慶會·金千鎰諸公死之, 同日殉難者, 爲七萬餘人. 妓論介, 獨凝粧盛服[244], 立於矗石樓下南江峭巖之上, 自樓俯視千尺, 群倭莫敢犯. 倭酋中最稱驍勇者, 躡梯而下, 至巖上, 妓伴作歡喜, 抱倭酋之腰, 投江而死. 後人稱其巖爲義巖, 自朝家, 特建祠於其傍, 每以六月晦城陷之日, 竝殉難諸公祀之. 余在南邑時, 嘗以是日, 到晉州, 上矗石樓, 歷觀懸板諸詩, 無一人道義巖者, 余意甚慨然. 是夜夢, 一女子出遊於義巖之上, 覺而異之, 作「義巖歌」七言長篇, 懸板於壁上, 詩曰: '義娘巖高復高石, 臺如盤面江皐□. 上聳百尺之飛閣, 下臨千尋之層[245]濤. 憶昔龍年値陽九, 晉陽被圍相持久. 群倭蝟集砲火飛, 肉薄登城恣躪蹂. 積屍塡巷血流津, 白晝昏黑漲煙塵. 義膽忠肝凡幾鬼,[246] 七萬人中稱三仁. 是時英烈出娼家, 其名論介顏如花. 偸生還恥遭汚辱, 引頸寧俟賊刃加. 褰裳直到南江上, 獨立峭巖誰與抗. 紅粧艶冶照水姸[247], 翠袂[248]嫋娜隨風颺. 綠匡粉堞俯澄湖, 賊皆環視空踟躕. 中有倭酋號驍勇, 躡下層梯捷如鼯. 方其來前佯歡喜, 抱腰回

---

244) 盛服: 나본에는 '盛飾'으로 되어 있음.
245) 千尋之層: 다본에는 '千層之波'로 되어 있음.
246) 白晝昏黑漲煙塵, 義膽忠肝凡幾鬼: 저본에는 빠져 있으나 나본에 의거하여 보충함.
247) 姸: 저본에는 '硏'으로 나와 있으나 나, 다본을 따름.
248) 袂: 나본에는 '袖'로 되어 있음.

旋翻投水. 殲厥巨魁不勞兵, 豈知一妓能辨此. 娥眉到[249]此死猶榮, 至今汗靑留芳名. 廟門綽楔仍俎豆, 敎坊生色揚風聲. 君不見宋朝義娼毛惜惜, 爲國效死奮罵賊. 正氣鍾人無貴賤, 又況介娘超巾幗. 今我試登矗石樓, 盡日絲管添客愁. 尙想芳魂遊巖畔[250], 萬古山靑江自流.'

下-36.

高霽峯敬命, 少時, 美姿容, 善詩律, 人皆艶稱之. 其大人參判公, 嘗曰: "吾兒美貌, 似渠母, 其詩律, 似渠父." 聞之者, 莫不絶倒. 宣祖朝, 霽峰弱冠登第, 選湖堂, 賜暇讀書, 常往來于湖上. 一日, 遇[251]避雨, 入村舍, 一處子獨居, 見公風姿, 邀入少坐, 具酒食以進, 公不顧以還. 月餘, 一老翁至門外, 請謁曰: "某有一女, 年方及笄, 向公避雨入某家之日, 女慕公風儀, 臥病不起,[252] 敢請一顧, 救此危命." 霽峰不答, 揮之[253]使去. 老翁出門, 痛哭而去, 更無消息, 霽峰亦已忘之矣. 自後, 官路[254]蹇鈍不進, 過屢歲, 遇[255]過荳湖, 偶暴雨, 避入一村家, 卽少時逢女處也. 蓬蒿滿庭, 寂無人跡, 心頗懊悔, 忽忽不怡,[256] 方欲起身, 忽見一大蟒, 從廳底而出. 腥氣觸鼻, 昂起頭來, 卽到身邊, 纏繞至頸, 怒目視之. 公已知女之結怨爲蟒也, 乃謝之, 曰: "吾果負汝多矣, 今雖悔恨, 亦復何及哉? 汝

---

249) 眉到: 저본에는 '媚列'로 나와 있으나 나. 다본을 따름.
250) 巖畔: 다본에는 '義巖'으로 되어 있음.
251) 遇: 나본에는 '偶'로 되어 있음.
252) 臥病不起: 나본에는 '朕朕臥病'으로 되어 있음.
253) 之: 나본에는 '手'로 되어 있음.
254) 官路: 나본에는 '宦路'로 되어 있음.
255) 遇: 저본에는 '偶'로 나와 있으나 나본을 따름.
256) 忽忽不怡: 저본에는 빠져 있으나 나본에 의거하여 보충함.

可任意處我!" 蟒縈繞久之, 垂頭下淚, 始解而去, 復入廳底. 是夜, 女夢見公, 曰: "妾恨君深矣, 死而爲蟒, 必欲報冤, 見公悔恨, 心猶 不忍加害於公. 此後, 吾若以是身, 復見於公, 是公死期也, 當以此 相報矣." 公覺而異之. 及壬辰倭亂, 公起義討賊, 錦山之戰, 方結 陣而待, 軍中喧擾, 有一大蟒, 臥於陣前[257]. 公自知必死於戰, 與柳 彭老諸人, 力戰而死.

下-37.

朴定齋泰輔, 與李參判寅燁, 俱少年登第, 居比隣, 情好甚篤. 李 公家有叉鬟, 頗機警, 有姿色,[258] 使令於前, 慕定齋風儀, 而未敢發 也. 遂深結定齋乳母, 陳其事情[259], 媼憐其意, 密以此事, 告于大夫 人. 夫人知其子固執, 不可回轉, 告于西溪公[260], 西溪召定齋責之, 使無結女冤. 定齋迫於嚴命, 招其叉鬟一宿, 謂之曰: "從今汝願畢 矣, 愼勿更萠此心!" 叉鬟曰: "小婢亦知明公, 心如鐵石, 敢望再顧 乎?" 自此, 叉鬟誓不適人, 渠自加髻上頭, 同輩笑其癡騃, 然亦不 屑[261]也. 當肅宗己巳, 仁顯王妃廢居私處[262], 定齋同吳貳相斗寅諸 公, 聯疏極諫. 上御肅章門, 親鞠定齋, 獨以執筆, 自當抗辭不撓, 上震怒, 施烙刑, 繼以壓膝, 猶不變也. 方其竄配, 行至[263]鷺梁, 創 劇將易簀, 門外有一女, 懇請暫謁, 抵死不去. 公堂姪弼明, 以此告 公, 點頭使招之, 至前, 開目視之, 向所一眄之叉鬟也. 伸一臂, 執

---

257) 前: 나본에는 '後'로 되어 있음.
258) 有姿色: 저본에는 빠져 있으나 나본에 의거하여 보충함.
259) 事情: 이본에는 '私情'으로 되어 있음.
260) 西溪公: 나본에는 '公之大人西溪公'으로 되어 있음.
261) 屑: 나본에는 '顧'로 되어 있음.
262) 私處: 나본에는 '私第'로 되어 있음.
263) 至: 저본에는 '其'로 나와 있으나 이본에 의거함.

其手, 旋卽放之, 揮手使去, 叉鬟纔出門, 已而卒. 至甲戌, 仁顯王后[264]始復位, 竄配諸公皆宥還,[265] 上深悔前事, 痛悼定齋不覩此慶[266], 賜諡贈職, 特命建祠於鷺梁, 使春秋俎豆. 翌日, 一女子, 自縊於祠後而死, 衆視之, 乃前叉鬟也, 聞之者, 莫不嗟嘆, 或有泣下者. 噫! 此乃一叉鬟耳, 感定齋一顧之恩, 矢志靡他, 不死於易簀之初, 死於復官建祠之日, 其貞心節行[267], 誠無愧於定齋矣.

下-38.

豊陵趙相國文命, 美姿容, 善風調.[268] 以冬至副使, 將赴燕, 過宿安州, 與列邑守宰, 張宴於百祥樓. 一童妓, 年纔十二, 才貌俱絶. 公愛之, 戱執其手, 到樓柱前[269], 以爪畫柱, 曰: "汝身若等此, 則吾豈虛度今夕耶?" 仍贈所把扇子而去. 後以上使, 復過安州, 宿百祥樓, 夜深, 在傍貢生, 跪納一柄扇子, 曰: "小人之妹, 以此扇, 請納於使道矣." 公視其扇面, 題一絶, 曰: '安陵一別黯消魂, 忍忘當時畫柱恩. 摩挲篋裡扇猶在, 半是秋風半淚痕.' 公嗟賞不已, 向貢生曰: "汝妹已上頭乎?" 對曰: "小妹自受此扇之後, 永盟守節, 恒以詩書爲事, 雖官長之威, 不能奪其志, 至今猶處子也." 公亟召之, 至前, 垂髻垢面, 着弊衣裳, 公問曰: "汝今過時尙垂髻, 何也?" 妓泣曰: "妾雖賤人, 意欲擇人事之, 向蒙畫柱贈扇之恩, 遂自矢於心, 惟苦俟明公之復過此樓矣." 公嘉其誠[270], 遂與定情, 使燕歸路, 携與同歸.

---

264) 王后: 저본에는 '皇后'로 나와 있으나 이본에 의거함.
265) 竄配諸公皆宥還: 저본에는 빠져 있으나 나본에 의거하여 보충함.
266) 不覩此慶: 나본에는 '直節'로 되어 있음.
267) 節行: 나본에는 '苦節'로 되어 있음.
268) 美姿容, 善風調: 저본에는 빠져 있으나 나본에 의거하여 보충함.
269) 樓柱前: 나본에는 '樓畔'으로 되어 있음.
270) 誠: 나본에는 '志'로 되어 있음.

下-39.

密陽嶺南樓, 在嶠右, 最稱名勝. 本朝中葉, 作宰者, 有一女, 年纔及筓, 容色絶美. 本邑[271]貢生窺見, 心慕之, 厚饋其乳媼, 乘月夜, 誘女至芙蓉堂, 突出抱其腰, 女牢拒不從. 貢生大恐, 拔刀刺其頸, 抱屍, 擲於嶺南樓下竹林中, 乳媼仍逃. 自後, 作宰者, 輒暴死, 遂成廢邑. 有李上舍者, 最有膽力,[272] 自求爲宰, 赴任之夕, 明燭獨坐東軒, 以俟之. 夜深, 一女子滿身血污, 自外[273]而至, 拜於前, 李[274]問曰: "爾何輒殺守宰?"[275] 女泣對曰: "妾抱至冤, 欲白守宰, 則宰見妾怖死耳, 妾何曾殺之乎? 妾是前日守宰某之女也, 爲乳媼所誘, 月夜偶出芙蓉堂, 貢生某見妾, 欲污之, 妾不從, 仍刺殺, 擲於嶺南樓下竹林中, 至今不化矣. 願借神明, 雪此幽冤." 李許之, 女鬼泣謝而去. 明日, 招官屬, 問之, 其貢生方在[276]戶長. 遂拿[277]到嶺南樓, 使人搜竹林中, 女果頸上橫刀, 血流[278]滿身, 顔色如生. 在傍見之者, 莫不驚慘, 皆爲泣下, 仍杖殺戶長, 通于女本家. 自後, 作宰者無事. 有京試官到此, 出詩題, 曰: '嶺南樓秋月夜, 逢李上舍, 說前生冤情[279].' 邑儒裵克紹, 擢壯元, 其詩有曰: '阿娘豈識嶺南樓, 千里曾隨大人駕. 深閨慣讀內則篇, 貞玉芳姿年未嫁. 良宵暫違慈孃訓, 玩月寧知乳媼詐. 芙蓉塘[280]外倚小檻, 花拂西垣人影乍.' 餘俱

---

271) 本邑: 저본에는 빠져 있으나 나본에 의거하여 보충함.
272) 最有膽力: 저본에는 빠져 있으나 나본에 의거하여 보충함.
273) 自外: 나본에는 '頸橫小刃'으로 되어 있음.
274) 李: 다본에는 '上舍'로 되어 있음. 이하의 경우도 동일함.
275) 爾何輒殺守宰: 나본에는 '爾是何鬼, 輒殺守宰乎'로 되어 있음.
276) 方在: 저본에는 빠져 있으나 이본에 의거하여 보충함.
277) 拿: 나본에는 '縛'으로 되어 있음.
278) 流: 이본에는 '汚'로 되어 있음.
279) 情: 저본에는 '債'로 나와 있으나 다본을 따름.
280) 塘: 나본에는 '堂'으로 되어 있음.

不能錄. 余在南邑時, 到密陽, 登嶺南樓, 樓外竹林中[281]有阿娘廟[282].

下-40.

武陵妓英喜, 年纔十四, 才色俱絶[283], 能詩善書大字. 余在宜寧時,[284] 監司李鍾山參絃, 勸余上頭, 姬寄余詩, 云: '滿谷紅霞集, 桃花遍一村. 兒家何處住, 長在武陵源.' 余於馬山倉, 捧漕稅[285]之行, 過武陵, 寄詩云: '雪後桃源信不通, 向來離別太忽忽. 情知明日應相見, 馬[286]首靑山入望中.' 戊辰春, 余自洛城還, 寄詩云: '宜春三月百花開, 客路經旬今始回. 問爾相思如我否, 明朝須趂送轎來.' 及船遊鼎巖江, 送英姬, 歸武陵, 蓋白香山放柳枝之意也. 余贈詩曰: '手中扇子隔江招, 送汝桃源望更遙. 有意無情猶昨日, 相思不見自今朝. 夙緣難證三生石, 別路還同萬里橋. 後夜那堪郡齋裡, 滿庭脩竹雨蕭蕭[287].' 姬性愛竹故云. 姬捧此詩,[288] 泣辭而去, 余遞而歸後, 未幾, 姬夭逝, 年纔十九矣. 天生尤物, 豈造翁之所猜而然歟!

下-41.

李相國[289]浣, 在仁祖朝, 爲寧邊府使. 先時, 姜弘立, 以都元帥, 赴深河之役, 與皇明摠兵杜松同力戰, 副元帥金應河死之[290], 弘立

---

281) 中: 저본에는 빠져 있으나 나본에 의거하여 보충함.
282) 廟: 나본에는 '祠'로 되어 있음.
283) 俱絶: 나본에는 '殊絶'로 되어 있음.
284) 余在宜寧時: 저본에는 빠져 있으나 나본에 의거하여 보충함.
285) 漕稅: 나본에는 '稅米'로 되어 있음.
286) 馬: 다본에는 '回'로 되어 있음.
287) 蕭蕭: 저본에는 '灑灑'로 나와 있으나 나, 다본에 의거함.
288) 詩: 저본에는 '時'로 나와 있으나 나, 다본에 의거하여 바로잡음.
289) 相國: 나본에는 '完城'으로 되어 있음.
290) 死之: 나본에는 '與杜松俱戰死'로 되어 있음.

投降於虜. 當李适擧兵叛, 韓明璉, 與适逆誅, 後其子潤, 亡命扱虜[291] 誘弘立. 丁卯春, 與虜大擧入寇, 長驅至平山府, 朝廷送弘立叔紳, 始講和, 每年以紬布[292]二千疋·名馬五百疋, 定爲約條, 此滿譯鄭命壽之所定也. 命壽本以義州官奴, 投降於虜, 向我國, 侵虐百端, 朝廷患之. 命壽方以約條事, 留住寧邊, 李公凡於接待之節, 極其豐厚, 命壽甚喜. 一日, 公密語府妓曰:"吾今埋火礟於此城十里之內, 將焚死矣, 汝宜亟走, 避無浪死." 遂揮手使去, 妓倉皇出門. 俄而, 滿城鼎沸, 哭聲震天, 命壽慌忙來見, 哀乞饒命, 公正色, 曰:"我國偏小, 君所知也, 約條中, 每年紬布二千疋·名馬五百疋, 從何出乎? 吾寧爲國一死, 故果埋火礟於四面, 待吾號令, 將發之矣." 命壽泥首連聲, 曰:"約束[293]事當唯公所命, 願留殘喘!" 公曰:"然則以靑布百疋·馬五十匹爲定, 可乎?" 命壽曰:"當依此爲定矣." 公曰:"誠若君言, 歃血定盟, 可矣." 命壽遂一從公言, 歃盟而去. 此可見完城將畧之一端.

下-42.

林忠愍慶業, 忠州人, 少倜儻有[294]膽力. 遭母喪, 方居廬, 時有當路權宰, 壓公親山腦後勒葬者. 公乘夕, 至權宰家, 請謁曰:"罪人親山腦後, 明公旣已勒葬, 鄕曲窮儒, 何敢力抗乎? 但地師不可容恕[295]矣." 時地師方在座, 公張目大叱, 曰:"汝爲主人宅, 欲占山地, 則何處不可, 獨吾親山破腦入葬乎? 若不移去, 汝當死吾手矣." 時

---

291) 亡命扱虜: 나본에는 '亡入投虜中'으로 되어 있음.
292) 紬布: 나본에는 '紬木'으로, 다본에는 '細布'로 되어 있음. 이하의 경우도 동일함.
293) 約束: 이본에는 '約條'로 되어 있음.
294) 有: 저본에는 '力'으로 나와 있으나 이본에 의거함.
295) 恕: 저본에는 '恐'으로 나와 있으나 가, 다본에 의거함. 나본에는 '貸'로 되어 있음.

日已昏黑, 目光如炬, 照耀一室, 聲若震霆. 權宰驚惶失色, 仆於席, 地師辟易, 面無人色, 不覺倒下於階, 伏地請死. 公遂辭於權宰, 徐起而去, 權宰大懼[296], 卽移葬於他山. 公服闋, 登武科, 丙子兵亂後, 以廟薦拜義州府尹, 痛屈膝於淸, 背皇明之恩[297], 與府內義勇崔孝一·車禮亮二人[298], 密謀義擧. 淸人方攻椵島, 守將毛文龍, 請兵於我朝廷, 不得已使公率兵赴椵島. 公恐傷明兵, 去凡放砲, 淸人覺之, 連斃五六人, 公猶不從, 淸人置之不問, 仍還送本國. 時遲川崔相國鳴[299]吉, 與箕伯陽坡鄭公太和, 相議以勢窮力盡, 不獲已服事淸人之意, 欲奏達皇朝[300], 用水路, 潛送僧獨步, 爲灣尹李烓密通於淸人, 遣使窮詰. 遲川被囚於瀋獄, 車·崔二人皆死, 禍將不測, 林忠愍亦在逮捕中. 公遂潛逃, 至海上, 附商舶, 至中洋, 手執長劍, 大言曰: "我林將軍慶業也! 吾欲自此擧帆, 直向登萊州, 爾輩若不從吾言, 當死此劍矣." 舟人不敢違, 發船行五六日, 泊於登州境, 蓋公意在於欲借皇朝兵力, 出山海關, 直擣瀋陽計也. 及到中原, 聞流賊遍滿天下, 熊廷弼·袁崇煥, 俱以宿將被讒見殺, 知天下事無可爲之勢, 遂痛哭, 還到登州, 附商舶, 還我國. 時逆臣金自點, 將謀逆, 最忌公, 聞其還, 私發[301]家人, 捕囚典獄, 杖殺之. 公臨死, 大言曰: "天下事[302]未定, 不可殺我矣." 仁祖聞之, 大驚震悼, 遣承旨[303]諭其屍, 此非予意. 遂脫龍袍殮葬, 贈諡忠愍,

---

296) 懼: 저본에는 '驚'으로 나와 있으나 이본에 의거함.
297) 皇明之恩: 나본에는 '皇明大恩'으로 되어 있음.
298) 人: 나본에는 '義士'로 되어 있음.
299) 鳴: 저본에는 '命'으로 나와 있으나 이본에 의거하여 바로잡음.
300) 皇朝: 가, 다본에는 '皇明'으로 되어 있음.
301) 發: 저본에는 빠져 있으나 이본에 의거하여 보충함.
302) 事: 저본에는 빠져 있으나 나본에 의거하여 보충함.
303) 旨: 저본에는 '首'로 나와 있으나 이본에 의거하여 바로잡음.

今典獄之立紅門[304], 蓋爲公特建也. 余以嶠南宰, 過忠州檀越, 拜謁公祠, 見公畫像, 白晳雍容, 有儒者氣像, 眼彩熒然, 勃勃有生氣. 其夫人碑閣在傍, 記殉節事跡,[305] 韓公德弼, 爲忠牧時所創建也.

下-43.

金善身, 義州馬頭也, 仗義踈財, 人皆信服. 隨諸譯, 屢入燕京, 以商賈爲業, 本州所遣銀, 積至數千兩, 仍滯囚府獄. 諸譯中一人, 與善身平日所[306]親者, 赴燕之路, 至獄見善身, 欲與同往, 行賂於獄卒, 以往還間寬[307]限, 始出獄. 同至北京, 月餘, 竣事將還, 一日, 善身來請, 曰: "某有家室在此, 願陪公一話矣." 譯官許之, 隨到其家, 善身署備酒食待之, 招妻子, 使謁於恩人. 妻年四十許, 有姿色, 携兩個兒子而至, 使拜見, 譯官驚曰: "汝何時有此妻子乎?" 善身曰: "某於前日, 來住北京時, 所娶而連生子女矣." 仍使長兒, 持剃刀薙髮, 譯官失驚, 曰: "汝何作此擧?" 善身曰: "某欲離本國, 久矣. 今行收得宿債於滿商, 計其數,[308] 恰爲三千餘金, 公可持去. 二千金畢完公遣, 一千兩公可自用, 餘幾許兩給獄卒, 好矣." 譯官[309]曰: "汝今將何往?" 善身曰: "欲往南京行商矣." 遂催之使去, 譯官揮涕作別而去. 善身仍留北京, 與遠方富商大賈, 相結識, 無非肆中雷陳也. 江南一大賈, 知善身信實, 可與同事, 携與偕往, 不幾歲殖貨, 至累鉅萬. 善身曰: "某有妻子, 在皇城, 今欲北還矣." 大賈挽

---

304) 紅門: 나본에는 '紅箭門'으로 되어 있음.
305) 記殉節事跡: 나본에는 '具事迹甚悉'로 되어 있음.
306) 所: 가본에는 '相'으로 되어 있음.
307) 寬: 나본에는 '爲'로 되어 있음.
308) 計其數: 저본에는 빠져 있으나 나본에 의거하여 보충함.
309) 官: 저본에는 빠져 있으나 이본에 의거하여 보충함. 이하의 경우도 동일함.

之不得, 贈銀五萬金, 以補行資, 他物稱是. 善身力辭不受, 只取一萬金, 遂北還, 移居于瀋陽, 蓋首邱之意[310]也. 所生一女, 艶而有德性, 年方十三[311]矣. 雍正爲皇子, 時陪康熙皇帝, 幸瀋陽, 善身女在路傍觀光, 雍正見而悅之, 遂納爲妃[312], 歲餘誕[313]乾隆. 及康熙崩, 雍正卽皇帝位, 善身女封皇后, 善身父子榮貴, 官至崇品. 善身每對我使, 問譯消息, 聞其已死, 厚遺其家, 對我人, 不諱其出處本末云.

下-44.

南怡, 世祖朝人, 素有神勇. 兒時遊於路, 見一叉鬟, 首戴漆盤而過, 有紅粉小女鬼, 坐[314]其上. 頗怪訝, 隨其後覘之, 轉入鑄字坊一大門, 是乃領相權擎家也. 俄而, 哭聲出於內, 聞擎之幼女, 食盤中一紅柿, 卒然暴死云. 怡詣門, 自言能救之, 擎試與入內, 怡見女鬼[315], 踞坐幼女之胸, 見怡入來, 急走避女, 卽甦起坐. 怡出外, 女又暴死, 擎遂招怡爲婿. 以其夫妻之命, 問於盲卜洪繼寬, 繼寬曰: "怡早年極貴, 不得善終, 然女當先怡而死云." 及怡以武科發身, 光廟愛其勇[316], 擢爲兵判. 李施愛之叛, 怡夜坐摠府言, "星變, 將有除舊布新之象!" 賊臣柳子光, 素忌南怡, 誣告謀叛, 睿宗素不喜怡, 下獄將鞫之. 怡夜坐獄中, 自念, '吾抱此神勇[317], 何必冤死哉?' 遂脫落枷鎖, 騰身上屋, 將欲逃走, 忽背後有人[318], 躡其衣, 曰: "公將

---

310) 意: 이본에는 '義'로 되어 있음.
311) 十三: 나본에는 '十四'로 되어 있음.
312) 妃: 나본에는 '後宮'으로 되어 있음.
313) 誕: 나본에는 '生'으로 되어 있음.
314) 坐: 나본에는 '跨'로 되어 있음.
315) 女鬼: 나본에는 '紅粉鬼'로 되어 있음.
316) 勇: 나본에는 '才'로 되어 있음.
317) 神勇: 다본에는 '神力'으로 되어 있음.

何走? 雖千里, 吾當追躡矣." 怡曰: "吾與爾, 素無恩怨, 何操我之急乎?" 其人曰: "吾獄卒也, 吾勇力, 雖十倍於公, 尙隱於獄卒, 公妄[319]恃勇力, 出仕於此世, 豈能免禍乎?" 南怡知不可脫, 仍復就囚. 睿宗親鞫, 問: "誰與同謀?" 怡曰: "與領相康純, 同謀矣." 純時以大臣, 方參鞫, 立逮繫車載西市, 純顧怡曰: "爾何誣我?" 怡笑[320]曰: "汝身爲首相, 知我寃而不救, 汝亦寃死, 可矣." 純低首無言, 同日受戮. 至純廟庚辰, 南相國公轍, 白其寃, 始伸雪, 竝贈諡復官.

下-45.

光海初, 城南墨洞, 有一弓師, 年衰貌寢[321], 家甚貧, 常賴衣食於習射之徒, 皆南村惡少年[322]也. 日在射場, 狎侮弓師, 浸虐[323]沓至, 弓師殆支梧不堪, 乃大言於衆曰: "君輩莫知我也! 今夕, 各具赤土一盆·赤筆一枝而來, 觀我技藝, 可矣." 衆惡少聞此言, 歡喜踴躍, 皆應諾而去. 至夕, 並如約而至, 弓師脫去衣袴, 裸體而立於衆中, 曰: "君輩各把赤筆, 試合力打我." 衆惡[324]少依其言, 各把赤筆, 卽爭趨弓師. 弓師左右跳踢, 獨敵衆人, 閃東倐西, 迅疾如電, 不見弓師, 但見一團赤塊, 當中盤旋而已. 衆惡少力盡氣促, 不能抵敵, 投赤筆於地, 皆委頓喘息. 弓師始挺身, 特立於庭, 曰: "君輩試看我一身, 有半點赤痕否?" 衆惡少逼視之, 莫不大驚疑怪, 列拜於庭, 請其故. 弓師遂擧兩手兩足, 示之, 見赤土凝聚於手足掌心, 厚至一寸許, 蓋揮動其手足, 防蔽赤土,[325] 使不得着身也. 衆惡少一齊叩頭, 匍匐而前, 請曰: "吾師眞神人也! 抱此絶藝, 何落魄至此乎?" 弓師掀髥而嘆[326], 曰: "吾非朝鮮人, 乃倭國驍將也. 曩值壬辰, 關白平秀吉, 將侵犯朝鮮, 選驍勇之士八人, 預[327]於平行長部下, 吾其一也. 晉州之戰, 朝鮮軍民, 死者七八萬, 積屍相枕於地, 行長方張夜宴於矗石樓, 共賀飮至. 忽見一男子, 左手提燈, 右手持鎗, 遍行積屍間, 往來如飛, 行長下令軍中, 曰: '彼於萬軍中, 獨自往來積屍間, 如入無人之境, 苟非驍勇絶倫者, 孰敢若是? 有能生致於軍中者, 當施以重賞矣.' 吾八人應聲而出, 各執利刃, 趨往視之, 乃一藐[328]少書生也. 意頗易之, 方擧刃欲刺其書生, 不慌不忙, 揮鎗迎擊, 連刺七人, 獨我逃脫不得, 急竄身於積屍中, 避其鋒銳. 少頃, 其書生腰挾一屍, 到我身邊, 以鎗指之, 曰: '汝非八壯士中一人乎? 同來七人, 皆斃吾手, 汝若獨還, 其可免戮乎? 莫若隨我同去矣.' 吾聞此言, 拜伏願從隨, 至智異山, 入深峽間, 惟存數間茅屋而已. 其書生無眷屬, 使我日採樵, 販於市以資生, 吾問: '目今兵連禍結, 八路民生, 盡在魚肉, 獨先生深藏山峽, 殆若越視, 抑有故歟?' 書生曰: '此非爾所知也. 勝我十倍者, 方出於世, 多有爲國討賊, 倭不足平也. 雖然, 我國用人之法, 徒取門地, 不取[329]人材, 此吾所以不欲强出於世也. 汝亦同我, 托跡於此山, 可矣.' 吾從其言, 服事數十年, 書生病死, 吾始出山, 周遊於八路, 歷[330]覽山川之

---

325) 赤土: 나본에는 '赤筆'로 되어 있음.
326) 嘆: 저본에는 '笑'로 나와 있으나 가본에 의거함.
327) 預: 나본에는 '隷'로 되어 있음.
328) 藐: 저본에는 '貌'로 나와 있으나 이본에 의거함.
329) 取: 이본에는 '問'으로 되어 있음.
330) 歷: 나본에는 '窮'으로 되어 있음.

勝. 顧今年迫桑楡, 不能遠遊, 偶然寄食於此, 受君輩蔑視矣. 君輩年且少, 前程萬里, 況抱膽力者, 多混於賤人中, 愼勿以窮困而凌沓也." 衆惡少皆伏而慚謝之. 翌日, 携斗酒往訪弓師, 已乘夜潛遁矣.

下-46.

李相國浣[331], 少時, 喜射獵. 一日, 逐獸入深山中, 有一村庄, 公飢甚, 到其[332]門, 門庭閑寂無人. 卽入內[333], 一美妹獨居, 見公, 問曰: "君是何人, 獨自至此?" 公曰: "吾偶射獵, 逐獸至此耳." 女曰: "此是大盜之窟也, 亟去勿留! 若少遲則死矣." 公曰: "日已昏黑, 虎豹橫行, 吾去亦死, 留亦死. 君是盜妻, 則與我聯寢, 亦無妨矣." 女亦不拒, 備進夕飯, 公食訖, 遂與女同抱而臥. 夜深, 聞砲聲自遠而起, 女驚曰: "盜將至矣!" 遽欲攬衣而起, 公曰: "今爾與我, 起亦死, 臥亦死矣, 曷若與爾同抱而死乎!" 女亦聽之. 俄而, 盜入房, 熟視良久, 亦無怒色, 拔劍而擬之. 公徐曰: "殺之便殺, 何戲也?" 盜遂縛公手足, 懸於樑上, 顧女曰: "亟溫酒烹一猪來!" 女戰慄披衣出去[334], 少頃, 捧酒猪以進, 盜連倒數觥, 以刀切[335]猪肉啗之, 仰視樑上, 曰: "汝雖當死, 我不可獨食, 喫此而死, 可矣." 用刀尖, 穿猪肉, 少許納于[336]口中, 公以受之, 少無怖容. 盜曰: "汝眞丈夫也, 吾豈殺之乎?" 遂起而下之, 解其縛, 拜曰: "公貴人也! 他日, 某當死於公之手, 公能活我乎?" 公笑曰: "吾之命, 今懸於君, 此何言也?"

---

331) 浣: 저본에는 빠져 있으나 가, 나본에 의거하여 보충함.
332) 其: 저본에는 빠져 있으나 이본에 의거하여 보충함.
333) 內: 저본에는 '來'로 나와 있으나 이본을 따름.
334) 披衣出去: 나본에는 '披衣而起, 出廚下'로 되어 있음.
335) 切: 나본에는 '割'로 되어 있음.
336) 于: 이본에는 '公'으로 되어 있음.

盜曰:"不必多言, 公但以活我之意, 書于紙賜我, 可矣." 公遂書而贈之, 盜大喜, 使女更辦酒肴[337], 與公劇飮, 盜曰:"此女旣爲公所眄, 則吾不敢復近, 公可携與同歸矣. 此中積財, 不下數萬金, 公亦自取用之." 言畢, 出門而去. 公乃與女, 滿載金帛而還. 後登武科, 而以訓將[338]兼捕將, 自三南捉上盜魁, 將置于法之. 盜自囊中, 出一紙呈, 公視之, 乃曩時所遇盜也. 時孝宗方圖北伐, 旁求人材, 公乃以[339]遇盜所經之事, 仰達, 上特釋之, 除拜捕廳從事官. 後官至防禦使.

下-47.

禹兵使夏亨, 平山人, 少而瘦弱, 人皆不知其有膽力也. 嘗與同伴六七人, 讀書于山寺, 邑有惡少輩, 結黨上山, 謀逐諸生. 日夕, 擾其座, 或佯醉詬罵, 或裂冠擲地, 侵虐百端. 諸生轉不能堪, 稍稍引去, 獨夏亨讀書如故, 惡少輩奪其書, 卽投火, 夏亨曰:"此聖賢書也, 君輩何謾侮[340]至此?" 惡少輩曰:"聖賢何人?" 夏亨曰:"孔孟也." 惡少輩曰:"孔孟, 吾不知." 夏亨曰:"不知孔孟, 則以此列名于紙乎?" 惡少輩嘻笑紛集, 列書姓名, 曰:"孔孟, 吾不知, 吾亦不知." 夏亨收其紙, 納於袖, 哂[341]起立, 曰:"君輩以不知孔孟, 列書姓名, 則是猶禽獸也, 豈可齒之人類乎?" 惡少輩閧然大咤, 爭前奮拳欲毆. 夏亨遂捉惡少一人之足, 揮動亂打, 連打倒十餘人, 惡少輩皆抱頭駭竄, 奔告于官. 府使馳到視之, 被打死者十餘人, 餘者, 皆頭

---

337) 酒肴: 나본에는 '酒肉'으로 되어 있음.
338) 訓將: 나본에는 '元戎'으로 되어 있음.
339) 乃以: 저본에는 '以乃'로 나와 있으나 가, 나본에 의거함.
340) 謾侮: 가, 나본에는 '慢侮'로 되어 있음. 뜻은 서로 통함.
341) 哂: 나, 다본에는 '乃'로 되어 있음.

面破[342]傷, 僅存氣息. 府使大驚, 枷囚夏亨, 具由報巡營, 遂狀聞于朝. 時英宗在宥命, 道臣押夏亨, 上司親問于庭, 得其狀, 惜其勇, 特赦戕命之罪, 卽除宣傳官. 例授防邊[343]之職, 命爲潼關僉使, 瓜滿將歸, 到摩天嶺, 坐道傍暫憩. 有䫉少年, 與一美妹, 亦來憩于路左, 視其妹, 眞殊色也. 忽見一總角, 面貌極凶獰, 驅馬十餘駄, 上嶺而來, 皆北鎭細布也. 顧美妹屢目之, 卽到少年前, 問曰: "彼美妹是誰?" 少年曰: "吾妻也." 總角曰: "吾若勒奪君妻, 非丈夫, 請與君試角觝, 君能勝我, 則當以此馬幷所駄與君, 我若勝君, 則亦以君妻與我." 少年曰: "爾妄[344]恃匹夫之勇, 欲勒奪吾妻乎?" 總角冷笑曰: "初生之犢, 不知死活, 焉敢侮我?" 卽飛左脚, 望少年一撲, 少年奮身一躍, 避坐右邊, 總角又飛右脚, 望少年一撲, 少年又轉身一躍, 避坐左邊. 總角怒從心起氣, 欲生呑揮動雙拳, 卽奔少年, 少年躍起數丈, 捷如飛猱[345], 上下跳踢, 左右防遮. 夏亨目擊此狀, 不勝駭忿, 爲少年, 卽欲奮力相助, 然頗㤼總角之勇猛, 躊躇未決. 少年頻頻顧視, 夏亨忽大呼一聲, 雙手擧總角, 撲倒在地, 登時卽斃, 乃驅二駄馬, 來拜夏亨, 曰: "若非公, 則我死於賊矣. 此物雖薄, 敢表微誠." 夏亨慌忙, 答曰: "我膽少力弱, 不能相助, 何得言謝?" 少年曰: "彼總角眞壯士也! 與我角力, 卒難取勝, 見公在傍, 怒髮衝冠, 時或離坐去地尺許. 公亦壯士也, 旣知公在傍, 必助我, 則吾膽氣益壯, 方能斃賊, 此非公之大恩而何?" 言畢, 遂與美妹, 驅馬而去. 自此, 夏亨恒居畏約, 不敢以勇力加於人.

---

342) 破: 저본에는 '披'로 나와 있으나 이본에 의거함.
343) 防邊: 나본에는 '防秋'로 되어 있음.
344) 妄: 저본에는 '忘'으로 나와 있으나 가, 다본에 의거하여 바로잡음.
345) 猱: 다본에는 '猿'으로 되어 있음.

下-48.

　李秉軾, 英宗朝時人, 自兒時, 以膂力絶倫, 聞於世. 具判書允明, 家畜一馬, 性極悍猛難馴, 嘗噬殺圉人, 具公爲除後患, 召秉軾, 使斃之. 馬見秉軾, 奮身[346]騰踔, 意欲搏噬, 秉軾掖腕, 卽前捉其尾, 曳出庭中, 周曳數三匝, 擧撲[347]於地, 遂斃. 具公壯其勇, 薦于朝, 擢武科, 仍授禁軍. 上番北苑時, 値隆冬, 老檜爲大風所拔, 橫途凍僵, 禁旅數百人, 用巨索竝力牽輓, 猶不能動. 皆求助於秉軾, 秉軾辭不能, 乃沽酒勸飮, 至於泥醉. 秉軾被酒, 始挺身而出, 抱持臥檜, 下一半, 爲積氷所纏, 着地不起, 上一半, 隨手揭[348]起裂, 作霹靂聲. 衆皆駭然, 服其神力. 秉軾家在仁川, 嘗下番, 到楊花津, 梢工撑船, 離岸已數十步許. 有一僧, 面貌獰頑, 坐婦人轎傍, 揭簾調戱, 舟中皆惴惴無人色. 秉軾望見, 忿極眦裂, 遂奮身一躍, 卽到船頭, 揮拳打僧, 踢下水底, 在傍觀者, 莫不稱快. 秉軾還家月餘, 方耕於田畝, 路過一僧, 體克壯, 貌甚獰[349]. 手持[350]鐵杖, 立在壟上, 問曰: "李秉軾在此村云, 家住何處?" 秉軾悚然釋耒, 而答曰: "李秉軾日前出他, 不還矣. 然師之欲見秉軾, 何也?" 僧曰: "聞秉軾殺我門徒, 將欲與渠角力, 兼爲報仇矣." 秉軾擧手遙指, 曰: "彼西邊有絶壁, 陡起千仞, 下臨大海. 秉軾每踞坐其上, 伸兩足於外, 使壯健勇夫, 自後踢之, 不曾搖動矣. 師果能之乎?" 僧曰: "吾亦欲試之, 君其爲我指示其處." 秉軾暗喜, 與僧到絶壁上, 僧踞坐巖頭, 伸其兩足於外, 顧謂秉軾曰: "君試自後踢我." 秉軾乃盡平

---

346) 奮身: 가, 다본에는 '奮迅'으로 되어 있음.
347) 撲: 나본에는 '擲'으로 되어 있음.
348) 揭: 다본에는 '揚'으로 되어 있음.
349) 甚獰: 나본에는 '極凶獰'으로 되어 있음.
350) 持: 저본에는 '技'로 나와 있으나 다본에 의거하여 바로잡음.

生之力, 連踢數三, 若蜻蜓撼柱, 凝然不動. 僧忽顧語曰: "今君所踢, 似覺微痛, 君亦薄有勇力矣." 遂拂衣而起, 曰: "姑俟李秉軾還家, 吾當復來矣." 仍携杖徐去[351]. 秉軾悚懼膽落, 但躡後觀望, 有一少書生, 貌甚黃瘦, 跨小驢而來, 與僧相値於田間挾徑. 僧以鐵杖, 撞其驢, 推落於溝瀆中, 荷杖而去. 秉軾雖忿甚, 然莫敢動, 俯視溝瀆, 正欲救出書生, 其書生匍匐攀崖而上, 驢已斃矣. 低首若有所思, 久之, 忽自語曰: "吾平日, 不欲戕人性命, 然若不除此僧, 其傷人必多矣." 見僧已去遠, 急整衣冠, 奮身[352]而起, 遂趣步追之[353], 其疾如飛. 瞬息之頃, 已追及於僧, 自其背後, 躍起丈許, 洒以雙手, 壓僧兩肩, 復從來路而去, 僧植立不動, 有若木偶人. 秉軾始料書生必死於僧, 嗟惋不已, 見此光景, 方疑怪莫測. 道上行人, 皆避僧迂路而過, 問於秉軾曰: "俄有天罰乎! 彼僧立在途中, 腰以下半入地, 兩眼突出, 張口吐舌而斃, 厥狀異常, 寧不可怕乎?" 秉軾聞之, 始放心, 近前[354]視之, 僧已斃矣. 乃喟然歎[355]曰: "吾自少忘恃匹夫之勇, 自謂天下無敵, 不知世間有許多神力, 此眞井底蛙耳." 自後, 每對人道此事, 不敢以勇力自詡云.

下-49.

閔判書昌爀, 自兒時, 膂力絶倫. 家在西門外車洞, 庭畔有古槐, 大十圍, 仰視[356]參天, 世傳屢百年. 物中有大蟒, 每天陰雨濕, 喞喞

---

351) 徐去: 나본에는 '徐步而去'로 되어 있음.
352) 奮身: 나본에는 '奮然'으로 되어 있음.
353) 趣步追之: 나본에는 '促步追去'로 되어 있음.
354) 近前: 나본에는 '急往'으로 되어 있음.
355) 歎: 저본에는 '難'으로 나와 있으나 나본에 의거함.
356) 仰視: 다본에는 '視若'으로 되어 있음.

有聲, 或橫臥於枝幹. 公兒時, 聚炭於槐穴焚之, 使烟燻上升, 執鐵鞭以俟之. 俄而, 大蟒自枝墮下, 張口向公, 小蛇百餘頭, 從之. 公左跳右躍, 揮鐵鞭, 連斃之, 充滿階庭[357], 渾身血汚[358]. 自此, 蛇患頓息, 人服其勇. 又童子時, 隨大人光州公之任所, 嬖一妓, 偶與同上南門樓, 樓下一醉漢, 擧手招妓, 妓惶怵欲下去. 公怒甚不許, 貢生輩皆告曰: "此人本邑力士也, 隣境皆畏之, 莫敢嬰其意, 妓若不去, 恐生梗矣." 公終不許, 醉漢一躍登門樓, 欲毆公, 公笑曰: "汝果勇士也! 吾欲試之, 汝能躍起循此四隅柱壁而下乎?" 醉漢卽躍起, 循柱壁數回而下. 公乃褰起衣袖[359], 一躍而上, 以兩手循城樓簷角, 周回數[360]十次而下, 面不改色. 醉漢遂伏地請死, 公曰: "若留汝於世, 邑村必苦之矣." 卽捉其兩腕, 捲[361]其肉, 至肱曲處, 聚成一堆, 又把其兩足, 捲[362]其脚肉, 至膝蓋處, 聚成一堆, 卽擧而擲之. 城下觀者, 如堵墻, 莫不駭然震恐. 公早登第, 當正宗朝, 引見恩彦君於重熙堂[363], 大君[364]率百官, 幷請對, 上不許攔入, 命掖屬竝軍卒屢百人, 橫長杠於進善門. 又用大索數十把, 使軍卒合而拒之, 百官到此, 皆不得入. 元戎徐公有大, 素有膽力奮勇, 當前叱之, 亦不得入. 閔公時以都承旨, 顧謂諸公曰: "但隨我後, 則可以入矣." 卽前折長杠, 爲兩段把大索, 一揮索絶, 而軍卒數百餘人, 皆仆於地, 諸公始隨後而入, 眞神力[365]也.

---

357) 階庭: 나본에는 '階除'로 되어 있음.
358) 汚: 나본에는 '濺'으로 되어 있음.
359) 衣袖: 나본에는 '衫袖'로 되어 있음.
360) 回數: 저본에는 '數回'로 나와 있으나 이본에 의거함.
361) 捲: 저본에는 '推'로 나와 있으나 나본에 의거함.
362) 捲: 나본에는 '推'로 되어 있음.
363) 重熙堂: 나본에는 '迎春軒'으로 되어 있음.
364) 君: 저본에는 '臣'으로 나와 있으나 다본에 의거함.

下-50.

李公柱國, 正廟朝將臣也, 素有膽力[366], 爲世所稱. 嘗以元戎習操沙場[367], 軍伍中有後期者, 略施棍治, 卽地而斃. 及罷還之路, 見其妻子伏於屍傍而哭, 其子年可十歲許, 回顧將臣, 殺氣滿面. 將臣悚然, 使招其妻子[368], 謂之曰: "吾非故殺汝夫也, 不過行其軍律耳, 汝母子不必介懷於我矣." 遂厚給錢財, 使用於送終之費, 其母則感謝不已, 獨其子殺氣, 依舊不解. 將臣欲以恩義感化, 謂其母曰: "汝子年幼, 吾欲留置吾家[369], 使渠成就矣." 其母拜謝而去. 自此, 撫愛如子侄, 厚其衣食. 及長, 又爲娶[370]妻, 恒留在寢房, 察其氣色. 一夕, 殺氣甚盛, 事在目前, 夜深後, 開門出去. 將臣急攬衣而起, 納竹夫人於衾中, 避在房隅, 以觀動靜. 少頃, 其子手持短刀, 自外而入, 直刺衾中, 曰: "小人雖厚蒙使道恩德, 安有人子而不報殺父之讐者乎? 莫怪小人之無義." 言畢, 開門欲出, 將臣自後抱其腰, 曰: "汝今已報父仇矣, 何必殺我乃已? 吾則少無介滯於懷, 汝亦回心, 永留吾家, 勿替始終." 其子拜, 曰: "使道縱垂恢弘之德, 小人罪當萬死, 何敢復留門下乎?" 仍翩然出門, 不知所之, 使人探其家, 與其母已遁矣.

下-51.

正宗朝, 徐公有大, 素[371]有智略, 以儒反武, 其所與遊, 皆將家子

---

365) 神力: 나본에는 '神勇'으로 되어 있음.
366) 膽力: 이본에는 '膽略'으로 되어 있음.
367) 沙場: 나본에는 '江上'으로 되어 있음.
368) 妻子: 나본에는 '母子'로 되어 있음.
369) 吾家: 나본에는 '門下'로 되어 있음.
370) 娶: 저본에는 '聚'로 나와 있으나 이본에 의거하여 바로잡음.
371) 素: 나, 다본에는 '少'로 되어 있음.

弟矣. 日在射³⁷²⁾場, 以酒食爲事, 公家貧恥, 不能辦諸婦, 婦盡賣新婚時嫁裝, 盛備珍羞. 與諸人約會射亭, 日已向夕, 諸人方飢困, 及送來者, 藿飯也. 衆皆甘食至飽, 獨趙公心泰·李公柱國·申公大謙, 托以腹痛不食. 俄而, 大卓始至, 無非珍羞美饌也. 公乃與三將臣, 食之頓飽, 諸人方知見瞞, 皆慚愧. 後公與三將臣, 皆登壇, 此雖微事, 亦可以觀將略矣.

下-52.

李思成, 戊申賊魁也. 其爲平安兵使也, 時宰幕裨之請沓至, 思成難於取捨, 使皆追後而來, 意欲擇而用之. 及到兵營, 次第問之, 皆各言薦主, 獨後一人曰: "某³⁷³⁾自請也." 思成熟視, 曰: "自請儘好矣." 遂以其人爲戶幕, 久而察之, 頗有幹局, 事事中竅, 仍信任如手足. 至戊申³⁷⁴⁾, 麟佐謀逆, 思成屢出賊招, 自王府遣都事, 將拿來, 諸幕裨聞之, 皆潛遁, 獨自請裨一人存焉. 問於思成曰: "今聞拿命將至, 公果有所犯乎?" 曰: "有之矣." 裨曰: "然則公將死矣, 死後, 或有伸雪之道乎?" 思成曰: "此亦無之矣." 裨曰: "若是則公果逆也, 男兒死等耳, 豈可束手待縛乎? 此營雖小, 尙有標下軍五百餘人, 待都事, 到營先梟其首, 擧兵直犯京師, 則列邑當從風而靡, 公意何如?" 思成曰: "此亦不可矣." 裨曰: "哀哉公也! 某之受恩於公, 多矣, 當爲公保一子矣." 遂負³⁷⁵⁾其幼兒, 乘夜出門, 不知所之.

---

372) 射: 저본에는 '沙'로 나와 있으나 이본에 의거함.
373) 某: 나본에는 '小人'으로 되어 있음.
374) 戊申: 저본에는 빠져 있으나 나본에 의거하여 보충함.
375) 負: 나본에는 '抱'로 되어 있음.

下-53.

英宗朝, 酒禁甚嚴. 尹兵使九淵, 以犯釀, 親御崇禮門, 梟首警衆, 朝野震慄, 莫敢有犯禁者. 一武弁,[376] 以宣傳官方入直, 上賜尙方劍, 下敎曰: "予聞東村班家有潛釀者, 若三日內, 不斷頭還奏, 則當以此劍, 斷爾頭矣." 武弁俯伏聽敎, 汗出浹背, 退而思之, 無路探問. 忽憶有一所眄妓, 在東村梨花亭近處, 遂乘夕而往, 與之共宿, 厚遺錢財, 妓甚喜. 至第二夜, 佯作痛苦之狀, 跳躑叫號, 妓驚問其故, 武弁曰: "吾[377]素患痰積年[378], 每一發作, 如是危劇矣." 妓曰: "豈無當藥乎?" 武弁曰: "惟小飮藥酒, 卽止痛, 是外無藥, 當此禁釀, 安所得酒乎?" 妓曰: "妾第當圖之矣." 遂佩小壺於裙底, 出門而去. 武弁潛起, 藏劍於身, 躡後伺之, 妓至山麓下一茅屋, 揭席門而入, 少頃, 沽酒出來. 武弁卽前奪其壺, 直到外舍, 一少年書生, 方對床讀書. 武弁突入拔劍, 而言曰: "承傳敎以君家犯釀來, 斬君頭矣!" 少年[379]驚起哀乞, 曰: "家有老母, 爲飢寒所迫, 犯此國禁罪, 豈敢逭哉? 願一面老母, 則雖死無憾矣." 武弁憐其意, 許之, 少年倉皇入內, 俄而, 哭聲震動. 老夫人與子婦, 排戶卽入, 拜於武弁, 曰: "此非兒子所知, 老身之罪也, 請斬吾頭." 少婦[380]亦哭, 曰: "酒甖卽我所釀, 願斬妾頭." 三人聚作一團, 互相爭死. 武弁見此光景, 仍撞破酒壺而起, 曰: "吾寧死此劍, 何忍行此不仁不義之擧乎?" 遂出門而去. 至三日限滿, 入闕奏於榻前, 曰: "臣到東村, 隨處密探, 初無犯禁, 故還納此劍, 請死矣." 上仍置之不問. 武弁自

---

376) 一武弁: 다본에는 이어서 '兪鎭恒'이라는 내용이 첨부되어 있음.
377) 吾: 저본에는 빠져 있으나 이본에 의거하여 보충함.
378) 年: 저본에는 빠져 있으나 다본에 의거하여 보충함.
379) 少年: 나본에는 '書生'으로 되어 있음. 이하의 경우도 동일함.
380) 少婦: 나본에는 '子婦'로 되어 있음.

後, 官數蹇滯十餘年, 始得白翎僉使. 時當[381]荐歉, 酒禁方[382]嚴, 伊時海伯, 李判書益輔也. 武弁偶到巡營, 公問曰: "貴邑得無犯釀乎?" 武弁對曰: "利之所在, 安得無犯乎? 小人曾於十年前, 當尹兵使九淵, 以犯讓, 親臨梟首之時, 偶以宣傳官入直, 奉上命, 持尙方劍, 到東村一班家, 捉贓物, 直入外舍. 見妙少年[383]方讀書, 拔劍欲斬, 其書生哀乞一面老母而死. 俄而, 其老母與子婦出來, 三人相抱痛哭爭死, 小人不忍見其死狀, 以死自當, 乃以初無犯釀之意奏達, 天幸得免誅戮矣." 語未竟, 公顔色頓變, 招家傔耳語. 少頃, 自內衙傳言, 悉屛在傍諸人, 武弁亦隨衆欲起, 公曰: "君且少坐[384]!" 俄見, 一老夫人與中年婦人, 卽到武弁前, 痛哭曰: "我母子與婦, 俱不死, 至于今日, 皆君之賜也. 欲報大恩, 天地罔涯, 豈意今日到此相逢乎?" 武弁徜怳無語, 但俯首稱不敢而已. 自後, 公以通家之誼待, 武弁還朝, 以此事, 遍言於卿宰, 極力吹噓. 其武弁官至統制使.

下-54.

黃判書仁儉, 少時, 讀書于山寺. 有一僧, 甚伶俐,[385] 饒於財, 竭誠供饋, 公素淸貧, 多賴補助. 公深德之誓, 他日富貴無相忘. 及公擢第, 按察嶺南, 僧亦隨往山淸縣, 有一疑獄. 一村女少寡, 獨上亡夫之墳, 至夜哀哭, 其翌日, 村人往視之, 以刀自割下體, 死在墳前, 官不能決, 報于巡營, 莫得端緖, 置之疑案矣. 僧在傍見之[386],

---

381) 時當: 나본에는 '方値'로 되어 있음.
382) 方: 나본에는 '甚'으로 되어 있음.
383) 少年: 이본에는 '少書生'으로 되어 있음.
384) 坐: 나본에는 '住'로 되어 있음.
385) 甚伶俐: 저본에는 빠져 있으나 나본에 의거하여 보충함.
386) 見之: 나본에는 '睨視'로 되어 있음.

忽潛然[387]下淚. 公怪而問之, 僧曰: "此小僧之事也. 年少時, 偶夜過此村, 聞女人哭聲, 尋到其處, 見此寡, 不勝淫欲, 仍強奸. 其翌日, 聞此寡自割下體而死, 小僧自此, 平生哀恨於心, 雖懺悔佛前, 常忽忽無生世意. 自逢明公, 心忽傾[388]慕, 莫知其所以然矣." 公默然久之, 曰: "吾非寡恩於汝, 國法至重, 烏得顧私哉? 汝當死矣." 僧徜悅不敢言. 公命積柴於官門外, 以錢千兩, 繞於其身而焚之, 聞之者, 皆稱快焉.[389] 世以公不念舊恩, 置僧於法, 雖是當然之事, 公之無後職, 由於此云.

下-55.

靈城君朴公文秀, 善戲謔. 朴判書師洙, 性好鶴, 有蜜花珮[390]纓, 價直千金. 靈城計欲奪之, 乃以梔子染白鶴之羽, 宛然黃鶴也, 藏在後園[391]. 一日, 邀朴公, 至後園, 置酒劇談, 忽見一黃鶴, 隱映於花竹松翠間. 大異之, 急問於靈城曰: "此仙鶴也, 公從何得來乎?" 靈城故不答, 責家僮, 曰: "爾何放鶴使出於外乎? 亟驅去, 安於故處." 朴公苦請一見, 靈城堅不從, 朴公至於發怒, 靈城佯若不得已, 搔頭而言曰: "吾所親道僧[392], 方住楓嶽, 偶獲此鶴於深山中[393], 鎖籠送之, 漸致馴[394]狎, 故開籠鍛羽, 放在後園. 今旣爲公所見, 不可不[395]使公一見也." 遂使家僮, 驅來於前階, 朴公見之大喜, 曰: "吾

---

387) 潛然: 나본에는 '潸然'으로 되어 있음.
388) 傾: 저본에는 '頃'으로 나와 있으나 나본에 의거하여 바로 잡음.
389) 皆稱快焉: 다본에는 '莫不快然'으로 되어 있음.
390) 珮: 저본에는 '佩'로 나와 있으나 이본을 따름. 이하의 경우도 동일함.
391) 後園: 나본에는 '園亭'으로 되어 있음.
392) 道僧: 나본에는 '道友'로 되어 있음.
393) 深山中: 나본에는 '永郞嶺'으로 되어 있음.
394) 馴: 저본에는 '訓'으로 나와 있으나 다본을 따름.

有蜜花珮纓, 價直千金, 請以此易彼, 何如?" 靈城掉頭, 曰: "豈可以仙家黃鶴, 易彼珮纓乎?" 朴公着急, 曰: "吾又有日行三百里[396]駿足, 竝此易彼, 如何?" 靈城不答, 顧左右而言他, 朴公大怒, 起欲徑去, 靈城佯作皺眉[397], 曰: "吾縱惜黃鶴[398], 寧可因此, 與公絶交乎?" 朴公大喜, 卽送人於家, 持珮纓竝駿足而來, 傳於靈城. 或恐他人路見黃鶴, 藏在籠中, 卽隨後而去, 靈城大笑[399]噴飯. 朴公還家後數日, 天大雨, 黃鶴爲雨淋所褪羽毛, 黃色盡脫, 乃晃然一白鶴也. 公懊悔曰: "吾乃爲渠所瞞耳." 聞之者, 莫不絶倒[400], 相傳爲笑談.

下-56.

靈城有一族人, 家甚貧, 來請賙急, 靈城曰: "賙急曷若筮仕?" 族人曰: "若筮仕, 則豈可以賙急易之乎?" 靈城笑曰: "但依吾言, 可得之矣." 遂指所座[401], 曰: "待豊原趙判書之來, 可如此如此." 其族人應諾.[402] 時趙相國顯命, 方掌銓選[403]. 明日, 置酒[404]邀豊原, 豊原卽赴靈城座, 靈城着道袍, 在挾房, 起迎豊原, 喧笑不已. 靈城揮手止之, 曰: "勿高聲!" 豊原笑曰: "令公今忽收斂, 何也?" 靈城低語曰: "有族長[405]一人, 在湖右, 學術高明, 爲見我, 俄方枉顧, 故吾令

---

395) 不: 저본에는 빠져 있으나 나, 다본에 의거하여 보충함.
396) 三百里: 다본에는 '千里'로 되어 있음.
397) 皺眉: 다본에는 '蹙眉'로 되어 있음.
398) 黃鶴: 나본에는 '仙鶴'으로 되어 있음.
399) 笑: 나본에는 '噱'으로 되어 있음.
400) 絶倒: 나본에는 '絶腰'로 되어 있음.
401) 所座: 나본에는 '狹房'으로 되어 있음.
402) 其族人應諾: 저본에는 빠져 있으나 나본에 의거하여 보충함.
403) 銓選: 나본에는 '銓曹'로 되어 있음.
404) 置酒: 저본에는 빠져 있으나 이본에 의거하여 보충함.
405) 族長: 나본에는 '族叔'으로 되어 있음.

避坐挾房矣." 忽聞房內有責聲, 曰: "身爲卿宰, 何不自重, 若是喧聒耶?" 靈城急入, 而對曰: "適有所親切友來訪, 故如是矣." 其族人曰: "朋友之道, 當以敬重[406], 不必如是矣." 靈城應答而退, 豊原急問曰: "此人之名云誰?" 靈城曰: "名某矣." 豊原談話, 移時遂去. 靈城笑謂族人曰: "今筮得初仕矣." 後數日, 其族人, 果監役首擬蒙點. 靈城之平居[407]滑稽, 蓋多如此.

下-57.

沈陝川鏞, 少豪放, 仗義疏財, 世皆稱之. 公嘗過東村, 見一美娥, 推窓視外, 艶其色,[408] 訪於隣婆, 酒殿監之妓妾也. 遂潛賂隣婆, 通其戀慕之意, 女欣然從之, 自此, 昏夜往來屢矣. 一夕, 與女[409]方連枕而臥, 其夫自外開戶而入, 公卒無逃避處, 急擧炭爐, 撲其面, 卽倒於地. 遂携女潛遁, 率畜於家, 歲已久矣. 一日, 門外有乞丐, 求食聲甚哀, 覩其面, 皮皺裂, 又眇一目, 見甚駭慘. 公惻然[410]賜之食, 問其所以然, 丐曰: "時移事往, 言之何益乎?" 公强問之, 丐歎息曰: "某本殿監也, 少時, 家稍饒, 出入妓房, 畜一妓. 自闕下番, 方開戶入室, 不知誰人, 卒地擧炭爐撲面, 仍携妓而逃. 久後始甦, 辛苦數年, 僅得免死, 然狀貌破傷, 至於此境, 家産亦蕩敗, 所以作此乞丐耳." 公聞甚愧恨[411], 知其爲自家事也. 遂與乞丐入內, 謂女曰: "此汝之前夫也, 緣我一時錯誤, 使彼至此境, 寧不

---

406) 以敬重: 나본에는 '以敬爲主'로 되어 있음.
407) 平居: 다본에는 '平日'로 되어 있음.
408) 艶其色: 나본에는 '慕其艶'으로 되어 있음.
409) 女: 나본에는 '妓'로 되어 있음. 이하의 경우도 동일함.
410) 惻然: 저본에는 빠져 있으나 나본에 의거하여 보충함.
411) 甚愧恨: 저본에는 '惻然'으로 나와 있으나 나본을 따름.

慚悚哉? 今吾與汝同居, 已多年所矣, 汝所居家舍與財産, 都付於汝, 從此與前夫, 復續舊緣, 可矣." 仍慨然出門而去, 世以稱此公意氣焉. 又內外司名妓四五十人, 特設大宴於蕩春臺, 各請平日愛夫一人[412], 正延竚苦竢. 時値夕陽, 垂柳陰邊一老人, 韶顔白髮, 騎駿驄, 童子一人, 挾琴隨後而來. 衆妓各欣然出迎, 曰: "來矣." 及視之, 乃沈陝川也. 其平日豪爽[413]如此.

下-58.

金魯賢, 判書勉柱之侄, 徐相國龍輔之妹夫也. 少而豪俠, 游戱於花房, 嘗[414]嬖醫女面城月, 贈錢八千兩, 遂以金八千, 名於世. 正廟深惜其人器, 必欲賜第進用, 而終不赴擧. 乙卯春, 正廟奉惠慶宮, 行幸華城, 使內外司諸妓, 陪護而行. 金八千着氈笠, 控面城月, 所騎馬而行. 上微聞之, 使妓馬夫, 進前各言姓名, 至金八千, 伏而對曰: "小人妓夫金八千矣!" 上笑而使退置之, 無可奈何. 及丙寅, 金氏一門, 皆被竄殛, 而獨金八千, 超然得免於禍, 豈非高人一等哉?

下-59.

英宗末年, 當大耋之齡, 每日進御羅蔘, 而繼用極艱[415], 悉用松蔘. 時洪相國鳳漢, 亦以國戚, 遭內艱, 鰲興金國舅漢耈, 往弔焉. 洪相泣曰: "偶有童子蔘, 用於親患, 而藥亦無靈矣." 鰲興默然不答歸, 以洪相國得童子蔘, 不進於湯劑, 私用於私親, 上疏論罪. 此不

---

412) 一人: 저본에는 빠져 있으나 가, 다본에 의거하여 보충함.
413) 豪爽: 나본에는 '豪宕'으로 되어 있음.
414) 嘗: 저본에는 '常'으로 나와 있으나 가, 다본을 따름.
415) 艱: 다본에는 '難'으로 되어 있음.

過弔席私談, 而至於陳疏請討, 則誠過矣. 洪·金之爭, 蓋始於此. 洪相嘗於稠座, 謂鰲興曰: "公居南村, 故時人謂之南漢; 吾居北村, 故亦謂之北漢, 豈非適對乎?" 鰲興笑曰: "南漢·北漢, 俱是國家保障之地也, 公與我, 各盡保障之責, 豈不好哉?" 蓋二公名, 皆是漢字故也.

下-60.

我東初無佛法, 新羅南解王[416]元年, 五十三佛, 自天竺國, 乘石鐘, 泛海而來, 泊高城縣, 轉向金剛山, 列坐於楡樹枝. 縣官盧偆, 白于王, 卽於其地創寺, 以安之, 今楡岾寺, 是也. 乃漢平帝元始四年甲子事, 此載高麗平章事閔漬所記.

下-61.

元曉大師, 新羅神文王時神僧也, 王甚禮焉. 元曉嘗唱歌云: '誰許設斧柯, 我斫[417]支天柱.' 王聞之, 曰: "此師欲得貴婦產貴子之謂也, 國有大賢, 利莫大焉." 時瑤石宮, 有宗室新寡, 王勅宮吏, 覓元曉, 自南山來, 遇宮吏, 過楡橋, 佯墮川中. 吏扶起, 至宮中, 曬衣因留宿, 寡果有娠生子, 卽薛聰也. 生而博通經史, 以方言解九經義, 又以俚語製吏文, 今行於官府者, 是也. 王嘗燕居進聰, 曰: "子有異聞, 爲我陳之." 聰乃作「花王傳」, 以諷王, 蓋其書曰: "花王之始來也, 有一佳人, 名薔薇, 朱顔[418]皓齒, 妖艷迷人, 願薦枕. 又有一丈夫, 名曰'白頭翁', 布衣革帶, 傴僂而前, 曰: '凡爲君者, 莫不

---

416) 南解王: 나본에는 '儒理王'으로 되어 있음.
417) 我斫: 나본에는 '斫倒'로 되어 있음.
418) 顔: 나본에는 '脣'으로 되어 있음.

親近老成而興, 昵比妖艶而亡.' 王聞之愀然, 曰: '請書諸紳以爲戒.'" 遂擢聰爲高秩, 至麗朝, 封弘儒侯, 從祀文廟, 我東興學, 自聰始. 余少時, 與洪海士翰周, 作「海東竹枝詞」數百首, 皆遺失,[419] 記薛聰詩, 曰: '楡橋倅墮老浮屠, 瑤石宮中事有無. 一曲唱來柯斧意, 君王已得薛弘儒.'

下-62.

我東藥飯, 出自新羅炤智王時. 王卽位二年正月望[420], 幸天泉亭, 有老人, 出自池中, 使烏含書, 至王所. 王見其書, 外封云: '開見二人死, 不開見一人死.' 王曰: "與其二人死, 不若一人死." 太史奏一人者王也, 王乃開見, 書曰'射琴匣'. 王入宮, 見琴匣橫在床下, 挽弓射之, 匣中有人伏焉. 內殿焚修僧, 與王妃潛通, 欲謀逆者也, 遂與妃伏誅. 自是國俗, 每當正月望日[421], 爲藥飯, 以祭烏報之, 又以是日爲百忌, 不敢動作, 名爲愼日, 俚言謂之怛[422]怛. 佔㑨齋樂府「怛怛歌」云: '怛怛復怛怛, 大家幾不保. 流蘇帳裡玄鶴倒, 揚且之晳難偕老.'

下-63.

眞平王元年, 有神人, 降于庭, 授王以玉帶, 王跪而受之, 郊廟大祀, 皆服之. 時人贊頌作詩, 曰: '雲外天頒玉帶圍, 辟雍龍袞雅相宜. 吾君自此身彌重, 準擬明朝鐵作墀.' 及新羅與麗太祖交聘時,

---

419) 皆遺失: 저본에는 빠져 있으나 나본에 의거하여 보충함.
420) 正月望: 저본에는 빠져 있으나 나본에 의거하여 보충함.
421) 日: 저본에는 '月'로 나와 있으나 나, 다본에 의거하여 바로잡음.
422) 怛: 다본에는 '忉'로 되어 있음. 이하의 경우도 동일함.

麗太祖問新羅使金律曰: "聞爾國有聖[423]帝帶, 至今尚存否?" 律對不知. 還告于敬順王, 遍問廷臣[424], 無有知者. 有皇龍寺老僧, 曰: "曾聞眞平王時, 服此帶, 歷代傳寶, 藏在南庫矣." 王遂開視, 風雨大作, 晝晦冥, 乃擇日齋沐然後, 始得之, 遣使獻于麗祖. 蓋眞平王聖骨, 故云'聖帝帶'.

下-64.

憲康王時, 游鶴城, 至開雲浦月明港. 有異人, 自稱處容翁, 詣王前歌舞, 貝齒鳶肩, 形容可駭. 留王宮月餘, 又有四神人, 自言從碧海中來, 衣冠狀貌, 與處容仙人無異. 時時張袖舞蹈而歌, 瀏亮可聽, 時以爲瑞居, 未幾, 忽不知去處. 余曾作竹枝歌[425], 曰: '鶴城當日處容翁, 貝齒鳶肩兩袖紅. 見說來從東海上, 爲君歌舞度春風.' 我朝世宗, 作處容舞, 以應五方用之雅樂. 今掌樂院處容舞, 卽其遺像也.[426]

下-65.

東國名筆, 皆以金生爲第一, 然余不得見眞跡. 『三國遺事』, 金生自幼善書, 其行·草·隷書, 最絶奇. 高麗時, 學士王灌, 奉使入中國, 出金生行·草示之, 諸學士皆大驚, 曰: "不圖外國有此右軍筆跡." 灌曰: "此非[427]右軍筆跡, 乃新羅人金生書也." 諸學士互相寶玩, 遂名播中國. 嶺南金烏山下, 有昌林寺碑, 字畫甚古, 有右軍典

---

423) 聖: 저본에는 '望'으로 나와 있으나 나, 다본에 의거함.
424) 廷臣: 다본에는 '近臣'으로 되어 있음.
425) 竹枝歌: 나본에는 '竹枝詞'로 되어 있음.
426) 今掌樂院處容舞, 卽其遺像也: 저본에는 빠져 있으나 나본에 의거하여 보충함.
427) 非: 저본에는 빠져 있으나 나, 다본에 의거하여 보충함.

型, 雖唐人名刻, 無以過之云.

下-66.

率居, 新羅僧也, 善畫. 嘗於皇龍寺, 畫老松於壁, 枝幹鱗皴, 烏鳶望之, 往往飛入, 蹭蹬墜地. 歲久色暗, 居僧以丹靑補之, 烏鳶不復至.

下-67.

玉寶高, 新羅景德王時人. 居智異山, 鍊丹升仙, 彈琴作三十六曲, 舞玄鶴於庭. 我東玄琴, 卽其遺制, 而曲則無傳. 崔孤雲致遠[428], 嘗受仙訣於玉寶高, 來往伽倻山, 作伽倻琴, 至今傳於世, 只有「步虛詞」一曲.

下-68.

江陵崔進士某, 家鉅富, 子孫繁盛, 皆稱福人. 一日, 其長子兩眉間, 忽出紅暈結顆, 如櫻桃, 過數日, 中坼血流[429]而死. 次子又病此而死, 繼而三子與諸孫, 皆以此病而死, 獨餘一幼孫, 擧家愴惶. 崔家草堂, 有學究金生員者, 崔婢偶從窓外而過, 聞其妻言於金生員, 曰: "吾家受此家恩, 多矣. 若不保一孫, 則崔氏將絶後, 安忍坐視不救乎?" 金生員曰: "無多言." 婢聞此言, 走告于崔妻與其夫, 忙到草堂, 懇乞於金生員, 願救一孫[430]. 金曰: "吾非醫者, 何能救之乎?" 崔乃以婢所言傳之, 哀乞不已, 金沈吟久之, 曰: "第當試之, 然事急矣." 卽令使奴僕[431], 灑掃庭內, 廳上設交椅香卓, 以竢之.

---

428) 致遠: 저본에는 빠져 있으나 나본에 의거하여 보충함.
429) 流: 다본에는 '滿'으로 되어 있음.
430) 一孫: 나본에는 '幼孫'으로 되어 있음.

遂整衣冠, 到廳上, 坐交椅, 手焚[432]香, 書一符焚之. 忽見 一黃巾力士[433], 來伏於前, 金曰: "押此家土神來!" 力士[434]去, 未久, 押一老翁而至. 金呵之曰: "汝以此家土神, 見妖孼肆凶, 而何不禁斷[435]乎?" 老人對曰: "此是寃氣所致, 何能禁斷乎?" 金曰: "與力士同去[436], 押來妖孼." 力士與土神[437], 直向前庫而入, 忽聞哭聲陰慘, 毛骨俱悚而已. 押一女鬼而至, 兩眉間, 挿一錐子, 血流滿面[438], 金叱曰: "崔家一門, 由汝皆死, 汝之報寃, 足矣, 何必殄滅無類乎?" 女鬼曰: "婢卽此家童婢也, 主人不過一時戲捉小婢之手, 夫人誘妾[439]至前庫, 使之負壁而立, 用椎子[440], 當兩眉間, 以槌擊之, 因立而卽斃, 乃以雜穀石遮蔽之. 妾含寃忍痛, 今十有餘年, 見崔家運衰, 方欲報仇, 於公何幹?" 金厲聲曰: "似此妖孼, 不可暫留世間, 押去深山, 納于石壁間." 力士與土神, 卽押去, 女鬼悲啼號跳, 始去. 崔夫妻, 從窓隙見此, 戰慄無人色, 金招崔, 語之曰: "君果見此乎? 凡人之最可怕者, 女寃也. 彼誠[441]凝結不解, 難於釋怨矣. 過五十年後, 女鬼當復出於世, 君家血孫, 無噍類矣." 崔夫妻聞此言, 悚懼不已. 翌日, 崔使人撥前庫積穀, 而視之, 婢果負壁而死, 兩眉間[442]挿椎子, 血流至地, 顏色如生. 崔驚甚, 使之曳出郊外燒火, 往

---

431) 奴僕: 나, 다본에는 '婢僕'으로 되어 있음.
432) 焚: 저본에는 '熱'로 나와 있으나 다본에 의거함.
433) 黃巾力士: 나본에는 '神將'으로 되어 있음.
434) 力士: 나본에는 '神將'으로 되어 있음. 이하의 경우도 동일함.
435) 禁斷: 나본에는 '禁制'로 되어 있음. 이하의 경우도 동일함.
436) 去: 저본에는 '居'로 나와 있으나 나, 다본에 의거함.
437) 土神: 나본에는 '老人'으로 되어 있음.
438) 滿面: 나본에는 '至足'으로 되어 있음.
439) 妾: 나본에는 '婢'로 되어 있음.
440) 椎子: 나, 다본에는 '錐子'로 되어 있음. 이하의 경우도 동일함.
441) 誠: 나본에는 '已'로 되어 있음.

訪金生員, 其夫妻, 已乘夜潛遁矣. 崔承旨漢翼, 嘗爲余道此事甚悉, 蓋其近族也.

下-69.

余謫居三登時, 聞江東地有康孝子, 事母至孝, 廬其墓側, 朝夕哭臨, 有老虎來, 同守墓不去[443]. 一夕夢, 虎作人言曰: "吾今誤落於某村陷穽, 君其亟往救我!" 康孝子驚覺視之, 虎果不在側, 計其村有由旬之餘遙, 急攬衣而起, 倉黃赴之, 東方已曙, 虎果在陷井中, 村民大集, 方擬砲射斃之. 康孝子排衆卽入, 泣呼曰: "虎君胡爲至[444]此?" 虎見康孝子, 垂頭下淚, 村民皆大驚. 孝子[445]懇於衆, 曰: "此虎同我守墓, 不離我側, 今已[446]三歲矣. 俄者, 見夢求救, 不計夜深, 乘險到此, 願監此至懇[447], 釋放勿殺." 衆人皆落落不肯中, 有一村老曰: "此康孝子之非孝誠所感, 虎安能見夢求活乎? 雖然, 若放出陷穽, 恐傷人, 當奈何?" 康孝子曰: "此虎亦知人意, 若生出陷穽, 必不傷人, 如不信吾言, 可視此爲驗." 遂從陷穽之隙, 伸一臂, 納於虎口, 戒之曰: "此村人欲生虎君, 得出陷穽, 果不傷人乎?" 虎搖尾低首, 有若俯聽者, 但以舌舐康孝子手掌. 衆始放心, 擧捍石, 開陷穽之門, 虎跑到康孝子前, 低首蹲坐, 康孝子以手撫其背, 曰: "可亟去, 勿留無怖人!" 虎乃騰躍而去. 村人觀者[448]環如堵墻, 莫不駭異, 互相傳說, 至於狀聞旌閭云.

---

442) 問: 저본에는 빠져 있으나 나, 다본에 의거하여 보충함.
443) 不去: 저본에는 빠져 있으나 나본에 의거하여 보충함.
444) 至: 나본에는 '落'으로 되어 있음.
445) 子: 저본에는 '日'로 나와 있으나 나, 다본에 의거하여 바로잡음.
446) 今已: 나본에는 '將近'으로 되어 있음.
447) 監此至懇: 나본에는 '念我誠懇'으로 되어 있음.
448) 觀者: 저본에는 빠져 있으나 나본에 의거하여 보충함.

집필진 소개

- 연구책임자

  정환국 성균관대학교에서 박사학위를 받았으며, 현재 동국대학교 국어국문문예창작학부 교수로 있다. 한문학과 고전서사를 연구하고 있으며, 저역서로 『초기소설사의 형성 과정과 그 저변』, 『주생전·운영전·최척전·상사동기』, 『조선의 단편 1·2』, 『역주 신단공안』 등이 있다.

- 공동연구원

  이강옥 서울대학교에서 박사학위를 받았으며, 현재 영남대학교 명예교수로 있다. 고전산문을 연구하고 있으며, 저역서로 『죽음서사와 죽음명상』, 『한국야담의 서사세계』, 『구운몽과 꿈 활용 우울증 수행치료』, 『일화의 형성원리와 서술미학』, 『청구야담』 등이 있다.

  오수창 서울대학교에서 박사학위를 받았으며, 현재 서울대학교 명예교수로 있다. 문학작품을 포함한 넓은 시야에서 조선시대 정치사를 연구하고 있으며, 저역서로 『조선후기 평안도 사회발전 연구』, 『춘향전, 역사학자의 토론과 해석』, 『서수일기-200년 전 암행어사가 밟은 5천리 평안도 길』 등이 있다.

  이채경 성균관대학교에서 박사학위를 받았으며, 현재 성균관대학교 한문학과 초빙교수로 있다. 조선후기 야담을 주로 연구하고 있으며, 저역서로 『철로 위에 선 근대지식인(공역)』과 논문으로 「『어우야담』에 담긴 지적경험과 서사장치」, 「『금계필담』에 기록된 신라 이야기 연구」 등이 있다.

  심혜경 동국대학교에서 박사학위를 받았으며, 현재 동국대학교 국어국문문예창작학부 강사를 맡고 있다. 고전소설을 연구하고 있으며, 논문 「조선후기 소설에 나타나는 여성과 불교 공간」, 「윤회에 나타나는 정체성 바꾸기의 의미」, 「〈삼생록〉에 나타나는 애정문제와 남녀교환 환생의 의미」가 있다.

  하성란 동국대학교에서 박사학위를 받았으며, 현재 동국대학교 국어국문문예창작학부 강사를 맡고 있다. 고전소설을 연구하고 있으며, 저역서로 『포의교집(역서)』, 『절화기담(역서)』, 『한국문화와 콘텐츠(공저)』 등이 있다.

  김일환 동국대학교에서 박사학위를 받았으며, 현재 동국대학교 국어국문문예창작학부 교수로 있다. 조선후기 실기문학을 연구하고 있으며, 저역서로 『연행의 사회사(공저)』, 『조선의 지식인들과 함께 문명의 연행길을 가다(공저)』, 『삼검루수필(공역)』 등이 있다.

교감표점 정본 한국야담전집 9
몽유야담夢遊野談·**금계필담**錦溪筆談

2025년 06월 10일 초판1쇄 펴냄

책임교열 정환국
펴낸이 김흥국
펴낸곳 보고사
등록 1990년 12월 13일 제6-0429호
주소 경기도 파주시 회동길 337-15
전화 031-955-9797(대표)
전송 02-922-6990
메일 bogosabooks@naver.com
http://www.bogosabooks.co.kr

ISBN 979-11-6587-829-0 94810
　　　979-11-6587-820-7 (set)
ⓒ 정환국, 2025

정가 30,000원
사전 동의 없는 무단 전재 및 복제를 금합니다.
잘못 만들어진 책은 바꾸어 드립니다.